全国会计专业技术资格考试辅导教材 | 2024

考点直击
中级会计实务

高顿教育中级会计教研中心 编著

文匯出版社

图书在版编目（CIP）数据

中级会计实务 / 高顿教育中级会计教研中心编著.
—上海：文汇出版社，2024.5

考点直击

ISBN 978-7-5496-4246-5

Ⅰ.①中… Ⅱ.①高… Ⅲ.①会计实务—资格考试—自学参考资料 Ⅳ.①F233

中国国家版本馆CIP数据核字（2024）第074678号

考点直击　中级会计实务

编　　著 / 高顿教育中级会计教研中心
责任编辑 / 戴　铮
封面设计 / 汤惟惟
版式设计 / 汤惟惟
出版发行 / 文匯出版社
　　　　　上海市威海路755号
　　　　　（邮政编码：200041）
印刷装订 / 上海中华印刷有限公司
版　　次 / 2024年5月第1版
印　　次 / 2024年5月第1次印刷
开　　本 / 787毫米×1092毫米　1/16
字　　数 / 670千字
印　　张 / 23.75
书　　号 / ISBN 978-7-5496-4246-5
定　　价 / 84.00元

选择备考中级会计师的你一定对未来充满规划且喜欢挑战,而我必须告诉你:中级会计实务的学习难度是比较大的,但不要紧张,它的考试难度却不会比想象的大。不少考生在学习中级会计实务的过程中轻易被"劝退"了,实属可惜;面对这样的困境,中级会计《考点直击》应运而生,旨在帮助实现持证梦想的伙伴。

一、中级会计实务讲什么?

(一) 教材结构

在官方教材中,中级会计实务科目的讲解分两条线:第一条线是企业财务会计(部分管理会计内容包含在财务管理科目当中);第二条线是政府和民间非营利组织会计。考试的核心内容聚焦于第一条线,即企业财务会计。

针对企业财务会计部分的讲解,首先引入会计的基本理论,然后介绍会计六大要素的确认与计量,再介绍一些特殊交易事项的会计处理,最后引入合并财务报表的编制。

(二) 各章节难易程度、重要性及考查分值

章节	难易程度	重要程度	近几年平均分值
第一章 总论	★★	★★	2~3
第二章 存货	★	★★	3~4
第三章 固定资产	★	★★	4~5
第四章 无形资产	★	★★	5~7
第五章 投资性房地产	★	★★	8
第六章 长期股权投资和合营安排	★★★	★★★	12
第七章 资产减值	★★	★★	5
第八章 金融资产和金融负债	★★★	★★★	10
第九章 职工薪酬	★★	★★	2
第十章 股份支付	★★★	★★	5(预估)
第十一章 借款费用	★★	★★	4~5
第十二章 或有事项	★	★★	3~4

续表

章节	难易程度	重要程度	近几年平均分值
第十三章 收入	★★★	★★★	13
第十四章 政府补助	★	★★	3~10
第十五章 非货币性资产交换	★	★★	3~4
第十六章 债务重组	★★	★★★	3~5
第十七章 所得税	★★★	★★★	10
第十八章 外币折算	★★	★★	4~6
第十九章 租赁	★★★	★★★	5~10
第二十章 持有待售的非流动资产、处置组和终止经营	★★	★★	3
第二十一章 企业合并与合并财务报表	★★★	★★★	12
第二十二章 会计政策、会计估计变更和差错更正	★★	★★	4~10
第二十三章 资产负债表日后事项	★★	★★	8
第二十四章 政府会计	★★	★	2
第二十五章 民间非营利组织会计	★	★	2

（三）2024年教材主要变化

章节	2024年本章主要变化
第一章 总论	变动微小。章名称由"概述"变为"总论"；删除会计工作中职业道德规范要求的部分内容；在会计要素中收入要素部分列举了企业日常活动：商业银行贷款、保险公司保单、租赁公司等；会计信息质量要求的表述中，可靠性部分增加了客观公正无偏等表述，实质重于形式部分替换了个别例子、重要性原则部分增加了判断项目性质金额是否具有重要性应考虑的内容。
第二章 存货	变动微小。新增"受托方代收代缴委托方加工物资消费税"的会计处理。
第三章 固定资产	变动微小。待摊支出分摊的内容，增加在安装设备分摊表述，并修改相关明细科目；修改固定资产终止确认的条件（固定资产处置包括的情形）相关表述；修改固定资产处置的会计处理（清理净损益的处理）相关表述：①固定资产生产经营期间正常的出售、转让的净损益计入资产处置损益，②自然灾害、丧失功能报废，净损失计入营业外支出，净收益计入营业外收入。
第四章 无形资产	无实质性变动。
第五章 投资性房地产	变动微小。修改了房地产转换的定义。
第六章 长期股权投资和合营安排	无实质性变动。例题中不再考虑计提10%盈余公积的情况。
第七章 资产减值	无实质性变动。

续表

章节	2024 年本章主要变化
第八章 金融资产和金融负债	变动较大。删除金融工具减值这一难点。删除金融资产和金融负债终止确认。后续期间涉及的应收利息科目改为二级科目核算：如持有期间的债券，计算利息收益确认的"应收利息"分别改为"债权投资——应计利息""其他债权投资——应计利息""交易性金融资产——应计利息"等；金融负债计提利息，"应付利息"改为"交易性金融负债——应计利息""应付债券——应计利息"等；以公允价值计量的金融负债到期归还时的差额由"公允价值变动损益"改为计入投资收益。
第九章 职工薪酬	无实质性变动。完善了设定受益计划形成的其他综合收益在设定受益终止时结转至未分配利润的相关表述。
第十章 股份支付	2024 年新增章节。
第十一章 借款费用	变动较小。长期借款的利息费用由"应付利息"变为"长期借款——应计利息""应付债券——应计利息"；例题中增加专门借款暂停资本化期间产生的利息收入抵减财务费用的会计分录。
第十二章 或有事项	变动较大。产品质量保证费用从"销售费用"改为计入主营业务成本；亏损合同损失不计入营业外支出，计入主营业务成本。
第十三章 收入	无实质性变动。新增合同履约成本以产出法计量时，若实际发生成本超过按履约进度确认的成本，超出的部分不按资产确认。
第十四章 政府补助	无实质性变动。
第十五章 非货币性资产交换	无实质性变动。
第十六章 债务重组	变动微小。修订债务人以长期股权投资清偿债务的计入投资收益相关表述。
第十七章 所得税	微小变动，"自行研发的无形资产按照最新税法规定扣除标准修改"有改动；新增了"关于单项交易产生的资产和负债相关的递延所得税不适用初始确认豁免的会计处理"的相关表述。
第十八章 外币折算	无实质性变动。
第十九章 租赁	变动微小。根据最新准则解释公告新增了"售后租回交易资产转让属于销售"的文字表述，删除了一个例题。
第二十章 持有待售的非流动资产、处置组和终止经营	无实质性变动。删除了"持有待售的列报"。
第二十一章 企业合并与合并财务报表	变动较大。将 2023 年的两章进行了合并，内容更加精简，删除了部分难点，如"或有对价""多次交易实现企业合并""反向购买""购买子公司少数股权的会计处理""合并范围的确定"。
第二十二章 会计政策、会计估计变更和差错更正	变动微小。新增了"会计政策变更与会计估计变更的划分"。
第二十三章 资产负债表日后事项	无实质性变动。
第二十四章 政府会计	变动微小。主要删除了"PPP 项目合同"，部分内容的表述有微调。
第二十五章 民间非营利组织会计	变动微小。主要删除了"民间非营利组织的概念和特征""民间非营利组织会计核算的基本原则"。

二、中级会计实务如何考？

（一）2024 年考试时间

考试日期	考试科目及时间	
9月7日至9日	中级会计实务	8：30—11：15
	财务管理	13：30—15：45
	经济法	18：00—20：00

（二）近 5 年中级会计实务考试题型、题量、分值分布

题目类型	数量	分数	评分标准
单项选择题	10	15	每一道题只有一个选项符合题意。错选、不选均不得分
多项选择题	10	20	每一道题有两个或两个以上选项符合题意。全部选对得满分，少选得相应分值，多选、错选、不选均不得分
判断题	10	10	每一道题判断正确的得分，错答、不答均不得分，也不扣分
计算分析题	2	22	其中，计算分析题第 1 道题 10 分，第 2 道题 12 分；综合题第 1 道题 15 分，第 2 道题 18 分。 从分数上可以看出分配的分值呈现递增规律，故题目难度通常也是递增规律。 凡要求计算的，应列出必要的计算过程；计算结果出现两位以上小数的，均四舍五入保留小数点后两位小数。凡要求编制会计分录的，除题中有特殊要求外，只需写出一级科目。答案中的金额单位用万元表示
综合题	2	33	
分数合计	—	100	

【注1】题目另有要求的，按照考试当年题目规定要求作答。

【注2】"中级会计实务"科目考试采取百分制，合格分数是 60 分。参加中级会计资格考试的人员，应在连续两个考试年度内通过全部科目的考试，方可取得中级会计师资格证书。

（三）考试规律及命题趋势

中级会计实务的考试包括客观题和主观题，近年考试分值占比为 45∶55，这就要求我们不仅要把握主观题的"深度"，同时也要把握客观题的"广度"。

考题考查特点：

1. "重者恒重"

长期股权投资、金融资产、收入、所得税、租赁、前期差错更正、企业合并及合并财务报表等仍然是重点内容，这些章节我们需要把握其"深度"，达到能高效解答主观题的水平。

2. "逢新必考"

每年中级会计考试教材变化的内容都是当年的考查重点，2024 年中级会计实务新增股份支付章节，考生今年应尤其重点关注。

3. "全面突击"

考生们分差的主要分水岭往往集中在客观题上，而客观题考核内容几乎全面覆盖，涉及全书所有章节。实际上客观题的考查往往简单、知识点独立、易得分，甚至会有概念理解性题目，属于性价比很高的题型。同时，打好做客观题的基础也有利于主观题的综合提升，故考生需要关注中级会

计实务内容上的"广度",全面复习。

三、中级会计实务怎么学?

(一) 学习有策略

考生需要注意备考会计时的"陷阱",有些考生过于"急功近利",忽视对基础章节(主要指会计六大要素涵盖章节)的学习和掌握,集中精力攻克重难点章节,但实际上,真题(特别是主观题)往往具有一定的综合性,大部分难题往往是基于基础知识点的拔高题,这意味着什么呢?如果没有掌握某个基础知识点,那么解难题时大概率会无从下手。但如果基础章节已牢牢掌握,即使拔高部分有障碍,解题时也能写出一两个步骤,获得相应分数。

(二) 学习有方向

中级会计实务批次多,同时试卷多,则覆盖的考点也多,这就导致会计很难去精准"押宝",也就是说,考生在备考时不能带有"投机主义"心理。然而,每年的会计考试对重难点章节的考查还是比较稳定的。

首先,会计的学习过程中存在"七座大山",分别是长期股权投资、金融资产、收入、所得税、租赁、前期差错更正、企业合并及合并财务报表。值得说明的是,前期差错更正的难度本身并不高,但是因为其综合性强,可以结合众多章节出题,所以题目的整体难度系数非常高。因此,当学习这七章时,考生需要分配更多的时间和精力。

其次,会计的考查比较注重考生对原理的理解和应用的能力。一味的死记硬背,在考试中,特别是会计实务科目的考试中往往要栽跟头。

最后,每年教材的新增考点,考试往往会着重考查,如果新增考点重要,甚至考查主观题,考生应在平时加强相关的习题训练。

(三) 学习有计划

备考会计时,每位考生在基础知识储备、学习能力、可供支配的学习时间,以及备考科目的数量等方面都有着较多的差异,所以很难有一个备考计划能够适合所有考生。而你需要做的是,制订一个适合自己的学习计划,这个计划应该包括知识点学习和习题练习。

计划往往没有好坏之分,但是执行有好坏之分,所以考生更应该关注自己的执行力,特别是到了关键节点容易放弃的时候,如何迫使自己坚持下去。

(四) 加强练习

从某种意义上讲,考试就是做题。做习题的目的是更好地掌握教材中的内容,提高应试水平。需要强调的是,多做一些经典的习题,如历年的考题——可以负责任的说,历年考题是最好的练习手册。通过做一些经典题目可以更好地掌握教材中的重点内容,逐渐总结出考试的重点与规律,发现自身学习中的薄弱环节,从而不断提高成绩。

祝福大家,考试时成功拿下自己认知范围内的每一分,超越认知范围的,凭借良好的职业素养尽量多得分。

本书得以顺利付梓,要感谢在撰写和审校中作出重大贡献的诸多老师。特别感谢罗翔、尹琦红等几位老师,为本书尽心尽力。尽管竭尽全力编写,书中也难免存在疏漏之处,恳请各位读者不吝批评指正。

备考路上,我们每位考生应保持良好的心态,不忘初心,中级会计这枚"奖章"终会被我们摘得。

目 录

第一章　总论
- 2　第一节　会计职业道德概述
- 3　第二节　会计法规制度体系概述
- 4　第三节　会计目标、会计要素和会计信息质量要求

第二章　存货
- 12　第一节　存货的确认和初始计量
- 16　第二节　存货的期末计量

第三章　固定资产
- 24　第一节　固定资产的确认和初始计量
- 29　第二节　固定资产的后续计量
- 34　第三节　固定资产的处置

第四章　无形资产
- 38　第一节　无形资产的确认和初始计量
- 41　第二节　内部研究开发支出的确认和计量
- 43　第三节　无形资产的后续计量
- 46　第四节　无形资产的处置

第五章　投资性房地产
- 50　第一节　投资性房地产概述
- 51　第二节　投资性房地产的确认条件和初始计量
- 54　第三节　投资性房地产的后续计量
- 57　第四节　投资性房地产的转换和处置

第六章　长期股权投资和合营安排
- 65　第一节　长期股权投资的范围和初始计量
- 71　第二节　长期股权投资的后续计量
- 87　第三节　合营安排

第七章 资产减值

- 91 第一节 资产减值概述
- 92 第二节 资产可收回金额的计量和减值损失的确定
- 97 第三节 资产组减值的处理

第八章 金融资产和金融负债

- 102 第一节 金融资产和金融负债的确认和分类
- 106 第二节 金融资产和金融负债的计量

第九章 职工薪酬

- 123 第一节 职工薪酬概述
- 124 第二节 短期薪酬的确认和计量
- 127 第三节 离职后福利的确认和计量
- 128 第四节 辞退福利和其他长期职工福利的确认和计量

第十章 股份支付

- 133 第一节 股份支付的主要环节及类型
- 134 第二节 股份支付的确认和计量

第十一章 借款费用

- 148 第一节 借款费用的范围
- 148 第二节 借款费用的确认
- 150 第三节 借款费用的计量

第十二章 或有事项

- 155 第一节 或有事项概述
- 156 第二节 或有事项的确认和计量
- 158 第三节 或有事项会计处理原则的应用

第十三章 收入

- 167 第一节 收入的概述
- 168 第二节 收入的确认和计量
- 180 第三节 合同成本
- 182 第四节 关于特定交易的会计处理

第十四章 政府补助

193 第一节 政府补助概述
194 第二节 政府补助的会计处理

第十五章 非货币性资产交换

201 第一节 非货币性资产交换的认定
203 第二节 非货币性资产交换的确认和计量

第十六章 债务重组

210 第一节 债务重组概述
211 第二节 债务重组的会计处理

第十七章 所得税

222 第一节 计税基础与暂时性差异
231 第二节 递延所得税负债和递延所得税资产的确认和计量
237 第三节 所得税费用的确认和计量

第十八章 外币折算

244 第一节 外币交易的会计处理
252 第二节 外币财务报表的折算

第十九章 租赁

257 第一节 租赁概述
260 第二节 承租人的会计处理
267 第三节 出租人的会计处理
271 第四节 特殊租赁业务的会计处理

第二十章 持有待售的非流动资产、处置组和终止经营

277 第一节 持有待售的非流动资产、处置组
283 第二节 终止经营

第二十一章 企业合并与合并财务报表

286 第一节 企业合并
293 第二节 合并财务报表的编制

第二十二章 会计政策、会计估计变更和差错更正

- 318 第一节 会计政策及其变更
- 323 第二节 会计估计及其变更
- 325 第三节 会计政策变更与会计估计变更的划分
- 326 第四节 前期差错及其更正

第二十三章 资产负债表日后事项

- 333 第一节 资产负债表日后事项概述
- 336 第二节 资产负债表日后调整事项
- 339 第三节 资产负债表日后非调整事项

第二十四章 政府会计

- 344 第一节 政府会计概述
- 345 第二节 行政事业单位特定业务的核算

第二十五章 民间非营利组织会计

- 360 第一节 民间非营利组织会计概述
- 362 第二节 民间非营利组织特定业务的会计核算

第一章 总论

> 轻装上阵

考情驿站

本章属于非重点章节，主要阐述了会计职业道德概述、会计目标、会计要素和会计信息质量要求等内容。本章为教材的总括性章节，理论性强，部分内容有一定难度，会结合后述章节的内容进行考查，出题比较灵活，建议学完后述章节内容后，再次学习本章。本章为2023年新增章节，新增内容包括会计职业道德概述、会计法规制度体系概述等，新增内容为近年考查热点。对本章的考查几乎全为客观题，平均考查分值为2~3分。

考点地图

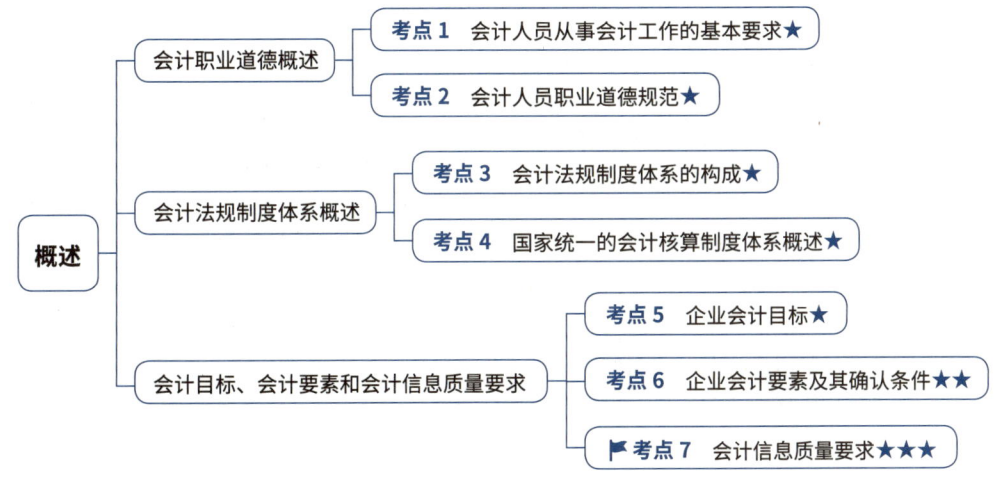

2024年本章主要变化

变动微小。章名称由"概述"变为"总论"；删除会计工作中职业道德规范要求的部分内容；在会计要素中收入要素部分列举了企业日常活动：商业银行贷款、保险公司保单、租赁公司等；会计信息质量要求的表述中，可靠性部分增加了客观公正无偏等表述，实质重于形式部分替换了个别例子、重要性原则部分增加了判断项目性质金额是否具有重要性应考虑的内容。

考点速递

第一节 会计职业道德概述

考点1 会计人员从事会计工作的基本要求（★）

考频 2023年判断题

（一）会计人员的范围

会计人员，是指根据《中华人民共和国会计法》（以下简称《会计法》）的规定，在国家机关、社会团体、企业、事业单位和其他组织（以下统称"单位"）中**从事会计核算、实行会计监督**等会计工作的人员。

担任单位**会计机构负责人（会计主管人员）、总会计师的人员**，属于会计人员。

（二）会计人员从事会计工作应当符合的基本要求

会计人员从事会计工作，应当符合下列要求：
（1）遵守《会计法》和国家统一的会计制度等法律法规；
（2）具备良好的职业道德；
（3）**按照国家有关规定参加继续教育**；
（4）具备从事会计工作所需要的专业能力。

（三）会计机构负责人（会计主管人员）和总会计师应当具备的基本条件

会计机构负责人（会计主管人员）应当具备下列基本条件：
（1）坚持原则，廉洁奉公；
（2）**具备会计师以上专业技术职务资格或者从事会计工作不少于3年**；
（3）熟悉国家财经法律、法规、规章和方针、政策，掌握本行业业务管理的有关知识；
（4）有较强的组织能力；
（5）身体状况能够适应本职工作的要求。

（四）会计人员任用（聘用）管理相关规定

单位负责人对本单位的会计工作和会计资料的真实性、完整性负责。单位应当根据《会计法》等法律法规，结合会计工作需要，自主任用（聘用）会计人员。

因发生与会计职务有关的违法行为被依法追究刑事责任的人员，单位不得任用（聘用）其从事会计工作。因违反《会计法》有关规定**受到行政处罚五年内不得从事会计工作**的人员，处罚期届满前，单位不得任用（聘用）其从事会计工作。

趁热答题

| 例1-1·判断题（2023年） | 对于违反会计行为准则并承担刑事责任的人员，单位不得任用其从事会计工作。   （　　）

解析 本题考查会计人员从事会计工作的基本要求。因发生与会计职务有关的违法行为被依法

追究刑事责任的人员，单位不得任用（聘用）其从事会计工作。因此，本题表述正确。

答案 √

考点2　会计人员职业道德规范（★）

考频 2023年多选题

会计人员承担着生成和提供会计信息、维护国家财经纪律和经济秩序的重要职责。会计人员职业道德直接影响会计工作和会计信息质量。

《会计人员职业道德规范》规定中"三坚三守"的具体内容：
(1)"坚持诚信，守法奉公"（自律要求）；
(2)"坚持准则，守责敬业"（履职要求）；
(3)"坚持学习，守正创新"（发展要求）。

第二节　会计法规制度体系概述

考点3　会计法规制度体系的构成（★）

会计法规制度是指国家权力机关和行政机关制定的，用以调整会计关系的各种法律、法规、规章和规范性文件的总称。目前，我国已经形成了以《会计法》为主体，由**会计法律、会计行政法规、会计部门规章和规范性文件**有机构成的会计法规制度体系。

考点4　国家统一的会计核算制度体系概述（★）

考频 2023年判断题

根据会计主体不同，我国统一的会计核算制度体系主要包括**企业会计准则制度、政府及非营利组织会计准则制度和村集体经济组织、基金（资金）类会计制度**等。

（一）企业会计准则制度

1. 企业会计准则体系
企业会计准则主要适用于上市公司、金融机构、国有企业等大中型企业。

2. 小企业会计准则
小企业会计准则主要适用于符合《中小企业划型标准规定》所规定的小型企业标准的企业，但以下三类小企业**除外**：
(1) 股票或债券在市场上公开交易的小企业；
(2) 金融机构或其他具有金融性质的小企业；
(3) 企业集体内的母公司和子公司。

3. 企业会计制度
企业会计制度适用于执行企业会计准则、小企业会计准则的企业以外的其他企业。

（二）政府及非营利组织会计准则制度

1. 政府会计准则制度体系
我国的政府会计准则制度体系主要由政府会计基本准则、具体准则及应用指南、政府会计制度、政府会计准则制度解释等组成。

2. 非营利组织会计制度

目前，我国的非营利组织会计制度主要包括《民间非营利组织会计制度》和《工会会计制度》。

趁热答题

| 例 1-2·判断题（2023 年）| 符合《中小企业划型标准规定》的且具有金融企业性质的小企业适用《小企业会计准则》。（　　）

解析 本题考查国家统一的会计核算制度体系概述。《小企业会计准则》主要适用于符合《中小企业划型标准规定》所规定的小型企业标准的企业，但以下三类小企业除外：①股票或债券在市场上公开交易的小企业；②金融机构或其他具有金融性质的小企业；③企业集体内的母公司和子公司。因此，本题表述错误。

答案 ×

(三) 其他会计制度

1. 基金（资金）类会计制度
2. 农村集体经济组织和农业合作社会计制度

第三节　会计目标、会计要素和会计信息质量要求

考点 5　企业会计目标（★）

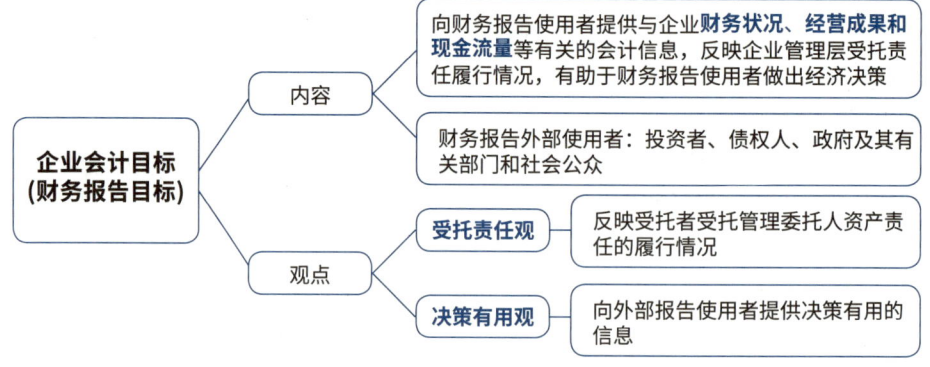

图 1-1　企业会计目标

考点 6　企业会计要素及其确认条件（★★）

考频 2021 年单选题、判断题

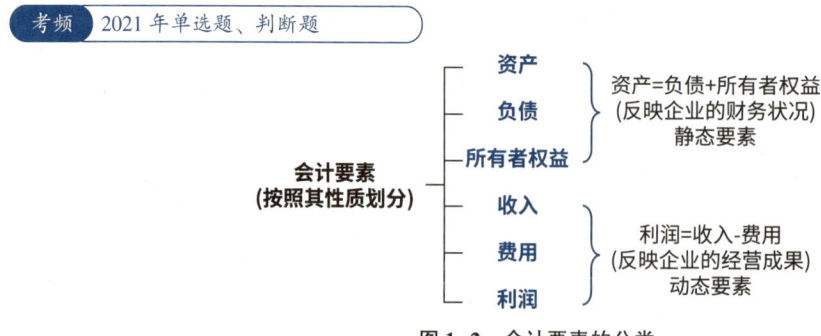

图 1-2　会计要素的分类

（一）资产及其确认条件（见表1-1）

表1-1 资产及其确认条件

事项	具体内容
定义	资产是指由企业**过去的交易**或者**事项形成的**、由企业**拥有**或者控制的、**预期会给企业带来经济利益**的资源
特征	(1) 资产预期会给企业带来经济利益； (2) 资产应为企业拥有或控制的资源； (3) 资产是由企业过去的交易或事项形成的
确认条件	将一项资源确认为资产，需要符合资产的定义，还应**同时满足**以下条件： (1) 与该资源有关的经济利益**很可能**流入企业； (2) 该资源的成本或者价值能够**可靠地计量**

（二）负债及其确认条件（见表1-2）

表1-2 负债及其确认条件

事项	具体内容
定义	负债是指企业**过去的交易**或者**事项形成的**、**预期会导致经济利益流出企业的现时义务**
特征	(1) 负债是企业承担的现时义务； (2) 负债的清偿预期会导致经济利益流出企业； (3) 负债是过去的交易或者事项形成的
确认条件	将一项资源确认为负债，需要符合负债的定义，还应**同时满足**以下条件： (1) 与该义务有关的经济利益**很可能**流出企业； (2) 未来流出的经济利益的金额能够**可靠地计量**

趁热答题

例1-3·判断题 负债是企业承担的现时义务，包括法定义务和推定义务。　（　）

解析 本题考查负债的特征。负债是现时义务，而不是未来的义务；且现时义务又分为法定义务和推定义务。因此，本题表述正确。

答案 √

（三）所有者权益及其确认条件

1. 所有者权益的定义

所有者权益是指企业**资产扣除负债**后，由所有者享有的**剩余权益**。公司的所有者权益又称股东权益。

2. 所有者权益的来源

所有者权益的来源包括**所有者投入的资本**、**直接计入所有者权益的利得和损失（指"其他综合收益"）**、**留存收益**等。通常由**股本（或实收资本）**、**资本公积（含股本溢价或资本溢价、其他资本公积）**、**盈余公积和未分配利润**等构成。

3. 所有者权益的确认条件

由于所有者权益体现的是所有者在企业中的剩余权益，因此，所有者权益的确认**主要依赖于其他会计要素，尤其是资产和负债的确认**，所有者权益金额的确定也主要取决于资产和负债的计量。

趁热答题

| 例 1-4·判断题 | 所有者权益体现的是所有者在企业中的剩余权益，其确认和计量主要依赖于资产、负债等其他会计要素的确认和计量。（　　）

（解析）本题考查所有者权益的内容。所有者权益是指企业资产扣除负债后，由所有者享有的剩余权益。因此，所有者权益的确认和计量依赖于资产、负债等会计要素的确认和计量。因此，本题表述正确。

（答案）√

| 例 1-5·单选题（2021）| 企业发生的下列各项交易或事项中，将导致所有者权益发生变动的是（　　）。

A. 盈余公积弥补亏损　　　　　　　B. 宣告发放现金股利
C. 提取法定盈余公积　　　　　　　D. 资本公积转增股本

（解析）本题考查所有者权益及其确认条件。选项 A，借记"盈余公积"，贷记"利润分配"，属于所有者权益内部变动，不会导致企业所有者权益发生变动；选项 B，借记"利润分配"，贷记"应付股利"，借方是所有者权益类科目，贷方是负债类科目，会导致所有者权益减少；选项 C，借记"利润分配"，贷记"盈余公积"，属于所有者权益内部变动，不会导致企业所有者权益发生变动；选项 D，借记"资本公积"，贷记"股本"，属于所有者权益内部变动，不会导致企业所有者权益发生变动。因此，选项 B 正确。

（答案）B

（四）收入及其确认条件（见表 1-3）

表 1-3　收入及其确认条件

事项	主要内容
定义	收入是指企业在日常活动中形成的、会导致所有者权益增加的、与所有者投入资本无关的经济利益的总流入
特征	(1) 收入是企业在日常活动中形成的； (2) 收入是与所有者投入资本无关的经济利益的总流入； (3) 收入会导致所有者权益的增加
确认条件	企业应当在履行了合同中的履约义务，即在客户取得相关商品或劳务控制权时确认收入

（五）费用及其确认条件（见表 1-4）

表 1-4　费用及其确认条件

事项	主要内容
定义	费用是指企业在日常活动中发生的、会导致所有者权益减少的、与向所有者分配利润无关的经济利益的总流出
特征	(1) 费用是企业在日常活动中形成的； (2) 费用是与向所有者分配利润无关的经济利益的总流出； (3) 费用会导致所有者权益的减少

续表

事项	主要内容
确认条件	(1) 与费用相关的经济利益**很可能**流出企业； (2) 经济利益流出企业的结果会导致企业资产的减少或者负债的增加； (3) 经济利益流出额能够**可靠计量**

（六）利润及其确认条件（见表1-5）

表1-5 利润及其确认条件

事项	主要内容
定义	利润是指企业在**一定会计期间的经营成果**，是评价企业管理层业绩的一项重要指标，也是投资者等财务报告使用者进行决策时的重要参考
利润的来源构成	利润=收入−费用+直接计入当期利润的利得−直接计入当期利润的损失
确认条件	利润的确认主要依赖于收入和费用以及直接计入当期利润的利得和损失的确认

考点7 会计信息质量要求（★★★）

靶心考点精讲

考频 2021年判断题

会计信息质量要求是对企业财务报告中所提供会计信息质量的基本要求，是使财务报告中所提供的会计信息对投资者等信息使用者决策有用应具备的基本特征，主要包括**可靠性**、**相关性**、**可理解性**、**可比性**、**实质重于形式**、**重要性**、**谨慎性和及时性**。

（一）可靠性

可靠性要求企业应当以**实际发生**的交易或者事项为依据进行会计确认、计量和报告，如实反映符合确认和计量要求的各项会计要素及其他相关信息，保证会计信息真实可靠、内容完整。

（二）相关性

相关性要求企业提供的会计信息应当与投资者等**财务报告使用者**的**经济决策**需要**相关**，有助于投资者等财务报告使用者对企业过去、现在或者未来的情况作出评价或者预测。

会计信息应**在可靠性的前提下，尽可能地做到相关性**，以满足投资者等财务报告使用者的决策需要。

（三）可理解性

可理解性要求企业提供的会计信息应当**清晰明了**，便于投资者等财务报告使用者理解和使用。

（四）可比性

可比性要求企业提供的会计信息应当相互可比。具体包括下列要求：
(1) 同一企业不同时期可比**（纵向可比）**；
(2) 不同企业相同会计期间可比**（横向可比）**。

> **通关文牒**
>
> ▶ 速提分 ▶
>
> （1）同一企业不同时期发生的相同或者相似的交易或者事项，**应当采用一致的会计政策，不得随意变更。**
>
> （2）不同企业同一会计期间发生的相同或者相似的交易或者事项，应当采用规定的会计政策，确保会计信息口径一致、相互可比，以使不同企业按照一致的确认、计量和报告要求提供有关会计信息。

（五）实质重于形式

实质重于形式要求企业应当按照交易或者事项的**经济实质**进行会计确认、计量和报告，**不应仅以交易或者事项的法律形式**为依据。

> **通关文牒**
>
> ▶ 速提分 ▶
>
> 常见的体现实质重于形式要求的事项如下：
> （1）具有融资性质的售后回购不确认收入（形式上出售，实质上未转移控制权，不确认收入）；
> （2）附有强制付息义务的优先股实际为负债（形式上为股票，实质上为负债）；
> （3）将附有追索权的票据出售作为短期借款（形式上票据出售，实质上附追索权，不能终止确认，相当于质押贷款）。

例1-6·单选题（2017） 下列各项中，体现实质重于形式会计信息质量要求的是（　　）。

A. 将出售固定资产产生的净损失计入资产处置损益

B. 对不存在标的资产的亏损合同确认预计负债

C. 对保留所有权的商品符合收入确认条件时确认相应的收入

D. 对无形资产计提减值准备

解析 本题考查实质重于形式。选项A，出售固定资产产生的净损失从计入"营业外收支"改为记入"资产处置损益"，更能真实地反映出企业的利润，有助于报表使用者决策，体现相关性要求；选项B，对不存在标的资产的亏损合同确认预计负债，不低估负债和费用，体现谨慎性要求；选项C，对保留所有权的商品，虽然从法律形式上来讲企业拥有其所有权，不能确认收入，但从经济实质上来看，符合收入确认条件时，应确认收入，体现实质重于形式要求；选项D，对无形资产计提减值准备，不高估资产和收益，体现谨慎性要求。因此，本题选项C正确。

答案 C

> **通关文牒**
>
> ▶ 很会考 ▶
>
> 考试时如何判断实质重于形式：特征是"表里不一"。会计上是根据内在的实质来进行账务处理，与法律规定可能出现不一致。

（六）重要性

重要性要求企业提供的会计信息应当反映与企业财务状况、经营成果和现金流量有关的所有重要交易或者事项。

> **通关文牒**
>
> ▶ 速提分 ▶
>
> 重要性的应用需要依赖职业判断，根据企业所处环境和实际情况，从**项目的性质**和**金额**两方面加以判断。
> 常见实务应用：前期不重大的差错不需要追溯；非重大事项可以不必报表披露。

（七）谨慎性

谨慎性要求企业对交易或者事项进行会计确认、计量和报告时应当保持应有的谨慎，**不应高估资产或者收益，不能低估负债或者费用**。

谨慎性的应用并**不允许企业设置秘密准备**。

> **通关文牒**
>
> ▶ 速提分 ▶
>
> 常见实务应用：计提资产减值损失、或有事项的处理、资产加速折旧或摊销、无法估计销售退回可能性的商品销售不确认收入等。

（八）及时性

及时性要求企业对于已经发生的交易或者事项，应当及时进行确认、计量和报告，**不得提前或者延后**。

考点加油站

- 概述
  - 会计职业道德概述
    - 考点1 会计人员从事会计工作的基本要求★
      - 会计人员的范围
      - 会计人员从事会计工作应当符合的基本要求
      - 会计机构负债人（会计主管人员）和总会计师应当具备的基本条件
      - 会计人员任用（聘用）管理相关规定
    - 考点2 会计人员职业道德规范★——三坚三守
  - 会计法规制度体系概述
    - 考点3 会计法规制度体系的构成★
      - 会计法律
      - 会计行政法规
      - 会计部门规章
      - 规范性文件
    - 考点4 国家统一的会计核算制度体系概述★
      - 企业会计准则制度
      - 政府及非营利组织会计准则制度
  - 会计目标、会计要素和会计信息质量要求
    - 考点5 企业会计目标★
    - 考点6 企业会计要素及其确认条件★★
      - 资产及其确认条件
      - 负债及其确认条件
      - 所有者权益及其确认条件
      - 收入及其确认条件
      - 费用及其确认条件
      - 利润及其确认条件
    - 考点7 会计信息质量要求★★★
      - 可靠性
      - 相关性
      - 可理解性
      - 可比性
      - 实质重于形式
      - 重要性
      - 谨慎性
      - 及时性

 2%

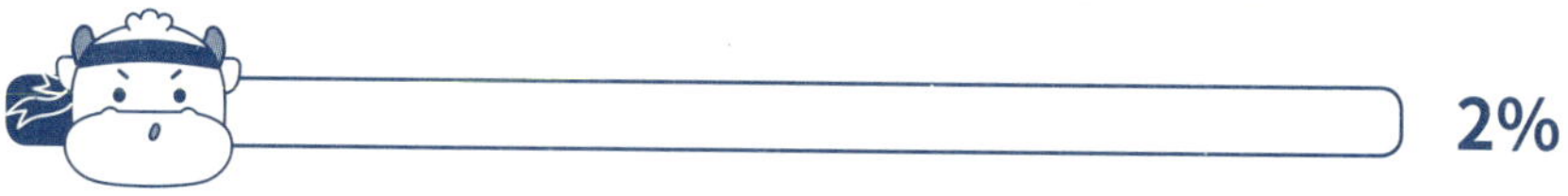

第二章 存货

> 轻装上阵

考情驿站

本章属于非重点章节，主要阐述了存货的确认、初始计量和期末计量等内容，为教材基础知识点章节，可以与所得税、资产负债表日后事项及合并财务报表结合出题。近年考试对本章考查的新颖度低，故学习难度不大，但需要考生全面掌握。历年真题多考查客观题，偶尔考查计算分析题。本章近三年平均考查分值为3~4分。

考点地图

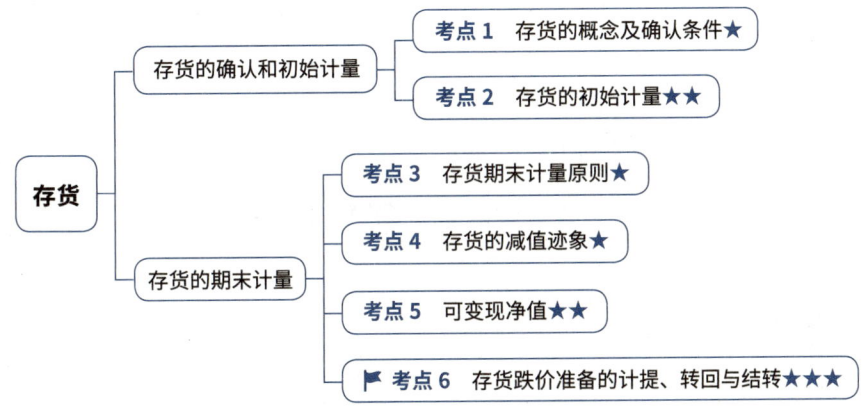

2024年本章主要变化

变动微小。新增"受托方代收代缴委托方加工物资消费税"的会计处理。

第一节 存货的确认和初始计量

考点1 存货的概念及确认条件（★）

（一）存货的概念

存货是指企业在日常活动中**持有以备出售**的产成品或商品、处在生产过程中的在产品、在生产过程或提供劳务过程中耗用的材料和物料等。存货包含内容如图2-1所示：

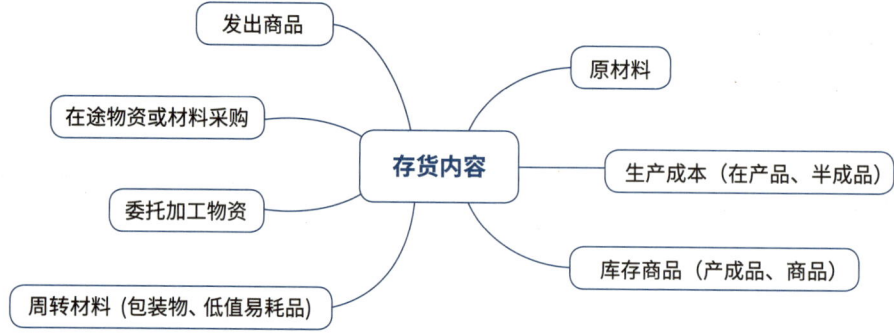

图2-1 存货内容

通关文牒

▶ 速提分 ▶

（1）企业持有建筑物的确认规则（见图2-2）。

"建筑物"的持有目的 $\begin{cases} 自用——"固定资产" \\ 出售——"开发产品"（属于存货）\\ 出租——"投资性房地产" \end{cases}$

图2-2 企业持有建筑物的确认规则

（2）资产负债表中的存货项目的列报。

"存货"项目，应根据"**在途物资或材料采购**""**原材料**""**发出商品**""**库存商品**""**周转材料**""**委托加工物资**""**生产成本**""**受托代销商品**"等科目的期末余额合计，减去"**受托代销商品款**""**存货跌价准备**"科目期末余额后的金额填列。

|例2-1·单选题| 房地产开发企业用于在建商品房的土地使用权，在资产负债表中应列示的项目为（　　）。

A. 存货　　　　　　B. 固定资产　　　　　　C. 无形资产　　　　　　D. 投资性房地产

(解析) 本题考查存货的构成项目。房地产开发企业用于在建商品房的土地使用权应作为企业的存货核算，选项A正确。

(答案) A

(二) 存货的确认条件

存货同时满足下列条件的，才能予以确认：
(1) 与该存货有关的经济利益很可能流入企业；
(2) 该存货的成本能够可靠计量。

考点2 存货的初始计量 (★★)

2023年多选题；2021年单选题、多选题

存货应当按照成本进行初始计量，存货成本包括采购成本、加工成本和其他成本。

(一) 不同方式取得存货的初始计量 (见表2-1)

表2-1 不同方式取得存货的初始计量

取得方式	初始计量
购入存货	成本=价税费 存货的采购成本包括购买价款、相关税费（进口关税、资源税等）、运输费、装卸费、保险费、包装费、入库前挑选整理费以及其他可归属于存货采购成本的费用
自制存货	成本=直接材料+直接人工+制造费用 制造费用是一项间接生产成本，包括企业生产部门（如生产车间）管理人员的职工薪酬、折旧费、办公费、水电费、机物料消耗、劳动保护费、季节性和修理期间的停工损失等
委托加工的存货	成本=消耗材料+加工费+往返运费+相关税费 委托加工的应税消费品用于直接出售：消费税不许抵扣（计入成本）。 委托加工的应税消费品用于连续生产应税消费品：消费税允许抵扣（计入应交税费——应交消费税）
投资者投入的存货	成本按照合同或协议约定的价值确定，不公允的除外
盘盈的存货	成本=重置成本

通关文牒

▶ 很好懂 ▶

无受托方同类消费品销售价格的：
组成计税价格=(材料成本+加工费)÷(1-消费税税率)

通关文牒

▶ 速提分 ▶

税费、仓储费、损耗是否计入成本，总结如表2-2所示：

表2-2 税费、仓储费、损耗

项目	分类		会计处理
税费	不可以抵扣的税费		计入采购成本
	可以抵扣的增值税、消费税		计入应交税费
仓储费	采购存货过程中发生的仓储费用		计入采购成本
	采购入库后发生的储存费用		计入当期损益
	存货在生产过程中为达到下一个生产阶段所必需的仓储费用		计入生产成本
采购过程中发生的物资毁损、短缺	合理损耗		计入采购成本
	非合理损耗	应收赔款	冲减采购成本
		因遭受意外灾害发生的损失和尚待查明原因的损耗	(1) 先计入待处理财产损溢。 (2) 查明原因后再作处理： 自然灾害计入营业外支出； 管理不善计入管理费用

趁热答题

例2-2·单选题 甲公司系增值税一般纳税人，2×08年3月2日购买W商品1 000千克，运输途中合理损耗50千克，实际入库950千克。甲公司取得的增值税专用发票上注明的价款为95 000元，增值税税额为12 350元。不考虑其他因素，甲公司入库W商品的单位成本为（ ）元/千克。

A. 100　　　　　B. 95　　　　　C. 113　　　　　D. 107.35

解析 本题考查外购存货的初始计量。购买商品运输途中发生的合理损耗不影响购进商品的总成本，所以甲公司入库W商品的单位成本=95 000÷950=100（元/千克）。

答案 A

（二）不同方式取得存货的会计分录（见表2-3）

表2-3 不同方式取得存货的会计分录

取得方式	会计分录
购入存货	借：原材料等 　　应交税费——应交增值税（进项税额） 贷：银行存款/应付账款等

续表

取得方式		会计分录
自制存货	加工时	借：生产成本 　　贷：原材料/应付职工薪酬/制造费用
	完工入库	借：库存商品 　　贷：生产成本
委托加工的存货	发出材料	借：委托加工物资 　　贷：原材料/银行存款等
	支付加工费	借：委托加工物资 　　　应交税费——应交增值税（进项税额）　【一般纳税人】 　　　　　　　　——消费税　【应税消费品收回以后连续加工】 　　贷：银行存款
	收回物资	借：库存商品等 　　贷：委托加工物资
投资者投入的存货		借：原材料 　　　应交税费——应交增值税（进项税额） 　　贷：实收资本/股本 　　　　资本公积——资本溢价/股本溢价　【差额】

趁热答题

|例 2-3·多选题（2023 年）| 甲公司为增值税一般纳税人，2×23 年 2 月 1 日，甲公司委托乙公司加工一批 M 产品（属于应税消费品，非黄金饰品），2×23 年 3 月 15 日，甲公司回收并直接销售，应计入 M 成本的有（　　）。

A. 向乙公司支付的不含税加工费 6 万元

B. 发出用于委托加工原材料 30 万元

C. 向乙公司支付与加工费相关增值税 0.38 万元，取得增值税专用发票

D. 向乙公司支付的代收代缴消费税 4 万元

（解析）本题考查存货的初始计量。甲公司为增值税一般纳税人，支付的与加工费相关的增值税可以抵扣，不计入委托加工应税消费品的成本，由于应税消费品收回后直接销售，支付的消费税不允许抵扣，应计入委托加工应税消费品的成本，选项 C 错误。

（答案） ABD

|例 2-4·判断题| 企业接受投资者投入存货的成本，应当按照合同或协议约定的价值确定，但投资合同或协议约定的价值不公允的除外。（　　）

（解析）本题考查投资者投入存货的成本的确定。投资者投入存货的成本，应当按照投资合同或协议约定的价值确定，但合同或协议约定价值不公允的除外。因此，本题表述正确。

（答案） √

第二节　存货的期末计量

考点3　存货期末计量原则（★）

计量原则：资产负债表日，存货应当按照**成本**与**可变现净值**孰低计量。

存货成本高于其可变现净值的，应当计提存货跌价准备，计入当期损益（资产减值损失）。

（1）**可变现净值**＝预计售价－至完工时估计将要发生的成本－估计的销售费用－相关税费

（2）**存货的成本**是指**期末存货的实际成本**。

趁热答题

| 例 2-5·多选题（2012 年） | 下列各项中，企业在判断存货成本与可变现净值孰低时，可作为存货成本确凿证据的有（　　）。

A. 外来原始凭证　　　　　　　　B. 生产成本资料
C. 生产预算资料　　　　　　　　D. 生产成本账簿记录

〔解析〕本题考查反映确定存货成本的依据。选项 C，生产成本预算资料属于预算行为，不属于实际发生的成本，不能作为存货成本确凿证据。选项 ABD 正确。

〔答案〕ABD

考点4　存货的减值迹象（★）

（一）存货的可变现净值低于成本的情况

存货存在下列情况之一的，通常表明存货的可变现净值**低于**成本：

（1）市价**持续下跌**，并且在可预见的未来**无回升的希望**；

（2）企业使用该项原材料生产的产品的成本**大于**产品的销售价格；

（3）企业因产品**更新换代**，原有库存原材料已不适应新产品的需要，而该原材料的市场价格又**低于**其账面成本；

（4）因企业所提供的商品或劳务过时或消费者**偏好改变**而使市场的需求发生变化，导致市场价格逐渐下跌；

（5）其他足以证明该项存货**实质**上已经发生减值的情形。

（二）全额提取减值准备的情形（报表列示的账面价值为 0）

（1）已**霉烂变质**的存货；

（2）**已过期且无转让价值**的存货；

（3）生产中已**不再需要**，并且**已无使用价值和转让价值**的存货；

（4）其他足以证明已无使用价值和转让价值的存货。

考点5　可变现净值（★★）

〔考频〕2021 年多选题、判断题

（一）企业确定存货的可变现净值时应考虑的因素

企业确定存货的可变现净值，应当以取得的确凿证据为基础，并且考虑持有存货的目的、资产负债表日后事项的影响等因素。

通关文牒

▶ 很好懂 ▶

（1）以资产负债表日取得最可靠的证据估计的售价为基础并考虑持有的目的。

（2）资产负债表日后发生的事项为资产负债表日存在的状况提供进一步证据，应当予以考虑；否则，不应予以考虑。

（二）不同情况下存货可变现净值的确定（见图2-3）

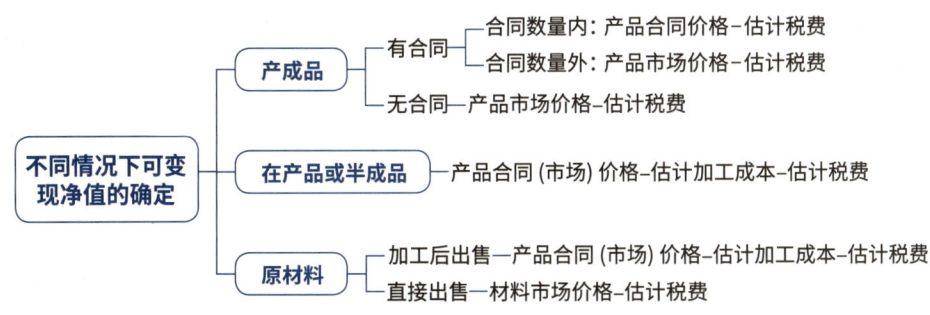

图2-3 不同情况下可变现净值的确定

通关文牒

▶ 很好懂 ▶

如果企业持有的同一项存货数量多于销售合同或劳务合同订购的数量的，应当分别确定其可变现净值，并与其相对应的成本进行比较，分别确定存货跌价准备的计提或转回的金额，由此计提的存货跌价准备**不得相互抵销**。超出合同部分的存货可变现净值，应当以一般销售价格为基础计算。

【举例】2个X产品，单个成本为10万元，一个有合同（合同价为12万元），一个无合同（市场价格为9万元），是否减值？

（答案）有合同与无合同应当分开测算减值。有合同部分无减值，无合同部分需要计提1万元的存货跌价准备。

趁热答题

例2-6·判断题（2020年） 企业为执行不可撤销的销售合同而持有的存货，应当以合同价格为基础确定其可变现净值。（　　）

（解析）本题考查可变现净值的确定。为执行销售合同持有的存货，其可变现净值应当以合同价格为基础，而不是估计售价，减去估计的销售费用和相关税费等后的金额确定。因此，本题表述正确。

（答案）√

▶ 很会考 ▶

考试考查原材料的减值测试时，题目中往往既给原材料本身的市场价格，又给材料对应的产品价格。通常题目中的原材料持有目的为进一步加工为产成品，因而选择对应产品价格进行测试。

| 例 2-7·判断题 | 持有存货的数量多于销售合同订购数量的，超出部分的存货可变现净值应当以产成品或商品的合同价格作为计算基础。（　　）

（解析）本题考查可变现净值中估计售价的计量基础。企业持有的存货数量若超出销售合同约定的数量，则超出的部分存货的可变现净值应以市场价格为基础进行确定。因此，本题表述错误。

（答案）×

▶ 速提分 ▶

可变现净值=估计销售价格　－　估计进一步加工成本　－　估计相关税费
　　　　　　①持有目的　　　　①持有目的
　　　　　　②有无合同

考点 6　存货跌价准备的计提、转回与结转（★★★）

靶心考点精讲　靶心考点精讲

考频　2023 年判断题；2022 年单选题；2021 年单选题

（一）存货跌价准备的计提

资产负债表日，存货的可变现净值低于成本，企业应当计提**存货跌价准备**，计入**当期损益**。
当期应计提的存货跌价准备金额=**存货跌价准备账户期末应有的金额-存货跌价准备账户已有的余额**

1. 需设置的科目："资产减值损失""存货跌价准备"
2. 减值测试的对象
（1）企业**通常应当按照单个存货项目**计提存货跌价准备；
（2）对于**数量繁多、单价较低**的存货，可以按照存货**类别**计提存货跌价准备。

（二）存货跌价准备的转回

以前减记存货价值的影响因素已经消失的，减记的金额应当予以恢复，并在**原已计提**的存货跌价准备**金额内转回**，转回的金额计入当期损益。

▶ 很好懂 ▶

存货跌价准备转回的金额应以**将存货跌价准备的余额冲减至零为限**。

（三）存货跌价准备的结转

企业计提了存货跌价准备，如果其中有部分存货已经销售，则企业在结转销售成本时，应同时结转对其已计提的存货跌价准备。

企业已经计提存货跌价准备的存货因为其他方式消失了，应当同时结转相应的存货跌价准备。

▶ 很好懂 ▶

按存货类别计提存货跌价准备的，应当按照**发生销售等而转出存货的成本占该存货未转出前该类别存货成本的比例**结转相应的存货跌价准备。

▶ 速提分 ▶

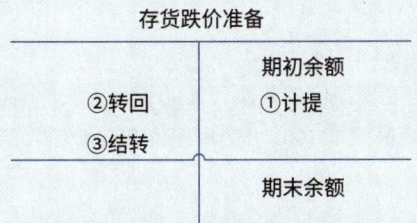

图 2-4 存货跌价准备

存货跌价准备的计提、转回与结转的账务处理总结如表 2-4 所示：

表 2-4 存货跌价准备的会计分录

业务情形	会计分录	
计提	借：资产减值损失 　　贷：存货跌价准备	
转回	借：存货跌价准备 　　贷：资产减值损失	
结转	写法一： 借：主营业务成本 　　存货跌价准备 　　贷：库存商品等	写法二： 借：主营业务成本 　　贷：库存商品 借：存货跌价准备 　　贷：主营业务成本

【举例】

(1) 2×21 年年末，持有 A 商品成本 100 万元，其可变现净值为 90 万元。

(2) 2×22 年年末，上述 A 商品依然全部在库，其可变现净值为 96 万元。

(3) 2×23 年 2 月，A 商品全部出售，出售价格为 110.74（98×1.13）万元。

（要求）编写 2×21 年至 2×23 年与存货跌价准备相关的会计分录。

（答案）

(1) 2×21 年：
借：资产减值损失　　　　　　　　　　　　　　　　10
　　贷：存货跌价准备　　　　　　　　　　　　　　　　10

存货列报金额=库存商品价值 100-存货跌价准备 10=90（万元）

(2) 2×22年：
借：存货跌价准备　　　　　　　　　　　　6
　　贷：资产减值损失　　　　　　　　　　　　6
存货列报金额库存商品价值100-存货跌价准备4=96（万元）
(3) 2×23年：
借：银行存款　　　　　　　　　　　　　110.74（98×1.13）
　　贷：主营业务收入　　　　　　　　　　　　98
　　　　应交税费——应交增值税（销项税额）　12.74（98×13%）
借：主营业务成本　　　　　　　　　　　　96
　　存货跌价准备　　　　　　　　　　　　　4
　　贷：库存商品　　　　　　　　　　　　　100

▶ 很好懂 ▶

存货发生减值，**成本**与**可变现净值**的**差额**代表的是存货跌价准备的余额数（即累计数），如上述举例，2×22年年末，A商品成本100-可变现净值96=4（万元），即2×22年年末A商品的存货跌价准备余额为4万元。

| 例2-8·判断题（2020年）| 企业按照单个存货项目计提存货跌价准备，在结转销售成本时，应同时结转对所售存货已计提的存货跌价准备。　　　　　　　　　　　　　　　　（　　）

解析 本题考查存货跌价准备的计提与转回。企业计提了存货跌价准备，如果其中有部分存货已经销售，则企业在结转销售成本时，应同时结转对其已计提的存货跌价准备。如果按存货类别计提存货跌价准备的，应当按照发生销售等而转出存货的成本占该存货未转出前该类别存货成本的比例结转相应的存货跌价准备。因此，本题表述正确。

答案 √

▶ 速提分 ▶

存货跌价准备的计提、转回与结转的原则与处理总结如表2-5所示：

表2-5　存货跌价准备的计提、转回与结转

情形		内容
计提	原则	资产负债表日，比较存货成本与可变现净值，计算出应计提的存货跌价准备，再与已提数进行比较。若应提数大于已提数，应予补提
	处理	企业计提的存货跌价准备，应计入资产减值损失
转回	原则	以前减记存货价值的影响因素已经消失，减记的金额应当予以恢复
	处理	上限：在原已计提的存货跌价准备金额内转回

续表

情形		内容
结转	原则	企业计提了存货跌价准备，如果其中有部分存货已经不存在于企业当中，就需要结转
	处理	结转存货所对应的存货跌价准备到主营业务成本当中

趁热答题

| 例 2-9 · 判断题（2023 年）| 如本期存货可变现净值高于成本的影响因素不是以前减记存货价值的影响因素，则不允许转回计提的存货跌价准备。（　　）

（解析）本题考查存货跌价准备的计提与转回。导致存货跌价准备转回的是以前减记存货价值的影响因素的消失，而不是在当期造成存货可变现净值高于其成本的其他影响因素。如果本期导致存货可变现净值高于其成本的影响因素不是以前减记该存货价值的影响因素，则不允许将该存货跌价准备转回。因此，本题表述正确。

（答案）√

考点加油站

- 存货
  - 存货的确认和初始计量
    - **考点1** 存货的概念及确认条件★
      - 存货的概念
        - 建筑物自用：固定资产
        - 建筑物出售（房企）：开发产品
        - 建筑物出租：投资性房地产
      - 存货的确认条件
        - 很可能流入
        - 可靠计量
    - **考点2** 存货的初始计量★★
      - 不同方式取得存货的初始计量
        - 购入存货：成本=价税费
        - 自制存货：成本=料工费(含季节性和修理停工损失)
        - 委托加工存货：成本=消耗材料+加工费+往返运费+相关税费
        - 投资者投入存货：成本按照合同或协议约定的价值确定，不公允的除外
        - 盘盈存货：成本=重置成本
        - 【提示】税费、仓储费、损耗是否计入成本的辨析
      - 不同方式取得存货的会计分录
  - 存货的期末计量
    - **考点3** 存货期末计量原则★ —— 成本与可变现净值孰低
    - **考点4** 存货的减值迹象★ —— 估计销售价格–估计进一步加工成本–估计相关税费
    - **考点5** 可变现净值★★
    - **考点6** 存货跌价准备的计提、转回与结转★★★
      - 1.计提
        - 借：资产减值损失
        - 贷：存货跌价准备
      - 2.转回
        - 借：存货跌价准备
        - 贷：资产减值损失
      - 3.结转
        - 借：主营业务成本
        - 存货跌价准备
        - 贷：库存商品
      - 【提示】成本-可变现净值=存货跌价准备的余额

4%

第三章 固定资产

> 轻装上阵

考情驿站

本章主要阐述了固定资产的确认、初始计量、后续计量和终止确认等内容,为教材基础知识点章节,也可以与所得税、政府补助、资产减值结合出题,难度不大但分值较高,需要考生全面掌握。本章考点以客观题和计算分析题考查,近三年平均考查分值为4~5分,其中2021年的考查分值在11分左右。

考点地图

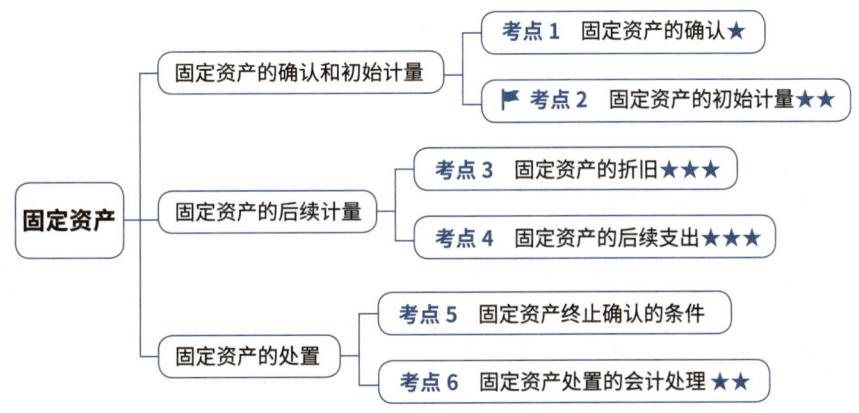

2024年本章主要变化

变动微小。待摊支出分摊的内容,增加在安装设备分摊表述,并修改相关明细科目;修改固定资产终止确认的条件(固定资产处置包括的情形)相关表述;修改固定资产处置的会计处理(清理净损益的处理)相关表述:①固定资产生产经营期间正常的出售、转让的净损益计入资产处置损益,②自然灾害、丧失功能报废,净损失计入营业外支出,净收益计入营业外收入。

考点速递

第一节　固定资产的确认和初始计量

考点1　固定资产的确认（★）

考频 2022年判断题

（一）固定资产的定义

固定资产是指为**生产商品**、**提供劳务**、**出租或经营管理**而持有的，使用寿命**超过一个会计年度**的**有形资产**。

（二）固定资产的确认条件

（1）与该固定资产有关的经济利益**很可能流入**企业；
（2）该固定资产的成本能够**可靠地计量**。

> **通关文牒**
>
> ▶ 速提分 ▶
>
> （1）**环保设备和安全设备**因其有助于企业从其他相关资产的使用中获得未来经济利益或者获得更多的未来经济利益，**属于固定资产**。
> （2）固定资产的**不同组成部分**以不同方式为企业提供经济利益，由此适用不同折旧率或折旧方法的，应当将各组成部分**确认为单项固定资产**。
> （3）备品备件、维修设备符合固定资产确认条件的，应确认为固定资产。

趁热答题

| 例3-1·判断题（2022年） | 对于构成固定资产的各组成部分，如果各自具有不同的使用寿命或者以不同的方式为企业提供经济利益，企业应将各组成部分单独确认为固定资产。　　　　（　　）

〔解析〕本题考查固定资产确认条件的具体运用。固定资产各组成部分，如果具有不同使用寿命或者以不同方式为企业提供经济利益，表明这些组成部分实际上是以独立的方式为企业提供经济利益，企业应当将各组成部分确认为单项固定资产。因此，本题表述正确。

〔答案〕√

考点2　固定资产的初始计量（★★）

靶心考点精讲　靶心考点精讲

考频 2023年判断题、计算分析题；2022年多选题、判断题；2021年计算分析题

固定资产应当按照**成本**进行初始计量。
固定资产的入账价值＝固定资产达到**预定可使用状态前**所发生的支出

```
                    ┌─ 直接支出 ─ 直接发生的价款、相关税费、运杂费、
                    │           包装费和安装成本等
        固定资产成本 ─┤
                    └─ 间接支出 ─ 应承担的借款利息、外币借款折算差额
                                以及应分摊的其他间接费用等
```

图 3-1　固定资产的成本

（一）不同方式取得固定资产的初始计量（见表 3-1）

表 3-1　不同方式取得固定资产成本的初始计量

取得方式	初始计量
外购的固定资产	成本=购买价款+相关税费+运输费+装卸费+安装费+专业人员服务费等 【通关文牒-速提分】 (1) 员工培训费不计入固定资产成本。 (2) 以一笔款项购入多项没有单独标价的固定资产，应当按照各项固定资产的公允价值比例对总成本进行分配，分别确定各项固定资产的成本
自行建造固定资产	(1) 自营方式。 成本=工程物资成本+人工成本+相关税费+应予资本化的借款费用+间接费用 (2) 出包方式。 成本=建筑工程支出+安装工程支出+相关税费+分摊计入的待摊支出 【通关文牒-速提分】 待摊支出包括为建造工程发生的管理费、可行性研究费、临时设施费、公证费、监理费、应负担的税金、符合资本化条件的借款费用、建设期间发生的工程物资盘亏、报废及毁损净损失，以及负荷联合试车费等。 ××工程应分摊的待摊支出=(××工程的建筑工程支出+××工程的安装工程支出+××工程的在安装设备支出) ×待摊支出分摊率 式中，待摊支出分摊率=累计发生的待摊支出÷(建筑工程支出+安装工程支出+在安装设备支出) ×100%
接受固定资产投资	成本=投资合同或协议约定的价值（不公允的除外）+应支付的相关税费
非货币性资产交换、债务重组等	按相关准则执行
存在弃置费用的固定资产	按照弃置费用的现值计入相关固定资产成本

▶ 速提分 ▶

企业将固定资产达到预定可使用状态前产出的产品或副产品对外销售的，应当对试运行销售相关的收入和成本分别进行会计处理，计入当期损益，不应将试运行销售相关收入抵销相关成本后的净额冲减固定资产成本或者研发支出。

趁热答题

例 3-2 · 单选题（2020 年） 甲公司系增值税一般纳税人。2×20 年 1 月 10 日购入一台需安装的生产设备，取得的增值税专用发票上注明的价款为 200 万元、增值税税额为 26 万元；支付设备安装费取得的增值税专用发票上注明的安装费为 2 万元，增值税税额为 0.18 万元。2×20 年 1 月 20 日，该设备安装完毕并达到预定可使用状态。不考虑其他因素，该设备达到预定可使用状态时的入账价值为（　　）万元。

A. 200　　　　　　　　　　　　B. 226
C. 202　　　　　　　　　　　　D. 228.18

解析 本题考查外购固定资产的初始计量。企业外购固定资产的成本包括购买价款、相关税费、使固定资产达到预定可使用状态前所发生的可归属于该项资产的运输费、装卸费、安装费和专业人员服务费等，该设备达到预定可使用状态时的入账价值 = 200+2 = 202（万元）。因此，选项 C 正确。

答案 C

例 3-3 · 判断题（2023 年） 在建的试运行中生产的产品进行销售，其产品的销售收入和成本应计入当期损益。（　　）

解析 本题考查自行建造固定资产。企业将固定资产达到预定可使用状态前或者研发过程中产出的产品或副产品对外销售的，应当按照规定，对试运行销售相关的收入和成本分别进行会计处理，计入当期损益，不应将试运行销售相关收入抵销相关成本后的净额冲减固定资产成本或者研发支出。因此，本题表述正确。

答案 √

通关文牒

▶ 很会考 ▶

自营方式建造固定资产入账成本可以从以下两方面进行：

（1）建设期间，企业为建造固定资产领用的工程物资、原材料或库存商品，应按其实际成本转入所建工程成本（不视同出售）。

（2）盘盈、盘亏、报废及损毁的工程物资的会计处理，具体如图 3-2 所示：

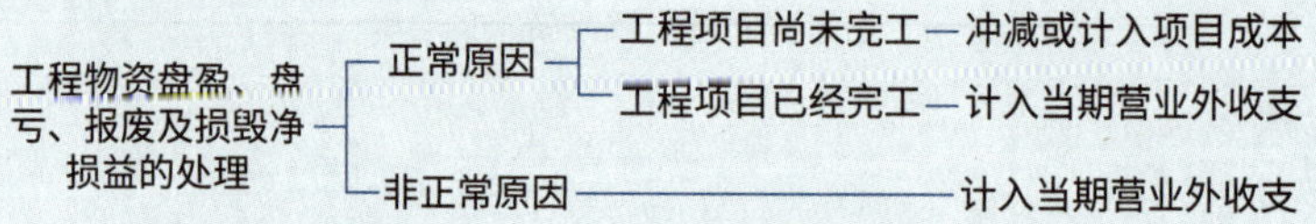

工程物资盘盈、盘亏、报废及损毁净损益的处理
- 正常原因
  - 工程项目尚未完工——冲减或计入项目成本
  - 工程项目已经完工——计入当期营业外收支
- 非正常原因——计入当期营业外收支

图 3-2　盘盈、盘亏、报废及损毁的工程物资的会计处理

(二) 不同方式取得固定资产的会计处理（见表 3-2 至 3-6）

表 3-2 外购固定资产的会计处理

不需要安装	需要安装
借：固定资产 　　应交税费——应交增值税（进项税额） 　贷：银行存款等	（1）购入时： 借：在建工程 　　应交税费——应交增值税（进项税额） 　贷：银行存款等 （2）安装时： 借：在建工程 　贷：应付职工薪酬等 （3）达到预定可使用状态： 借：固定资产 　贷：在建工程

表 3-3 自营方式建造固定资产的会计处理

情形	会计处理		
购入工程物资	借：工程物资 　　应交税费——应交增值税（进项税额） 　贷：银行存款		
工程领用工程物资、原材料、库存商品	借：在建工程 　贷：工程物资	借：在建工程 　贷：原材料	借：在建工程 　贷：库存商品
分配工程人员工资	借：在建工程 　贷：应付职工薪酬		
支付工程发生的其他费用	借：在建工程 　贷：银行存款等		
发生满足资本化条件的借款费用	借：在建工程 　贷：长期借款——应计利息/应付债券——应计利息		
工程完工转入固定资产	借：固定资产 　贷：在建工程		

表 3-4 出包方式建造固定资产的会计处理

情形	会计处理
预付工程款项	借：预付账款 　贷：银行存款
企业按合理估计的发包工程进度和合同规定向建造承包商结算的进度款	借：在建工程 　贷：银行存款/预付账款/应付账款
工程完成时按合同规定补付的工程款	借：在建工程 　贷：银行存款
工程达到预定可使用状态时	借：固定资产 　贷：在建工程

表 3-5　其他方式取得的固定资产的会计处理

方式	内容
接受固定资产投资	借：固定资产 　　应交税费——应交增值税（进项税额） 　贷：实收资本　　　　　　　　　【在注册资本中享有的份额】 　　　资本公积——资本溢价　　　　　　　　　　　　　【差额】
非货币性资产交换、债务重组等	按相关准则执行

表 3-6　存在弃置费用的固定资产的会计处理

情形	会计处理
初始确认	借：固定资产 　贷：在建工程　　　　　　　　　　　【实际发生的建造成本】 　　　预计负债　　　　　　　　　　　　【弃置费用的现值】
在固定资产的使用寿命内摊销	借：财务费用　　　　　　【期初预计负债的摊余成本×实际利率】 　贷：预计负债
弃置费用支出发生时	借：预计负债 　贷：银行存款等

趁热答题

| 例 3-4·多选题（2022 年）| 下列各项与企业以自营方式建造办公楼相关的支出中，应计入该办公楼成本的有（　　）。

A. 领用工程物资的实际成本
B. 建造过程中发生的机械施工费
C. 建造期间发生的符合资本化条件的借款费用
D. 通过出让方式取得土地使用权时支付的土地出让金

（解析）本题考查固定资产的初始计量。选项 ABC 计入在建工程，完工后结转到固定资产计入办公楼的成本；选项 D，通过出让方式取得土地使用权时支付的土地出让金计入无形资产。因此，选项 ABC 正确。

（答案）ABC

| 例 3-5·判断题（2023 年）| 对于核发电设备处置时产生的预计负债，应按照未来支付的金额减去处置利得之后的现值进行核算。（　　）

（解析）本题考查存在弃置费用的固定资产。对于核发电设备处置时产生的预计负债，应按照未来支付金额的现值核算。核发电设备的处置利得不属于弃置费用，应当在发生时作为固定资产处置损益处理。因此，本题表述错误。

（答案）×

第二节 固定资产的后续计量

考点3 固定资产的折旧（★★★）

2023年计算分析题；2022年判断题；2021年单选题、计算分析题

表3-7 固定资产的折旧的概述

事项	内容
概念	固定资产的折旧是指在固定资产使用寿命内，按照确定的方法对应计折旧额进行的系统分摊。 其中： 应计折旧额=**固定资产的原价-预计净残值-固定资产减值准备** 【提示】固定资产的使用寿命、预计净残值，一经确定，不得随意变更
影响 因素	（1）固定资产的原价； （2）固定资产的使用寿命； （3）固定资产的预计净残值； （4）固定资产已提的减值准备。 【提示】计提减值准备后会影响后续期间的折旧金额

通关文牒

▶ 速提分 ▶

三个易混淆的概念

固定资产账面余额=固定资产账面原价

固定资产账面净值=固定资产账面原价-计提的累计折旧

固定资产账面价值=固定资产账面原价-计提的累计折旧-计提的减值准备

（一）固定资产折旧范围

1. 固定资产折旧的计提范围

企业会计准则规定，除下列情况外，企业应对所有固定资产计提折旧：

（1）已提足折旧继续使用的固定资产；

（2）单独计价作为固定资产入账的土地；

（3）处于更新改造过程中的固定资产；

（4）持有待售的固定资产。

通关文牒

▶ 速提分 ▶

（1）**未使用、不需用**的固定资产照提折旧（计入管理费用等）。

（2）**替换使用**的设备**需要**计提折旧。

（3）**大修理停用**的固定资产照提折旧（按正常方式）。

2. 已达到预定可使用状态但尚未办理竣工决算的固定资产

按照暂估价确认为固定资产，并计提折旧。

竣工决算后 ┬ 固定资产原价 — 按实际成本调整
　　　　　 └ 固定资产折旧 — 不调整已计提折旧

3. 固定资产折旧计提原则

固定资产应当按月计提折旧：

（1）**当月增加**的固定资产，**当月不计提**折旧，从**下月起计提**折旧；

（2）**当月减少**的固定资产，**当月仍计提**折旧，从**下月起停止计提**折旧。

趁热答题

例 3-6·判断题（2019年） 企业自行建造的厂房达到预定可使用状态但尚未办理竣工结算的，按暂估价值转入固定资产并计提折旧，办理竣工决算手续后，不需要按新的入账价值调整原已计提的折旧额。（　　）

解析 本题考查固定资产的折旧范围。建造的固定资产已达到预定可使用状态，但尚未办理竣工结算的，应当自达到预定可使用状态之日起，根据工程预算、造价或者工程实际成本等，按暂估价值转入固定资产，并按有关计提固定资产折旧的规定，计提固定资产折旧。待办理竣工决算手续后再调整原来的暂估价值，但不需要调整原已计提的折旧额。因此，本题表述正确。

答案 √

（二）固定资产折旧方法

固定资产折旧方法一经确定，**不得随意变更**。

表 3-8 固定资产折旧方法

事项		内容
选择原则		企业应当根据**与固定资产有关的经济利益的预期消耗方式**，合理选择固定资产折旧方法。 【通关文牒-速提分】 企业**不应**以包括使用固定资产在内的经济活动所产生的**收入为基础**进行折旧
折旧方法	年限平均法	年折旧额=（固定资产原价-预计净残值）÷预计使用年限 　　　　=固定资产原价×（1-预计净残值÷原价）÷预计使用年限×100% 年折旧率=（1-预计净残值率）÷预计使用年限×100% 月折旧率=年折旧率÷12 月折旧额=固定资产原价×月折旧率
	工作量法	单位工作量折旧额=（固定资产原价-预计净残值）÷预计总工作量 某项固定资产月折旧额=该项固定资产当月工作量×单位工作量折旧额
	双倍余额递减法	年折旧率=2÷预计使用年限×100% 月折旧率=年折旧率÷12 月折旧额=**固定资产净值**×月折旧率 **最后两年年折旧额**=（固定资产净值-预计净残值）÷2
	年数总和法	年折旧率=尚可使用年数÷预计使用年限的年数总和×100% 月折旧率=年折旧率÷12 月折旧额=（固定资产原价-预计净残值）×月折旧率

续表

事项	内容
会计处理	借：生产成本/制造费用（基本生产车间计提折旧） 　　管理费用等（企业管理部门、未使用的固定资产计提折旧） 　　销售费用（企业专设销售部门计提折旧） 　　其他业务成本（企业经营出租固定资产计提折旧，不包括建筑物） 　　研发支出（企业研发无形资产时使用的固定资产，计提折旧） 　　在建工程（自行建造固定资产过程中使用的固定资产，计提折旧） 　贷：累计折旧

【举例1】某企业2×22年12月购入一项固定资产，原价为155万元，预计使用年限为5年，预计净残值为5万元。

要求 （1）假定该企业按年限平均法计提折旧，计算2×23年应计提的折旧额。
（2）假定该企业按双倍余额递减法计提折旧，计算每年的折旧额。
（3）假定该企业按年数总和法计提折旧，计算每年的折旧额。

答案
（1）按年限平均法计提折旧
2×23年应计提的折旧额=（155-5）÷5=30（万元）
（2）按双倍余额递减法计提折旧
年折旧率=2÷5×100%=40%
2×23年应计提的折旧额=155×40%=62（万元）
2×24年应计提的折旧额=（155-62）×40%=37.2（万元）
2×25年应计提的折旧额=（155-62-37.2）×40%=22.32（万元）
最后两年（2×26年、2×27年）年折旧额=（155-62-37.2-22.32-5）÷2=14.24（万元）
（3）按年数总和法计提折旧
2×23年应计提的折旧额=（155-5）×5÷15×100%=50（万元）
2×24年应计提的折旧额=（155-5）×4÷15×100%=40（万元）
2×25年应计提的折旧额=（155-5）×3÷15×100%=30（万元）
2×26年应计提的折旧额=（155-5）×2÷15×100%=20（万元）
2×27年应计提的折旧额=（155-5）×1÷15×100%=10（万元）

通关文牒

▶ 很会考 ▶

对于年数总和法和双倍余额递减法，若折旧年度与会计年度（1月—12月）不同，如从年度中间开始计提折旧，则需要分段计算，然后加总来计算年折旧额。

【举例2】接上例【举例1】假设上例中，该固定资产是2×23年9月购入。

要求 该企业按双倍余额递减法计提折旧，计算2×23年、2×24年和2×25年应计提的折旧额。

答案
2×23年的折旧额就是2×23年10月1日到2×23年12月31日（3个月）的折旧金额。
2×23年折旧额=62×3÷12=15.5（万元）；

2×24 年折旧额=62×9÷12+37.2×3÷12=55.8（万元）；
2×25 年折旧额=37.2×9÷12+22.32×3÷12=33.48（万元）；
依次类推。

趁热答题

| 例 3-7·判断题（2022 年） | 对于在用的机器设备，企业可以按其生产产品实现的收入为基础计提折旧。（　　）

解析 本题考查固定资产的折旧方法。企业应当根据与固定资产有关的经济利益的预期消耗方式为基础计提折旧，不能以包括使用固定资产在内的经济活动所产生的收入为基础进行折旧，因为收入可能受到投入、生产过程、销售等因素的影响，这些因素与固定资产有关经济利益的预期消耗方式无关。因此，本题表述错误。

答案 ×

| 例 3-8·单选题（2014 年） | 甲公司一台用于生产 M 产品的设备预计使用年限为 5 年，预计净残值为零。假定 M 产品各年产量基本均衡，下列折旧方法中，能够使该设备第一年计提折旧金额最多的是（　　）。

A. 工作量法
B. 年限平均法
C. 年数总和法
D. 双倍余额递减法

解析 本题考查固定资产折旧方法。选项 AB，由于 M 产品各年产量基本均衡，工作量法和年限平均法下年折旧率相同，M 设备预计使用年限为 5 年，预计净残值为零，年折旧率均为 1÷5，即 20%；选项 C，采用年数总和法，第一年的折旧率=5÷(1+2+3+4+5)×100%=33.33%；选项 D，采用双倍余额递减法，第一年折旧率=2÷5×100%=40%。因此，该设备第一年计提折旧金额最多的是采用双倍余额递减法计提的折旧，选项 D 正确。

答案 D

（三）固定资产使用寿命、预计净残值和折旧方法的复核

企业**至少**应于**每年年度终了**，对固定资产的**使用寿命**、**预计净残值**和**折旧方法**进行**复核**：
（1）使用寿命预计数与原先估计数有差异的，调整固定资产使用寿命；
（2）预计净残值预计数与原先估计数有差异的，调整预计净残值；
（3）与固定资产有关的经济利益预期消耗方式发生重大改变，企业应当改变固定资产折旧方法。

考点 4　固定资产的后续支出（★★★）

考频 2022 年单选题；2021 年计算分析题

固定资产的后续支出，是指固定资产在使用过程中发生的更新改造支出、修理费用等。

表 3-9　固定资产的后续支出

事项	更新改造	日常修理
处理方式	计入固定资产**成本**，同时将**被替换部分的账面价值扣除**	计入**当期损益**，若与存货生产相关计入**制造费用**
折旧	不计提折旧	计提折旧

续表

事项	更新改造	日常修理
会计处理	(1) 将原固定资产账面价值转入在建工程： 借：在建工程 　　累计折旧 　　固定资产减值准备 　　贷：固定资产 (2) 发生资本化投入： 借：在建工程 　　贷：银行存款 　　　　原材料/工程物资/库存商品 　　　　应付职工薪酬等 (3) 被替换的部分（报废）： 借：银行存款等 　　营业外支出（净损失） 　　贷：在建工程（被替换部分的账面价值） (4) 工程完工： 借：固定资产 　　贷：在建工程	借：管理费用（行政管理部门） 　　销售费用（销售部门） 　　**生产成本/制造费用（存货生产加工）** 　　贷：银行存款等

趁热答题

| 例3-9·单选题（2022年）| 甲公司系增值税一般纳税人，适用的增值税税率为13%。2×21年4月1日，甲公司对M机器设备进行更新改造。当日，M机器设备的账面价值为700万元，更新改造过程中领用自产的产品一批，该批产品的成本为80万元，公允价值为90万元，发生安装人员工资200万元。2×21年6月20日，M机器设备更新改造完成并达到预定可使用状态。不考虑其他因素，更新改造后的M机器设备的入账金额为（　　）万元。

　A. 1001.7　　　　B. 980　　　　C. 990　　　　D. 991.7

（解析）本题考查固定资产的后续支出。M机器设备更新改造过程中，领用自产产品应按照成本入账。因此，更新改造后的M机器设备的入账金额=原账面价值+产品成本+安装成本=700+80+200=980（万元）。因此，选项B正确。

（答案）　B

通关文牒

▶ 很会考 ▶

固定资产更新改造后的账面价值=改造前账面价值-拆除部分账面价值+更新改造支出。拆除部分账面价值是容易计算出错的点：如果题目给出的是原值，还需考虑折旧、减值因素，计算出账面价值；如果题目给出的是账面价值，直接套用公式即可。

| 例3-10·多选题（2020年）| 下列各项关于固定资产后续计量会计处理的表述中，正确的有（　　）。

　A. 因更新改造停止使用的固定资产不再计提折旧
　B. 已达到预定可使用状态但尚未办理竣工决算的固定资产应计提折旧
　C. 专设销售机构发生的固定资产日常修理费用计入销售费用

D. 行政管理部门发生的固定资产日常修理费用计入管理费用

(解析) 本题考查固定资产的后续支出。因更新改造过程停止使用的固定资产，应将其账面价值转入在建工程，并停止计提折旧，选项 A 正确。已达到预定可使用状态，但尚未办理竣工决算的固定资产应当按照暂估价值确认为固定资产，并计提折旧；待办理竣工决算后再调整原来的暂估价值，但不需要调整原已计提的折旧额。选项 B 正确。企业专设销售机构的，其发生的与专设销售机构相关的固定资产修理费用等后续支出，计入销售费用，选项 C 正确。企业生产车间和行政管理部门等发生的固定资产修理费用等后续支出计入管理费用，选项 D 正确。因此，选项 ABCD 正确。

(答案) ABCD

第三节 固定资产的处置

考点5 固定资产终止确认的条件

固定资产满足下列条件之一的，应当予以终止确认：
(1) 该固定资产处于处置状态；
(2) 该固定资产预期通过使用或处置不能产生经济利益。

考点6 固定资产处置的会计处理（★★）

考频 2022年多选题；2021年计算分析题

企业出售、转让划归为持有待售类别的，按照持有待售非流动资产、处置组的相关章内容进行会计处理；未划归为持有待售类别而出售、转让的，以及报废固定资产或发生固定资产损毁的，通过"固定资产清理"科目归集所发生的损益。固定资产**处置包括**将固定资产划分为持有待售类别，以及固定资产的出售、转让、报废或毁损、对外投资、债务重组、非货币性资产交换等。

企业出售、转让、报废固定资产或发生固定资产毁损，应当将处置收入扣除账面价值和相关税费后的金额计入当期损益。即：

处置净损益=**处置收入**-固定资产账面价值-相关税费

式中，固定资产账面价值=**固定资产成本**-累计折旧-减值准备

表3-10 固定资产出售、报废或损毁的账务处理

情形	会计处理
固定资产转入清理	借：固定资产清理 　　累计折旧 　　固定资产减值准备 　贷：固定资产
发生的清理费用	借：固定资产清理 　贷：银行存款等
出售收入的处理	借：银行存款 　贷：固定资产清理 　　　应交税费——应交增值税（销项税额）

续表

情形		会计处理
回收残料的处理		借：原材料 贷：固定资产清理
保险公司、责任人赔偿		借：其他应收款/银行存款 贷：固定资产清理
属于因自然灾害发生损毁、已丧失使用功能等原因而报废处理	损失	借：营业外支出——非流动资产毁损报废损失 营业外支出——非常损失 贷：固定资产清理
	利得	借：固定资产清理 贷：营业外收入——处置非流动资产利得
属于生产经营期间正常的因出售、转让等原因产生	损失	借：**资产处置损益** 贷：固定资产清理
	利得	借：固定资产清理 **贷：资产处置损益**

趁热答题

例 3-11·多选题（2022 年） 下列各项关于甲公司处置固定资产的会计处理的表述中，正确的有（　　）。

A. 因台风毁损的厂房的净损失 60 万元计入营业外支出
B. 报废生产用设备的净收益 10 万元计入营业外收入
C. 出售办公楼的净收益 700 万元计入资产处置损益
D. 正常报废行政管理用汽车的净损失 5 万元计入管理费用

（解析）本题考查固定资产的处置。选项 A，因自然灾害发生毁损产生的净损失应计入营业外支出，表述正确；选项 B，因报废产生的净收益应计入营业外收入，表述正确；选项 C，因出售产生的净收益应计入资产处置损益，表述正确；选项 D，因正常报废而产生的净损失应计入营业外支出，表述错误。因此，选项 ABC 正确。

（答案）ABC

考点加油站

固定资产

- **考点1 固定资产的确认★**
  - 固定资产的定义
  - 固定资产的确认条件
    - 很可能流入
    - 可靠地计量

- **考点2 固定资产的初始计量★★**
  - 不同方式取得固定资产的初始计量
    - 外购：成本=购买价款+相关税费+运输费+装卸费+安装费+专业人员服务费等
    - 自营方式：成本=工程物资成本+人工成本+相关税费+应予资本化的借款费用+间接费用
    - 出包方式：成本=建筑工程支出+安装工程支出+相关税费+分摊计入的待摊支出
    - 接受固定资产投资：成本=投资合同或协议约定的价值（不公允的除外）+应支付的相关税费
    - 非货币性资产交换、债务重组等：按相关准则执行
    - 存在弃置费用的固定资产：按照弃置费用的现值计入相关固定资产成本
  - 不同方式取得固定资产的会计处理

- **考点3 固定资产的折旧★★★**
  - 固定资产折旧范围
  - 固定资产折旧方法
    - 年限平均法
    - 工作量法
    - 双倍余额递减法
    - 年数总和法
  - 固定资产使用寿命、预计净残值和折旧方法的复核 —— 至少应于每年年度终了复核

- **考点4 固定资产的后续支出★★★**
  - 资本化的后续支出
  - 费用化的后续支出

- **考点5 固定资产终止确认的条件**

- **考点6 固定资产处置的会计处理★★**
  - 出售或转让：处置净损益计入资产处置损益
  - 报废或因自然灾害毁损：处置净损益计入营业外收支

7%

第四章 无形资产

考情驿站

本章主要阐述了无形资产的确认、初始计量、内部研究开发支出的确认和计量、后续计量和处置等内容，为教材基础知识点章节，也可以与所得税、资产减值及财务报表结合出题，总体难度不大但分值较高，需要全面掌握。本章各种题型均有涉及，近三年平均考查分值为 5~7 分。

考点地图

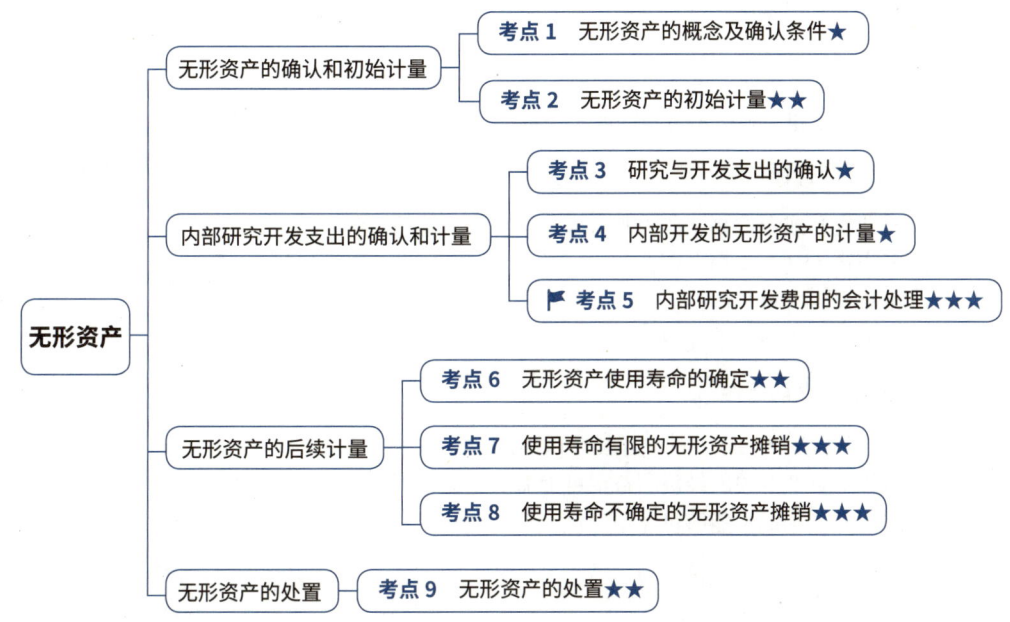

2024 年本章主要变化

无实质性变动。

第一节　无形资产的确认和初始计量

考点1　无形资产的概念及确认条件（★）

考频 2021年单选题、多选题、判断题

（一）无形资产概述

1. 定义

无形资产是指企业拥有或者控制的没有实物形态的可辨认非货币性资产。

2. 范围

（1）属于：专利权、非专利技术、商标权、著作权、特许权、自用的土地使用权。
（2）不属于：客户关系、人力资源、商誉、出租及持有以备增值后转让的土地使用权。
（3）特殊事项：计算机软件。
①如果其构成相关硬件不可缺少的组成部分，作为固定资产进行核算；
②如果其不构成相关硬件不可缺少的组成部分，作为无形资产进行核算。

（二）无形资产特征

（1）由企业拥有或者控制并能为其带来未来经济利益的资源；
（2）无形资产不具有实物形态；
（3）无形资产具有可辨认性；
（4）无形资产属于非货币性资产。

（三）无形资产确认条件

无形资产同时满足下列条件的，才能予以确认：
（1）与该无形资产有关的经济利益很可能流入企业；
（2）该无形资产的成本能够可靠地计量。

考点2　无形资产的初始计量（★★）

考频 2022年单选题；2021年多选题、判断题

（一）外购无形资产的成本

外购无形资产的成本＝购买价款+相关税费+直接归属于使该项资产达到预定用途所发生的其他支出

▶ 速提分 ▶

外购无形资产的成本范围：

包括：

（1）专业服务费用；

(2) 测试无形资产是否能够正常发挥作用的费用等。

不包括：
(1) 为引入新产品进行宣传发生的广告费、管理费用及其他间接费用；
(2) 在无形资产已经达到预定用途以后发生的费用。

趁热答题

例4-1·单选题（2019年） 2×18年12月20日，甲公司以银行存款200万元外购一项专利技术用于W产品的生产，另支付相关税费1万元，达到预定用途前的专业服务费2万元，宣传W产品广告费4万元。2×18年12月20日，该专利技术的入账价值为（ ）万元。

A. 203　　　　　　B. 201　　　　　　C. 207　　　　　　D. 200

解析 本题考查外购无形资产的成本。外购无形资产的成本，包括购买价款、相关税费，以及直接归属于使该资产达到预定用途所发生的其他支出，不包括为引入新产品进行宣传而发生的广告费、管理费用及其他间接费用。因此，该专利技术的入账价值＝200+1+2＝203（万元）。

答案 A

分期付款购买无形资产的账务处理见表4-1。

表4-1　分期付款购买无形资产的账务处理

项目	内容
处理原则	购买无形资产的价款超过正常信用条件延期支付，实质上具有融资性质的： (1) 无形资产的成本应以购买价款的现值为基础确定； (2) 实际支付的价款与购买价款的现值之间的差额作为未确认融资费用，在付款期内采用实际利率法进行摊销； (3) 未确认融资费用摊销金额，除满足借款费用资本化条件应当计入无形资产成本外，均应当在信用期间内确认为财务费用，计入当期损益
会计分录	(1) 购入无形资产时： 借：无形资产　　　　　　　　　　　　　　　　　　【购买价款的现值，本金】 　　未确认融资费用　　　　　　　　　　　　　　　【差额，利息】 　　贷：长期应付款　　　　　　　　　　　　　　　【实际支付金额，本金+利息】 (2) 期末未确认融资费用摊销时： 借：研发支出/财务费用　　　　　　　　　　　　　【长期应付款的期初摊余成本×实际利率】 　　贷：未确认融资费用 【提示】通常符合资本化条件计入研发支出，不符合资本化条件计入财务费用。 (3) 实际支付价款时： 借：长期应付款 　　贷：银行存款

【举例】 甲公司于2×20年年初购入一项专利权，总价款为1 000万元，分三次付款，2×20年年末支付400万元，2×21年年末支付300万元，2×22年年末支付300万元。假定银行同期贷款利率为10%，为了简化核算，假定不考虑其他有关税费。

已知：$(P/F, 10\%, 1)=0.9091$；$(P/F, 10\%, 2)=0.8264$；$(P/F, 10\%, 3)=0.7513$。

要求：计算无形资产的入账成本，并做出相应的会计处理。

答案 首先计算无形资产的入账成本（分期付款购入，应按现值计价）。

无形资产成本=400×0.9091+300×0.8264+300×0.7513=836.95（万元）

长期应付款入账金额为1 000万元。

未确认融资费用=1 000-836.95=163.05（万元）

2×20年年初购入该设备时：

借：无形资产　　　　　　　　　　　　　　836.95
　　未确认融资费用　　　　　　　　　　　163.05
　　贷：长期应付款　　　　　　　　　　　　　　1 000

本期未确认融资费用摊销=期初摊余成本（期初应付本金余额）×实际利率=（期初长期应付款余额－期初未确认融资费用余额）×实际利率

每年利息费用的计算如下表所示：

未确认融资费用分摊表

时间	本年利息 ①=期初④×10%	本年付款额 ②	应付本金减少额 ③=②-①	摊余成本 ④=期初④-③
2×20年年初				836.95
2×20年年末	83.70	400	316.3	520.65
2×21年年末	52.07	300	247.93	272.72
2×22年年末	27.28*	300	272.72	0
合计	163.05	1 000	836.95	—

【注】尾数调整：27.28=300-272.72

2×20年年末支付款项并确认利息费用时

未确认融资费用摊销=(1 000-163.05)×10% =83.7（万元）

借：财务费用　　　　　　　　　　　　　　83.7
　　贷：未确认融资费用　　　　　　　　　　　83.7
借：长期应付款　　　　　　　　　　　　　400
　　贷：银行存款　　　　　　　　　　　　　　400

2×21年年末支付专利款并确认利息费用时

未确认融资费用摊销=[(1 000-400)-(163.05-83.7)]×10%=52.07（万元）

借：财务费用　　　　　　　　　　　　　　52.07
　　贷：未确认融资费用　　　　　　　　　　　52.07
借：长期应付款　　　　　　　　　　　　　300
　　贷：银行存款　　　　　　　　　　　　　　300

2×22年年末支付专利款并确认利息费用时

未确认融资费用摊销=163.05-83.7-52.07=27.28（万元）

借：财务费用　　　　　　　　　　　　　　27.28
　　贷：未确认融资费用　　　　　　　　　　　27.28
借：长期应付款　　　　　　　　　　　　　300
　　贷：银行存款　　　　　　　　　　　　　　300

(二) 投资者投入无形资产的成本

应当按照**投资合同**或**协议约定的价值**确定，但合同或协议约定价值**不公允的应按无形资产的公允价值入账**。

(三) 土地使用权的处理

1. 企业持有土地使用权的确认规则

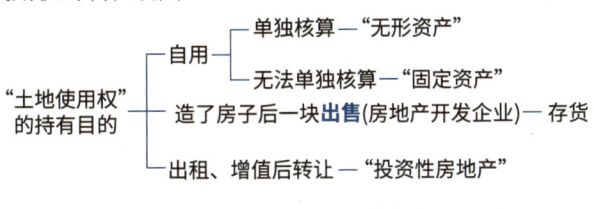

图 4-1　土地使用权的确认

趁热答题

| 例 4-2·单选题 (2022 年) | 下列各项关于土地使用权会计处理的表述中，不正确的是（　　）。

A. 为建造固定资产购入的土地使用权确认为无形资产
B. 房地产开发企业为开发商品房购入的土地使用权确认为存货
C. 用于出租的土地使用权及其地上建筑物一并确认为投资性房地产
D. 土地使用权在地上建筑物达到预定可使用状态时与地上建筑物一并确认为固定资产

（解析）本题考查土地使用权的处理。选项 A，用于建造固定资产的土地使用权，固定资产和土地使用权要分开核算，土地使用权仍作为无形资产核算，表述正确；选项 B，房地产开发企业为开发商品房购入的土地使用权应当计入商品房的成本，确认为存货，表述正确；选项 C，用于出租的土地使用权及其地上建筑物应一并确认为投资性房地产，表述正确；选项 D，土地使用权用于自行开发建造厂房等地上建筑物时，土地使用权的账面价值不与地上建筑物合并计算其成本，仍作为无形资产进行核算，表述错误。因此，选项 D 当选。

（答案）D

2. 企业改变土地使用权的用途

如果企业改变土地使用权的用途，停止自用土地使用权而**用于赚取租金**或**资本增值**时，应将其转为**投资性房地产**。

第二节　内部研究开发支出的确认和计量

考点 3　研究与开发支出的确认（★）

(一) 研究阶段的支出（**费用化**）

研究阶段的有关支出，应当在发生时全部**费用化**，计入当期损益（管理费用）。

(二) 开发阶段的支出（**资本化或费用化**）

开发阶段的支出**满足资本化**条件的才能**资本化**，计入无形资产成本，否则应当计入当期损益（管理费用）。

（三）无法区分研究阶段和开发阶段的支出(费用化)

无法区分研究阶段和开发阶段的支出，应当在发生时费用化，计入当期损益（管理费用）。

考点 4 内部开发的无形资产的计量（★★）

考频 2023 年计算题；2021 年多选题

内部开发活动发生的无形资产成本，由可直接归属于该资产的创造、生产并使该资产能够以管理层预定的方式运作的所有**必要支出**构成。

表 4-2 内部开发的无形资产成本的范围

事项	内容
可直接归属的成本	开发该无形资产时耗费的材料、劳务成本、注册费、在开发该无形资产过程中使用的其他专利权和特许权的摊销、按照借款费用的处理原则可以资本化的利息支出等
不构成无形资产的开发成本	在开发无形资产过程中发生的，除上述可直接归属于无形资产开发活动之外的其他销售费用、管理费用等间接费用，无形资产达到预定用途前发生的可辨认的无效和初始运作损失，为运行该无形资产发生的培训支出等

> **通关文牒**
>
> ▶ 速提分 ▶
>
> 内部开发无形资产的成本仅包括在满足资本化条件的时点至无形资产达到预定用途前发生的支出总和，对于同一项无形资产在开发过程中达到资本化条件之前已经费用化且计入当期损益的支出**不再进行调整**。

趁热答题

| 例 4-3·单选题（2020 年）| 企业自行研发专利技术发生的下列各项支出中，应计入无形资产入账价值的是（   ）。

    A. 为有效使用自行研发的专利技术而发生的培训费用

    B. 研究阶段发生的支出

    C. 无法区分研究阶段和开发阶段的支出

    D. 专利技术的注册登记费

（解析）本题考查内部研究开发支出的确认和计量。为运行无形资产发生的培训支出不构成无形资产的开发成本，选项 A 错误；研究阶段发生的支出应当在发生时全部费用化，计入当期损益，选项 B 错误；无法区分研究阶段和开发阶段的支出，应当在发生时费用化，计入当期损益，选项 C 错误；注册费属于无形资产可直接归属成本，选项 D 正确。因此，本题选项 D 正确。

答案 D

考点 5　内部研究开发费用的会计处理（★★★）

考频 2023 年计算题

（一）企业自行开发无形资产研发支出的会计处理（见表 4-3）

表 4-3　企业自行开发无形资产研发支出的会计处理

事项	不满足资本化条件	满足资本化条件
支出发生的阶段	研究阶段加开发阶段不符合资本化条件的支出	开发阶段符合资本化条件的支出
支出发生时	借：研发支出——费用化支出 　　贷：原材料 　　　　银行存款 　　　　应付职工薪酬等	借：研发支出——资本化支出 　　贷：原材料 　　　　银行存款 　　　　应付职工薪酬等
结转	期末： 借：管理费用 　　贷：研发支出——费用化支出	达到预定用途时： 借：无形资产 　　贷：研发支出——资本化支出
资产负债表日	"研发支出——费用化支出"科目资产负债表日无余额	符合资本化条件但尚未完成的开发费用继续保留在"研发支出"科目中，即"研发支出"借方余额在月末示于资产负债表"开发支出"项目中，待开发项目达到预定用途形成无形资产时，再将其发生的实际成本转入无形资产

（二）外购或以其他方式取得的、正在研发过程中应予以资本化的项目

（1）发生研发支出时：
借：研发支出——资本化支出（按确定的金额）
　　贷：银行存款等
（2）以后发生的研发支出，比照上述原则进行会计处理。

第三节　无形资产的后续计量

考点 6　无形资产使用寿命的确定（★★）

考频 2021 年判断题

（一）无形资产使用寿命的确定

1. 取最小者
（1）合同性权利或其他法定权利；
（2）综合各方面因素判断。
2. 无法确定使用寿命，作为**使用寿命不确定**的无形资产

（二）无形资产使用寿命的复核

1. 使用寿命有限的无形资产

企业应当于**每年年度终了**进行**复核**。

如果有证据表明无形资产的使用寿命与以前估计不同的，应当改变其摊销期限，并按照**会计估计变更**进行处理。

2. 使用寿命不确定的无形资产

企业应当在**每个会计期末**进行**复核**。

如果有证据表明无形资产的使用寿命是有限的，应当估计其使用寿命，视为**会计估计变更**，按使用寿命有限的无形资产的有关规定处理。

【趁热答题】

| **例 4-4·判断题（2021年）**| 对于为企业带来未来经济利益的期限无法预见的无形资产，企业应当视为使用寿命不确定的无形资产。（　　）

【解析】 本题考查无形资产使用寿命的确定。企业无法预见无形资产为企业带来经济利益的期限的，应当视其为使用寿命不确定的无形资产。因此，本题表述正确。

【答案】 √

考点 7　使用寿命有限的无形资产摊销（★★★）

 2023 年计算分析题；2022 年单选题

（一）应摊销金额

应摊销金额=成本−预计净残值−已计提的减值准备

无形资产的**残值一般为零**，但下列情况除外：

（1）有第三方承诺在无形资产使用寿命结束时愿意以一定价格购买该无形资产；

（2）可以根据活跃市场得到**预计残值信息**，并且该市场在无形资产使用**寿命结束时很可能存在**。

残值确定以后，在持有无形资产的期间内，至少应于**每年年末进行复核**，预计其残值与原估计金额不同的，应按照**会计估计变更**进行处理。

【通关文牒】

▶ 速提分 ▶

如果无形资产残值重新估计以后高于其账面价值的，则无形资产不再摊销，直至残值降至低于账面价值时再恢复摊销。

【趁热答题】

| **例 4-5·多选题（2019年）**| 下列各项关于企业无形资产残值会计处理的表述中，正确的有（　　）。

A. 无形资产残值的估计应以其处置时的可收回金额为基础

B. 预计残值发生变化的，应对已计提的摊销金额进行调整

C. 无形资产预计残值高于其账面价值时，不再摊销

D. 资产负债表日应当对无形资产的残值进行复核

【解析】本题考查无形资产残值的会计处理。预计净残值发生变化的，属于会计估计变更，采用未来适用法，无须对已计提的摊销金额进行调整，故选项 B 错误。

【答案】ACD

（二）摊销期和摊销方法

（1）无形资产的摊销期自其**可供使用（即其达到预定用途）时起至终止确认时止**。

（2）企业选择的无形资产摊销方法，应根据与无形资产有关的**经济利益的预期消耗方式**作出决定，并**一致地运用**于不同会计期间。具体摊销方法有多种，包括直线法、产量法等。

（3）**无法可靠**确定其预期消耗方式的，应当采用**直线法**摊销。

（4）企业**至少**应当于每年年度终了，对使用寿命有限的无形资产的**使用寿命**及**摊销方法**进行复核，如果有证据表明无形资产的使用寿命及摊销方法与以前估计不同的，应当改变其摊销年限和摊销方法，并按照**会计估计变更**进行会计处理。

（三）使用寿命有限的无形资产摊销的会计处理

（1）无形资产的摊销金额一般应当计入**当期损益**（管理费用、其他业务成本等）。

（2）如果某项无形资产是**专门用于**生产某种产品或其他资产的，其所包含的经济利益是通过转入所生产的产品或其他资产中实现的，则该无形资产的摊销金额应当计入相关资产的**成本**。

（3）**当月增加**的无形资产**当月开始摊销**，**当月减少**的无形资产**当月不摊销**。

（4）对无形资产的摊销金额**按受益对象**进行分配。

账务处理如下：

借：管理费用　　　　　　　　　　　　　　　　　　　　　　　【自用】
　　生产成本　　　　　　　　　　　　　　　　　　　　　　　【单一产品生产】
　　制造费用　　　　　　　　　　　　　　　　　　　　　　　【多项产品生产】
　　其他业务成本　　　　　　　　　　　　　　　　　　　　　【出租】
　　研发支出　　　　　　　　　　　　　　　　　　　　　　　【用于再研发】
　　贷：累计摊销

趁热答题

例 4-6·单选题（2022 年） 2×21 年 1 月 5 日，甲公司以 2 070 万元的价格购入一项法律保护期限为 20 年的专利技术，在检测该专利技术能否正常发挥作用的过程中支付测试费 30 万元。2×21 年 1 月 10 日，该专利技术达到预定用途，甲公司预计专利技术经济利益的期限为 10 年。预计残值为零，采用直线法摊销。不考虑其他因素，甲公司 2×21 年度该专利技术的摊销金额为（　　）万元。

A. 105　　　　　　B. 103.5　　　　　　C. 207　　　　　　D. 210

【解析】本题考查无形资产的后续计量。测试无形资产是否能够正常发挥作用的过程中支付测试费应计入无形资产的成本，因此无形资产的入账成本 = 2 070+30 = 2 100（万元）。无形资产的使用寿命应按照"孰短"原则确认，故该专利技术的使用寿命为 10 年，2×21 年度该专利技术的摊销金额 = 2 100÷10 = 210（万元），选项 D 正确。

【答案】D

考点 8 使用寿命不确定的无形资产摊销（★★★）

考频 2021年单选题

（1）根据可获得的相关信息判断，有确凿证据表明无法合理估计其使用寿命的无形资产，才能作为使用寿命不确定的无形资产。

（2）对于使用寿命不确定的无形资产，在持有期间内不需要进行摊销，但应当在每个会计期末进行减值测试。

（3）如果经过减值测试表明已发生减值，则需要计提相应减值准备。

借：资产减值损失
　　贷：无形资产减值准备

例 4-7·单选题（2021年） 下列各项关于企业无形资产会计处理的表述中，正确的是（　　）。

A. 使用寿命不确定的无形资产只有存在减值迹象时才进行减值测试
B. 存在残值的使用寿命有限的无形资产，在持有期间至少应于每年年末对残值进行复核
C. 无法区分研究阶段和开发阶段的支出应计入无形资产的成本
D. 无形资产达到预定用途前，为推广拟用其生产的新产品而发生的支出应计入无形资产的成本

解析 本题考查无形资产会计处理。使用寿命不确定的无形资产，应当于每个会计期末进行减值测试，选项 A 错误；无法区分研究阶段和开发阶段的支出产生的费用应该费用化，计入管理费用，选项 C 错误；为推广新产品而发生的支出应计入销售费用，选项 D 错误。

答案 B

第四节　无形资产的处置

考点 9 无形资产的处置（★★）

考频 2022年判断题

（一）无形资产出售

企业出售某项无形资产，应当将取得的价款与该无形资产账面价值的差额计入当期损益（资产处置损益）。

借：银行存款　　　　　　　　　　　　　　　　　　　　　　【实际收到的金额】
　　无形资产减值准备
　　累计摊销
　　贷：无形资产
　　　　应交税费——应交增值税（销项税额）
　　　　资产处置损益　　　　　　　　　　　　　　　　　　【差额，或借方】

(二) 无形资产报废

1. 会计处理原则

如果无形资产预期不能为企业带来未来经济利益,应将其报废并予以转销,其账面价值转作当期损益(营业外支出)。

2. 会计分录

借:累计摊销　　　　　　　　　　　　　　　　　　　　　　　　　【已计提的累计摊销额】
　　无形资产减值准备　　　　　　　　　　　　　　　　　　　　　　【已计提的减值准备】
　　营业外支出——处置非流动资产损失　　　　　　　　　　　　　　【差额】
　　贷:无形资产　　　　　　　　　　　　　　　　　　　　　　　　【账面余额】

无形资产

无形资产的确认和初始计量

考点1 无形资产的概念及确认条件★
- 无形资产概述
- 无形资产特征
  - 不具有实物形态
  - 可辨认
  - 非货币性资产
- 无形资产确认条件
  - 很可能流入
  - 可靠地计量

考点2 无形资产的初始计量★★
- 外购无形资产的成本
  - 成本=购买价款+相关税费+直接归属的其他支出
  - 分期付款购买无形资产：成本以购买价款的现值为基础确定
- 投资者投入无形资产的成本
  - 按照合同或协议约定的价值（不公允的除外）
- 土地使用权的处理
  - 自用（单独核算）——无形资产
  - 自用（无法单独核算）——固定资产
  - 造了房子后一块出售（房企）——存货
  - 出租、增值后转让——投资性房地产

内部研究开发支出的确认和计量

考点3 研究与开发支出的确认★
- 研究阶段的支出（费用化）
- 开发阶段的支出
  - 满足资本化条件（资本化）
  - 其他（费用化）
- 无法区分研究阶段和开发阶段的支出（费用化）

考点4 内部开发的无形资产的计量★★

🚩 **考点5** 内部研究开发费用的会计处理★★★

无形资产的后续计量

考点6 无形资产使用寿命的确定★★

考点7 使用寿命有限的无形资产摊销★★★
- 应摊销金额（成本-预计净残值-已计提的减值准备）
- 摊销期和摊销方法
- 摊销的会计处理

考点8 使用寿命不确定的无形资产摊销★★★
- 不需进行摊销，但每期期末进行减值测试

无形资产的处置

考点9 无形资产的处置★★
- 出售：处置净损益计入资产处置损益
- 报废：处置净损益计入营业外支出

9%

第五章　投资性房地产

考情驿站

本章主要阐述了投资性房地产的确认、初始计量、后续计量及转换等内容，为教材基础知识点章节。考试时会与所得税、固定资产等知识点结合出题，考生主要需关注投资性房地产的后续计量及转换。本章涉及各种题型，近三年平均考查分值为 8 分左右。

考点地图

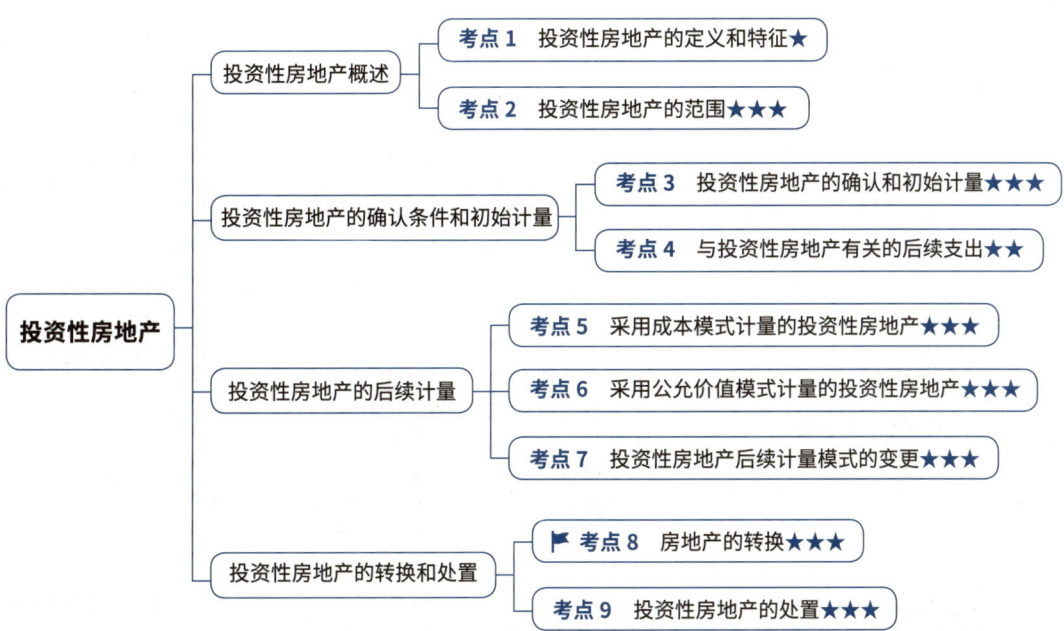

2024 年本章主要变化

变动微小。修改了房地产转换的定义。

第一节 投资性房地产概述

考点 1 投资性房地产的定义和特征（★）

表 5-1 投资性房地产的定义和特征

事项	主要内容
定义	是指为赚取租金或资本增值，或两者兼有而持有的房地产。投资性房地产应当能够单独计量和出售
特征	①是一种经营性活动； ②在用途、状态、目的等方面区别于作为生产经营场所的房地产和用于销售的房地产

考点 2 投资性房地产的范围（★★★）

考频 2023 年多选题；2021 年多选题

表 5-2 属于投资性房地产范围的资产

类别	特殊情况
已出租的土地使用权 （经营租赁方式租出）	（1）企业计划用于出租但尚未出租的土地使用权，不属于此类； （2）租入再转租给其他单位的土地使用权不属于投资性房地产
持有并准备增值后转让的土地使用权	按照国家有关规定认定的闲置土地，不属于投资性房地产
已出租的建筑物 （经营租赁方式租出）	（1）租入再转租给其他单位的建筑物不属于投资性房地产； （2）以经营租赁方式出租的建筑物，一般应自租赁协议规定的租赁期开始日起，才属于出租的建筑物； （3）企业将建筑物出租，按租赁协议向承租人提供的相关辅助服务在整个协议中不重大的，应当将该建筑物确认为投资性房地产

通关文牒

▶ 速捋分 ▶

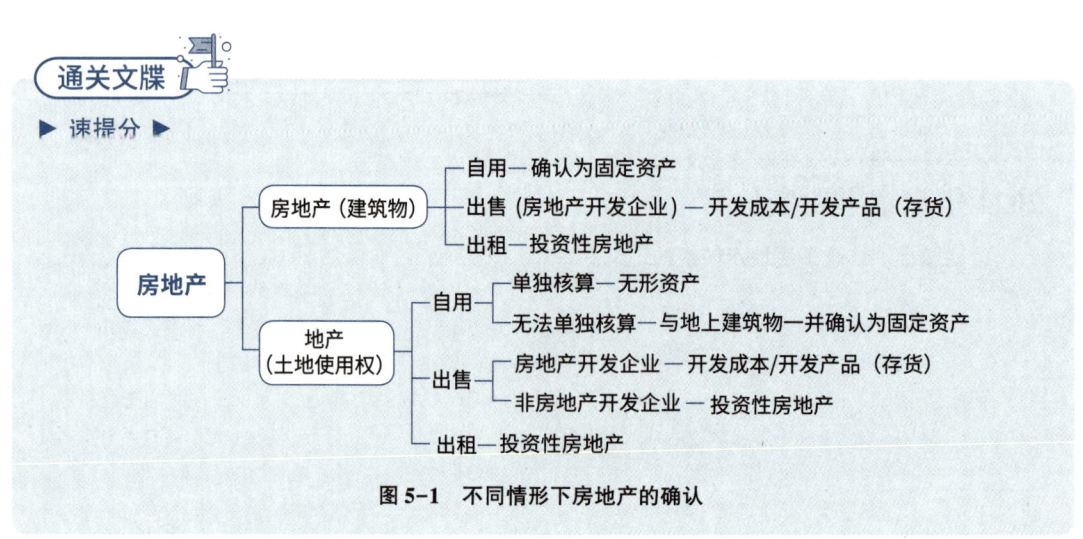

图 5-1 不同情形下房地产的确认

如果某项房地产部分用于赚取租金或资本增值，部分自用（用于生产商品、提供劳务或经营管理），能够单独计量和出售的、用于赚取租金或资本增值的部分，应当确认为投资性房地产；该项房地产自用的部分，以及不能够单独计量和出售的、用于赚取租金或资本增值的部分，应当确认为固定资产或无形资产。

趁热答题

例5-1·判断题（2019年） 甲公司将其自有写字楼的部分楼层以经营租赁方式对外出租，因自用部分与出租部分不能单独计量，为此甲公司将该写字楼整体确认为固定资产。（　　）

解析 本题考查投资性房地产的范围。企业写字楼部分自用，部分用于对外出租，无法明确区分自用与出租部分的，应将该写字楼整体确认为固定资产进行核算。

答案 √

例5-2·多选题（2023年） 下列各事项中，应计入制造型企业投资性房地产的有（　　）。
A. 准备增值后转让的企业自有土地使用权
B. 建设完成并以经营租赁方式出租的办公楼
C. 租入后转租的仓库
D. 以经营租赁方式出租的自有土地使用权

解析 本题考查投资性房地产的范围。投资性房地产主要包括已出租的土地使用权（选项D）、持有并准备增值后转让的土地使用权（选项A）和已出租的建筑物（选项B）。选项C，对于租入后转租的仓库，企业不拥有所有权，不属于投资性房地产。因此，选项ABD正确。

答案 ABD

第二节　投资性房地产的确认条件和初始计量

考点3　投资性房地产的确认和初始计量（★★★）

考频 2023年计算分析题

投资性房地产只有在**符合定义，并同时满足**下列条件时，才能予以确认：
（1）与该投资性房地产有关的经济利益**很可能**流入企业；
（2）该投资性房地产的成本能够**可靠计量**。

表5-3　外购的投资性房地产的确认条件和初始计量

事项	具体内容
确认条件	（1）企业外购的房地产，只有在购入同时开始对外出租（自租赁期开始日起）或用于资本增值，才将其作为投资性房地产予以确认； （2）企业购入房地产，自用一段时间之后再改为出租或用于资本增值的，应当先将外购的房地产确认为固定资产、无形资产或存货，自租赁期开始日或用于资本增值之日开始，才能从固定资产、无形资产或存货转换为投资性房地产
成本计量	**实际成本**=购买价款+相关税费+直接归属于该资产的其他支出

续表

事项	具体内容
会计处理	(1) 采用**成本模式**进行后续计量： 借：投资性房地产 　　贷：银行存款 (2) 采用**公允价值模式**进行后续计量： 借：投资性房地产——成本 　　贷：银行存款

表 5-4　自行建造的投资性房地产的确认条件和初始计量

事项	具体内容
确认条件	(1) 企业自行建造（或开发，下同）的房地产，只有在**自行建造或开发活动完成**（即达到预定可使用状态）**的同时开始对外出租或用于资本增值**，才能将自行建造的房地产确认为投资性房地产； (2) 企业自行建造房地产达到预定可使用状态后一段时间才对外出租或用于资本增值的，应当**先将自行建造的房地产确认为固定资产或无形资产**，自租赁期开始日或用于**资本增值之日开始**，从固定资产或无形资产转换为投资性房地产
成本计量	**成本**＝土地开发费+建筑成本+安装成本+应予以资本化的借款费用+支付的其他费用+分摊的间接费用等
会计处理	(1) 采用**成本模式**进行后续计量： 借：投资性房地产 　　贷：在建工程/**开发产品**等 (2) 采用**公允价值模式**进行后续计量： 借：投资性房地产——成本 　　贷：在建工程/**开发产品**等

趁热答题

例 5-3·判断题（2010 年） 企业将自行建造的房地产达到预定可使用状态时开始自用，之后改为对外出租，应当在该房地产达到预定可使用状态时确认为投资性房地产。　　（　　）

解析 本题考查投资性房地产的确认条件。企业自行建造房地产达到预定可使用状态后一段时间才对外出租或用于资本增值的，应先将自行建造的房地产确认为固定资产等，对外出租时，再转为投资性房地产。因此，本题表述错误。

答案 ×

考点 4　与投资性房地产有关的后续支出（★★）

考频 2022 年判断题

（一）资本化的后续支出

1. 处理原则

(1) 与投资性房地产有关的后续支出，**满足**投资性房地产确认条件的应当计入投资性房地产成本。

(2) 企业对某项投资性房地产进行**改扩建**等再开发且将来仍作为投资性房地产的，再开发期间应继续将其作为投资性房地产，再开发期间**不计提**折旧或摊销。

2. 账务处理（成本模式 vs 公允价值模式）

表 5-5　成本模式 vs 公允价值模式下的账务处理

成本模式	公允价值模式
将账面价值转入改扩建工程： 借：投资性房地产——在建 　　投资性房地产累计折旧（摊销） 　　投资性房地产减值准备 　贷：投资性房地产	将账面价值转入为扩建工程： 借：投资性房地产——在建 　贷：投资性房地产——成本 　　　　　　　　　——公允价值变动（或借方）
发生的资本化支出： 借：投资性房地产——在建 　贷：银行存款/应付账款等	
改扩建或装修完成后： 借：投资性房地产 　贷：投资性房地产——在建	改扩建或装修完成后： 借：投资性房地产——成本 　贷：投资性房地产——在建

趁热答题

例 5-4·判断题（2018 年） 企业对采用成本模式计量的投资性房地产进行再开发，且将来仍作为投资性房地产的，再开发期间应当对该资产继续计提折旧或摊销。（　　）

解析 本题考查与投资性房地产有关的后续支出。企业对某项投资性房地产进行改扩建等再开发，且将来仍作为投资性房地产的，再开发期间应继续将其作为投资性房地产（在建），不计提折旧或摊销。因此，本题表述错误。

答案　×

（二）费用化的后续支出（见表 5-6）

表 5-6　费用化的后续支出

事项	具体内容
确认原则	与投资性房地产有关的后续支出，**不满足**投资性房地产确认条件的，应当在发生时**计入当期损益**
账务处理	借：其他业务成本 　贷：银行存款

趁热答题

例 5-5·单选题（2019 年） 企业对其分类为投资性房地产的写字楼进行日常维护所发生的相关支出，应当计入的财务报表项目是（　　）。

A. 营业成本　　　B. 投资收益　　　C. 管理费用　　　D. 营业外支出

解析 本题考查与投资性房地产有关的后续支出。日常维护属于费用化后续支出，对分类为投资性房地产的写字楼进行日常维护所发生的相关支出应计入其他业务成本，对应的报表项目为"营业成本"。因此，选项 A 正确。

答案　A

第三节　投资性房地产的后续计量

投资性房地产的后续计量有两种模式：**成本模式**和**公允价值模式**。通常应当采用**成本模式**计量，满足特定条件时也可以采用公允价值模式计量。但是，同一企业**只能采用一种模式**对所有投资性房地产进行后续计量，不得同时采用两种计量模式。

考点 5　采用成本模式计量的投资性房地产（★★★）

> **考频** 2023 年计算分析题

（一）科目设置

1. 投资性房地产
2. 投资性房地产累计折旧（摊销）
3. 投资性房地产减值准备

（二）会计处理

表 5-7　采用成本模式计量的投资性房地产的会计处理

情形	会计分录
按照固定资产或无形资产的有关规定，按期（月）计提折旧或摊销	借：其他业务成本 　　贷：投资性房地产累计折旧（摊销）
取得的租金收入	借：银行存款 　　贷：其他业务收入 　　　　应交税费——应交增值税（销项税额）
存在减值迹象的	按照资产减值的有关规定进行处理。经减值测试确定发生减值的，应当计提减值准备。 借：资产减值损失 　　贷：投资性房地产减值准备 【通关文牒-速提分】 已经计提减值准备的投资性房地产，其减值损失在以后的会计期间**不得转回**

考点 6　采用公允价值模式计量的投资性房地产（★★★）

> **考频** 2023 年计算分析题；2021 年单选题

（一）确认原则

企业只有存在确凿证据表明投资性房地产的公允价值能够**持续可靠取得**，才可以采用公允价值模式对投资性房地产进行后续计量。

投资性房地产的公允价值是市场参与者在计量日**有序交易中**，出售该房地产所能收到的金额。

▶ 速提分 ▶

企业一旦选择采用公允价值计量模式，就应当对其所有的投资性房地产均采用公允价值模式进行后续计量。

（二）会计处理

表 5-8　采用公允价值模式计量的投资性房地产的会计处理

事项	具体内容
科目设置	（1）投资性房地产——成本； （2）投资性房地产——公允价值变动； （3）公允价值变动损益
会计分录	（1）资产负债表日： 公允价值-账面价值=△，计入当期损益（公允价值变动损益）。 ①公允价值上升： 借：投资性房地产——公允价值变动 　　贷：公允价值变动损益 ②公允价值下降： 借：公允价值变动损益 　　贷：投资性房地产——公允价值变动 （2）取得租金收入： 借：银行存款 　　贷：其他业务收入 　　　　应交税费——应交增值税（销项税额）

▶ 速提分 ▶

不对公允价值模式计量的投资性房地产计提折旧或摊销，不计提减值准备。

考点 7　投资性房地产后续计量模式的变更（★★★）

考频　2023 年计算分析题

表 5-9　投资性房地产后续计量模式的变更

事项	具体内容
原则	（1）为保证会计信息的可比性，企业对投资性房地产的计量模式一经确定，不得随意变更； （2）成本模式转为公允价值模式的，应当作为会计政策变更处理，将计量模式变更时公允价值与账面价值的差额，调整期初留存收益； （3）已采用公允价值模式计量的投资性房地产，不得从公允价值模式转为成本模式。

续表

事项	具体内容
原则	【通关文牒-速提分】 成本模式 ←—会计政策变更(调整期初留存收益)—→ 公允价值模式 ✗ 不得变更
会计处理	借：投资性房地产——成本　　　　　　　　　　　【变更日公允价值】 　　　投资性房地产累计折旧（摊销） 　　　投资性房地产减值准备　　　　　　　　　　【变更日账面价值】 　　贷：投资性房地产 　　　　利润分配——未分配利润 　　　　盈余公积　　　　　　　　　　　　　　　【差额，或借方】

趁热答题

【例 5-6·多选题（2020 年）】 下列各项关于企业投资性房地产后续计量的表述中，正确的有（　　）。

A. 已经采用公允价值模式计量的投资性房地产，不得从公允价值模式转为成本模式

B. 采用公允价值模式计量的，不得计提折旧或摊销

C. 采用成本模式计量的，不得确认减值损失

D. 由成本模式转为公允价值模式的，应当作为会计政策变更处理

【解析】 本题考查投资性房地产的后续计量。采用成本模式进行后续计量的投资性房地产存在减值迹象时，适用资产减值的有关规定。经减值测试后确定发生减值的，应当计提减值准备，选项 C 不正确。因此，选项 ABD 正确。

【答案】 ABD

【提示】 在极少数情况下，采用公允价值对投资性房地产进行后续计量的企业，有证据表明，当企业首次取得某项投资性房地产时，该投资性房地产的公允价值不能持续可靠取得的，应当对该投资性房地产采用成本模式计量直至处置，并且假设无残值。

但是，采用成本模式对投资性房地产进行后续计量的企业，即使有证据表明，企业首次取得某项投资性房地产时，该投资性房地产的公允价值能够持续可靠取得的，该企业仍应对该投资性房地产采用成本模式进行后续计量。

第四节　投资性房地产的转换和处置

考点 8　房地产的转换（★★★）

靶心考点精讲

考频　2023 年单选题；2022 年单选题、计算分析题；2021 年单选题、多选题

（一）房地产的转换形式及转换日（见表 5-10）

表 5-10　房地产的转换形式及转换日

事项	具体内容			
概念	房地产的转换是指房地产**用途发生改变**而对房地产进行的重新分类			
前提	企业有**确凿证据**表明房地产用途发生改变时**满足下列条件之一**的，才应当将投资性房地产转换为其他资产或将其他资产转换为投资性房地产。 确凿证据： （1）企业董事会或类似机构应当就改变房地产用途形成**正式的书面**决议； （2）房地产因用途改变而发生实际状态上的改变，如从自用状态改为出租状态			
房地产的转换	用途变更	转换前	转换后	转换日
	投资性房地产开始自用	投资性房地产	自用房地产（固定资产/无形资产）	房地产**达到自用状态**日期，开始用于生产经营、提供劳务或经营管理的日期
	房地产开发企业将其存货以经营租赁方式租出	存货	投资性房地产	房地产的**租赁期开始日**
	自用建筑物停止自用，改为出租	固定资产	投资性房地产	**租赁期开始日**
	自用土地使用权停止自用，用于赚取租金或资本增值	无形资产	投资性房地产	停止自用，用于**赚取租金或资本增值的日期**
	房地产企业将用于经营出租的房地产重新开发用于对外销售	投资性房地产	存货	租赁期满，企业董事会或类似机构作出**书面决议**明确表明将其重新开发用于**对外销售的日期**

趁热答题

｜例 5-7·判断题（2021 年）｜ 房地产企业将经营出租的房地产收回进行二次开发后用于对外出售的，应当在收回时将其从投资性房地产转为存货。（　　）

解析　房地产企业将用于经营出租的房地产重新开发用于对外销的，从投资性房地产转为存货。在这种情况下，转换日为租赁期满，企业董事会或类似机构作出书面决议明确表明将其重新开发用于对外销售的日期。因此，本题表述错误。

答案　×

（二）房地产转换的会计处理

1. 成本模式下的转换——按转换日的账面价值计量（见表 5-11）

表 5-11 成本模式下的转换

转换形式	会计处理
投资性房地产→自用房地产或存货 假设转换日投资性房地产账户余额如下： 投资性房地产（借方） a 投资性房地产累计折旧（摊销）（贷方） b 投资性房地产减值准备（贷方） c	（1）由投资性房地产转为自用房地产时： 借：固定资产/无形资产　　　　　　　　　　　a 　　投资性房地产累计折旧（摊销）　　　　　b 　　投资性房地产减值准备　　　　　　　　　c 　　贷：投资性房地产　　　　　　　　　　　a 　　　　累计折旧/累计摊销　　　　　　　　b 　　　　固定资产减值准备/无形资产减值准备　c （2）投资性房地产转换为存货： 借：开发产品　　　　　　　　　　　　　　a-b-c 　　投资性房地产累计折旧（摊销）　　　　　b 　　投资性房地产减值准备　　　　　　　　　c 　　贷：投资性房地产　　　　　　　　　　　a
自用房地产或存货→投资性房地产 假设转换日自用房地产、存货账户余额如下： 固定资产/无形资产（借方）x 累计折旧/累计摊销（贷方）y 固定资产（无形资产）减值准备（贷方） z 开发产品（借方） A 存货跌价准备（贷方） B	（3）自用房地产转为投资性房地产： 借：投资性房地产　　　　　　　　　　　　x 　　累计折旧/累计摊销　　　　　　　　　　y 　　固定资产减值准备/无形资产减值准备　　z 　　贷：固定资产/无形资产　　　　　　　　x 　　　　投资性房地产累计折旧（摊销）　　y 　　　　投资性房地产减值准备　　　　　　z （4）作为存货的房地产转换为投资性房地产： 借：投资性房地产　　　　　　　　　　　　A-B 　　存货跌价准备　　　　　　　　　　　　B 　　贷：开发产品　　　　　　　　　　　　A

> 通关文牒
>
> ▶ 速提分 ▶

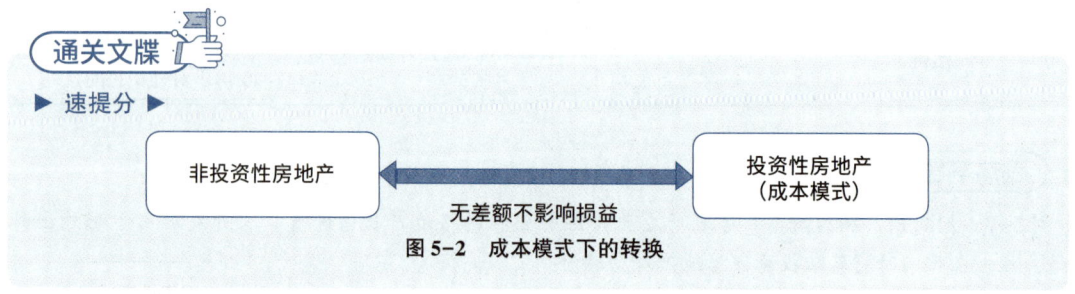

图 5-2 成本模式下的转换

例 5-8·判断题（2020 年） | 自用房地产转换为以成本模式计量的投资性房地产，不影响损益金额。
（　　）

解析 本题考查房地产的转换。自用房地产转为成本模式下的投资性房地产时，对应科目等额结转，不产生差异，不影响损益。因此，本题表述正确。

答案 √

| 例 5-9 · 单选题（2020 年）| 2×20 年 1 月 1 日，甲公司将自用的写字楼转换为以成本模式进行后续计量的投资性房地产。当日的账面余额为 5 000 万元，已计提折旧 500 万元，已计提固定资产减值准备 400 万元，公允价值为 4 200 万元。甲公司将该写字楼转为投资性房地产核算时的初始入账价值为（　　）万元。

A. 4 500　　　　　B. 4 200　　　　　C. 4 600　　　　　D. 4 100

解析　本题考查房地产转换的会计处理。自用写字楼转为以成本模式计量的投资性房地产，以转换日的账面价值作为投资性房地产的入账价值，即投资性房地产的初始入账价值＝5 000－500－400＝4 100（万元）。因此，选项 D 正确。

答案 D

2. 公允价值模式下的转换——按转换日的 **公允价值** 计量（见表 5-12）

表 5-12　公允价值模式下的转换

转换形式	会计处理
投资性房地产→自用房地产或作为存货的房地产	借：固定资产/无形资产/开发产品　　【转换日的公允价值】 　　贷：投资性房地产——成本 　　　　　　　　　　——公允价值变动（或借记）　【转换日账面价值】 　　　　公允价值变动损益（差额，或借记）
自用房地产或作为存货的房地产→投资性房地产	自用房地产→投资性房地产： 借：投资性房地产——成本　　【转换日的公允价值】 　　累计折旧/累计摊销 　　固定资产减值准备/无形资产减值准备 　贷：固定资产/无形资产　　【转换日账面价值】 　　　其他综合收益（差额） 【提示】差额若在借方，则计入公允价值变动损益 作为存货的房地产→投资性房地产： 借：投资性房地产——成本　　【转换日的公允价值】 　　存货跌价准备 　贷：开发产品　　【转换日账面价值】 　　　其他综合收益（差额） 【提示】差额若在借方，则计入公允价值变动损益

▶ 速提分 ▶

投资性房地产（公允价值计量模式）　　公允价值减去账面价值的差额，计入公允价值变动损益　　→　自用房地产或作为存货的房地产

【贷差】公允价值－账面价值＞0，差额计入其他综合收益
【借差】公允价值－账面价值＜0，差额计入公允价值变动损益

图 5-3　公允价值模式下的转换

趁热答题

例 5-10·单选题（2022 年） 2×21 年 3 月 20 日，甲公司将原自用的土地使用权转换为采用公允价值模式计量的投资性房地产。转换日，该土地使用权的初始入账金额为 650 万元，累计摊销为 200 万元，该土地使用权的公允价值为 500 万元。不考虑其他因素，下列关于甲公司该土地使用权转换会计处理的表述中，正确的是（ ）。

A. 确认投资性房地产累计摊销 200 万元
B. 确认公允价值变动损益 250 万元
C. 确认投资性房地产 450 万元
D. 确认其他综合收益 50 万元

【解析】 本题考查房地产转换的会计处理。非投资性房地产（无形资产）转为采用公允价值模式计量的投资性房地产，应按转换日的公允价值 500 万元计量，转换日公允价值大于账面价值，按其差额，贷记"其他综合收益"科目。

相关会计分录：

借：投资性房地产——成本　　　　500
　　累计摊销　　　　　　　　　　200
　　贷：无形资产　　　　　　　　　　　650
　　　　其他综合收益　　　　　　　　　 50

因此，选项 D 正确。

【答案】 D

例 5-11·单选题（2021 年） 甲公司对投资性房地产采用公允价值模式进行后续计量。2×20 年 3 月 1 日，该公司将一项账面价值为 300 万元、公允价值为 280 万元的作为固定资产核算的办公楼转换为投资性房地产。不考虑其他因素，下列关于甲公司该转换业务对其 2×20 年度财务报表项目的影响的表述中，正确的是（ ）。

A. 减少投资收益 20 万元
B. 减少其他综合收益 20 万元
C. 增加营业外支出 20 万元
D. 减少公允价值变动收益 20 万元

【解析】 本题考查房地产的转换。非投资性房地产（固定资产）转为采用公允价值模式计量的投资性房地产，转换日公允价值小于账面价值，按其差额，借记"公允价值变动损益"科目，"公允价值变动损益"对应的财务报表项目是"公允价值变动收益"。因此，选项 D 正确。

【答案】 D

例 5-12·单选题（2021 年） 企业将采用公允价值模式计量的投资性房地产转化为自用房地产时，转换日公允价值大于原账面价值的差额，将影响的财务报表的项目是（ ）。

A. 其他收益
B. 公允价值变动收益
C. 其他综合收益
D. 资本公积

【解析】 本题考查房地产的转换。将以公允价值模式进行后续计量的投资性房地产转换为自用房地产时，转换日公允价值大于原账面价值的差额，记入"公允价值变动损益"科目，列示于财务报表"公允价值变动收益"项目。

【答案】 B

▶ 很会考 ▶

考查房地产的转换时,出题频率最高的是采用公允价值模式计量的投资性房地产与非投资性房地产之间转换时公允价值与账面价值之间的差额应计入的科目。公允价值和账面价值的关系有多种情形,只有**非投资性房地产转换为公允价值模式的投资性房地产,转换日公允价值>账面价值**这一种特殊情形,是**计入其他综合收益**的(主要目的是不影响当期损益,避免企业通过转换操纵利润,误导报表使用者),其他的情形均为计入公允价值变动损益的,考生应理解这一特殊情形。

考点 9 投资性房地产的处置(★★★)

考频 2021 年判断题

表 5-13 投资性房地产的处置

事项	具体内容	
成本模式会计处理	(1) 收到处置价款时: 借:银行存款 　　贷:其他业务收入 　　　　应交税费——应交增值税(销项税额) (2) 结转账面价值,对投资性房地产终止确认: 借:其他业务成本 　　投资性房地产累计折旧 　　投资性房地产减值准备 　　贷:投资性房地产	【投资性房地产的账面价值】 【摊销】
公允价值模式会计处理	(1) 收到处置价款时: 借:银行存款 　　贷:其他业务收入 　　　　应交税费——应交增值税(销项税额) (2) 结转账面价值,对投资性房地产终止确认: 借:其他业务成本 　　贷:投资性房地产——成本 　　　　　　　　——公允价值变动(或借方) (3) **结转投资性房地产的累计公允价值变动**: 借:公允价值变动损益 　　贷:其他业务成本 (或作相反分录) (4) **结转原转换日确认的其他综合收益(若存在)**: 借:其他综合收益 　　贷:其他业务成本	【投资性房地产的账面价值】

通关文牒

▶ 很会考 ▶

以公允价值模式计量的投资性房地产因被处置而影响损益（或营业利润）的金额=处置时的净售价−处置时的账面价值+转出的其他综合收益（由非投资性房地产转为投资性房地产时形成）

【提示1】该项投资性房地产在处置时，其公允价值变动损益转入其他业务成本，不影响处置时点的损益（或利润总额）。

考点加油站

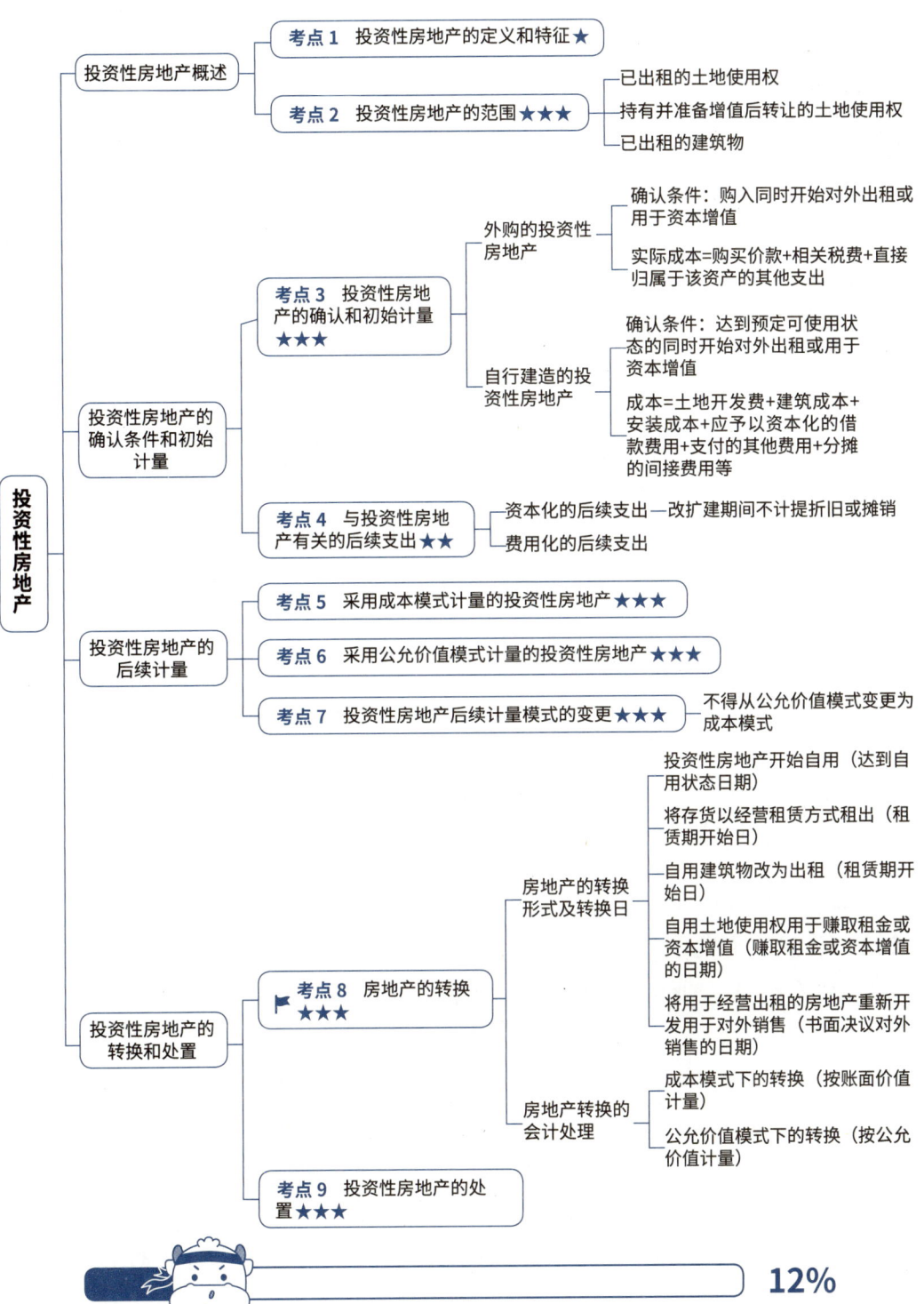

第六章 长期股权投资和合营安排

考情驿站

本章属于重点章节,主要阐述了长期股权投资的确认、初始计量和后续计量等内容,通常与金融资产和金融负债、财务报告等章节结合出题,难度高,属于必须掌握的章节。本章涉及各种题型,近三年平均考查分值为12分左右。

考点地图

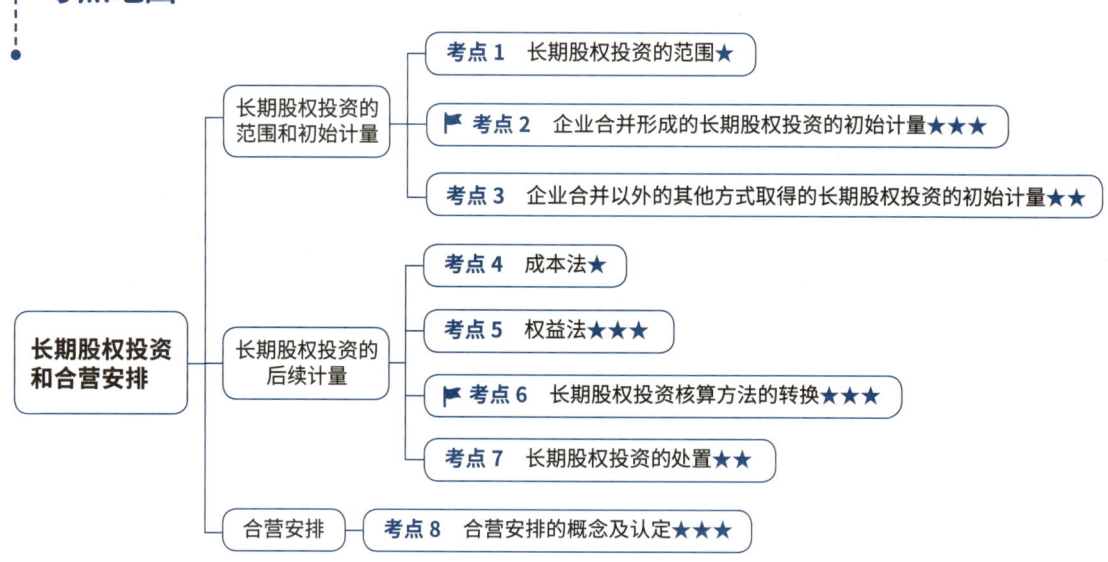

2024年本章主要变化

无实质性变动。例题中不再考虑计提10%盈余公积的情况。

考点速递

第一节　长期股权投资的范围和初始计量

考点 1　长期股权投资的范围（★）

长期股权投资是指应当按照《企业会计准则第 2 号——长期股权投资》进行核算的权益性投资，主要包括三个方面：

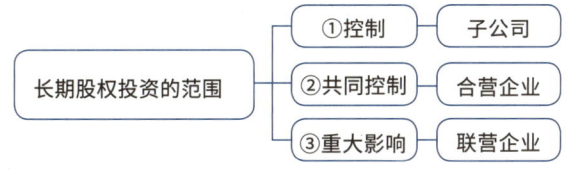

图 6-1　长期股权投资的范围

【提示】其他的权益性投资：按照金融工具确认和计量准则的规定核算。

（一）对子公司投资

投资方能够对被投资单位**实施控制**的权益性投资，即对**子公司**投资。

其中，控制是指投资方**拥有**对被投资单位的**权力**；通过参与被投资单位的相关活动而**享有可变回报**；有**能力运用**对被投资单位的权力影响其**回报金额**。

（二）对合营企业投资

投资方与其他合营方一同对被投资单位实施**共同控制**且对被投资单位净资产享有权利的权益性投资，即对**合营企业**投资。

共同控制是指按照相关约定对某项安排所共有的控制，并且该安排的相关活动必须经过分享控制权的参与方一致同意后才能决策。

（三）对联营企业投资

投资方对被投资单位具有**重大影响**的权益性投资，即对**联营企业**投资。

企业通常可以通过以下一种或几种情形来判断是否对被投资单位具有重大影响：

（1）在被投资单位的董事会或类似权力机构中**派有代表**，通过被投资单位财务和经营决策制定过程中的发言权**实施重大影响**。

（2）投资方直接或通过子公司间接持有被投资单位 **20%以上但低于 50%的表决权**，除非有明确的证据表明该种情况下不能参与被投资单位的生产经营决策。

（3）考虑投资方直接或间接持有被投资单位的表决权股份的同时，要考虑投资方及其他方持有的**当期可执行潜在表决权在假定转换为对被投资单位的股权**后产生的影响。

除上述以外其他的权益性投资，包括风险投资机构、共同基金，以及类似主体持有的、在初始确认时按照《企业会计准则第 22 号——金融工具确认和计量》的规定以公允价值计量且其变动计入当期损益的金融资产，其他权益性投资和投资性主体对不纳入合并财务报表的子公司的权益性投资，应当按照金融工具的相关内容进行处理。

考点 2 企业合并形成的长期股权投资的初始计量（★★★）

考频 2023年单选题；2022年单选题、多选题；2021年判断题

靶心考点精讲

靶心考点精讲

靶心考点精讲

企业合并是指将两个或两个以上单独的企业合并形成一个报告主体的交易或事项。

表 6-1 企业合并的合并类型

合并类型	定义
同一控制下企业合并	参与合并的企业在合并前后均受同一方或相同的多方最终控制且该控制并非暂时性的
非同一控制下企业合并	同一控制下企业合并的情况以外其他的企业合并

表 6-2 合并中发生的初始费用/事项的会计处理

项目	会计处理	会计分录
支付的审计、法律服务、评估咨询等中介费用以及其他相关购买费用	直接计入当期损益	借：管理费用 　贷：银行存款
与发行权益性工具作为合并对价直接相关的佣金、手续费等	应当冲减资本公积（资本溢价或股本溢价），资本公积（资本溢价或股本溢价）不足冲减的，依次冲减盈余公积和未分配利润	借：资本公积（资本溢价或股本溢价） 　　盈余公积 　　利润分配——未分配利润 　贷：银行存款
与发行债务性工具作为合并对价直接相关的交易费用	应当计入债务性工具的初始确认金额	借：应付债券——利息调整 　贷：银行存款
实际支付的价款或对价中包含的已宣告但尚未发放的现金股利或利润	应作为应收项目处理	借：应收股利 　贷：银行存款

▶ 很会考 ▶

无论同一控制下企业合并还是非同一控制下企业合并，对于合并发生的初始费用以及实际支付的价款或对价中包含的已宣告但尚未发放的现金股利或利润的会计处理相同。

（一）同一控制下企业合并形成的长期股权投资的初始计量

（1）一次交易形成同一控制下企业合并的长期股权投资的会计处理见表 6-3。

表 6-3　一次交易形成同一控制下企业合并形成的长期股权投资的会计处理

事项	会计处理
初始投资成本的计量原则	应当在合并日按照所取得的被合并方在最终控制方合并财务报表中的净资产的账面价值的份额作为长期股权投资的初始投资成本。 初始投资成本=合并日取得的被合并方在最终控制方合并财务报表中的净资产的账面价值×份额+最终控制方收购被合并方形成的商誉
①合并方以支付现金、转让非现金资产或承担债务方式作为合并对价的	借：长期股权投资　　　　　　　　　　　　　　　　　　　【初始投资成本】 　　贷：负债　　　　　　　　　　　　　　　　　　　　　【承担债务账面价值】 　　　　资产　　　　　　　　　　　　　　　　　　　　　【投出资产账面价值】 　　　　资本公积——资本溢价或股本溢价　　　　　　　　【贷方差额】 出现借方差额，应当先冲减"资本公积——资本溢价或股本溢价"；不足部分依次冲减"盈余公积"和"利润分配——未分配利润"
②合并方以发行权益性工具作为合并对价的	借：长期股权投资　　　　　　　　　　　　　　　　　　　【初始投资成本】 　　贷：股本　　　　　　　　　　　　　　　　　　　　　【面值】 　　　　资本公积——股本溢价　　　　　　　　　　　　　【贷方差额】 出现借方差额，应当先冲减"资本公积——股本溢价"；不足部分依次冲减"盈余公积"和"利润分配——未分配利润"

通关文牒

▶ **很好懂** ▶

当长期股权投资的初始投资成本与支付对价的账面价值之间的差额为借方差额时，先冲减资本公积（资本溢价或股本溢价），**资本公积**（资本溢价或股本溢价）的余额**不足冲减**的，**依次冲减盈余公积和未分配利润**。

▶ **速提分** ▶

（1）被合并方在合并日的净资产账面价值为**负数**的，长期股权投资**成本按零确定**，同时在备查簿中予以登记。

（2）合并前合并方与被合并方采用的**会计政策应当一致**；若不一致，应基于重要性原则，统一合并方与被合并方的会计政策。**在按照合并方的会计政策**对被合并方**在最终控制方合并财务报表中**的净资产的账面价值进行调整的基础上，计算确定长期股权投资的初始投资成本。

趁热答题

例 6-1·单选题（2023 年） 甲公司和乙公司均为丙公司创立的子公司，2×22 年 1 月 5 日甲公司以银行存款 800 万元和一项账面价值为 1 200 万元、公允价值为 1 500 万元的固定资产作为合并对价，获得乙公司 80%的有表决权股份。该合并为同一控制下企业合并，甲公司能够对乙公司实施控制。2×22 年 1 月 5 日，乙公司可辨认净资产的公允价值为 4 600 万元，其所有者权益在最终控制方丙公司的合并财务报表中的账面价值为 4 500 万元。不考虑其他因素，甲公司 2×22 年 1 月 5 日购入该长期股权投资的初始投资成本为（　　）万元。

A. 2 000　　　　B. 2 300　　　　C. 3 680　　　　D. 3 600

解析 本题考查同一控制下企业合并形成的长期股权投资的初始计量。同一控制下企业合并，长期股权投资的初始投资成本=被投资方在最终控制方合并财务报表中净资产账面价值的份额+商誉=4 500×80%+0=3 600（万元）。因此，本题选项D正确。相关会计分录：

借：长期股权投资　　　　　　　　　　　　3 600
　　贷：银行存款　　　　　　　　　　　　　　800
　　　　固定资产清理　　　　　　　　　　　1 200
　　　　资本公积——股本溢价　　　　　　　1 600

答案 D

| 例 6-2 · 单选题（2022 年） | 2×22 年 1 月 1 日，甲公司发行面值为 5 000 万元、公允价值为 30 000 万元的普通股股票，从其最终控制方取得乙公司 80% 有表决权的股份，能够对乙公司实施控制，该合并属于同一控制下的企业合并。当日，在最终控制方合并财务报表中，乙公司净资产的账面价值为 20 000 万元，与乙公司相关的商誉金额为零；乙公司个别财务报表中净资产的账面价值为 15 000 万元。不考虑其他因素，甲公司该长期股权投资的初始入账金额为（　　）万元。

A. 30 000　　　　B. 16 000　　　　C. 12 000　　　　D. 5 000

解析 本题考查同一控制下企业合并形成的长期股权投资的初始计量。同一控制下企业合并，长期股权投资的初始入账金额=被投资方在最终控制方合并财务报表中净资产账面价值的份额+最终控制方收购被合并方形成的商誉=20 000×80%+0=16 000（万元）。因此，本题选项 B 正确。相关会计分录：

借：长期股权投资　　　　　　　　　　　　16 000
　　贷：股本　　　　　　　　　　　　　　　5 000
　　　　资本公积——股本溢价　　　　　　11 000

答案 B

| 例 6-3 · 多选题（2017 年） | 下列关于同一控制下企业合并形成的长期股权投资会计处理表述中，正确的有（　　）。

A. 合并方发生的评估咨询费用，应计入当期损益
B. 与发行债务工具作为合并对价直接相关的交易费用，应计入债务工具的初始确认金额
C. 与发行权益工具作为合并对价直接相关的交易费用，应计入当期损益
D. 合并成本与合并对价账面价值之间的差额，应计入其他综合收益

解析 本题考查同一控制下企业合并形成的长期股权投资的初始计量。选项 C，与发行权益工具作为合并对价直接相关的交易费用，应冲减资本公积，资本公积不足冲减的，冲减留存收益；选项 D，同一控制下企业合并，合并成本与合并对价账面价值之间的差额，应计入资本公积，资本公积不足冲减的，冲减留存收益。选项 CD 说法错误。因此，本题正确答案为选项 AB。

答案 AB

（2）多次交易形成同一控制下企业合并（见本章第二节相关内容）。

（二）非同一控制下企业合并形成的长期股权投资的初始计量

非同一控制下的企业合并，购买方应当按照确定的企业合并成本作为长期股权投资的初始投资成本。

（1）一次交易形成非同一控制下企业合并的会计处理见表 6-4。

表 6-4 一次交易形成非同一控制下企业合并的会计处理

事项	具体内容
合并成本的确定	企业合并成本包括购买方付出的资产、发生或承担的负债、发行的权益性工具或债务性工具的**公允价值**之和
会计分录	借：长期股权投资　　　　　　　　　　　　　　　【企业合并成本】 　　贷：银行存款 　　　　主营业务收入/其他业务收入　　　　　　　【存货或投资性房地产的公允价值】 　　　　固定资产清理　　　　　　⎫ 　　　　资产处置损益【或借方】　⎭　　　　　　　【固定资产公允价值】 　　　　长期股权投资　　　　　　⎫ 　　　　投资收益【或借方】　　　⎭　　　　　　　【长期股权投资的公允价值】 　　　　股本　　　　　　　　　　⎫ 　　　　资本公积——股本溢价　　⎭　　　　　　　【发行股票的公允价值】 　　　　其他权益工具投资　　　　⎫ 　　　　盈余公积　　　　　　　　⎬　　　　　　　【其他权益工具投资的公允价值】 　　　　未分配利润　　　　　　　⎭ 　　　　应付债券等

通关文牒

▶ **很好懂** ▶

非同一控制下的控股合并，投出资产为非货币性资产时，投出资产的公允价值与其账面价值的差额影响损益的会计处理与出售资产相同。

趁热答题

例 6-4·单选题（2019 年） 2×18 年 1 月 1 日，甲公司以定向增发 1 500 万股普通股（每股面值为 1 元、公允价值为 6 元）的方式取得乙公司 80% 股权，另以银行存款支付股票发行费用 300 万元，相关手续于当日完成，取得了乙公司的控制权，该企业合并不属于反向购买。当日，乙公司所有者权益的账面价值为 12 000 万元，本次投资前，甲公司与乙公司**不存在关联方关系**。不考虑其他因素，甲公司该长期股权投资的初始投资成本为（　　）万元。

A. 9 600　　　　B. 9 900　　　　C. 9 300　　　　D. 9 000

解析 本题考查非同一控制下企业合并形成的长期股权投资初始投资成本的计量。甲公司取得乙公司的股权属于非同一控制下企业合并，长期股权投资的初始投资成本=付出对价的公允价值=1 500×6=9 000（万元）。支付的股票发行费用应冲减发行溢价，即冲减资本公积——股本溢价。因此，本题选项 D 正确。相关会计分录：

　　借：长期股权投资　　　　　　　　　　9 000
　　　　贷：股本　　　　　　　　　　　　　　1 500
　　　　　　资本公积——股本溢价　　　　　　7 500
　　借：资本公积——股本溢价　　　　　　300
　　　　贷：银行存款　　　　　　　　　　　　300

答案 D

（2）**多次交易形成非同一控制下企业合并**（见本章第二节相关内容）。

考点3　企业合并以外的其他方式取得的长期股权投资的初始计量（★★）

考频 2021年单选题

（一）以支付现金取得的长期股权投资的初始投资成本（见图6-2）

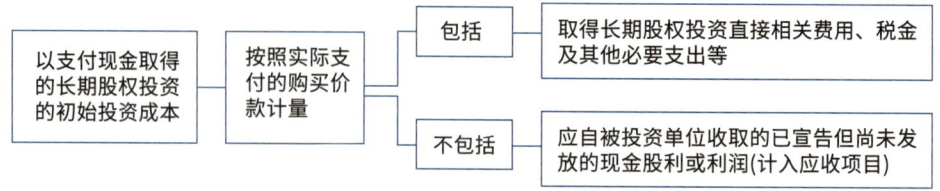

图6-2　以支付现金方式取得的长期股权投资的初始投资成本

（二）以发行权益性证券取得的长期股权投资的初始投资成本（见图6-3）

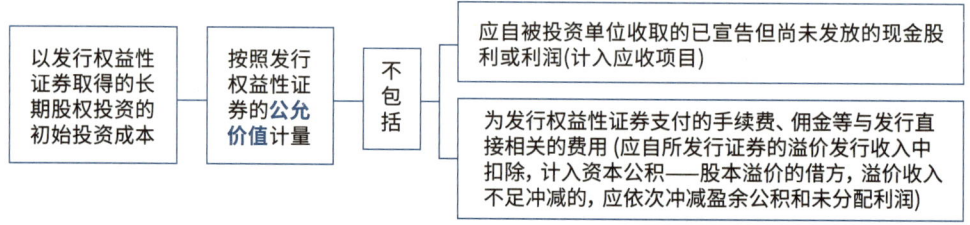

图6-3　以发行权益性证券取得的长期股权投资的初始投资成本

（三）以非货币性资产交换、债务重组等方式取得的长期股权投资的初始投资成本

其初始投资成本的确定分别按相关准则的规定执行。

▶ 速提分 ▶

1. 长期股权投资的初始计量

表6-5　长期股权投资的初始计量

事项	同一控制下企业合并	非同一控制下企业合并	企业合并以外的其他方式
初始投资成本的计算	初始投资成本=取得的被合并方在最终控制方合并财务报表中的净资产的**账面价值**的份额+最终控制方收购被合并方形成的商誉	一次交易：初始投资成本=付出对价的**公允价值**	初始投资成本=付出对价的**公允价值**+购买相关税费
支付对价的差额计算	差额=合并日长期股权投资的**初始投资成本**-支付对价的**账面价值**	差额=付出对价的**公允价值**-**账面价值**	

续表

事项	同一控制下企业合并	非同一控制下企业合并	企业合并以外的其他方式
差额的会计处理	差额应调整资本公积（资本溢价或股本溢价），资本公积不足冲减的，冲减留存收益	（1）付出资产按视同销售（或视同处置）处理，差额计入损益（资产处置损益、投资收益等）；（2）权益性证券公允价值与权益性证券面值的差额计入资本公积——股本溢价。【提示】存货、投资性房地产按公允价值确认收入，按账面价值结转成本	

2. 企业取得长期股权投资时发生相关费用/事项的会计处理

表6-6 企业取得长期股权投资时发生相关费用/事项的会计处理

合并方发生费用/事项	会计处理		
	同一控制下企业合并	非同一控制下企业合并	合并以外的其他方式
发生的审计、法律服务、评估咨询等购买费用（直接相关的费用、税金及其他必要支出）	发生时计入当期损益（管理费用）		计入初始投资成本
与发行权益性工具作为合并对价直接相关的手续费、佣金等费用	冲减资本公积（资本溢价或股本溢价），不足冲减的，依次冲减盈余公积和未分配利润		
与发行债务性工具作为合并对价直接相关的交易费用	计入债务性工具的初始确认金额		
实际支付的价款或对价中包含的已宣告但尚未发放的现金股利或利润	应作为应收项目处理		

第二节 长期股权投资的后续计量

考点4 成本法（★）

表6-7 长期股权投资成本法的核算

事项	具体内容
核算范围	（1）投资方持有的对子公司投资应当采用成本法核算，投资方为投资性主体且子公司不纳入其合并财务报表的除外。 （2）投资方在判断对被投资单位是否具有控制时，应综合考虑直接持有的股权和通过子公司间接持有的股权。 （3）在个别财务报表中，投资方进行成本法核算时，应仅考虑直接持有的股权份额
初始投资成本的确定	长期股权投资应按照初始投资成本计价，追加或收回投资应调整长期股权投资的成本。 追加投资的账面价值=支付的成本的公允价值+相关交易费用

续表

事项		具体内容
会计处理	取得投资时	借：长期股权投资 　　应收股利 　贷：银行存款
	持有期间被投资单位宣告分派现金股利或利润	借：应收股利（被投资单位宣告发放的现金股利或利润×持股比例） 　贷：投资收益
	计提减值准备	借：资产减值损失 　贷：长期股权投资减值准备

考点5　权益法（★★★）

考频　2022年判断题、计算分析题；2021单选题、多选题

（一）权益法的核算范围（见表6-8）

表6-8　权益法的核算范围

事项	具体内容
核算范围	对被投资单位具有**共同控制或重大影响**的长期股权投资，即对合营企业和联营企业投资应当采用**权益法**核算
判断持股比例应考虑的情况	投资方在**判断**对被投资单位是否具有共同控制、重大影响时，**应综合考虑**直接持有的股权和通过子公司间接持有的股权
潜在表决权所对应的权益份额	尽管在评估投资方对被投资单位是否具有重大影响时，应当考虑潜在表决权的影响，但在**确定应享有**的被投资单位实现的净损益、其他综合收益和其他所有者权益变动的**份额**时，潜在表决权所对应的权益份额<u>不应予以考虑</u>

（二）权益法核算下科目的设置（见表6-9）

表6-9　权益法核算下科目的设置

会计科目	核算内容	对方科目
长期股权投资——投资成本	取得投资时点、处置结转成本、对初始成本的调整	银行存款等
长期股权投资——损益调整	被投资单位实现净损益、宣告发放现金股利	投资收益
长期股权投资——其他综合收益	被投资单位实现其他综合收益	其他综合收益
长期股权投资——其他权益变动	除上述情况外的被投资单位所有者权益其他变动	资本公积——其他资本公积

(三) 权益法的核算

1. 初始投资成本的调整

（1）初始投资成本＞投资时应享有被投资单位可辨认净资产公允价值份额：**差额不调整**。

（2）初始投资成本＜投资时应享有被投资单位可辨认净资产公允价值份额：**差额应调整增加长期股权投资的账面价值**，同时计入取得投资**当期损益**（营业外收入）。

借：长期股权投资——投资成本
　　贷：营业外收入

| 例 6-5·判断题（2022 年）| 投资方取得对联营企业的投资后，如果初始投资成本小于投资时应享有联营企业可辨认净资产公允价值份额，应按其差额调整长期股权投资的账面价值，同时确认营业外收入。（　　）

〖解析〗本题考查长期股权投资权益法的核算。对合营企业和联营企业投资应当采用权益法核算，长期股权投资的初始投资成本小于投资时应享有被投资单位可辨认净资产公允价值份额的，应按其差额，借记"长期股权投资"科目，贷记"营业外收入"科目。因此，本题表述正确。

〖答案〗√

2. 投资损益的确认

（1）投资企业取得长期股权投资后，应当按照应享有或应分担的被投资单位实现的**净损益份额**，确认**投资损益**并调整长期股权投资的**账面价值**。

会计分录：

①被投资单位**实现净利润**：

借：长期股权投资——损益调整
　　贷：投资收益

②被投资单位**发生亏损**：

借：投资收益
　　贷：长期股权投资——损益调整

| 例 6-6·单选题（2016 年）| 2×15 年 1 月 1 日，甲公司以银行存款 2 500 万元取得乙公司 20%有表决权的股份，对乙公司具有重大影响，采用权益法核算；乙公司当日可辨认净资产的账面价值为 12 000 万元，各项可辨认资产、负债的公允价值与其账面价值均相同。乙公司 2×15 年度实现的净利润为 1 000 万元。不考虑其他因素，2×15 年 12 月 31 日，甲公司该项投资在资产负债表中应列示的年末余额为（　　）万元。

A. 2 500　　　　　B. 2 400　　　　　C. 2 600　　　　　D. 2 700

〖解析〗本题考查权益法。甲公司对乙公司采用权益法核算，相关账务处理如下：

2×15 年 1 月 1 日：

借：长期股权投资——投资成本　　　　　　　　2 500
　　贷：银行存款　　　　　　　　　　　　　　　　2 500

2 500 万元＞2 400 万元（12 000×20%），不调整初始投资成本。

2×15年12月31日：

借：长期股权投资——损益调整　　　　　　　　200（1 000×20%）
　　贷：投资收益　　　　　　　　　　　　　　200

因此，2×15年12月31日，甲公司该项投资在资产负债表中应列示的年末余额=投资成本+损益调整=2 500+1 000×20%=2 700（万元），选项D正确。

答案　D

（2）对被投资单位**账面净利润的调整**。

①被投资单位采用的**会计政策及会计期间与投资方不一致**的，应**按投资方**的会计政策及会计期间对被投资单位的财务报表进行调整。

②以**取得投资时**被投资单位各项可辨认资产、负债的**公允价值**为基础，**对被投资单位净利润进行调整**。

▶ 速提分 ◀

表6-10　投资时点被投资方资产公允价值与账面价值不一致的调整
（假设不考虑所得税情况下）

事项	存货	固定资产、无形资产
会计处理原则	按存货售出部分的公允价值与账面价值的差额对净利润进行调整	按照公允价值计提的折旧（摊销）与按照账面价值计提的折旧（摊销）的差额对净利润进行调整
需调整的差额	需调整的差额=(**投资日**存货的公允价值-账面价值)×当期**出售比例**	需调整的差额=按公允价值计提的折旧/摊销额-按账面价值计提的折旧/摊销额
调整后的净利润	调整后的净利润=被投资方当期账面净利润-需调整的差额	

趁热答题

| 例6-7·计算分析题 | 2×23年1月1日，甲公司取得乙公司30%有表决权的股份。交易前，甲公司与乙公司不存在关联方关系且不持有乙公司股份；交易后，甲公司能够对乙公司施加重大影响。取得投资日，乙公司可辨认净资产除行政管理用W固定资产外，其他各项资产、负债的公允价值分别与其账面价值相同。该固定资产原价为500万元，原预计使用年限为5年，预计净残值为零，采用年限平均法计提折旧，已计提折旧100万元；当日，该固定资产的公允价值为480万元，预计尚可使用4年，与原计剩余年限一致，预计净残值为零，继续采用原方法计提折旧。2×23年度，乙公司实现的净利润为6 000万元。假定不考虑其他因素，计算甲公司2×23年度应确认的投资收益并编制相关会计分录。

答案

调整后的净利润=乙公司账面净利润-公允价值≠账面价值对当期利润的影响=6 000-（480÷4-500÷5）=5 980（万元）；投资收益=5 980×30%=1 794（万元）。相关会计分录如下：

借：长期股权投资——损益调整　　　　　　　1 794
　　贷：投资收益　　　　　　　　　　　　　　1 794

③投资方取得投资后,内部交易损益的调整。

原则:对于投资方或纳入投资方合并财务报表的子公司与其联营企业及合营企业之间发生的**未实现内部交易损益应予抵销**。

未实现内部交易损益的抵销,应当分别**顺流交易**和**逆流交易**进行会计处理。

顺流交易是指投资方向其联营企业或合营企业投出或出售资产。

逆流交易是指联营企业或合营企业向投资方出售资产。

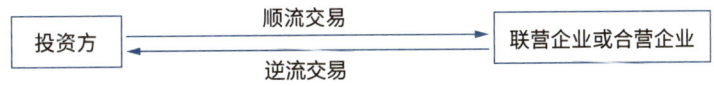

图6-4 顺流交易和逆流交易

投资方与其联营企业或合营企业之间的顺流交易或逆流交易产生的未实现内部交易损益,仅抵销投资方享有的联营企业或合营企业的权益份额部分。

投资方与其联营企业及合营企业之间发生的无论是顺流交易还是逆流交易产生的未实现内部交易损失,其中属于所转让资产发生减值损失的,有关未实现内部交易损失不应予以抵销。

A. 顺流交易。

对于投资方向联营企业或合营企业投出或出售资产的**顺流交易**,在该交易存在未实现内部交易损益的情况下,投资方在采用权益法计算确认应享有联营企业或合营企业的投资损益时,应**抵销**该未实现内部交易损益的影响,同时调整对联营企业或合营企业长期股权投资的账面价值。

表6-11 未实现内部交易损益对净利润的影响
(假设不考虑所得税情况)

事项	存货	固定资产、无形资产
会计处理原则	按存货未售出部分的内部交易价格与账面价值的差额调整净利润	按固定资产、无形资产内部交易价格与账面价值的差额调整净利润,每期按内部交易价格计提的折旧、摊销与按照账面价值计提的折旧、摊销的差额需要调整净利润
交易发生当期	调整后的净利润=被投资方当期实现净利润-(存货内部交易价格-存货账面价值)×(1-当期出售比例)	调整后的净利润=被投资方当期实现净利润-(资产内部交易价格-资产账面价值)+(资产内部交易价格计提折旧/摊销-资产账面价值计提折旧/摊销)
后续期间	调整后的净利润=被投资方当期实现净利润+(存货内部交易价格-存货账面价值)×当期出售比例(即上期尚未出售部分,在本期出售)	调整后的净利润=被投资方当期实现净利润+(资产内部交易价格计提折旧/摊销-资产账面价值计提折旧/摊销)

例6-8·计算分析题 2×23年1月1日,甲公司取得乙公司20%的有表决权股份,对乙公司的财

务和经营政策具有重大影响。当日,乙公司所有者权益的账面价值与公允价值相等。甲公司的会计政策、会计期间与乙公司的相同。2×23 年 6 月 15 日,甲公司将其生产的成本为 600 万元的设备以 1 000 万元的价格出售给乙公司。当日,乙公司以银行存款支付全部货款,并将该设备交付给本公司专设销售机构作为固定资产立即投入使用。乙公司预计该设备的使用年限为 10 年,预计净残值为 0,采用年限平均法计提折旧。2×23 年度乙公司实现净利润 6 000 万元。计算甲公司 2×23 年度对乙公司股权投资应确认的投资收益,并编制相关会计分录。

答案

2×23 年乙公司调整后的净利润 = 被投资方当期实现净利润-(资产内部交易价格-资产账面价值)+(固定资产内部交易价格计提折旧-固定资产账面价值计提折旧)= 6 000-(1 000-600)+(1 000-600)÷10×6÷12 = 5 620(万元)

甲公司 2×23 年度对乙公司股权投资应确认的投资收益 = 5 620×20% = 1 124(万元)

借:长期股权投资——损益调整　　　　　　　　1 124
　　贷:投资收益　　　　　　　　　　　　　　　　　　1 124

B. 逆流交易。

对于联营企业或合营企业向投资方投出或出售资产的逆流交易,比照上述顺流交易处理。

趁热答题

例 6-9·计算分析题 2×22 年 1 月 1 日,甲公司从非关联方取得乙公司 20% 有表决权的股份。当日,乙公司可辨认净资产账面价值与其公允价值相等。甲公司和乙公司的会计政策和会计期间均相同。2×22 年 11 月 5 日,乙公司将其成本为 300 万元的 A 商品以 450 万元的价格销售给甲公司,款项已收存银行。甲公司将购入的 A 商品作为存货核算。至 2×22 年 12 月 31 日,乙公司实现净利润 3 000 万元,甲公司购入的 A 商品尚未对外销售。2×23 年 6 月 5 日,甲公司将 A 商品以 520 万元的价格全部出售给外部独立第三方。2×23 年度乙公司实现净利润 1 800 万元。不考虑其他因素,计算甲公司 2×22、2×23 年度对乙公司股权投资应确认的投资收益,并编制相关会计分录。

答案

2×22 年度乙公司调整后的净利润 = 3 000-(450-300)×100% = 2 850(万元)。甲公司 2×22 年度对乙公司股权投资应确认的投资收益 = 2 850×20% = 570(万元)。相关会计分录:

借:长期股权投资——损益调整　　　　　　　　570
　　贷:投资收益　　　　　　　　　　　　　　　　　　570

2×23 年度乙公司调整后的净利润 = 1 800+(450-300)×100% = 1 950(万元)。甲公司 2×23 年度对乙公司股权投资应确认的投资收益 = 1 950×20% = 390(万元)。相关会计分录:

借:长期股权投资——损益调整　　　　　　　　390
　　贷:投资收益　　　　　　　　　　　　　　　　　　390

3. 被投资单位其他综合收益变动的处理

借:长期股权投资——其他综合收益
　　贷:其他综合收益

(或作相反会计分录)

4. 投资方取得现金股利或利润的处理

借:应收股利
　　贷:长期股权投资——损益调整

5. 超额亏损的确认

（1）发生超额亏损时：

借：投资收益
　　贷：长期股权投资——损益调整　　【以长期股权投资的账面价值冲为零为限】①
　　　　长期应收款　　　　　　　　　【投资方拥有被投资方的长期债权】②
　　　　预计负债　　　　　　　　　　【如果投资方对被投资方的亏损承担连带责任的】③
仍不足弥补亏损记入"备查簿"。　　　　　　　　　　　　　　　　　　　　　　　　　④

发生超额亏损时，依次冲减①②③④。

（2）扭亏为盈时：

投资方按权益法确认应分担被投资单位的净亏损或被投资单位其他综合收益减少净额，将有关长期股权投资冲减至零并产生了未确认投资净损失的，被投资单位在以后期间实现净利润或其他综合收益增加净额时，投资方应当按照以前确认或登记有关投资净损失时的相反顺序进行会计处理，即依次减计未确认投资净损失金额、恢复其他长期权益和恢复长期股权投资的账面价值，同时，投资方还应当重新复核预计负债的账面价值。

6. 被投资单位除净损益、其他综合收益以及利润分配以外的所有者权益的其他变动

表6-12 所有者权益的其他变动的处理

事项	内容
影响因素	（1）被投资单位接受其他股东的资本性投入； （2）被投资单位发行可分离交易的可转债中包含的权益成分； （3）以权益结算的股份支付； （4）**其他股东**对被投资单位**增资**导致投资方持股比例变动等
会计处理原则	投资方应按所持股权比例计算**应享有的份额**，调整长期股权投资的**账面价值**，同时计入**资本公积（其他资本公积）**，并在备查簿中予以登记
会计分录	借：长期股权投资——其他权益变动 　　贷：资本公积——其他资本公积 　　或作相反会计分录
后续处置	（1）对剩余股权仍采用权益法核算时，应按处置**比例**将这部分资本公积转入当期投资收益； （2）对剩余股权终止权益法核算时，将这部分资本公积**全部**转入当期投资收益

趁热答题

例6-10（计算分析题节选） GD公司持有A公司30%的股权，能够对乙公司施加重大影响。2×22年因A公司持续亏损，GD公司对A公司按权益法核算应承担的50万元超额亏损仅在账外备查登记（假设不存在额外义务）。2×23年，A公司实现其他综合收益100万元，除此之外，无其他净资产变动，不考虑其他因素。

要求 2×23年度甲公司按照权益法进行的账务处理。

答案 2×23年度甲公司按照权益法进行的账务处理如下：

借：长期股权投资——其他综合收益　　　300 000
　　贷：其他综合收益　　　　　　　　　　　　300 000

借：投资收益　　　　　　　　　　　　　　　300 000
　　　贷：长期股权投资——损益调整　　　　　　　　　300 000

| 例 6-11·多选题（2021 年）| 甲公司对乙公司的长期股权投资采用权益法核算，乙公司发生的下列各项交易或事项中，将影响甲公司资产负债表长期股权投资项目列报金额的有（　　）。
　A. 收到用于补偿已发生费用的政府补助 50 万元
　B. 宣告分派现金股利 1 000 万元
　C. 其他债权投资公允价值增加 100 万元
　D. 取得其他权益工具投资转让收益 30 万元

（解析）本题考查权益法。选项 A，无论采用总额法还是净额法，均会增加乙公司净利润，影响甲公司"长期股权投资——损益调整"，会增加长期股权投资的账面价值；选项 B，甲公司借记"应收股利"，贷记"长期股权投资——损益调整"，会减少长期股权投资的账面价值；选项 C，会增加乙公司其他综合收益，甲公司借记"长期股权投资——其他综合收益"，贷记"其他综合收益"，会增加长期股权投资的账面价值；选项 D，会影响乙公司所有者权益变动，甲公司借记"长期股权投资——其他权益变动"，贷记"资本公积——其他资本公积"，会增加长期股权投资的账面价值。因此，本题选项 ABCD 正确。

（答案）ABCD

7. 长期股权投资的减值

投资方应当关注长期股权投资的账面价值是否大于享有被投资单位所有者权益账面价值的份额等类似情况。出现类似情况时，投资方应当按照《企业会计准则第 8 号——资产减值》对长期股权投资进行减值测试，确定其可收回金额。**可收回金额**低于**账面价值**的，应当计提减值准备。长期股权投资的减值准备在提取之后，**不允许转回**。会计处理如下：

借：资产减值损失
　　　贷：长期股权投资减值准备

考点 6　长期股权投资核算方法的转换（★★★）

考频　2022 年计算分析题；2021 年判断题

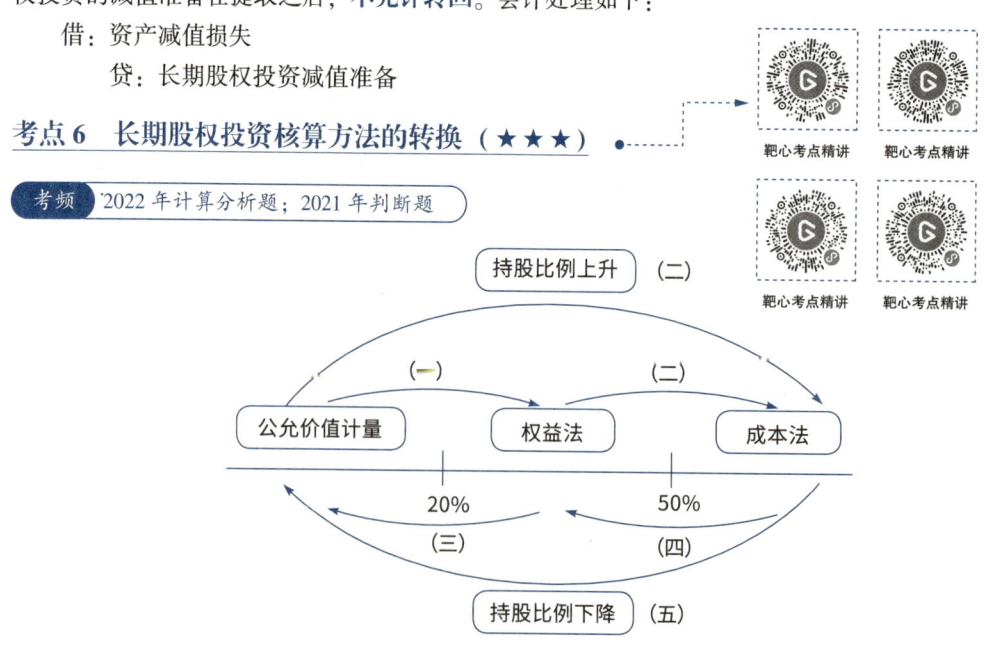

图 6-5　长期股权投资核算方法的转换

（一）公允价值计量转换为权益法核算（增资）（见表 6-13）

表 6-13 公允价值计量转权益法的核算

事项	具体内容	
处理原则	初始投资成本=原股权投资（公允价值）+新增股权投资（公允价值）	
会计分录	（1）**交易性金融资产**转换为权益法 借：长期股权投资——投资成本 　　贷：交易性金融资产 　　　　投资收益【或借方】 　　　　银行存款等	【原股权投资**公允价值**+新增股权投资**公允价值**】 【原股权投资**公允价值**】 【新增股权投资**公允价值**】
会计分录	（2）**其他权益工具投资**转换为权益法 借：长期股权投资——投资成本 　　贷：其他权益工具投资 　　　　盈余公积　　　　　　【或借方】 　　　　利润分配-未分配利润【或借方】 　　　　银行存款等 同时之前计入其他综合收益的累计利得或损失应当从其他综合收益中转出，计入**留存收益**。 借：其他综合收益 　　贷：盈余公积 　　　　利润分配——未分配利润	【原股权投资**公允价值**+新增股权投资**公允价值**】 【原股权投资**公允价值**】 【新增股权投资**公允价值**】 【或相反分录】

趁热答题

例 6-12·计算分析题 2×21 年 2 月 1 日，甲公司以银行存款 2 000 万元取得乙公司 2%有表决权的股份，将其指定为以公允价值计量且其变动计入其他综合收益的非交易性权益工具投资。2×21 年 6 月 30 日，2%股权的公允价值为 1 850 万元。2×21 年 8 月 10 日，甲公司以银行存款 5 500 万元进一步购入乙公司 5%有表决权的股份，已办妥股份转让手续。当日，甲公司原持有的乙公司 2%有表决权股份的公允价值为 2 200 万元，乙公司可辨认净资产的公允价值为 110 000 万元。至此，甲公司持有乙公司 7%有表决权的股份，能够对乙公司施加重大影响，对该投资采用权益法核算。不考虑提取盈余公积及相关税费及其他因素，计算甲公司 2×21 年 8 月 10 日对乙公司长期股权投资的初始投资成本，并编制相关会计分录。

答案

甲公司 2×21 年 8 月 10 日对乙公司长期股权投资的初始投资成本=2 200+5 500=7 700（万元）

借：长期股权投资——投资成本　　　　　　7 700
　　其他权益工具投资——公允价值变动　　　150
　　贷：其他权益工具投资——成本　　　　　　　2 000
　　　　银行存款　　　　　　　　　　　　　　　5 500
　　　　利润分配——未分配利润　　　　　　　　　350
借：利润分配——未分配利润　　　　　　　150
　　贷：其他综合收益　　　　　　　　　　　　　150

初始投资成本（7 700）=甲公司所占乙公司可辨认净资产的公允价值的份额（7 700=110 000×

7%），不调整初始投资成本。

│例 6-13·判断题（2023 年）│ 以公允价值计量且其变动计入其他综合收益的非交易性权益工具投资转为权益法核算的长期股权投资，已计入其他综合收益的公允价值变动转入投资收益。（　　）

（解析）本题考查金融资产转换为权益法计量的会计处理。以公允价值计量且其变动计入其他综合收益的非交易性权益工具投资转为权益法核算的长期股权投资，已计入其他综合收益的公允价值变动应转入留存收益。因此，本题表述错误。

（答案）×

（二）公允价值计量或权益法核算转成本法核算（增资）（不属于一揽子交易）

企业通过**多次交易分步取得同一控制下**被投资单位的股权，最终形成企业合并的，应当判断多次交易是否属于"一揽子交易"，分别进行会计处理。

表 6-14　判断多次交易是否属于"一揽子交易"及相应的会计处理

事项	具体内容
判断依据	多次交易的条款、条件以及经济影响符合以下一种或多种情况，通常表明应将多次交易事项作为"一揽子交易"进行会计处理： （1）这些交易是同时或者在**考虑了彼此影响**的情况下订立的； （2）这些交易**整体**才能达成一项完整的商业结果； （3）一项交易的发生**取决于**其他至少一项交易的发生； （4）一项交易**单独看是不经济的**，但是和其他交易**一并考虑**时是经济的
属于	属于"一揽子交易"的，合并方应当将各项交易**作为一项取得控制权的交易**进行会计处理
不属于	**不属于"一揽子交易"的**，取得控制权日，应按照以下步骤进行会计处理： （1）确定同一控制下企业合并形成的长期股权投资的初始投资成本。 **合并日初始投资成本＝合并日应享有被合并方净资产在最终控制方合并财务报表中账面价值的份额＋最终控制方收购被合并方形成的商誉** （2）长期股权投资初始投资成本与合并对价账面价值之间的**差额**的处理： ①调整资本公积（资本溢价或股本溢价）的金额＝合并日的初始投资成本－（合并前的原股权投资账面价值＋为取得新增部分股权所支付对价的账面价值） ②资本公积不足冲减的，冲减留存收益。 会计分录： 借：长期股权投资　　　　　　　　　　　　　　　　【合并日的初始投资成本】 　　贷：长期股权投资——投资成本　　⎫ 　　　　　　　　　　——损益调整【或借方】⎬ 　　　　　　　　　　——其他综合收益【或借方】⎪（原投资的账面价值） 　　　　　　　　　　——其他权益变动【或借方】⎭ 　　　　交易性金融资产 　　　　其他权益工具投资 　　　　银行存款/存货/固定资产/无形资产/股本等　　　【新增投资部分所付出对价的账面价值】 　　　　资本公积——资本溢价/股本溢价　　　　　　　　【差额，可在借方】
	合并日之前持有的股权投资： （1）因采用权益法核算或金融工具确认和计量准则核算而确认的**其他综合收益**，**暂不进行会计处理**，直至处置该项投资时采用与被投资单位直接处置相关资产或负债相同的基础进行会计处理； （2）因采用权益法核算而确认的被投资单位净资产中除净损益、其他综合收益和利润分配以外的**所有者权益其他变动**，**暂不进行会计处理**，直至处置该项投资时转入**当期损益**

企业通过多次交易分步实现非同一控制下企业合并的，应当区分个别财务报表和合并财务报表进行会计处理。

表 6-15　个别报表中多次交易分步实现非同一控制下企业合并（"非一揽子交易"）

情形	计量原则
原股权采用**金融工具**核算	初始投资成本=原股权投资（**公允价值**）+新增股权投资（**公允价值**） （1）原股权为**交易性金融资产的会计分录**： 　借：长期股权投资　　　　　【原股权投资**公允价值**+新增股权投资**公允价值**】 　　贷：交易性金融资产【账面价值】　 　　　　投资收益　　　　　　　　　　　　　　　【原股权投资公允价值】 　　　　银行存款等　　　　　　　　　　　　　　【新增股权投资**公允价值**】 （2）原股权为**其他权益工具投资的会计分录**： 　借：长期股权投资　　　　　【原股权投资**公允价值**+新增股权投资**公允价值**】 　　贷：其他权益工具投资【账面价值】 　　　　盈余公积【或借方】 　　　　利润分配——未分配利润【或借方】　　　　【原股权投资公允价值】 　　　　银行存款等　　　　　　　　　　　　　　【新增股权投资**公允价值**】 原计入其他综合收益的累计公允价值变动直接转入**留存收益**。会计分录： 　借：其他综合收益 　　贷：盈余公积 　　　　利润分配——未分配利润 （或作相反会计分录）
原股权采用**权益法**核算	初始投资成本=原股权投资（**账面价值**）+新增股权投资（**公允价值**） 　借：长期股权投资　　　　　【原股权投资**账面价值**+新增股权投资**公允价值**】 　　贷：长期股权投资——投资成本 　　　　　　　　　　——损益调整（可借方） 　　　　　　　　　　——其他综合收益（可借方）　【原股权投资账面价值】 　　　　　　　　　　——其他权益变动（可借方） 　　　　银行存款等　　　　　　　　　　　　　　【新增股权投资**公允价值**】 （1）相关**其他综合收益**应当在**处置**该项投资时采用**与被投资单位**直接处置相关资产或负债相同的基础进行会计处理； （2）因被投资方**除净损益、其他综合收益**和利润分配以外的其他所有者权益变动而确认的所有者权益，应当在处置该项投资时相应**转入处置期间的当期损益**； （3）处置后的**剩余股权**采用**成本法或权益法**核算的，其他综合收益和其他所有者权益应**按比例结转**； （4）处置后的**剩余股权改按金融工具**确认和计量准则进行会计处理的，其他综合收益和其他所有者权益**应全部结转**。 【通关文牒-很好懂】 合并日对原股权投资因采用权益法核算形成的其他综合收益和资本公积——其他资本公积**暂不处理**

趁热答题

| 例 6-14·综合题节选（2019 年）|

资料五：2×18 年 9 月 1 日，甲公司以定向增发 2 000 万股普通股（每股面值为 1 元、公允价值为 10 元）的方式从非关联方取得乙公司 40%的有表决权股份，相关手续于当日完成后，甲公司共计持有乙公司 60% 的有表决权股份，能够对乙公司实施控制。该企业合并不属于反向购买。当日，乙公司可辨认净资产的账面价值与公允价值均为 45 000 万元，甲公司原持有的乙公司 20%股权的账面价值为 9 000 万元（其中，投资成本为 8 000 万元、损益调整为 924 万元、其他综合收益为 76 万元），公允价值为 10 000 万元。

本题不考虑增值税等相关税费及其他因素。

（要求）计算甲公司 2×18 年 9 月 1 日取得乙公司控制权时长期股权投资改按成本法核算的初始投资成本，并编制相关会计分录。

（答案）

非同一控制下，权益法转换为成本法计量，初始投资成本=原股权账面价值+新增股权部分的公允价值=9 000+2 000×10=29 000（万元）。

借：长期股权投资　　　　　　　　　　　　　29 000
　　贷：股本　　　　　　　　　　　　　　　　　2 000
　　　　资本公积——股本溢价　　　　　　　　 18 000
　　　　长期股权投资——投资成本　　　　　　　8 000
　　　　　　　　　　——损益调整　　　　　　　　924
　　　　　　　　　　——其他综合收益　　　　　　 76

| 例 6-15·计算分析题 | 2×22 年 1 月 1 日，甲公司以银行存款 1 500 万元从非关联方取得乙公司 5%的有表决权股份，对乙公司的财务和经营政策不具有重大影响。甲公司将对乙公司的投资指定为以公允价值计量且其变动计入其他综合收益的非交易性权益工具投资（以下简称"其他权益工具投资"），并进行会计处理。

2×23 年 1 月 1 日，甲公司以银行存款 20 000 万元从非关联方取得乙公司 50%的有表决权股份，相关手续于当日完成后，甲公司共计持有乙公司 55%的有表决权股份，能够对乙公司实施控制。该企业合并不属于反向购买。甲公司原持有的乙公司 5%股权的公允价值为 2 000 万元。不考虑提取盈余公积及相关税费等其他因素的影响。

（要求）计算甲公司 2×23 年 1 月 1 日取得乙公司控制权时长期股权投资改按成本法核算的初始投资成本，并编制相关会计分录。

（答案）

非同一控制下，公允价值计量转换为成本法计量，初始投资成本=原股权公允价值+新增股权部分的公允价值=2 000+20 000=22 000（万元）。

借：长期股权投资——乙公司　　　　　　　　22 000
　　贷：其他权益工具投资——成本　　　　　　　1 500
　　　　　　　　　　　　——公允价值变动　　　 500　（2 000-1 500）
　　　　银行存款　　　　　　　　　　　　　 20 000
借：其他综合收益　　　　　　　　　　　　　　 500
　　贷：利润分配——未分配利润　　　　　　　　　500

(三)权益法核算转公允价值计量(减资)

表6-16 权益法转公允价值计量的核算

事项	具体内容	
处理原则	剩余股权公允价值−剩余股权账面价值=(改按金融工具时)计入投资收益 【原股权投资下(其他综合收益与资本公积——其他资本公积)】→(改按金融工具时)转入投资收益或留存收益。	

会计分录	(1) **处置部分**股权:
	借:银行存款
	    贷:长期股权投资
	        投资收益
	(2) **剩余部分**股权调整:
	借:交易性金融资产/其他权益工具投资
	    贷:长期股权投资
	        投资收益
	(3) 结转**全部的**资本公积与全部的其他综合收益:
	借:资本公积——其他资本公积
	    贷:投资收益
	借:其他综合收益
	    贷:利润分配——未分配利润
	        盈余公积
	        投资收益
		【差额,或借方】
		
		【公允价值】
		
		【差额,或借方】
		
		【或相反分录】
		
		【或相反分录】
		
		【不可转损益】
		
		【可转损益】

趁热答题

| 例6−16·计算分析题 | 甲公司持有乙公司30%的有表决权的股份,能够对乙公司施加重大影响。2×23年1月1日,甲公司将对乙公司股权投资的80%出售给非关联方,取得价款5 600万元,相关手续于当日完成,剩余股份当日公允价值为1 400万元。出售部分股权后,甲公司对乙公司不再具有重大影响,将剩余股权投资转为以公允价值计量且其变动计入当期损益的金融资产。出售时,该项长期股权投资的账面价值为6 633万元,其中投资成本为4 824万元,损益调整为1 749万元,其他综合收益为60万元(为被投资单位的其他债权投资的累计公允价值变动)。不考虑相关税费等其他因素影响。

要求 计算甲公司2×23年1月1日处置部分股权投资交易对公司营业利润的影响额,并编制相关会计分录。

答案

2×23年1月1日,甲公司处置部分股权投资交易对营业利润的影响额=处置原股权所产生的投资收益+其他综合收益结转的投资收益=5 600+1 400−6 633+60=427(万元)。相关会计分录如下:

借:银行存款   5 600
    贷:长期股权投资——投资成本   3 859.2 (4 824×80%)
              ——损益调整   1 399.2 (1 749×80%)
              ——其他综合收益   48 (60×80%)
       投资收益   293.6

借：其他综合收益　　　　　　　　　　　　　　60
　　贷：投资收益　　　　　　　　　　　　　　　　60
借：交易性金融资产——成本　　　　　　　　1 400
　　贷：长期股权投资——投资成本　　　964.8（4 824×20%）
　　　　　　　　　　——损益调整　　　349.8（1 749×20%）
　　　　　　　　　　——其他综合收益　12（60×20%）
　　　　投资收益　　　　　　　　　　　73.4

（四）成本法核算转权益法核算（减资）

1. 按处置投资的比例结转应终止确认的长期股权投资成本
借：银行存款
　　贷：长期股权投资（处置部分的账面价值）
　　　　投资收益（差额，或借方）

2. 剩余股权因具有共同控制或重大影响，应追溯调整为权益法
（1）初始投资时的追溯：

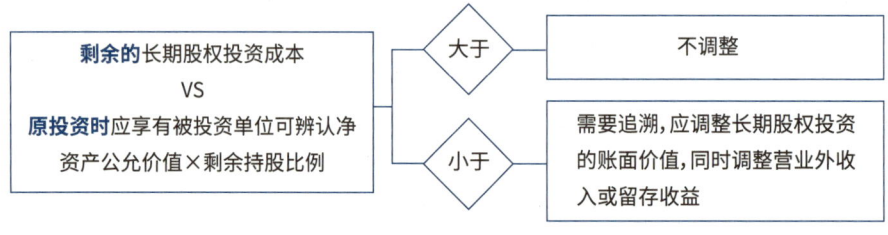

图6-6　初始投资时的追溯

会计分录：
借：长期股权投资——投资成本
　　贷：盈余公积　　　　　　　　　　　　　　　　　　　　　　【以前年度负商誉】
　　　　利润分配——未分配利润　　　　　　　　　　　　　　　【以前年度负商誉】
　　　　营业外收入　　　　　　　　　　　　　　　　　　　　　【当年负商誉】

（2）对于原取得投资时至处置投资时（转为权益法核算）之间被投资单位实现净损益、其他综合收益及除此之外的其他原因导致被投资单位其他所有者权益变动中投资方应享有的份额，进行追溯调整。

①成本法下被投资方盈亏追溯　【盈余；亏损反之】 借：长期股权投资——损益调整 　　贷：盈余公积　　　　　【以前年度盈余】 　　　　利润分配——未分配利润【以前年度盈余】 　　　　投资收益　　　　　【当年盈余】	②成本法下被投资方分红的追溯 借：盈余公积　　　　　　　【以前年度分红】 　　利润分配——未分配利润【以前年度分红】 　　投资收益　　　　　　　【当年分红】 　　贷：长期股权投资——损益调整
③成本法下被投资方其他综合收益变动的追溯 借：长期股权投资——其他综合收益 　　贷：其他综合收益 （或作相反会计分录）	④成本法下被投资方其他所有者权益变动的追溯： 借：长期股权投资——其他权益变动 　　贷：资本公积 （或作相反会计分录）

图6-7　净损益、其他综合收益及其他所有者权益变动的追溯

趁热答题

例 6-17 · 多选题（2017 年） 2×17 年 1 月 1 日，甲公司长期股权投资账面价值为 2 000 万元。当日，甲公司将持有的乙公司 80% 股权中的一半以 1 200 万元出售给非关联方，剩余对乙公司的股权投资具有重大影响。甲公司原取得乙公司股权时，乙公司可辨认净资产的账面价值为 2 500 万元，各项可辨认资产、负债的公允价值与其账面价值相同。自甲公司取得乙公司股权投资至处置投资日，乙公司实现净利润 1 500 万元，增加其他综合收益 300 万元。假定不考虑增值税等相关税费及其他因素，且按照 1% 提取盈余公积，下列关于 2×17 年 1 月 1 日甲公司个别财务报表中对长期股权投资的会计处理表述中，正确的有（   ）。

A. 增加盈余公积 60 万元
B. 增加未分配利润 540 万元
C. 增加投资收益 320 万元
D. 增加其他综合收益 120 万元

【解析】 本题考查成本法核算转权益法核算。
相关账务处理如下：
①出售部分：
借：银行存款　　　　　　　　　　　　　　1 200
　　贷：长期股权投资　　　　　　　　　　　　1 000（2 000×50%）
　　　　投资收益　　　　　　　　　　　　　　　200
②剩余部分成本法转为权益法：
借：长期股权投资——损益调整　　　　　　 600
　　　　　　　　——其他综合收益　　　　 120
　　贷：盈余公积　　　　　　　　　　　　　　　60（1 500×40%×10%）
　　　　利润分配——未分配利润　　　　　　　540（1 500×40%×90%）
　　　　其他综合收益　　　　　　　　　　　　120（300×40%）
因此，本题选项 ABD 正确。

【答案】 ABD

（五）成本法核算转公允价值计量（减资）（见表 6-17）

表 6-17　成本法转公允价值计量的核算

事项	具体内容	
处理原则	剩余股权公允价值-剩余股权账面价值=(改按金融工具时) 计入投资收益	
会计分录	（1）处置部分股权： 借：银行存款 　　贷：长期股权投资 　　　　投资收益	【差额，或借方】
	（2）剩余部分股权调整： 借：交易性金融资产/其他权益工具投资 　　贷：长期股权投资 　　　　投资收益	【公允价值】 【差额，或借方】

趁热答题

例 6-18 · 判断题（2021 年） 企业因处置部分子公司股权将剩余股权投资分类为以公允价值计量且其变动计入当期损益的金融资产时，应在丧失控制权日将剩余股权投资的公允价值与账面价值之间的差额计入其他综合收益。（　　）

解析 企业处置部分子公司股权投资，将剩余股权投资分类为以公允价值计量且其变动计入当期损益的金融资产时，应在丧失控制权日将剩余股权投资的公允价值与账面价值之间的差额计入投资收益。因此，本题表述错误。

答案 ×

考点 7　长期股权投资的处置（★★）

企业处置长期股权投资时，应相应结转与所售股权相对应的长期股权投资的账面价值，出售所得**价款**与**处置长期股权投资账面价值**之间的**差额**，应确认为**当期损益**（投资收益）。具体见表 6-18。

处置损益 = 出售价款 - 账面价值

表 6-18　长期股权投资处置的会计核算

成本法下	权益法下	
借：银行存款（处置收入） 　　长期股权投资减值准备 　贷：长期股权投资 　　　投资收益（差额，或借方）	借：银行存款 　　长期股权投资减值准备 　贷：长期股权投资——投资成本 　　　　　　　　　——损益调整 　　　　　　　　　——其他权益变动 　　　　　　　　　——其他综合收益 　　　投资收益 同时： 借：其他综合收益 　贷：投资收益 　　　盈余公积 　　　利润分配——未分配利润 或作相反会计分录。 借：资本公积——其他资本公积 　贷：投资收益 或作相反会计分录	【或借方】 【或借方】 【或借方】 【差额，或借方】 【能转损益】 【不能转损益】

趁热答题

例 6-19 · 单选题（2017 年） 2×17 年 5 月 10 日，甲公司将其持有的一项以权益法核算的长期股权投资全部出售，取得价款 1 200 万元，当日办妥相关手续。出售时，该项长期股权投资的账面价值为 1 100 万元，其中投资成本为 700 万元，损益调整为 300 万元，可重分类进损益的其他综合收益为 100 万元，不考虑增值税等相关税费及其他因素。甲公司处置该项股权投资应确认的投资收益为（　　）万元。

A. 100　　　　B. 500　　　　C. 200　　　　D. 400

解析 本题考查长期股权投资的处置。甲公司处置该项股权投资应确认的投资收益 = 1 200 - 1 100 + 100 = 200（万元）。本题正确答案为选项 C。相关会计分录如下：

```
借：银行存款                              1 200
    贷：长期股权投资——投资成本              700
                    ——损益调整               300
                    ——其他综合收益          100
        投资收益                             100
借：其他综合收益                           100
    贷：投资收益                             100
```

答案　C

第三节　合营安排

考点8　合营安排的概念及认定（★★★）

（一）合营安排

合营安排是指一项由两个或两个以上的参与方共同控制的安排。

合营安排具有下列特征：

(1) 各参与方均受到该安排的约束；

(2) 两个或两个以上的参与方对该安排实施共同控制。

（二）共同控制及判断原则

共同控制是指按照相关约定对某项安排所共同的控制，并且该安排的相关活动必须经过分享控制权的参与方一致同意后才能决策。

在判断是否具有共同控制时，首先判断是否所有参与方或参与方组合集体控制该安排，其次判断该安排相关活动的决策是否必须经过这些参与方一致同意。

1. 集体控制

如果所有参与方或一组参与方必须一致行动才能决定某项安排的相关活动，则称所有参与方或一组参与方集体控制该安排。在判断集体控制时，需要注意以下3点：

(1) 集体控制不是单独一方控制；

(2) 尽管所有参与方联合起来一定能够控制该安排，但在集体控制下，集体控制该安排的组合指的是那些既能联合起来控制该安排，又使得参与方数量最少的一个或几个参与方组合；

(3) 能够集体控制一项安排的参与方组合很可能不止一个。

2. 相关活动的决策

当且仅当相关活动的决策要求集体控制该安排的参与方一致同意时，才存在共同控制。

▶ 很会考 ▶

如果存在两个或两个以上的参与方组合能够集体控制某项安排的，不构成共同控制。

| 例6-20·单选题 | A 公司由甲、乙、丙三个公司共同出资设立。根据公司章程，A 公司相关活动的决策至少需要70%的表决权通过才能实施。假定任意两方可达成一致意见，三方无法形成一致意

见。下列项目中，属于共同控制的是（　　）。

A. 甲公司、乙公司、丙公司分别持有 A 公司 32%、32%、36%的表决权股份
B. 甲公司、乙公司、丙公司分别持有 A 公司 80%、10%、10%的表决权股份
C. 甲公司、乙公司、丙公司分别持有 A 公司 40%、30%、30%的表决权股份
D. 甲公司、乙公司、丙公司分别持有 A 公司 45%、35%、20%的表决权股份

(解析) 选项 A，甲公司、乙公司、丙公司任意两方都不能达到 70%，且三方不能达成一致意见，因此，不属于共同控制；选项 B，甲公司单独即可达到 70%，可对 A 公司实施控制，不属于共同控制；选项 C，甲公司和乙公司，甲公司和丙公司是能够集体控制该安排的两个组合，不是能够集体控制该安排的唯一组合，不构成共同控制；选项 D，甲公司与乙公司是能够集体控制该安排的唯一组合，属于共同控制。因此，本题选项 D 正确。

(答案) D

3. 争议解决机制（如何处理纠纷）

（1）在分析合营安排的各方是否共同分享控制权时，相关约定可能包括处理纠纷的条款，如仲裁。这些条款的存在不会妨碍该安排构成共同控制的判断，因此，也不会妨碍该安排成为合营安排。

（2）如果在各方未就相关活动的重大决策达成一致意见的情况下，其中一方具备"**一票通过权**"或者潜在表决权等特殊权力，则需要仔细分析，很可能具有特殊权力的一方**实质上具备控制权**。

4. 仅享有保护性权利的参与方不享有共同控制

5. 一项安排的不同活动可能分别由不同的参与方或参与方组合主导

6. 综合评估多项相关协议（可能存在多项相关协议，需要综合考虑）

（三）合营安排中的不同参与方

只要两个或两个以上的参与方对该安排实施共同控制，一项安排就可以被认定为合营安排，并不要求所有参与方都对该安排享有共同控制。

对合营安排享有共同控制的参与方（分享控制权的参与方）被称为"合营方"；对合营安排不享有共同控制的参与方被称为"非合营方"。

（四）合营安排的类型

1. 合营安排的两种类型

分类	含义
共同经营	合营方享有该安排相关**资产**且承担该安排相关**负债**的合营安排
合营企业	合营方仅对该安排的**净资产**享有权利的合营安排

2. 一项合营安排是共同经营还是合营企业的判断标准

单独主体是指具有单独可辨认的财务架构的主体。包括：①单独的法人主体，如有限责任公司；②不具备法人主体资格但法律所认可的主体，如合伙企业、合作企业、信托、基金等。

【提示】合营安排未通过单独主体达成时，该合营安排为共同经营。

3. 重新评估

企业对合营安排是否拥有共同控制权，以及评估该合营安排是共同经营还是合营企业，这需要企业予以判断并持续评估。在进行判断时，企业需要对所有的相关事实和情况加以考虑。

如果法律形式、合同条款等相关事实和情况发生变化，合营安排参与方应当对合营安排进行重新评估：①评估原合营方是否仍对该安排拥有共同控制权；②评估合营安排的类型是否发生变化。

考点加油站

第六章 长期股权投资和合营安排

- 长期股权投资和合营安排
  - 长期股权投资的范围和初始计量
    - 考点1 长期股权投资的范围★
      - 对子公司投资（控制）
      - 对合营企业投资（共同控制）
      - 对联营企业投资（重大影响）
    - 考点2 企业合并形成的长期股权投资的初始计量★★★
      - 同一控制初始投资成本=合并日取得的被合并方在最终控制方合并财务报表中的净资产的账面价值×份额+最终控制方收购被合并方形成的商誉
      - 非同一控制初始投资成本=支付对价的公允价值
    - 考点3 企业合并以外的其他方式取得的长期股权投资的初始计量★★
  - 长期股权投资的后续计量
    - 考点4 成本法★
    - 考点5 权益法★★★
      - 初始投资成本的调整
      - 投资损益的确认
      - 被投资单位其他综合收益变动的处理
      - 投资方取得现金股利或利润的处理
      - 超额亏损的确认
      - 被投资单位除净损益、其他综合收益以及利润分配以外的所有者权益的其他变动
      - 长期股权投资的减值
    - 考点6 长期股权投资核算方法的转换★★★
      - 公允价值计量转换为权益法核算（增资）
      - 公允价值计量或权益法核算转成本法核算（增资）
      - 权益法核算转公允价值计量（减资）
      - 成本法核算转权益法核算（减资）
      - 成本法核算转公允价值计量（减资）
    - 考点7 长期股权投资的处置★★
  - 合营安排
    - 考点8 合营安排的概念及认定★★★

19%

第七章 资产减值

考情驿站

本章属于非重点章节,主要阐述了资产减值的概念及范围、减值的迹象、资产减值的处理及资产组减值的处理等内容,常与固定资产、无形资产及长期股权投资结合出题。难点集中在资产组减值测试和总部资产减值测试。本章多以客观题型考查,主观题分值也不高,但 2020 年单独考查总部资产减值。近三年平均考查分值约为 5 分。

考点地图

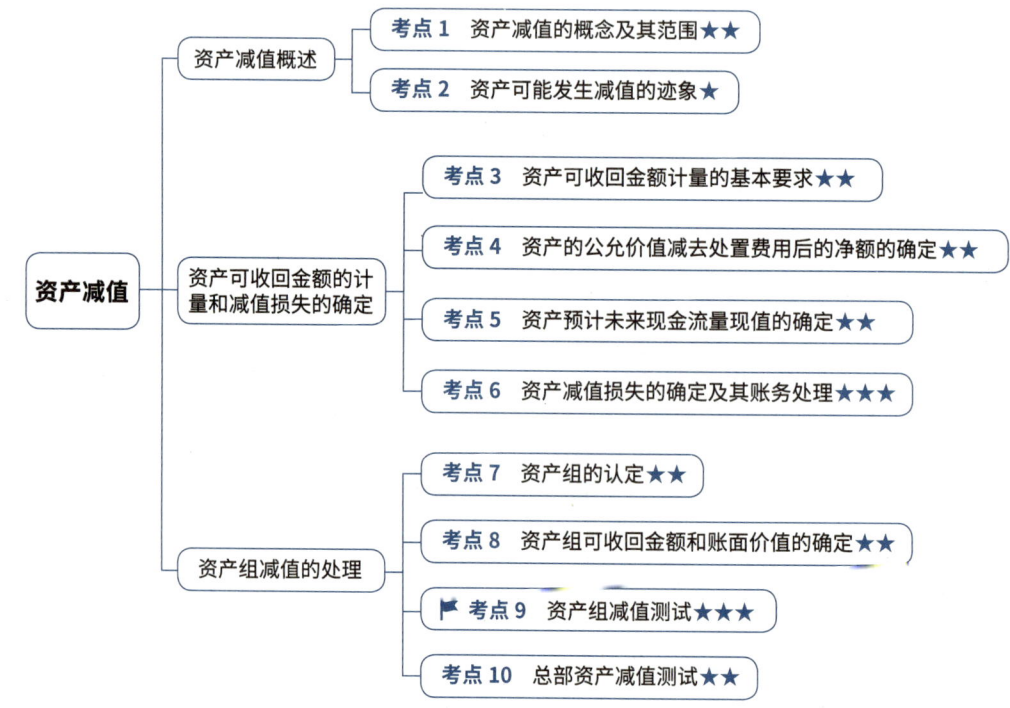

2024 年本章主要变化

无实质性变动。

考点速递

第一节 资产减值概述

考点1 资产减值的概念及其范围（★★）

考频 2021年单选题

表7-1 资产减值的概念及其范围

事项	内容
概念	资产减值是指资产的可收回金额**低于**其账面价值
适用资产减值准则的资产	资产减值准则所适用的资产，主要是企业的非流动资产，具体包括： （1）对子公司、联营企业和合营企业的长期股权投资； （2）采用**成本模式**进行后续计量的投资性房地产； （3）固定资产； （4）无形资产； （5）探明石油天然气矿区权益和井及相关设施； （6）商誉等。 【通关文牒-速提分】 由资产减值准则规范的资产，资产减值损失一经确认，在以后会计期间**不得转回**

【提示】本章所指资产，除特别说明外，包括<u>单项资产和资产组</u>。

趁热答题

| 例7-1·单选题（2021年）| 企业的下列各项资产中，以前计提减值准备的影响因素已消失的，应在已计提的减值准备金额内转回的是（　　）。

A. 固定资产　　　　　　　　B. 商誉
C. 长期股权投资　　　　　　D. 原材料

解析 本题考查资产减值的概念及其范围。以前减记存货价值的影响因素已经消失的，减记的金额应当予以恢复，并在原已计提的存货跌价准备金额内转回，转回的金额计入当期损益。选项ABC，均是由资产减值准则规范的资产，资产减值损失一经计提，在以后会计期间不得转回。因此，选项D正确。

答案 D

考点2 资产可能发生减值的迹象（★）

考频 2023年判断题

企业应当在**资产负债表日**判断资产是否存在可能发生减值的迹象。

如果资产存在发生减值的迹象，应当进行减值测试，估计资产的可收回金额。

可收回金额**低于**账面价值的，应当按照可收回金额低于账面价值的差额，计提减值准备，确认减值损失。

通关文牒

▶ 速提分 ▶

不论是否存在减值迹象，至少应当每年进行减值测试的资产：
（1）因企业合并所形成的商誉；
（2）使用寿命不确定的无形资产；
（3）尚未达到可使用状态的无形资产。

趁热答题

|例 7-2·判断题（2023 年）| 如果在资产负债表日没有证据表明企业合并中形成的商誉存在减值迹象，则企业无需对该商誉进行减值测试。　　　　　　　　　　　　　　　　　　（　　）

解析 本题考查资产可能发生减值的迹象。对于企业合并所形成的商誉，无论是否存在减值迹象，至少应当每年进行减值测试。因此，本题表述错误。

答案　×

第二节　资产可收回金额的计量和减值损失的确定

考点 3　资产可收回金额计量的基本要求（★★）

资产的可收回金额应当根据资产的**公允价值减去处置费用后的净额**与**资产预计未来现金流量的现值**两者之间**较高者**确定。

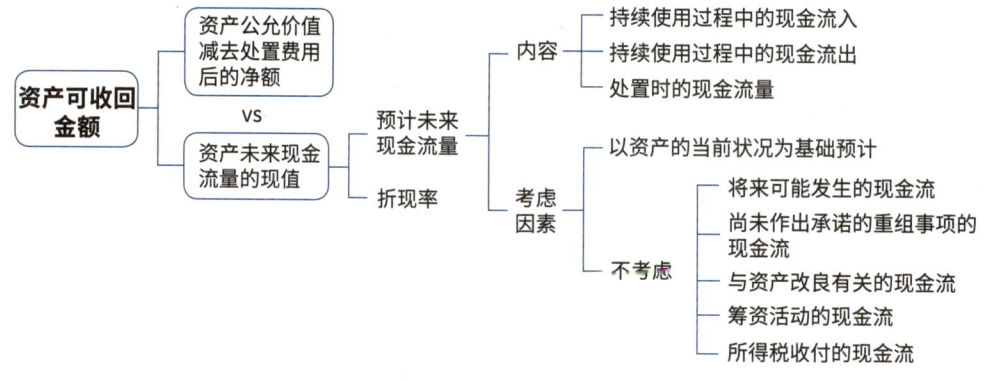

图 7-1　资产可收回金额

趁热答题

|例 7-3·单选题（2013 年）| 2×12 年 12 月 31 日，企业某项固定资产的公允价值为 1 000 万元。预计处置费用为 100 万元，预计未来现金流量的现值为 960 万元。当日，该项固定资产的可收回金额为（　　）万元。

A. 860　　　　　　B. 900　　　　　　C. 960　　　　　　D. 1000

解析 本题考查可收回金额的计算。可收回金额根据公允价值减去处置费用后的净额与预计未来现金流量的现值两者之间较高者确定，其中公允价值减去处置费用后的净额＝1 000-100=900（万元），预计未来现金流量现值为960万元，所以该固定资产的可收回金额为960万元，选项C正确。

答案 C

考点4 资产的公允价值减去处置费用后的净额的确定（★★）

（一）公允价值的确定

资产的公允价值减去处置费用后的净额通常反映的是资产如果被出售或者处置时可以收回的净现金流入。

1. 资产的公允价值

资产的公允价值是指市场参与者在计量日发生的有序交易中，出售一项资产所能收到的价格。

2. 有序交易

有序交易是指在计量日前一段时间内相关资产或负债具有惯常市场活动的交易。清算等被迫交易不属于有序交易。

（二）处置费用的确定

处置费用是指可以直接归属于资产处置的增量成本，具体包括与资产处置有关的法律费用、相关税费、搬运费以及为使资产达到可销售状态所发生的直接费用等，但是财务费用和所得税费用等不包括在内。

（三）资产的公允价值减去处置费用后的净额的确认顺序

资产的公允价值的确认顺序：

（1）销售协议价格（优先采用）；

（2）市场价格（买方出价）；

（3）估计的公允价值（熟悉情况的交易双方自愿进行公平交易愿意提供的交易价格，可以参考同行业类似资产的最近交易价格）。

考点5 资产预计未来现金流量现值的确定（★★）

考频 2022年多选题；2021年多选题、判断题

资产预计未来现金流量的现值，应当按照资产在持续使用过程中和最终处置时所产生的预计未来现金流量，选择恰当的折现率对其进行折现后的金额加以确定。

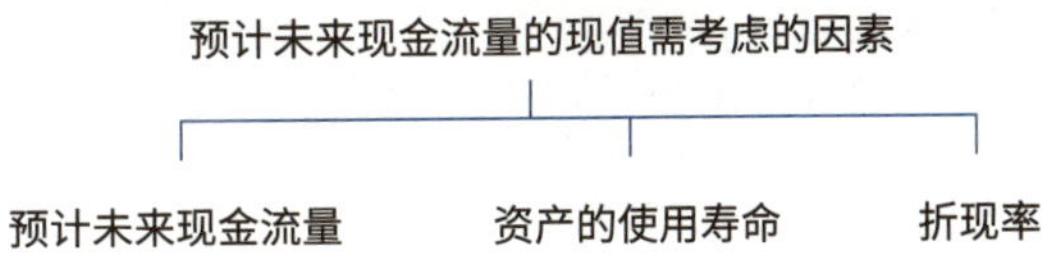

预计未来现金流量的现值需考虑的因素

预计未来现金流量　　资产的使用寿命　　折现率

图7-2 预计未来现金流量现值需要综合考虑的3个因素

趁热答题

| 例7-4·多选题（2021年） | 固定资产减值测试中，预计未来现金流量现值时应考虑的因素有（   ）。

A. 剩余使用年限　　　　　　　　B. 预计未来现金流量
C. 账面原值　　　　　　　　　　D. 折现率

解析 本题考查预计资产未来现金流量现值的确定。预计资产未来现金流量的现值，需要综合

考虑3个因素：①预计未来现金流量（选项B）；②资产的使用寿命（选项A）；③折现率（选项D）。因此，选项ABD正确。

【答案】 ABD

(一) 资产未来现金流量的预计

1. 预计资产未来现金流量的基础

预计资产未来现金流量**建立在经企业管理层批准的最近财务预算或者预测数据的基础上**。

2. 预计资产未来现金流量应当包括的内容（见图7-3）

- 资产持续使用过程中预计产生的现金流入
- 为实现资产持续使用过程中产生的现金流入所必需的预计现金流出
- 资产使用寿命结束时，处置资产所收到的或者支付的现金流量

图7-3　预计未来现金流量包括的内容

3. 预计资产未来现金流量应当考虑的因素

(1) 以资产的**当前状况**为基础预计资产未来现金流量。

> 【通关文牒】▶速提分▶
> 企业应当以资产的当前状况为基础，**不应当**包括与**将来**可能会发生的、**尚未作出承诺的重组事项**或者与**资产改良**有关的预计未来现金流量。

(2) 预计资产未来现金流量**不应当**包括**筹资活动**和**与所得税收付**有关的现金流量。
(3) 对通货膨胀因素的考虑应当和折现率**相一致**。
(4) 内部转移价格应当予以**调整**，即调整成公平交易中的**公允价格**。

> 【趁热答题】
> |例7-5·多选题（2022年）| 下列各项中，企业对固定资产进行减值测试时，预计其未来现金流量应考虑的因素有（　　）。
> A. 与所得税收付有关的现金流量
> B. 资产使用寿命结束时处置资产所收到的现金流量
> C. 筹资活动产生的现金流量
> D. 资产持续使用过程中产生的现金流量
>
> 【解析】本题考查资产预计未来现金流量现值的确定。预计资产未来现金流量考虑的因素不应当包括筹资活动（选项C）和与所得税收付有关的现金流量（选项A）。选项BD正确。

【答案】 BD

4. 预计资产未来现金流量的方法

(1) 单一现金流量法（即最有可能产生的现金流量）；
(2) 期望现金流量法（即现金流量期望值，考虑概率）。

(二) 折现率的预计

在资产减值测试中，计算资产未来现金流量现值时所使用的折现率应当是反映**当前市场货币时间**

价值和资产特定风险的**税前利率**。该折现率是企业在购置或者投资资产时所要求的**必要报酬率**。

(三) 外币未来现金流量及其现值的确定

预计资产的未来现金流量如果涉及外币，企业应当按照下列步骤确定资产减值损失的计提。

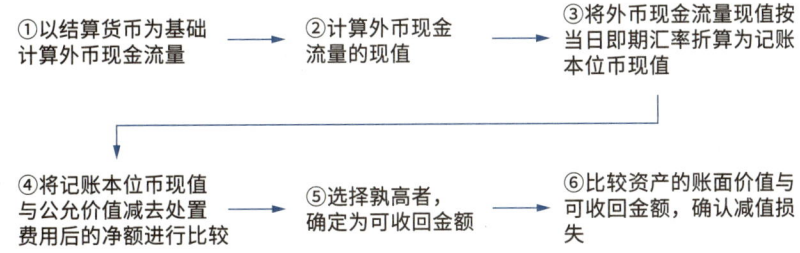

图7-4　外币未来现金流量及其现值的确定

> **通关文牒**
> ▶ 速提分 ▶
> 预计资产的未来现金流量现值涉及外币时，应当**先折现再折算**。

考点6　资产减值损失的确定及其账务处理（★★★）

 2023年多选题；2022年单选题；2021年单选题、多选题

(一) 资产减值损失的确定

企业在对资产进行减值测试并计算确定资产的可收回金额后，如果资产的可收回金额**低于**其账面价值，应当将资产的账面价值**减计至**可收回金额，减计的金额确认为资产减值损失，计入当期损益，同时计提相应的资产减值准备。

> **通关文牒**
> ▶ 速提分 ▶
> **资产的账面价值=资产成本−累计折旧（或累计摊销）−累计减值准备**
> 【提示1】资产减值损失确认后，减值资产的折旧或者摊销费用应在**未来期间作相应调整**，以使该资产在剩余使用寿命内，系统地分摊调整后的资产账面价值（扣除预计净残值）。
> 【提示2】资产减值损失**一经确认**，在以后会计期间**不得转回**。资产报废、出售、对外投资、以非货币性资产交换方式换出、通过债务重组抵偿债务等符合资产终止确认条件的，企业应当将相关资产减值准备**予以转销**。

趁热答题

| **例7-6·多选题（2023年）** | 企业某固定资产成本为1 000万元，2×21年计提折旧100万元，减值准备20万元，2×22年计提折旧50万元。2×22年12月31日，公允价值减去处置费用后的净额为800万元，未来现金流量现值为810万元（税前），预计处置资产发生相关税费为4万元。2×23年重新

计提折旧，预计剩余使用年限为5年，净残值为0，采用年限平均法计提折旧。不考虑其他因素，下列说法正确的有（　　）。

A. 2×22年12月31日，固定资产减值准备余额为44万元
B. 2×22年12月31日，可收回金额为810万元
C. 2×23年折旧金额为161.2万元
D. 2×22年12月31日计提减值损失20万元

解析 本题考查资产减值损失的确定及其账务处理。2×22年12月31日，固定资产计提减值准备前的账面价值=1 000-100-20-50=830（万元），资产的可收回金额应当根据资产的公允价值减去处置费用后的净额与资产预计未来现金流量的现值两者之间较高者确定，即810万元，选项B正确。账面价值830万元>可收回金额810万元，发生减值，因此，2×22年12月31日计提固定资产减值准备=830-810=20（万元），当日，固定资产减值准备余额=20+20=40（万元），选项A错误，选项D正确。2×23年年末计提折旧金额=810÷5=162（万元），选项C错误。因此，选项BD正确。

答案 BD

例7-7·单选题（2022年） 2×21年12月1日，甲公司一台设备的初始入账金额为200万元，已计提折旧90万元，已计提减值准备20万元。2×21年12月31日，甲公司对该设备计提当月折旧2万元。因该设备存在减值迹象，甲公司对其进行减值测试，预计可收回金额为85万元。不考虑其他因素，2×21年12月31日，甲公司对该设备应确认的减值损失金额为（　　）万元。

A. 25　　　　B. 3　　　　C. 23　　　　D. 5

解析 本题考查资产减值损失的确定及其账务处理。2×21年12月31日，甲公司该设备的账面价值=原价-累计折旧-减值=200-(90+2)-20为88万元，预计可收回金额=85（万元），账面价值>预计可收回金额。因此，该设备发生减值，应确认的减值损失金额=88-85=3（万元），选项B正确。

答案 B

通关文牒

▶ 很会考 ◀

每年中级会计考试基本都会有涉及计算减值的题目，可按下列步骤解题：
（1）**计算账面价值。**
资产的账面价值=资产成本-累计折旧（或累计摊销）-累计减值准备
（2）**计算可收回金额。**
取最大值（未来现金流量现值，公允价值减去处置费用后的净额）
（3）**计算减值金额。**
账面价值>可收回金额，减值金额=账面价值-可收回金额；
账面价值<可收回金额，未发生减值。

（二）资产减值损失的账务处理

借：资产减值损失
　　贷：固定资产减值准备
　　　　无形资产减值准备

投资性房地产减值准备
长期股权投资减值准备等

第三节 资产组减值的处理

考点7 资产组的认定（★★）

表7-2 资产组的认定

事项	内容
概念	资产组是指企业可以认定的最小资产组合，其产生的现金流入应当基本上独立于其他资产或者资产组产生的现金流入。 资产组应当由创造现金流入相关的资产构成
考虑因素	（1）资产组的认定，应当以资产组产生的主要现金流入是否独立于其他资产或者资产组的现金流入为依据； （2）资产组的认定，应当考虑企业管理层管理生产经营活动的方式和对资产的持续使用或者处置的决策方式
不得随意变更	资产组一经确定，在各个会计期间应当保持一致，不得随意变更

趁热答题

| 例7-8·多选题（2011年） | 下列关于资产减值测试时认定资产组的表述中，正确的有（　　）。
A. 资产组是企业可以认定的最小资产组合
B. 认定资产组应当考虑对资产的持续使用或处置的决策方式
C. 认定资产组应当考虑企业管理层管理生产经营活动的方式
D. 资产组产生的现金流入应当独立于其他资产或资产组产生的现金流入

（解析）本题考查资产组的认定。资产组是指企业可以认定的最小资产组合，选项A正确；资产组产生的现金流入应当基本上独立于其他资产或资产组产生的现金流入，选项D正确；资产组的认定，应当考虑企业管理层管理生产经营活动的方式和对资产的持续使用或者处置的决策方式等，选项B和C正确。因此，选项ABCD表述正确。

（答案）ABCD

| 例7-9·判断题（2014年） | 资产组一经确定，在各个会计期间应当保持一致，不得随意变更。
（　　）

（解析）本题考查资产组的认定。资产组一经确定，在各个会计期间不得随意变更。因此，本题表述正确。

（答案）√

考点 8 资产组可收回金额和账面价值的确定（★★）

表 7-3 资产组可收回金额和账面价值的确定

事项	内容
资产组的可收回金额的确定	应当按照该资产组的**公允价值减去处置费用后的净额**与其**预计未来现金流量的现值**两者之间**较高者**确定
资产组的账面价值的确定	包括可直接归属于资产组与可以合理和一致地分摊至资产组的资产账面价值，通常**不应当包括**已确认负债的账面价值

【提示】资产组在处置时如要求购买者承担一项负债（如环境恢复负债等）、该负债金额已经确认并计入相关资产账面价值，而且企业只能取得包括上述资产和负债在内的单一公允价值减去处置费用后的净额的，为了比较资产组的账面价值和可收回金额，在确定资产组的账面价值及其预计未来现金流量的现值时，应当将已确认的负债金额从中扣除。

考点 9 资产组减值测试（★★★）

靶心考点精讲

表 7-4 资产组的减值测试

事项	内容
判断是否发生减值	企业需要估计资产组（包括资产组组合）的**可收回金额**并计算资产组的**账面价值**，将两者进行比较，如果资产组的可收回金额**低于**其账面价值，应当按照差额确认相应的减值损失
减值损失金额的分摊	减值损失金额应当按照下列顺序进行分摊： (1) 首先，抵减分摊至资产组中**商誉**的账面价值； (2) 其次，根据资产组中除商誉之外的其他各项资产的账面价值所占比重，**按比例抵减**其他各项资产的账面价值； (3) 最后，抵减后的各资产账面价值**不得低于**：三者中的最大值（0，公允价值减去处置费用后的净额，预计未来现金流量的现值）。 未能分摊的减值损失金额，应当按照相关资产组中其他各项资产的账面价值所占比重继续进行分摊。 【提示】以上资产账面价值的抵减，应当作为各单项资产（包括商誉）的减值损失处理，计入**当期损益**

趁热答题

例 7-10·判断题（2019 年） 包含商誉的资产组发生的减值损失，应按商誉的账面价值和资产组内其他资产账面价值的比例进行分摊。（　）

解析 本题考查资产组减值测试。包含商誉的资产组发生的减值损失应先抵减分摊至资产组中商誉的账面价值。因此，本题表述错误。

答案 ×

考点 10 总部资产减值测试（★★）

（一）企业总部资产的概念

企业总部资产包括企业集团或其事业部的办公楼、电子数据处理设备、研发中心等资产。

(二) 总部资产的显著特征

难以脱离其他资产或者资产组产生独立的现金流入，而且其账面价值难以完全归属于某一资产组。因此，总部资产通常难以单独进行减值测试，需要结合其他相关资产组或者资产组组合进行。

资产组组合是指由若干个资产组组成的最小资产组组合，包括资产组或者资产组组合，以及按合理方法分摊的总部资产部分。

(三) 总部资产的减值计提

1. 原则

资产负债表日，如果有迹象表明某项总部资产可能发生减值，企业应当计算确定该总部资产所归属的资产组或者资产组组合的可收回金额，然后将其与相应的账面价值相比较，据以判断是否需要确认资产减值损失。

2. 步骤（见图 7-5）

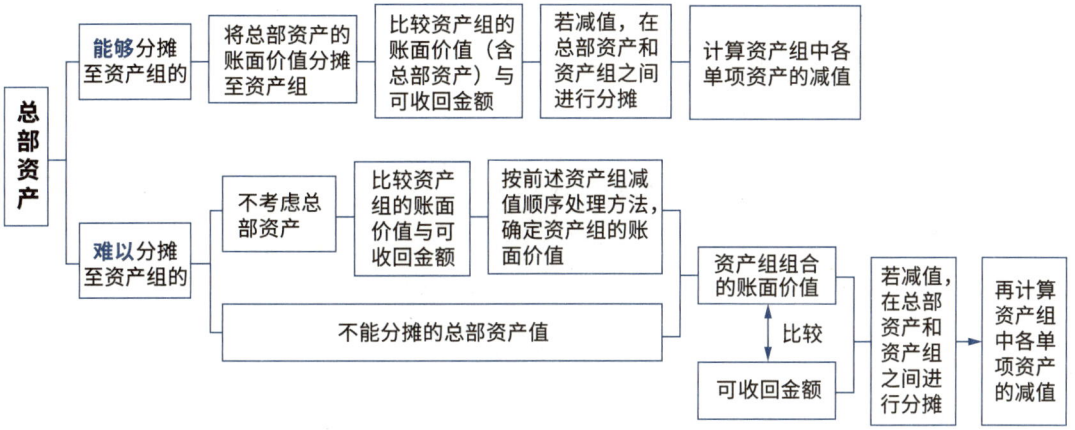

图 7-5　总部资产的减值计提的步骤

考点加油站

- 资产减值
  - 资产减值概述
    - 考点1 资产减值的概念及其范围 ★★
    - 考点2 资产可能发生减值的迹象 ★
  - 资产可收回金额的计量和减值损失的确定
    - 考点3 资产可收回金额计量的基本要求 ★★ —— 公允价值减去处置费用后的净额与资产预计未来现金流量的现值孰高
    - 考点4 资产的公允价值减去处置费用后的净额的确定 ★★
      - 公允价值的确定
      - 处置费用的确定 —— 不包括财务费用和所得税费用
      - 资产的公允价值减去处置费用后的净额的确认顺序
    - 考点5 资产预计未来现金流量现值的确定 ★★
      - 考虑的因素
        - 预计未来现金流量
        - 资产的使用寿命
        - 折现率
      - 资产未来现金流量的预计
      - 折现率的预计
      - 外币未来现金流量及其现值的确定 —— 先折现再折算
    - 考点6 资产减值损失的确定及其账务处理 ★★★
      - 资产减值损失的确定
      - 资产减值损失的账务处理
  - 资产组减值的处理
    - 考点7 资产组的认定 ★★
    - 考点8 资产组可收回金额和账面价值的确定 ★★
    - 考点9 资产组减值测试 ★★★
    - 考点10 总部资产减值测试 ★★

23%

第八章 金融资产和金融负债

考情驿站

本章属于重难点章节,每年必考。在历年考试中,本章既以客观题,又以主观题的形式考查,考点主要集中于金融资产的分类和计量。考查本章知识点,既可独立出题,也可结合长期股权投资等内容出题。本章虽学习难度大,但考试涉及的计算不会太复杂,难度并不算高,考生无需有心理负担。本章近三年平均考查分值约为10分左右。

考点地图

金融资产和金融负债

- 金融资产和金融负债的确认和分类
  - 考点1 金融资产的分类(3类)★★
  - 考点2 金融负债的分类(4类)★

- 金融资产和金融负债的计量
  - 考点3 金融资产和金融负债的初始计量 ★★★
  - 考点4 分类为以摊余成本计量的金融资产的会计处理(类别一)★★★
  - 考点5 分类为以公允价值计量且其变动计入其他综合收益的金融资产的会计处理(类别二)★★★
  - 考点6 分类为以公允价值计量且其变动计入当期损益的金融资产的会计处理(类别三)★★★
  - 考点7 指定为以公允价值计量且其变动计入其他综合收益的金融资产的会计处理(特殊类别)★★★
  - 考点8 金融资产之间重分类的会计处理 ★★
  - 考点9 金融负债的后续计量 ★

2024 年本章主要变化

变动较大。删除金融工具减值这一难点。删除金融资产和金融负债终止确认。后续期间涉及的应收利息科目改为二级科目核算；如持有期间的债券，计算利息收益确认的"应收利息"分别改为"债权投资——应计利息""其他债权投资——应计利息""交易性金融资产——应计利息"等；金融负债计提利息，"应付利息"改为"交易性金融负债——应计利息""应付债券——应计利息"等；以公允价值计量的金融负债到期归还时的差额由"公允价值变动损益"改为记入"投资收益"。

考点速递

第一节 金融资产和金融负债的确认和分类

金融工具是指形成**一方的金融资产**并形成**其他方的金融负债或权益工具**的合同。
【举例】

事项	发行方分类	购买方分类
普通债券	金融负债	金融资产
普通股票	权益工具	

考点1 金融资产的分类（★★）

靶心考点精讲

靶心考点精讲

金融资产定义：现金、未来收取现金或其他金融资产的权利、持有其他方权益工具，或在潜在有利条件下交换金融资产或者金融负债的权利等。

企业的金融资产主要包括库存现金、银行存款、应收账款、应收票据、其他应收款、贷款、垫款、债权投资、股权投资、基金投资、衍生金融资产等。

金融资产和金融负债的分类是确认和计量的基础。企业应当根据其**管理金融资产的业务模式**和金融资产的**合同现金流量特征**，将金融资产划分为以下三类：

（1）以摊余成本计量的金融资产；
（2）以公允价值计量且其变动计入其他综合收益的金融资产；
（3）以公允价值计量且其变动计入当期损益的金融资产。

对金融资产的**分类一经确定，不得随意变更**。

趁热答题

|例8-1·多选题| 下列选项中，属于金融资产的有（　　）。
　　A. 现金　　　　B. 衍生金融资产　　　C. 债权投资　　　D. 应收账款

（解析）本题考查金融资产的范围。企业的金融资产主要包括库存现金、银行存款、应收账款、应收票据、其他应收款、贷款、垫款、债权投资、股权投资、基金投资、衍生金融资产等。

答案　ABCD

（一）企业管理金融资产的业务模式

1. 业务模式评估

企业管理金融资产的业务模式，是指企业如何管理其金融资产以产生现金流量。业务模式决定企业所管理金融资产现金流量的来源是**收取合同现金流量**、**出售金融资产**，还是**两者兼有**。

企业确定其管理金融资产的业务模式时，应当注意以下方面：

（1）企业应当在金融资产**组合的层次上**确定管理金融资产的业务模式，而不必按照单个金融资产逐项确定业务模式；

（2）一个企业可能会采用**多个业务模式**管理其金融资产；

（3）企业应当以企业**关键管理人员**决定的对金融资产进行管理的特定业务目标为基础，确定管理金融资产的业务模式；

（4）企业的业务模式**并非企业自愿指定**，通常可以从企业为实现其目标而开展的特定活动中得以反映；

（5）企业不得按照**合理预期不会发生**的情形为基础确定管理金融资产的业务模式。

此外，如果金融资产实际现金流量的实现方式**不同于**评估业务模式时的预期，只要企业在评估业务模式时**已经考虑了**当时所有可获得的相关信息，这一差异**不构成**企业财务报表的前期差错，也**不改变**企业在该业务模式下持有的剩余金融资产的分类。但是，企业在**评估新的金融资产**的业务模式时，**应当考虑**这些信息。

2. 三种业务模式

（1）以收取合同现金流量为目标的业务模式【业务模式一】；

（2）以收取合同现金流量和出售金融资产为目标的业务模式【业务模式二】；

（3）其他业务模式（主要以出售金融资产为目标的业务模式）【业务模式三】。

（二）金融资产的合同现金流量特征

金融资产的合同现金流量特征，是指金融工具合同约定的、反映相关金融资产经济特征的现金流量属性。

企业分类为**以摊余成本计量**的金融资产和以公允价值计量且其变动计入其他综合收益的金融资产，其合同现金流量特征应当**与基本借贷安排相一致**，即相关金融资产在特定日期产生的合同现金流量仅为对本金和以未偿付本金金额为基础的利息的支付。

（三）金融资产的具体分类

1. 类别一：分类为以摊余成本计量的金融资产

（1）同时满足下列条件：

①企业管理该金融资产的业务模式是**以收取合同现金流量为目标**；

②该金融资产的合同条款规定，在特定日期产生的现金流量，**仅为对本金和以未偿付本金金额为基础的利息的支付**。

（2）科目设置。

"银行存款""贷款""应收账款""债权投资（**主要核算债券**）"等。

2. 类别二：分类为以公允价值计量且其变动计入其他综合收益的金融资产

（1）同时满足下列条件：

①企业管理该金融资产的业务模式既以**收取合同现金流量为目标**又以**出售该金融资产为目标**；

②该金融资产的合同条款规定，在特定日期产生的现金流量，**仅为对本金和以未偿付本金金额**

为基础的利息的支付。

（2）科目设置。

其他债权投资（**主要核算债券**）。

3. 类别三：分类为以公允价值计量且其变动计入当期损益的金融资产

（1）符合下列条件之一：

类别一和类别二之外的金融资产，即应当划分为此类别，须满足下列条件之一：

①企业管理该金融资产的业务模式为出售该金融资产为目标；

②产生的现金流量，并非对本金和以未偿付本金金额为基础的利息的支付。

（2）科目设置。

①交易性金融资产（**主要核算债券、股票、基金、可转换公司债券、直接指定为以公允价值计量且其变动计入当期损益的金融资产**）；

②衍生工具（**衍生金融资产**）。

此外，在初始确认时，如果能够消除或显著减少会计错配，企业可以将金融资产指定为以公允价值计量且其变动计入当期损益的金融资产。该指定**一经作出，不得撤销**。

4. 特殊类别：指定为以公允价值计量且其变动计入其他综合收益的金融资产

（1）符合下列条件：

在**初始确认**时，企业可以将**非交易性权益工具投资**指定为以公允价值计量且其变动计入其他综合收益的金融资产，并按规定确认股利收入。**该指定一经做出，不得撤销**。

> **通关文牒**
>
> ▶ 很好懂 ▶
>
> 权益工具投资中的"权益工具"，是指对于工具的**发行方**来说，满足本章中**权益工具定义**的工具。

（2）科目设置。

其他权益工具投资（**主要核算股票**）。

①在非同一控制下的企业合并中确认的或有对价构成金融资产的，该金融资产应当分类为以公允价值计量且其变动计入当期损益的金融资产，**不得指定为以公允价值计量且其变动计入其他综合收益的金融资产**；

②除了获得的股利（明确代表投资成本部分收回的股利除外）计入当期损益，其他相关的利得和损失（包括汇兑损益）均应当计入其他综合收益（**不需计提减值准备**），且后续不得转入当期损益，而应当转入留存收益。

通关文牒

▶ 速提分 ▶

考试中常见的金融资产分类如图8-1所示：

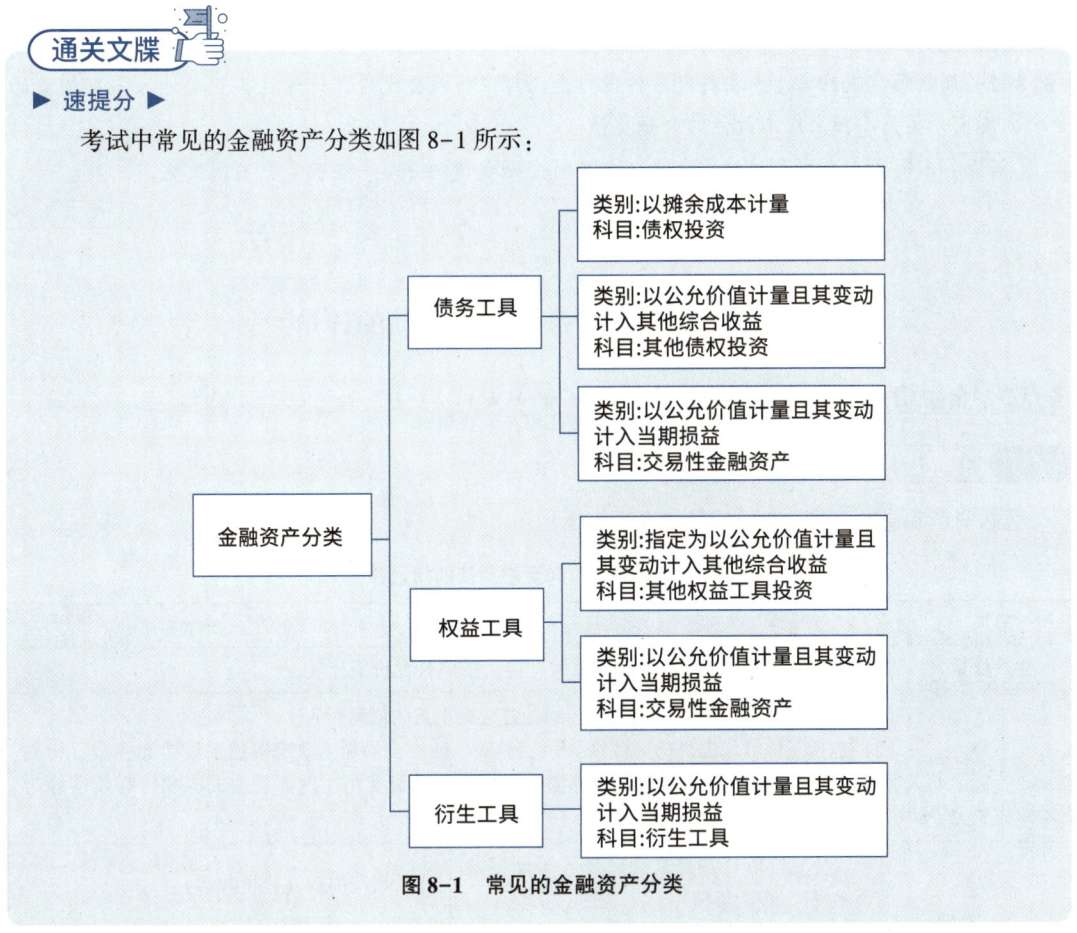

图8-1 常见的金融资产分类

考点2 金融负债的分类（★）

考频 2021年判断题

（一）以摊余成本计量的金融负债（"兜底"的一类，即不能划分为剩余三类的都归为此类）

科目设置：应付账款、长期借款、其他应付款、应付票据、应付债券等。

（二）以公允价值计量且其变动计入当期损益的金融负债

科目设置：交易性金融负债（主要核算债券、直接指定为以公允价值计量且其变动计入当期损益的金融负债），衍生工具（衍生金融负债）。

（三）继续涉入负债

（四）部分财务担保合同及贷款承诺

对金融负债的分类一经确定，不得变更。

在非同一控制下的企业合并中，企业作为购买方确认的或有对价形成的金融负债的，该金融负债应当按照以公允价值计量且其变动计入当期损益进行会计处理。

趁热答题

例 8-2·判断题（2019 年） 在特定条件下，企业可以将以公允价值计量且其变动计入当期损益的金融负债重分类为以摊余成本计量的金融负债。（　　）

解析 本题考查金融负债的重分类。企业对金融负债的分类一经确定，不得变更。

答案 ×

第二节　金融资产和金融负债的计量

考点3　金融资产和金融负债的初始计量（★★★）

考频 2023 年判断题；2021 年多选题

金融资产和金融负债的初始计量如表 8-1 所示：

表 8-1　金融资产和金融负债的初始计量

事项		内容
初始计量		企业初始确认金融资产或金融负债时，应当按照**公允价值**计量
交易费用	含义	（1）是指可直接归属于购买、发行或处置金融工具的增量费用。 （2）包括支付给代理机构、咨询公司、券商、证券交易所、政府等的手续费和佣金、相关税费及其他必要支出，**不包括**债券溢价、折价、融资费用、内部管理成本和持有成本等与交易不直接相关的费用
	会计处理	对于以公允价值计量且其变动计入当期损益的金融资产/金融负债 → 计入**当期损益（投资收益）**
		对于其他类别的金融资产/金融负债 → 计入**金融资产**/**金融负债账面价值**
应收项目		企业取得金融资产所支付的价款中包含的已宣告但尚未发放的现金股利（计入应收股利）或债券利息（计入应收利息），应当单独确认为**应收项目**进行处理

趁热答题

例 8-3·多选题 下列属于金融资产或金融负债初始确认时发生的交易费用的有（　　）。

A. 支付给证券交易所的手续费　　B. 支付给咨询机构的佣金
C. 融资费用　　　　　　　　　　D. 债券溢价或折价

解析 本题考查金融资产和金融负债的初始计量。交易费用是指可直接归属于购买、发行或处置金融工具的增量费用，包括支付给代理机构、咨询公司、券商、证券交易所、政府等的手续费和佣金、相关税费及其他必要支出，选项AB正确；不包括债券溢价、折价、融资费用、内部管理成本和持有成本等与交易不直接相关的费用，选项CD错误。

答案 AB

考点 4　分类为以摊余成本计量的金融资产的会计处理（类别一）（★★★）

考频 2022年单选题；2021年计算分析题

靶心考点精讲

（一）科目设置

债权投资——成本　　　　　　　　　　　　　　　　　　　　　　　　【面值】
　　　　——利息调整　　　　　　　　　　　　　　　　　　　【折溢价、初始交易费用】
　　　　——应计利息
应收利息
投资收益
信用减值损失
债权投资减值准备
财务费用　　　　　　　　　　　　　　　　　　　　　　　　　　　　【汇兑损益】

（二）会计分录

债权投资的会计分录如表8-2所示：

表8-2　债权投资的会计分录

步骤	会计分录
初始计量	借：债权投资——成本　　　　　　　　　　　　　　　　【面值】 　　　　　　——利息调整　　　　　　　　　　　　【差额，或贷方】 　　　　应收利息　　　　　　　　　　　　　　　　　　【分期付息】 　　贷：银行存款　　　　　　　　　　　　　　　【价款+初始交易费用】
后续计量	**期末确认实际利息：** 借：债权投资——应计利息　　　　　　　　　　　　【面值×票面利率】 　　贷：投资收益　　　　　　　　【期初账面余额或期初摊余成本×实际利率】 　　　　债权投资——利息调整　　　　　　　　　　　【差额，或借方】 **实际收到利息：** 借：银行存款 　　贷：债权投资——应计利息 （1）确认实际利息。 企业应当按照实际利率法确认利息收入。利息收入应当根据金融资产的<u>账面余额乘以实际利率</u>计算确定，但下列情况除外： ①对于购入或源生的已发生信用减值的金融资产，企业应当自初始确认起，按照该金融资产的<u>摊余成本和经信用调整的实际利率</u>计算确定其利息收入。（了解） ②对于购入或源生的未发生信用减值、但在后续期间成为已发生信用减值的金融资产，企业应当在后续期间，按照该金融资产的<u>摊余成本和实际利率</u>计算确定其利息收入。（了解） （2）<u>账面余额与摊余成本</u>。 ①账面余额=债权投资总账户余额 ②期末账面余额=期末债权投资总账户余额=期初账面余额+本期计提的利息−本期收回的利息和本金 ③期末摊余成本=期末账面余额−减值准备 ④摊余成本=账面价值

续表

步骤	会计分录
到期	借：银行存款 　　贷：债权投资——成本 　　　　　　——应计利息 【一次付息】
若未到期前处置	售价与账面价值的差额计入投资收益

趁热答题

例8-4·单选题 2×19年1月1日，甲公司以银行存款1 100万元购入乙公司当日发行的面值为1 000万元的5年期不可赎回债券，并按规定将其分类为以摊余成本计量的金融资产。该债券票面年利率为10%，每年付息一次，实际年利率为7.53%。2×19年12月31日，该债券的公允价值上涨至1 150万元。假定不考虑其他因素，2×19年12月31日甲公司该债券投资的账面价值为（　　）万元。

A. 1 082.83　　　　B. 1 150　　　　C. 1 182.53　　　　D. 1 200

解析 本题考查以摊余成本计量的金融资产的摊余成本的计算。2×19年12月31日该债权投资的摊余成本（即账面价值）= 1 100+1 100×7.53%−1 000×10% = 1 082.83（万元），选项A正确。

答案 A

考点5　分类为以公允价值计量且其变动计入其他综合收益的金融资产的会计处理（类别二）（★★★）

（一）科目设置

其他债权投资——成本　　　　　　　　　　　　　　　　　　【面值】
　　　　　　——公允价值变动　　　　　　　　　　　　　　【价格涨跌】
　　　　　　——利息调整　　　　　　　　　　　　　　　　【折溢价、初始交易费用】
　　　　　　——应计利息
应收利息
投资收益
其他综合收益——其他债权投资公允价值变动
其他综合收益——信用减值准备
信用减值损失
财务费用　　　　　　　　　　　　　　　　　　　　　　　　【汇兑损益】

（二）会计分录

处理原则：分类为以公允价值计量且其变动计入其他综合收益的金融资产所产生的所有利得或损失，除<u>减值损失或利得</u>和<u>汇兑损益</u>之外，均应当计入其他综合收益，直至该金融资产终止确认或被重分类。但是，采用<u>实际利率法</u>计算的该金融资产的利息应当计入当期损益。<u>该金融资产计入各期损益的金额应当与视同其一直按摊余成本计量而计入各期损益的金额相等</u>。

该金融资产终止确认时，之前计入其他综合收益的累计利得或损失应当从其他综合收益中转出，计入当期损益。

相关会计处理如下：
(1) 减值损失计提或转回→信用减值损失；
(2) 汇兑损益→财务费用；
(3) 实际利息→投资收益。

其他债权投资的会计分录如表 8-3 所示：

表 8-3 其他债权投资的会计分录

步骤	会计分录
初始计量	借：其他债权投资——成本　　　　　　　　　　　　　　　　　　　　　【面值】 　　　　　　——利息调整　　　　　　　　　　　　　　　　　　　【差额，或贷方】 　　　　应收利息　　　　　　　　　　　　　　　　　　　　　　　　　【分期付息】 　　贷：银行存款　　　　　　　　　　　　　　　　　　　　　　　【价款+初始交易费用】
后续计量	(1) 确认实际利息： 借：其他债权投资——应计利息　　　　　　　　　　　　　　　　　【面值×票面利率】 　　贷：投资收益　　　　　　　　　　　　　　　　【按照债权投资计算实际利息方式进行计算】 　　　　其他债权投资——利息调整　　　　　　　　　　　　　　　【差额，或借方】 实际收到利息： 借：银行存款 　　贷：其他债权投资——应计利息 (2) 公允价值正常波动： 期末公允价值-期末账面余额=∑其他综合收益 借：其他债权投资——公允价值变动 　　贷：其他综合收益　　　　　　　　　　　　　　　　　　　　【若价格下跌作相反分录】 【提示】此处的其他债权投资的账面余额应当比照债权投资的账面余额进行计算
处置	售价与账面价值的差额计入投资收益，**同时将其他综合收益结转为投资收益**

趁热答题

例 8-5·计算分析题 2×15 年 1 月 1 日，高顿公司支付价款 2 000 万元（含交易费用）从上海证券交易所购入甲公司同日发行的 5 年期公司债券 25 000 份，债券票面价值总额为 2 500 万元，票面年利率为 4.72%，于年末支付本年度债券利息（即每年利息为 118 万元），本金在债券到期时一次性偿还。合同约定，该债券的发行方在遇到特定情况时可以将债券赎回，且不需要为提前赎回支付额外款项。高顿公司在购买该债券时，预计发行方不会提前赎回。高顿公司根据其管理该债券的业务模式和该债券的合同现金流量特征，将该债券分类为以公允价值计量且其变动计入其他综合收益的金融资产。

其他资料如下：
(1) 2×15 年 12 月 31 日，甲公司债券的公允价值为 2 400 万元（不含利息）。
(2) 2×16 年 12 月 31 日，甲公司债券的公允价值为 2 600 万元（不含利息）。
(3) 2×17 年 12 月 31 日，甲公司债券的公允价值为 2 500 万元（不含利息）。
(4) 2×18 年 12 月 31 日，甲公司债券的公允价值为 2 400 万元（不含利息）。
(5) 2×19 年 1 月 20 日，通过上海证券交易所出售了甲公司债券 25 000 份，取得价款 2 520 万元。

其他资料：假定不考虑所得税、减值损失等因素，债券的实际利率为 10%，计算结果以万元为单位，并且四舍五入取整数结果。

要求：根据上述资料，编写高顿公司购买甲公司债券的相关会计分录。

答案 实际利率法和累计公允价值变动的计算见表:

实际利率法和累计公允价值变动的计算

日期	期初摊余成本 (A)	实际利息 (B=A×10%)	现金流入 (C)	期末摊余成本 (D=A+B-C)	公允价值 E	累计公允价值变动 (F=E-D)
2×15年	2 000	200	118	2 082	2 400	318
2×16年	2 082	208	118	2 172	2 600	428
2×17年	2 172	217	118	2 271	2 500	229
2×18年	2 271	227	118	2 380	2 400	20

高顿公司的有关账务处理如下:

(1) 2×15年1月1日,购入甲公司债券:

借:其他债权投资——成本 2 500
　　贷:银行存款 2 000
　　　　其他债权投资——利息调整 500

(2) 2×15年12月31日:

借:其他债权投资——应计利息 118
　　其他债权投资——利息调整 82
　　贷:投资收益 200

借:银行存款 118
　　贷:其他债权投资——应计利息 118

借:其他债权投资——公允价值变动 318 (318-0)
　　贷:其他综合收益——其他债权投资公允价值变动 318

(3) 2×16年12月31日:

借:其他债权投资——应计利息 118
　　其他债权投资——利息调整 90
　　贷:投资收益 208

借:银行存款 118
　　贷:其他债权投资——应计利息 118

借:其他债权投资——公允价值变动 110 (428-318)
　　贷:其他综合收益——其他债权投资公允价值变动 110

(4) 2×17年12月31日:

借:其他债权投资——应计利息 118
　　其他债权投资——利息调整 99
　　贷:投资收益 217

借:银行存款 118
　　贷:其他债权投资——应计利息 118

借:其他综合收益——其他债权投资公允价值变动 199 (428-229)
　　贷:其他债权投资——公允价值变动 199

(5) 2×18 年 12 月 31 日：

借：其他债权投资——应计利息　　　　　　118
　　其他债权投资——利息调整　　　　　　109
　　贷：投资收益　　　　　　　　　　　　　　227
借：银行存款　　　　　　　　　　　　　　118
　　贷：其他债权投资——应计利息　　　　　　118
借：其他综合收益——其他债权投资公允价值变动　209（229-20）
　　贷：其他债权投资——公允价值变动　　　　209

(6) 2×19 年 1 月 20 日：

借：银行存款　　　　　　　　　　　　　　2 520
　　其他债权投资——利息调整　　　　　　120（500-82-90-99-109）
　　贷：其他债权投资——成本　　　　　　　　2 500
　　　　　　　　　　　——公允价值变动　　　20
　　　　投资收益　　　　　　　　　　　　　　120
借：其他综合收益——其他债权投资公允价值变动　20
　　贷：投资收益　　　　　　　　　　　　　　20

考点 6　分类为以公允价值计量且其变动计入当期损益的金融资产的会计处理（类别三）（★★★）

考频　2023 年综合题；2021 年单选题

（一）科目设置

交易性金融资产——成本　　　　　　　　　　　　　　　　　　【不含股利/利息的价格】
　　　　　　　　——公允价值变动
应收利息/交易性金融资产——应计利息/应收股利
公允价值变动损益
投资收益　　　　　　　　　　　　　　　【初始交易费用、持有期间现金股利收益、处置损益】

（二）会计分录

交易性金融资产的会计分录如表 8-4 所示：

表 8-4　交易性金融资产的会计分录

步骤	会计分录	
初始计量	借：交易性金融资产——成本 　　应收股利/应收利息 　　贷：银行存款 借：投资收益 　　贷：银行存款	【不含股利/利息的价款】 【价款】 【初始交易费用】

续表

步骤	会计分录	
后续计量	（1）持有期间宣告发放现金股利等： 借：应收股利/交易性金融资产——应计利息 　　贷：投资收益 （2）期末公允价值变动： 借：交易性金融资产——公允价值变动 　　贷：公允价值变动损益	【若价格下跌作相反分录】
处置	借：银行存款 　　贷：交易性金融资产——成本 　　　　　　　　　　　——公允价值变动 　　　　投资收益	【或在借方】 【差额，或借方】

趁热答题

|例 8-6·多选题| 下列各项关于以公允价值计量且其变动计入当期损益的金融资产的会计处理的表述中，正确的有（　　）。

　　A. 取得时发生的手续费，计入投资收益
　　B. 处置时实际收到的金额与其账面余额之间的差额计入当期损益
　　C. 该金融资产的公允价值变动计入投资收益
　　D. 持有期间享有被投资单位宣告发放的现金股利计入投资收益

（解析）本题考查以公允价值计量且其变动计入当期损益的金融资产的会计处理。交易性金融资产持有期间的公允价值变动相应地计入公允价值变动损益，选项 D 表述错误。

（答案）ABC

|例 8-7·单选题（2021 年）| 2×19 年 1 月 1 日，甲公司以银行存款 602 万元（含交易费用 2 万元）购入乙公司股票，分类为以公允价值计量且其变动计入当期损益的金融资产。2×19 年 12 月 31 日，甲公司所持乙公司股票的公允价值为 700 万元，2×20 年 1 月 5 日甲公司将所持乙公司股票以 750 万元的价值全部出售，并支付交易费用 3 万元，实际取得款项 747 万元。不考虑其他因素，甲公司出售所持乙公司股票对其 2×20 年营业利润的影响金额为（　　）万元。

　　A. 147　　　　　　B. 47　　　　　　C. 50　　　　　　D. 145

（解析）本题考查以公允价值计量且其变动计入当期损益的金融资产的会计处理。出售前交易性金融资产的账面价值为 700 万元，甲公司出售所持乙公司股票对其 2×20 年营业利润的影响金额 = 747-700 = 47（万元），注意交易费用和公允价值变动损益是 2×19 年的，不影响 2×20 年的营业利润。相关账务处理如下：

2×19 年 1 月 1 日：
借：交易性金融资产——成本　　　　　　　600
　　投资收益　　　　　　　　　　　　　　　2
　　贷：银行存款　　　　　　　　　　　　　　602

2×19 年 12 月 31 日：
借：交易性金融资产——公允价值变动　　　100
　　贷：公允价值变动损益　　　　　　　　　　100

2×20 年 1 月 5 日：
借：银行存款　　　　　　　　　　　　　747
　　贷：交易性金融资产——成本　　　　　　　600
　　　　　　　　　　　——公允价值变动　　　100
　　　　投资收益　　　　　　　　　　　　　　47

答案　B

考点 7　指定为以公允价值计量且其变动计入其他综合收益的金融资产的会计处理（特殊类别）（★★★）

考频　2023 年计算分析题；2022 年计算分析题

（一）科目设置

其他权益工具投资——成本　　　　　　　　　【不含股利/利息的价款+初始交易费用】
　　　　　　　　——公允价值变动
应收股利
其他综合收益——其他权益工具投资公允价值变动
投资收益
盈余公积
利润分配——未分配利润

（二）会计分录

处理原则：指定为以公允价值计量且其变动计入其他综合收益的非交易性权益工具投资，除了获得的股利（明确代表投资成本部分收回的股利除外）计入当期损益外，其他相关的利得和损失（**包括汇兑损益**）均应当计入其他综合收益，且后续不得转入当期损益。当其终止确认时，之前计入其他综合收益的累计利得或损失应当从其他综合收益中转出，计入**留存收益**。

相关会计处理如下：
（1）股利收益→投资收益；
（2）汇兑损益→其他综合收益；
（3）价格涨跌→其他综合收益。

其他权益工具投资的会计分录如表 8-5 所示：

表 8-5　其他权益工具投资的会计分录

步骤	会计分录
初始计量	借：其他权益工具投资——成本　　　　【不含股利/利息的价款+初始交易费用】 　　　应收股利 　　贷：银行存款　　　　　　　　　　　　【价款+初始交易费用】
后续计量	（1）宣告发放股利： 借：应收股利 　　贷：投资收益 （2）公允价值正常波动： 借：其他权益工具投资——公允价值变动 　　贷：其他综合收益　　　　　　　　　　【若价格下跌作相反分录】

续表

步骤	会计分录	
处置	借：银行存款 　　贷：其他权益工具投资——成本 　　　　　　　　　　　——公允价值变动 　　　　盈余公积 　　　　利润分配——未分配利润 借：其他综合收益 　　贷：盈余公积 　　　　利润分配——未分配利润	【或借方】 【差额，或借方】 【差额，或借方】 【或作相反分录】

【举例】

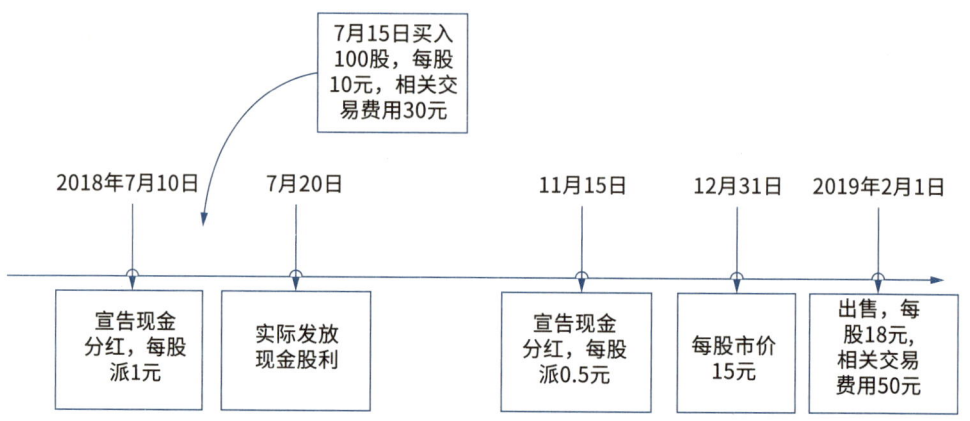

【注】假设 2018 年 11 月 15 日宣告的股利于当年 11 月 25 日实际发放，假设公司按照 10% 计提法定盈余公积，不计提任意盈余公积。

相关会计处理如下表所示：

步骤	认定为交易性金融资产	认定为其他权益工具投资
初始计量	2018 年 7 月 15 日： 借：交易性金融资产——成本　　900 　　　　　　　　（100×10-100×1） 　　　应收股利　　　　　　　　　100 　　贷：银行存款　　　　　　　　1 000 借：投资收益　　　　　　　　　　30 　　贷：银行存款　　　　　　　　　30 2018 年 7 月 20 日： 借：银行存款　　　　　　　　　100 　　贷：应收股利　　　　　　　　100	2018 年 7 月 15 日： 借：其他权益工具投资——成本　　930 　　　应收股利　　　　　　　　　　100 　　贷：银行存款　　　　　　　　　1 030 2018 年 7 月 20 日： 借：银行存款　　　　　　　　　　100 　　贷：应收股利　　　　　　　　　100

续表

步骤	认定为交易性金融资产	认定为其他权益工具投资
后续计量	2018年11月15日： 借：应收股利　　　　　　　　50 　　　　　　　　　　　（100×0.5） 　　贷：投资收益　　　　　　　50 　　　　　　　　　　　（100×0.5） 2018年11月25日： 借：银行存款　　　　　　　　50 　　贷：应收股利　　　　　　50 2018年12月31日： 借：交易性金融资产——公允价值变动　600 　　贷：公允价值变动损益　　600 　　　　　　　　　（100×15−900）	2018年11月15日： 借：应收股利　　　　　　　　50 　　贷：投资收益　　　　　　50 2018年11月25日： 借：银行存款　　　　　　　　50 　　贷：应收股利　　　　　　50 2018年12月31日： 借：其他权益工具投资——公允价值变动 　　　　　　　　　　　　　570 　　贷：其他综合收益　　　　570 　　　　　　　　　　（1 500−930）
处置	2019年2月1日： 借：银行存款　　　　　　　1 750 　　贷：交易性金融资产——成本　900 　　　　　　　　——公允价值变动　600 　　　　投资收益　　　　　　250	2019年2月1日： 借：银行存款　　　　　　　1 750 　　贷：其他权益工具投资——成本　930 　　　　　　　　——公允价值变动 　　　　　　　　　　　　　570 　　　　盈余公积　　　　　　25 　　　　利润分配——未分配利润　225 借：其他综合收益　　　　　570 　　贷：盈余公积　　　　　　57 　　　　利润分配——未分配利润　513

▶ 很会考 ▶

关于上述两项金融资产有几种常见的问题，可参考下表作答。

问题	交易性金融资产	其他权益工具投资
处置时对当期损益的影响额是多少？	出售净额−出售前账面价值＝1 750−1 500＝+250（元）	0
处置时对所有者权益的影响额是多少？	损益类科目期末转入留存收益＝+250（元）	出售净额−出售前账面价值＝1 750−1 500＝+250（元），其他综合收益转入留存收益，不影响所有者权益总额
从持有至处置累计确认的损益影响额是多少？	现金流入−现金流出＝−1 000−30+100+50+1750＝+870（元）	持有期间宣告发放现金股利收益＝+50（元）

考点 8　金融资产之间重分类的会计处理（★★）

考频 2022 年多选题

（一）金融资产之间重分类的条件

企业应当在**改变管理金融资产的业务模式**时，按照规定对所有受影响的相关金融资产进行重分类。

【提示】除了指定为以公允价值计量且其变动计入其他综合收益的金融资产不能重分类，剩下的**三类金融资产可以相互重分类（即股票是不能重分类的）**。

下列情形不属于业务模式变更：
（1）企业持有特定金融资产的意图改变；
（2）金融资产特定市场暂时性消失从而暂时影响金融资产出售；
（3）金融资产在企业具有不同业务模式的各部门之间转移。

【提示】金融资产的条款发生变更不属于重分类。

（二）金融资产之间重分类日的确定

企业对金融资产进行重分类，应当自**重分类日**起采用**未来适用法**进行相关会计处理，不得对以前已经确认的利得、损失（包括减值损失或利得）或利息进行追溯调整。

重分类日：导致企业对金融资产进行重分类的业务模式发生变更后的**首个报告期间的第一天**。

【举例】乙上市公司决定于 2×17 年 10 月 15 日改变某金融资产的业务模式，则重分类日为 2×18 年 1 月 1 日。

（三）金融资产之间重分类的频率

企业管理金融资产业务模式的变更是一种极其少见的情形。该变更源自外部或内部的变化，必须由企业的高级管理层进行决策，且其必须对企业的经营非常重要，并能够向外部各方证实。

因此，只有当企业开始或终止某项对其经营影响重大的活动时（例如，当企业收购、处置或终止某一业务线时），其管理金融资产的业务模式才会发生变更。

趁热答题

例 8-8·单选题 企业改变其管理金融资产的业务模式时，要对所有受影响的相关金融资产进行重分类。下列属于业务模式变更的情形的是（　　）。

A. 在市场状况发生重大变化的情况下改变对特定金融资产的持有意图
B. 持有的某债权投资在企业具有不同业务模式的各部门之间转移
C. 拟短期出售的商业贷款组合改为与其他贷款一起管理以收取合同现金流量为目标
D. 某股权投资所在的特定市场暂时性消失从而影响其出售

【解析】本题考查业务模式变更的范围。业务模式是指企业如何管理其金融资产以产生现金流量。业务模式决定企业所管理金融资产现金流量的来源是收取合同现金流量，出售金融资产还是两者兼有。以下情形不属于业务模式变更：①企业持有特定金融资产的意图改变，选项 A 错误；②金融资产特定市场暂时性消失从而暂时影响金融资产出售，选项 D 错误；③金融资产在企业具有不同业务模式的各部门之间转移，选项 B 错误。选项 C 正确。

【答案】C

(四) 金融资产之间重分类的会计处理

1. 以摊余成本计量的金融资产的重分类

(1) 重分类为交易性金融资产。

借：交易性金融资产　　　　　　　　　　　　　　　　　　　　　　　　【公允价值】
　　债权投资减值准备
　　　贷：债权投资
　　　　　公允价值变动损益　　　　　　　　　　　　　　　　　　　　【差额，或借方】

(2) 重分类为其他债权投资。

借：其他债权投资　　　　　　　　　　　　　　　　　　　　　　　　　【公允价值】
　　　贷：债权投资　　　　　　　　　　　　　　　　　　　　　　　　【账面余额】
　　　　　其他综合收益　　　　　　　　　　　　　　　　　　　　　　【差额，或借方】
借：债权投资减值准备
　　　贷：其他综合收益——信用减值准备

【提示】该金融资产重分类不影响其实际利率和预期信用损失的计量。

2. 以公允价值计量且其变动计入其他综合收益的金融资产的重分类

(1) 重分类为债权投资。

重分类前假设账户余额如下：

其他债权投资——成本（借方）　　　　　　a
其他债权投资——利息调整（贷方）　　　　b
其他债权投资——公允价值变动（借方）　　c
其他综合收益——其他债权投资公允价值变动（贷方）　　c
其他综合收益——信用减值准备（贷方）　　d

借：其他综合收益——其他债权投资公允价值变动　　c
　　　贷：其他债权投资——公允价值变动　　　　　　c
借：债权投资——成本　　　　　　　　　a
　　其他债权投资——利息调整　　　　　b
　　其他综合收益——信用减值准备　　　d
　　　贷：其他债权投资——成本　　　　　　　a
　　　　　债权投资——利息调整　　　　　　　b
　　　　　债权投资减值准备　　　　　　　　　d

(2) 重分类为交易性金融资产。

重分类日其他债权投资账面价值=公允价值

借：交易性金融资产　　　　　　　　　　　　　　　　　　　　　　　　【账面价值】
　　　贷：其他债权投资　　　　　　　　　　　　　　　　　　　　　　【账面价值】
借：其他综合收益
　　　贷：公允价值变动损益　　　　　　　　　　　　　　　　　　　　【或作相反分录】

3. 以公允价值计量且其变动计入当期损益的金融资产的重分类

(1) 重分类为债权投资。

重分类日交易性金融资产账面价值=公允价值

借：债权投资　　　　　　　　　　　　　　　　　　　　　　　　　　　　【账面价值】
　　　贷：交易性金融资产　　　　　　　　　　　　　　　　　　　　　　【账面价值】

（2）重分类为其他债权投资。

重分类日交易性金融资产账面价值=公允价值

借：其他债权投资　　　　　　　　　　　　　　　　　　　　　　　　　【账面价值】
　　　贷：交易性金融资产　　　　　　　　　　　　　　　　　　　　　　【账面价值】

企业应当根据该金融资产在重分类日的公允价值确定其实际利率，并将重分类日视为初始确认日。

例题 8-9·多选题（2022 年） 下列各项中，应将之前计入其他综合收益的累计利得或损失从其他综合收益转入当期损益的有（　　）。

A. 出售以公允价值计量且其变动计入其他综合收益的债券投资

B. 将以公允价值计量且其变动计入其他综合收益的债券投资重分类为以公允价值计量且其变动计入当期损益的金融资产

C. 将以公允价值计量且其变动计入其他综合收益的债券投资重分类为以摊余成本计量的金融资产

D. 出售指定为以公允价值计量且其变动计入其他综合收益的非交易性权益工具投资

【解析】本题考查金融资产的重分类。选项 C，将以公允价值计量且其变动计入其他综合收益的债券投资重分类为以摊余成本计量的金融资产，应将之前计入其他综合收益的累计利得或损失转出，调整该金融资产在重分类日的公允价值，并以调整后的金额作为新的账面价值，即视同该金融资产一直以摊余成本计量。选项 D，指定为以公允价值计量且其变动计入其他综合收益的非交易性权益工具投资时，原持有期间确认的其他综合收益应转出至留存收益。

【答案】AB

考点 9　金融负债的后续计量（只介绍公允价值计量与摊余成本计量两类金融负债）（★）

考频　2021 年单选题、多选题

（一）金融负债的后续计量原则

金融负债的后续计量原则如表 8-6 所示：

表 8-6　金融负债的后续计量原则

类别	后续计量原则
以公允价值计量且其变动计入当期损益的金融负债	以公允价值计量
以摊余成本计量的金融负债	以摊余成本计量

（二）金融负债后续计量的会计处理

1. 以公允价值计量且其变动计入当期损益的金融负债

交易性金融负债的会计分录如表 8-7 所示：

表 8-7 交易性金融负债的会计分录

步骤	会计分录	
初始计量	发行短期融资券时： 借：银行存款 　　贷：交易性金融负债——本金	
后续计量	（1）确认利息费用： 借：财务费用 　　贷：交易性金融负债——应计利息 支付利息费用时： 借：交易性金融负债——应计利息 　　贷：银行存款 （2）确认公允价值变动： 借：公允价值变动损益 　　贷：交易性金融负债——公允价值变动	 【若价格下跌作相反分录】
到期结算	借：交易性金融负债——本金 　　　　　　　　　　——公允价值变动 　　　交易性金融负债——应计利息 　　贷：银行存款 　　　　投资收益	 【或贷方】 【或借方】

2. 以摊余成本计量的金融负债

（1）科目设置。

应付债券——面值

　　　　——利息调整

　　　　——应计利息

财务费用/在建工程等

（2）会计分录。

应付债券的会计分录如表 8-8 所示：

表 8-8 应付债券的会计分录

步骤	会计分录	
初始计量	发行债券时： 借：银行存款 　　贷：应付债券——面值 　　　　　　——利息调整	【价款-初始交易费用】 【面值】 【差额，或借方】
后续计量	确认利息费用： 借：在建工程/财务费用等 　　应付债券——利息调整 　　贷：应付债券——应计利息 实际支付利息： 借：应付债券——应计利息 　　贷：银行存款	【期初摊余成本×实际利率】 【差额，或贷方】 【面值×票面利率】
到期结算	借：应付债券——面值 　　　　　　——应计利息 　　贷：银行存款	 【一次付息】

通关文牒

▶ 速提分 ▶

金融资产的计量特点总结如表8-9所示：

表8-9 金融资产的计量特点

金融资产	计量属性	账务处理		是否影响损益
债权投资	摊余成本	初始计量	交易费用计入资产账面价值	×
		后续计量	期末确认实际利息	√
		处置	差额计入投资收益	√
其他债权投资	公允价值	初始计量	交易费用计入资产账面价值	×
		后续计量	（1）期末确认实际利息	√
			（2）期末确认公允价值变动	×
		处置	差额计入投资收益，同时结转其他综合收益到投资收益	√
交易性金融资产	公允价值	初始计量	交易费用计入投资收益	√
		后续计量	（1）现金股利/票面利息收益	√
			（2）期末确认公允价值变动	√
		处置	差额计入投资收益	√
其他权益工具投资	公允价值	初始计量	交易费用计入资产账面价值	×
		后续计量	（1）现金股利收益	√
			（2）期末确认公允价值变动	×
		处置	差额计入留存收益，同时结转其他综合收益到留存收益	×

【提示】债权投资、其他债权投资、交易性金融资产的外币<u>汇兑差额</u>计入<u>当期损益</u>，其他权益工具投资的外币<u>汇兑差额</u>计入<u>其他综合收益</u>，详见"第十八章 外币折算"。

趁热答题

| 例8-10·多选题（2019年）| 下列各项外币金融资产事项中，会导致企业产生直接计入所有者权益的利得或损失有（   ）。

  A. 指定为以公允价值计量且其变动计入其他综合收益的股票投资的公允价值变动
  B. 以公允价值计量且其变动计入其他综合收益的债券投资的汇兑差额
  C. 以公允价值计量且其变动计入当期损益的债券投资的公允价值变动
  D. 指定为以公允价值计量且其变动计入其他综合收益的股票投资的汇兑差额

【解析】本题考查金融资产的后续计量。产生直接计入所有者权益的利得或损失是指相关交易或事项的发生引起其他综合收益的变动。选项A，计入其他综合收益；选项B，计入当期损益；选项C，计入公允价值变动损益；选项D，计入其他综合收益。选项AD正确。

【答案】AD

考点加油站

- 金融资产和金融负债
  - 金融资产和金融负债的确认和分类
    - **考点1** 金融资产的分类(3类) ★★
      - 业务模式(3种)
      - 合同现金流量特征
    - **考点2** 金融负债的分类(4类) ★
  - 金融资产和金融负债的计量
    - **考点3** 金融资产和金融负债的初始计量 ★★★
      - 公允价值初始计量
      - 初始交易费用：计入当期损益或者账面价值
    - **考点4** 分类为以摊余成本计量的金融资产的会计处理（类别一）★★★
      - 初始计量：交易费用计入利息调整
      - 后续计量：期末确认实际利息
      - 处置：差额计入投资收益
    - **考点5** 分类为以公允价值计量且其变动计入其他综合收益的金融资产的会计处理（类别二）★★★
      - 初始计量：交易费用计入利息调整
      - 后续计量：
        - (1) 期末确认实际利息；
        - (2) 期末确认公允价值变动
      - 处置：差额计入投资收益，同时结转其他综合收益为投资收益
    - **考点6** 分类为以公允价值计量且其变动计入当期损益的金融资产的会计处理（类别三）★★★
      - 初始计量：交易费用计入投资收益
      - 后续计量：
        - (1) 现金股利/票面利息收益；
        - (2) 期末确认公允价值变动
      - 处置：差额计入投资收益
    - **考点7** 指定为以公允价值计量且其变动计入其他综合收益的金融资产的会计处理（特殊类别）★★★
      - 初始计量：交易费用计入成本
      - 后续计量：
        - (1) 现金股利收益；
        - (2) 期末确认公允价值变动
      - 处置：差额计入留存收益,同时结转其他综合收益到留存收益
    - **考点8** 金融资产之间重分类的会计处理 ★★
      - 债券有重分类，股票无重分类
    - **考点9** 金融负债的后续计量 ★
      - 以公允价值计量且其变动计入当期损益的金融负债
      - 以摊余成本计量的金融负债

30%

第九章 职工薪酬

考情驿站

本章属于非重点章节，主要阐述职工及职工薪酬的概念和内容、短期薪酬、离职后福利、辞退福利和其他长期职工福利的确认和计量等，内容较简单但琐碎。本章主要以客观题进行考查，近三年平均考查分值约为2分。

考点地图

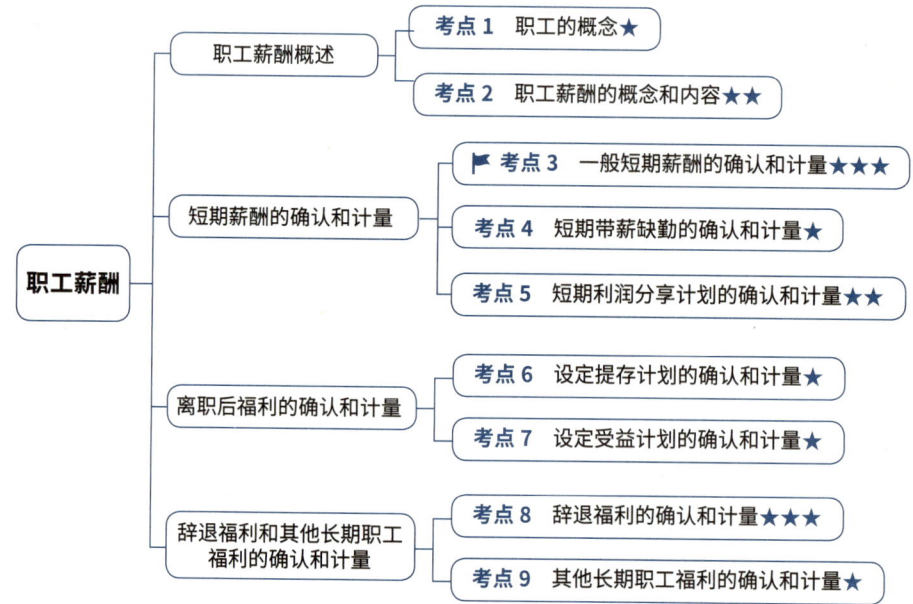

2024年本章主要变化

无实质性变动。完善了设定受益计划形成的其他综合收益在设定受益终止时结转至未分配利润的相关表述。

> 考点速递

第一节 职工薪酬概述

考点1 职工的概念（★）

职工是指与企业订立劳动合同的所有人员，含全职、兼职和临时职工，也包括虽未与企业订立劳动合同但由企业正式任命的人员。虽未与企业订立劳动合同或未由其正式任命，但向企业提供的服务与职工所提供服务类似的人员，也属于职工的范畴，如通过企业与劳务中介公司签订用工合同而向企业提供服务的人员。

考点2 职工薪酬的概念和内容（★★）

考频 2022年单选题

(一) 职工薪酬的概念

职工薪酬是指企业为**获得职工提供的服务**或**解除劳动关系**而给予的各种形式的**报酬或补偿**。企业提供给职工配偶、子女、受赡养人、已故员工遗属及其他受益人等的福利也属于职工薪酬。

(二) 职工薪酬的内容

职工薪酬主要包括**短期薪酬**、**离职后福利**、**辞退福利**和**其他长期职工福利**。

1. 短期薪酬

短期薪酬是指企业在职工提供相关服务的**年度报告期间结束后12个月内**需要全部予以支付的职工薪酬，因解除与职工的劳动关系给予的补偿除外。**因解除与职工的劳动关系给予的补偿属于辞退福利**。

短期薪酬主要包括：

（1）职工工资、奖金、津贴和补贴；
（2）职工福利费；
（3）医疗保险费、工伤保险费等社会保险费；
（4）住房公积金；
（5）工会经费和职工教育经费；
（6）短期带薪缺勤；
（7）短期利润分享计划；
（8）非货币性福利；
（9）其他短期薪酬。

2. 离职后福利

离职后福利是指企业为获得职工提供的服务而在职工**退休或与企业解除劳动关系后**提供的各种形式的报酬和福利，**属于短期薪酬和辞退福利的除外**。

3. 辞退福利

辞退福利是指企业在职工劳动合同到期之前解除与职工的劳动关系或为鼓励职工自愿接受裁减而给予职工的补偿。

4. 其他长期职工福利

其他长期职工福利是指除短期薪酬、离职后福利、辞退福利之外所有的职工薪酬，包括长期带薪缺勤、其他长期服务福利、长期残疾福利、长期利润分享计划和长期奖金计划等。

趁热答题

｜例 9-1·单选题（2022 年）｜ 下列各项企业支付的款项中，属于离职后福利的是（　　）。

A. 在职工病假期间支付给职工的工资

B. 在职工内退期间支付给内退职工的工资

C. 在职工提供服务期间向社保机构缴纳的养老保险

D. 在劳动合同到期前辞退职工所给予职工的补偿金

（解析） 本题考查职工薪酬的内容。离职后福利是指企业为获得职工提供的服务而在职工退休或与企业解除劳动关系后提供的各种形式的报酬和福利，短期薪酬和辞退福利除外，选项 C 正确；选项 A，属于短期薪酬；选项 B，在其正式退休日期之前，即内退期间应当比照辞退福利处理，在其正式退休日期之后，应当按照离职后福利处理；选项 D，属于辞退福利。

（答案） C

｜例 9-2·多选题（2018 年）｜ 下列各项中，企业应作为短期薪酬进行会计处理的有（　　）。

A. 由企业负担的职工医疗保险费　　　B. 向职工发放的高温补贴

C. 由企业负担的职工住房公积金　　　D. 向职工发放的工资

（解析） 本题考查职工薪酬的内容。短期薪酬是指企业在职工提供相关服务的年度报告期间结束后 12 个月内需要全部予以支付的职工薪酬，具体包括职工工资（选项 D）、奖金、津贴和补贴，职工福利费（选项 B），医疗保险费（选项 A）、工伤保险费等社会保险费，住房公积金（选项 C），工会经费和职工教育经费，短期带薪缺勤，短期利润分享计划，非货币性福利以及其他短期薪酬。因此，选项 ABCD 正确。

（答案） ABCD

第二节　短期薪酬的确认和计量

企业应当在职工为其提供服务的会计期间，将实际发生的短期薪酬确认为负债，并计入当期损益（其他相关会计准则要求或允许计入资产成本的除外）。

考点 3　一般短期薪酬的确认和计量（★★★）

靶心考点精讲

考频 2023 年单选题、多选题；2021 年单选题、判断题

（一）货币性短期薪酬

借：生产成本　　　　　　　　　　　　　　　　　　　　　　【生产工人】
　　制造费用　　　　　　　　　　　　　　　　　　　　　　【车间管理人员】
　　管理费用　　　　　　　　　　　　　　　　　　　　　　【行政管理人员】
　　销售费用　　　　　　　　　　　　　　　　　　　　　　【销售人员】
　　在建工程　　　　　　　　　　　　　　　　　　　　　　【基建人员】

研发支出 　　　　　　　　　　　　　　　　　　　　　　　　【研发人员】
　　贷：应付职工薪酬——工资/职工福利费/社会保险费等

发放时：
借：应付职工薪酬——工资/职工福利费/社会保险费等
　　贷：银行存款

（二）非货币性福利

企业向职工提供非货币性福利的，应当按照**公允价值**计量。

表 9-1　以自产产品或外购商品作为福利发放给职工的会计处理

事项	处理原则	会计处理
以自产产品作为福利发放给职工	视同销售，按照该产品的**公允价值和相关税费**，计入应付职工薪酬，同时结转成本	（1）决定发放时： 借：生产成本　　　　　　　　　　　　　　【生产工人】 　　制造费用　　　　　　　　　　　　　　【车间管理人员】 　　管理费用　　　　　　　　　　　　　　【行政管理人员】 　　销售费用　　　　　　　　　　　　　　【销售人员】 　　在建工程　　　　　　　　　　　　　　【基建人员】 　　研发支出　　　　　　　　　　　　　　【研发人员】 　　贷：应付职工薪酬——非货币性福利 （2）实际发放时： 借：应付职工薪酬——非货币性福利 　　贷：主营业务收入 　　　　应交税费——应交增值税（销项税额） 同时，结转成本： 借：主营业务成本 　　贷：库存商品
以外购产品作为福利发放给职工	按照商品的**公允价值和相关税费**确定职工薪酬的金额，购进商品的**增值税进项税额不予抵扣**应予以转出	（1）购入时： 借：库存商品等 　　应交税费——应交增值税（进项税额） 　　贷：银行存款/应付账款等 （2）决定发放非货币性福利时： 借：生产成本　　　　　　　　　　　　　　【生产工人】 　　制造费用　　　　　　　　　　　　　　【车间管理人员】 　　管理费用　　　　　　　　　　　　　　【行政管理人员】 　　销售费用　　　　　　　　　　　　　　【销售人员】 　　在建工程　　　　　　　　　　　　　　【基建人员】 　　研发支出　　　　　　　　　　　　　　【研发人员】 　　贷：应付职工薪酬——非货币性福利 （3）发放时： 借：应付职工薪酬——非货币性福利 　　贷：库存商品 　　　　应交税费——应交增值税（进项税额转出）

例 9-3·单选题（2023 年） 甲公司系增值税一般纳税人，适用的增值税税率为 13%。2×22 年

12月31日,甲公司以其生产的50台空调作为节日福利发放给公司总部管理人员,每台空调的售价和计税价格均为0.6万元,成本为0.4万元。不考虑其他因素,该项非货币性福利对甲公司2×22年营业利润的影响金额为(   )万元。

A. -30　　　　　　B. 10　　　　　　C. -23.9　　　　　　D. -33.9

解析 本题考查一般短期薪酬的确认和计量。该事项对甲公司当年利润的影响金额=50×0.6-50×0.6×(1+13%)-50×0.4=-23.9(万元),选项C正确。相关会计分录如下:

借:管理费用　　　　　　　　　　　　　　33.9(50×0.6×1.13)
　　贷:应付职工薪酬　　　　　　　　　　　33.9
借:应付职工薪酬　　　　　　　　　　　　33.9
　　贷:主营业务收入　　　　　　　　　　　30
　　　　应交税费——应交增值税(销项税额)　3.9
借:主营业务成本　　　　　　　　　　　　20
　　贷:库存商品　　　　　　　　　　　　　20

答案 C

考点4　短期带薪缺勤的确认和计量(★)

带薪缺勤应当根据性质和职工享有的权利,分为**累积带薪缺勤**和**非累积带薪缺勤**两类。

表9-2　带薪缺勤的会计处理

事项	累积带薪缺勤	非累积带薪缺勤
概念	是指带薪权利**可以结转下期**的带薪缺勤,本期尚未用完的带薪缺勤权利可以在未来期间使用	是指带薪权利**不能结转下期**的带薪缺勤,本期尚未用完的带薪缺勤权利将予以**取消**,并且职工离开企业时也**无权**获得现金支付
确认原则	企业应当在职工提供服务从而增加了其**未来享有**的带薪缺勤权利时,确认与累积带薪缺勤相关的职工薪酬,并以**累积未行权利而增加的预期支付金额计量**	应当在职工**实际发生缺勤**的会计期间确认与非累积带薪缺勤相关的职工薪酬,即视同职工出勤确认的当期费用或相关资产成本
会计分录	借:管理费用等 　　贷:应付职工薪酬	**不必额外作相应的账务处理**

考点5　短期利润分享计划的确认和计量(★★)

企业制定并实施短期利润分享计划的,如当职工完成规定业绩指标或者在企业工作特定期限后,能够享有按照**企业净利润的一定比例**计算的薪酬,则企业应当确认相关的应付职工薪酬,并按照受益对象计入当期损益或相关资产成本。

▶ 速提分 ◀

　　企业根据经营业绩或职工贡献等情况提取的奖金,属于奖金计划,应当比照短期利润分享计划进行处理。

趁热答题

例 9-4 · 单选题（2020 年） 2×19 年 1 月 1 日，甲公司实施对管理层的一项奖金计划。该计划规定，如果甲公司 2×19 年度实现的净利润超过 2 000 万元，其超过部分的 20% 将作为奖金发放给管理层。2×19 年度甲公司实现净利润 2 500 万元。甲公司实施该奖金计划影响的财务报表项目是（　　）。

A. 其他综合收益　　B. 管理费用
C. 资本公积　　　　D. 营业外支出

【解析】本题考查短期利润分享计划的确认和计量。企业根据经营业绩或职工贡献等情况提取的奖金，属于奖金计划，比照短期利润分享计划进行处理，即企业应当确认相关的应付职工薪酬，并计入当期损益或相关资产成本。本题中，由于该奖金是发放给管理层的，所以应计入管理费用。因此，选项 B 正确。

【答案】B

第三节　离职后福利的确认和计量

离职后福利是指企业为获得职工提供的服务而在职工退休或与企业解除劳动关系后，提供的各种形式的报酬和福利，短期薪酬和辞退福利除外。

离职后福利计划是指企业与职工就离职后福利达成的协议，或者企业为向职工提供离职后福利制定的规章或办法等。

企业应当按照企业承担的风险和义务情况，将离职后福利计划分类为设定提存计划和设定受益计划两种类型。

考点 6　设定提存计划的确认和计量（★）

设定提存计划是指企业向单独主体（如基金等）缴存固定费用后，不再承担进一步支付义务的离职后福利计划（如养老保险、失业保险）。

企业应当根据在资产负债表日为换取职工在会计期间提供的服务而应向单独主体缴存的提存金，确认为职工薪酬负债，并计入当期损益或相关资产成本。相关会计处理如下：

借：管理费用等
　　贷：应付职工薪酬
借：应付职工薪酬
　　贷：银行存款

考点 7　设定受益计划的确认和计量（★）

设定受益计划是指除设定提存计划以外的离职后福利计划。

通关文牒

> **速提分**
>
> 设定受益计划应当区分计入当期损益的金额和计入其他综合收益的金额。
> （1）计入当期损益的金额包括：
> ①当期服务成本；
> ②过去服务成本；
> ③结算利得和损失；
> ④设定受益计划净负债或净资产的利息净额。
> （2）计入其他综合收益的金额（<u>未来不能重分类进损益</u>）包括：
> ①精算利得和损失；
> ②计划资产回报（不包括利息）；
> ③资产上限影响的变动（不包括利息）。
> 【提示】企业应当将重新计量设定受益计划净负债或净资产所产生的变动计入其他综合收益并且在后续会计期间<u>不允许转回至损益</u>。在原设定受益计划终止时，企业应当在权益范围内将原计入其他综合收益的部分全部<u>结转至未分配利润</u>。计划终止，指该计划已不存在，即本企业已解除该计划所产生的所有未来义务。

趁热答题

例 9-5·单选题 下列各项有关职工薪酬的会计处理中，正确的是（　　）。

A. 与设定受益计划相关的当期服务成本应计入当期损益
B. 与设定受益计划负债相关的利息费用应计入其他综合收益
C. 与设定受益计划相关的过去服务成本应计入期初留存收益
D. 因重新计量设定受益计划净负债产生的精算损失应计入当期损益

解析 本题考查设定受益计划的确认和计量。选项 B，与设定受益计划负债相关的利息费用应该计入当期损益；选项 C，与设定受益计划相关的过去服务成本应该计入当期成本或损益；选项 D，因重新计量设定受益计划净负债产生的精算损失应该计入其他综合收益。

答案 A

第四节　辞退福利和其他长期职工福利的确认和计量

考点 8　辞退福利的确认和计量（★★★）

考频 2023 年单选题、多选题；2021 年判断题

辞退福利包括两方面内容：一是在职工劳动合同到期前，<u>不论</u>职工本人<u>是否愿意</u>，企业决定<u>解除</u>与职工的<u>劳动关系</u>而给予的补偿；二是在职工劳动合同到期前，为鼓励职工<u>自愿接受裁减</u>而给予职工的补偿，职工有权利选择继续在职或接受补偿离职。由于导致义务产生的事项是终止雇佣而不是为获得职工的服务，企业应当将辞退福利作为单独一类职工薪酬进行会计处理。

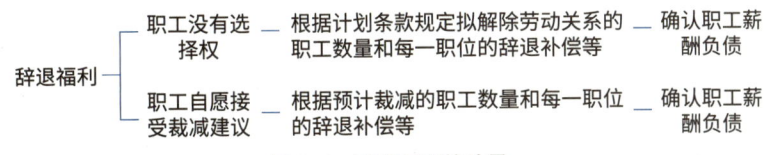

图 9-1 辞退福利的计量

通关文牒

▶ 速提分 ▶

企业实施职工内部退休计划的,在其正式退休日期之前应当比照辞退福利处理,在其正式退休日期之后,应当按照离职后福利处理。

趁热答题

| 例 9-6·判断题（2021年）| 对于职工没有选择权的辞退计划,企业应当根据计划条款规定拟解除劳动关系的职工数量、每一职位的辞退补偿等确认职工薪酬负债。（   ）

（解析）本题考查辞退福利的确认和计量。对于职工没有选择权的辞退计划,企业应当根据计划条款规定拟解除劳动关系的职工数量、每一职位的辞退补偿等确认职工薪酬负债。因此,本题表述正确。

答案 √

企业向职工提供辞退福利的,应当在下列两者**孰早日**确认辞退福利产生的职工薪酬负债,并计入当期损益：

(1) 企业**不能单方面撤回**因解除劳动关系计划或裁减建议所提供的辞退福利时；
(2) 企业**确认**与涉及支付辞退福利的重组相关的**成本或费用时**。

同时存在下列情况时,表明企业承担了重组义务：

①有**详细**、**正式的重组计划**,包括重组涉及的业务、主要地点、需要补偿的员工人数及其岗位性质、预计重组支出、计划实施时间等；
②该重组计划**已对外公告**。

相关会计处理：

借：管理费用
　　贷：应付职工薪酬——辞退福利

趁热答题

| 例 9-7·单选题（2023年）| 下列各项中,企业应当计入管理费用的是（　　）。

A. 按照利润分享计划给予生产部门管理人员的额外薪酬
B. 与生产部门管理人员解除劳动合同关系时一次性支付的补偿
C. 为生产部门管理人员计提并存缴的医疗保险费
D. 供生产部门管理人员无偿使用的租入汽车的租金费用

（解析）本题考查职工薪酬的确认和计量。根据受益对象,选项 ACD,计入制造费用；选项 B,属于辞退福利,计入管理费用。因此,选项 B 正确。

答案 B

考点 9　其他长期职工福利的确认和计量（★）

企业向职工提供的其他长期职工福利，符合**设定提存计划条件**的，应当按照设定提存计划的有关规定进行会计处理。

企业向职工提供的其他长期职工福利，符合**设定受益计划条件**的，应当按照设定受益计划的有关规定进行会计处理。

报告期末，企业应当将其他长期职工福利产生的职工薪酬的总净额计入当期损益或相关资产成本。

考点加油站

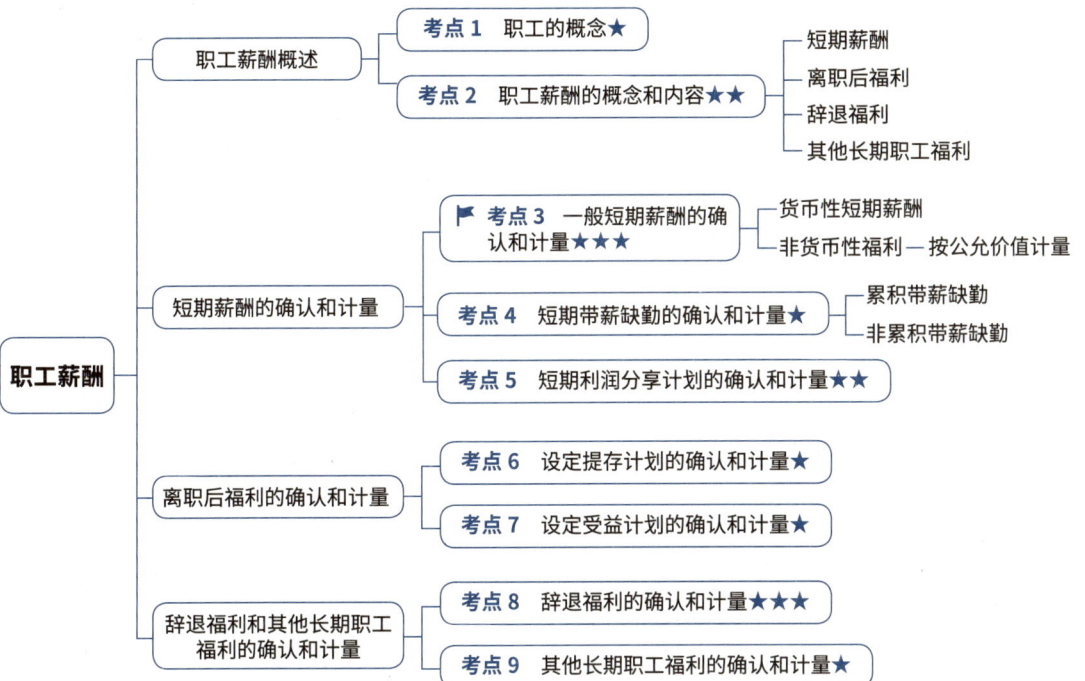

第十章 股份支付

考情驿站

本章属于今年新增且重要的章节。预估考试会做独立考查,今年可能涉及主观题考核,预估分值 5 分左右。考生应重点关注本章。

考点地图

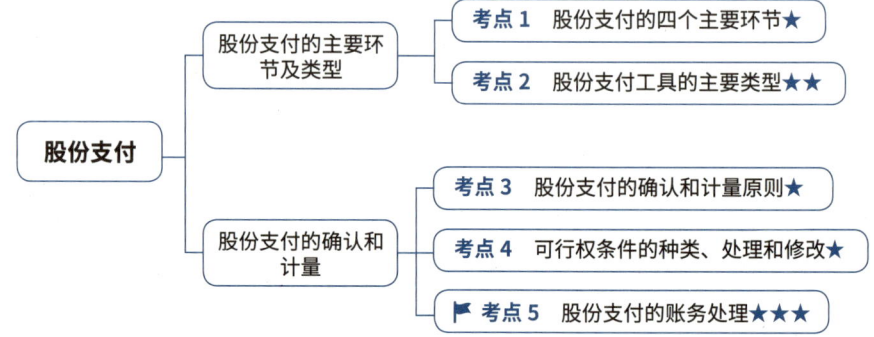

2024 年本章主要变化

2024 年新增章节。

考点速递

第一节 股份支付的主要环节及类型

考点1 股份支付的四个主要环节（★）

以薪酬性股票期权为例，典型的股份支付通常涉及**四个主要环节：授予、可行权、行权和出售**，各环节的意义如下表所示：

表 10-1 股份支付各环节的界定

环节	界定
授予日	股份支付协议获得**股东大会或类似机构**批准的日期
可行权日	可行权条件获得**满足**、职工或其他方具有从企业获得权益工具或现金权利的日期
行权日	职工或其他方行使权利、获得现金或权益工具的日期
出售日	股票持有人将行使期权所获得的期权股票出售的日期

各环节之间的流程如下图所示：

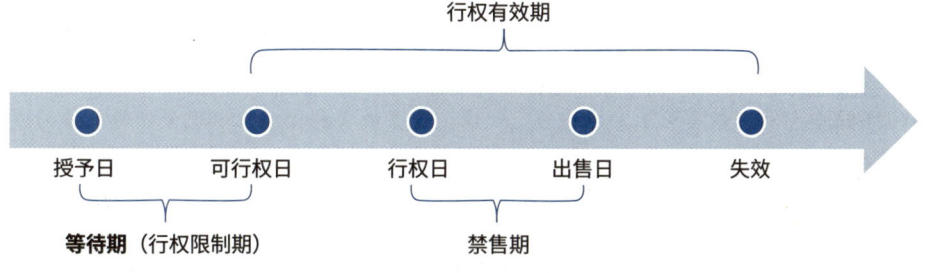

图 10-1 股份支付交易环节图

▶ 速提分 ▶

企业实施股份支付，出售日属于股票持有人的交易，企业无需进行任何账务处理。

考点2 股份支付工具的主要类型（★★）

表 10-2 股份支付工具的类型

类型	概念	常用工具	特点
以**权益结算**的股份支付	企业为获取服务而以**股份或其他权益工具作为对价**进行结算的交易	限制性股票 股票期权	直接授予企业自身的股票

续表

类型	概念	常用工具	特点
以**现金**结算的股份支付	企业为获取服务而承担的以股份或其他权益工具为基础计算的**交付现金或其他资产**的义务的交易	模拟股票 **现金股票增值权**	与股票挂钩，但用现金支付

通关文牒

▶ 速提分 ▶

考试通常考查股票期权与现金股票增值权这两种工具。

趁热答题

例10-1·单选题 下列各项中，应当作为以现金结算的股份支付进行会计处理的是（　　）。

A. 授予研发人员购买公司股票的期权计划
B. 授予高管人员以预期股价相对于基准日股价的上涨幅度为基础支付奖励款的计划
C. 以低于市价向员工出售限制性股票的计划
D. 公司承诺达到业绩条件时向员工无对价定向发行股票的计划

解析 本题考查股份支付工具的类型。选项A、C和D，是企业为获取职工服务而以股份或其他权益工具作为对价进行结算的交易，属于以权益结算的股份支付；选项B，是企业为获取服务而承担的以股份或其他权益工具为基础计算的交付现金义务的交易，属于以现金结算的股份支付。所以，本题选项B正确。

答案 B

第二节　股份支付的确认和计量

考点3　股份支付的确认和计量原则（★）

（一）以权益结算的股份支付的确认和计量原则

1. **换取职工服务**的股份支付

应当以授予职工权益工具的**公允价值**计量。

（1）**授予后立即可行权**的换取职工服务的以权益结算的股份支付，应当在授予日按照权益工具的公允价值计入相关成本或费用，**相应增加资本公积（股本溢价）**。

（2）**完成等待期内的服务或达到规定业绩条件才可行权**的换取职工服务的以权益结算的股份支付，在**等待期内的每个资产负债表日**，应当以对可行权权益工具**数量的最佳估计**为基础，按照**权益工具授予日的公允价值**，将当期取得的**服务计入相关成本或费用和资本公积（其他资本公积）**；在资产负债表日，后续信息表明可行权权益工具的数量与以前估计不同的，应当进行调整，并在可行权日调整至实际可行权的权益工具数量。

（3）企业在**可行权日之后不再**对已确认的相关成本或费用和所有者权益总额进行**调整**。

2. 换取其他方服务的股份支付

以权益结算的股份支付换取其他方服务的,应当按下图所示的顺序,确认计量依据,将取得的服务计入相关成本或费用,相应增加所有者权益。

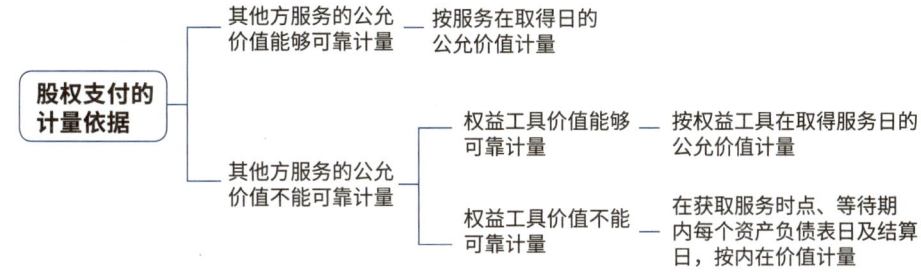

图 10-2 换取其他方服务的权益结算的股份支付的计量依据

3. 权益工具公允价值无法可靠确定时的处理

在极少情况下,授予权益工具的公允价值无法可靠计量。在这种情况下,企业应当在获取对方提供服务的时点、后续的每个资产负债表日以及结算日,以内在价值计量该权益工具,内在价值的变动计入当期损益。同时,企业应当以最终可行权或实际行权的权益工具数量为基础,确认取得服务的金额。内在价值是指交易对方有权认购或取得的股份的公允价值,与其按照股份支付协议应当支付的价格间的差额。

例 10-2·多选题 高顿公司是一家上市公司,2×19 年 12 月 30 日,经股东大会批准,公司向其 327 名管理人员每人授予 10 000 股股票期权,这些职员自 2×20 年 1 月 1 日起在该公司连续服务 3 年,即可以 15 元每股购买 100 股股票,从而获益。公司估计此期权在 2×19 年 12 月 30 日的公允价值为 19.5 元,估计此期权在 2×20 年 1 月 1 日的公允价值为 23.5 元。第一年有 23 名职工离开公司,预计离职总人数会达到 25%。关于权益结算的股份支付的计量,下列说法中不正确的有( )。

A. 等待期内应按 2×19 年 12 月 30 日此权益工具的公允价值 19.5 元计量,要确认其后续公允价值变动

B. 对于换取职工服务的股份支付,企业应当按照权益工具在授予日的公允价值,将当期取得的服务计入相关资产成本或当期费用,同时计入资本公积中的股本溢价

C. 对于权益结算的股份支付,在可行权日之后不再对已确认的成本费用和所有者权益总额进行调整

D. 对于换取职工服务的股份支付,企业应当按在等待期内的每个资产负债表日的公允价值计量

解析 本题考查权益结算股份支付的计量原则。等待期内应按授予日即 2×19 年 12 月 30 日此权益工具的公允价值 19.5 元计量,但不确认其后续公允价值变动,选项 A 表述错误;对于换取职工服务的股份支付,企业应当按照权益工具在授予日的公允价值,将当期取得的服务计入相关资产成本或当期费用,同时计入资本公积中的其他资本公积,选项 B 表述错误;对于换取职工服务的股份支付,等待期内企业应当按授予日的公允价值计量,选项 D 表述错误。

答案 ABD

(二) 以现金结算的股份支付的确认和计量原则

以现金结算的股份支付，应当按照企业承担的**以股份或其他权益工具为基础计算确定的负债的公允价值**计量。

（1）授予后**立即可行权**的以现金结算的股份支付，应当在**授予日**以企业承担负债的公允价值计入相关成本或费用，相应增加负债。

（2）**完成等待期内的服务或达到规定业绩条件以后才可行权**的以现金结算的股份支付，在**等待期内的每个资产负债表日**，应当以对可行权情况的最佳估计为基础，按照企业承担负债的公允价值金额，将当期取得的**服务计入成本或费用**和**相应的负债**；**在资产负债表日**，后续信息表明企业当期承担债务的公允价值与以前估计不同的，**应当进行调整**，并在可行权日调整至实际可行权水平。

（3）企业应当在相关负债结算前的每个资产负债表日以及结算日，对负债的公允价值**重新计量**，其变动计入当期损益。

> **速提分**
>
> 对于需要在结算日及等待期内的每个资产负债表日重新计量的股份支付的情形，企业在该期间确认的成本费用的计算方式如下：
>
> （1）资产负债表日**累计确认成本费用**总额＝**资产负债表日权益工具**的公允价值×预计可行权股票期权**数量**×（授予日至资产负债表日的期间÷总等待期）
>
> （2）**当期确认成本费用**＝该期期末累计数－该期期初累计数

| 例题 10-3·多选题 | 关于企业股份支付，下列说法中不正确的有（   ）。

A. 以权益结算的股份支付换取职工提供服务的，授予日应当作相应的账务处理

B. 以现金结算的股份支付换取职工提供服务的，应当按照每个资产负债表日权益工具的公允价值重新计量，确定成本费用和应付职工薪酬

C. 以权益结算的股份支付换取职工提供服务的，应当根据每个资产负债表日该权益工具的公允价值计量

D. 在资产负债表日，后续信息表明可行权权益工具的数量与以前估计不同的，应当进行调整，并在可行权日调整至实际可行权的权益工具数量

解析 本题考查权益结算股份支付和现金结算的股份支付的处理原则。授予后立即可行权的换取职工服务的以权益结算的股份支付，应当在授予日按照权益工具的公允价值计入相关成本或费用，相应增加资本公积，选项 A 表述错误；权益结算的股份支付采用历史成本计量属性，只认可授予日权益工具的公允价值，选项 C 表述错误。

答案 AC

考点4 可行权条件的种类、处理和修改（★）

(一) 市场条件和非市场条件及其处理

股份支付协议的条件如下表所示：

表10-3　股份支付协议条件的种类

种类			概念	举例
可行权条件	服务期限条件		完成规定服务期限才可行权的条件	如职工需服务满3年才可取得股份
	业绩条件	市场条件	行权价格、可行权条件以及行权可能性与权益工具的市场价格相关的业绩条件	如股价上升一倍，职工或其他方可取得企业2%的股份
		非市场条件	除市场条件之外的其他业绩条件	如销售目标完成90%方可行权
非可行权条件			与企业确定是否得到职工或其他方提供的服务，或与获取股份支付协议规定的权益工具或现金等权利无关的条件	如要求职工将部分年薪存入公司内部基金用于抵减未来行权时支付的购买股票款项

趁热答题

|例10-4·多选题| 股份支付中通常涉及可行权条件，其中业绩条件又可分为市场条件和非市场条件。下列项目中，属于可行权条件中的非市场条件的有（　　）。

A. 净利润增长率　　　　　　　　B. 最低股价增长率
C. 营业收入增长率　　　　　　　D. 将部分年薪存入公司专门建立的内部基金

解析 本题考查可行权条件的分类。选项A和C属于非市场条件；选项B属于市场条件；选项D不属于可行权条件。

答案 AC

通关文牒

▶ 速提分 ▶

（1）对于可行权条件为业绩条件的股份支付，**只要职工满足了**其他所有**非市场条件**，企业**就应当确认**已取得的服务。

（2）企业确定权益工具在授予日公允价值的考虑因素：市场条件和非可行权条件；
企业估计预计可行权情况（即权益工具数量）的考虑因素：服务期限条件或非市场条件。
各条件对确认股份支付费用的影响如下图所示：

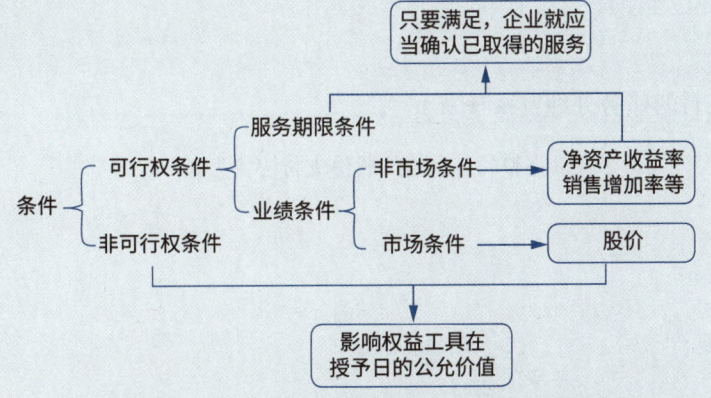

图10-3　各条件对确认股份支付费用的影响情况

(二) 条款和条件的修改

1. 条款和条件的**有利修改**

所授予的权益工具的公允价值增加,或所授予的权益工具的数量增加,或可行权条件的有利修改 [如缩短等待期、变更或取消业绩条件(非市场条件)等],企业应当相应地**确认**取得服务的**增加**。

2. 条款和条件的**不利修改**

企业仍应继续对原取得的服务进行会计处理,**如同该变更从未发生**,除非企业取消了部分或全部已授予的权益工具。

> **通关文牒**
>
> ▶ 很好懂 ▶
>
> 有利修改或不利修改是针对被激励对象(即员工或其他方)而言的,这种不低估费用的处理方式,是会计**谨慎性**原则的体现。

3. 取消或结算

(1) 作为**加速可行权**处理,**立即确认**原本应在剩余等待期内确认的金额。

(2) 在取消或结算时支付的款项应**作为权益回购处理**,回购支付的金额高于回购日权益工具金额计入当期损益。

(3) 如果向职工授予新的权益工具,并在新权益工具授予日认定所授予的新权益工具是用于**替代**被取消的权益工具的,企业应以与处理原权益工具**条款和条件修改**相同的方式,对所授予的替代权益工具进行处理。如果企业未将新授予的权益工具认定为替代权益工具,则应将其作为一项新授予的股份支付进行处理。

> **通关文牒**
>
> ▶ 速提分 ▶
>
> 职工自愿退出股权激励计划**不属于未满足可行权条件**的情况,而**属于股权激励计划的取消**,因此,企业应当作为**加速行权处理**,将剩余等待期内应确认的金额立即计入当期损益,同时确认资本公积,**不应当冲回**以前期间确认的成本或费用。

考点5 股份支付的账务处理 (★★★)

股份支付的会计处理必须以**完整的**、**有效的股份支付协议**为基础。

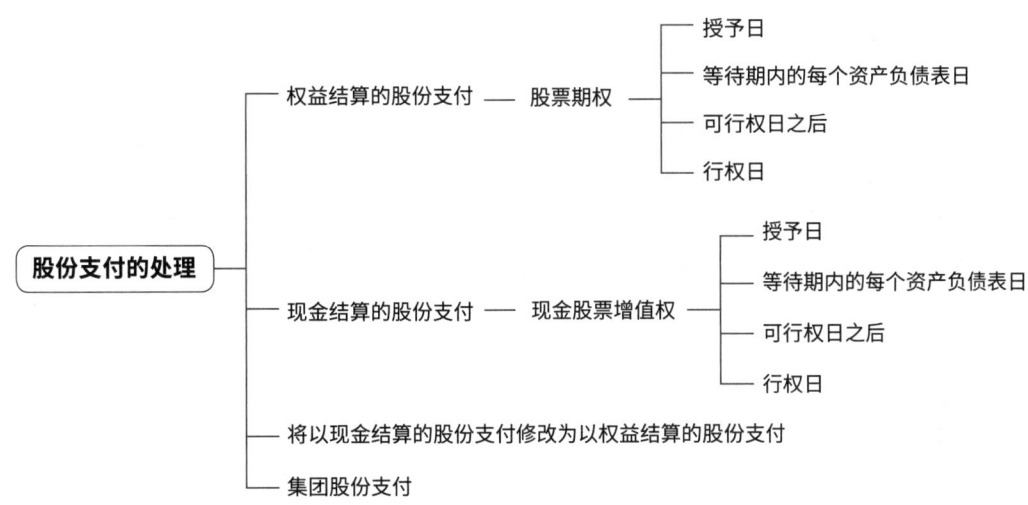

图 10-4 股份支付的账务处理

(一) 权益结算的股份支付 (股票期权)

1. 授予日

除了立即可行权的股份支付外,无论是权益结算的股份支付还是现金结算的股份支付,企业在授予日不作会计处理。

2. 等待期内的每个资产负债表日

(1) 计量

等待期内截至当期累计应确认的股份支付的成本费用总额=授予的权益工具的公允价值总额×权重=(可行权权益工具数量的最佳估计×授予日期权公允价值)×(授予日至该资产负债表日的期间÷总等待期)

当期应确认的成本费用金额=该期期末累计数−该期期初累计数

(2) 会计处理

借:管理费用等
　　贷:资本公积——其他资本公积

3. 可行权日之后

企业在可行权日之后不再对已确认的成本费用和所有者权益总额进行调整。

4. 行权日

(1) 情形一:发行股票方式

借:银行存款
　　资本公积——其他资本公积
　　贷:股本
　　　　资本公积——股本溢价　　　　　　　　　　　　　　　　　　　　　　【差额】

(2) 情形二:回购股票方式

①企业回购股份时

借:库存股
　　贷:银行存款　　　　　　　　　　　　　　　　　　　　　　　　　　　【实际支付的款项】

②职工行权时

借：银行存款   【企业收到的股票价款】
　　资本公积——其他资本公积   【等待期内资本公积累计确认的金额】
　贷：**库存股**   【交付给职工的库存股成本】
　　　资本公积——股本溢价   【差额，或借方】

| 例 10-5 · 计算题 | 高顿公司为一上市公司。2×17 年 7 月 1 日，公司向其 200 名管理人员每人授予 100 股股票期权，这些职员从 2×17 年 7 月 1 日起在该公司连续服务 3 年，即可以 5 元每股购买 100 股高顿公司股票，从而获益。公司估计该期权在授予日的公允价值为 18 元。2×17 年年末有 20 名管理人员离开高顿公司，高顿公司估计三年中离开的管理人员的比例将达到 20%；2×18 年年末又有 10 名管理人员离开公司，公司将估计的管理人员离开比例修正为 15%；2×19 年年末又有 14 名管理人员离开，估计 2×20 年无管理人员离职，实际 2×20 年 6 月底前有 1 人离职。

〈要求〉根据上述资料，请作出高顿公司各时点应作的会计分录。

〈答案〉本题考查权益结算股份支付的会计处理。高顿公司计算计提费用的过程如下所示：

年份	计算当期费用（元）	当期费用（元）	累计费用（元）
2×17	200×（1-20%）×100×18×6/36	48 000	48 000
2×18	200×（1-15%）×100×18×18/36-48 000	105 000	153 000
2×19	156×100×18×30/36-153 000	81 000	234 000
2×20	155×100×18-234 000	45 000	279 000

高顿公司应作的账务处理如下：

（1）2×17 年 7 月 1 日为授予日，不作会计处理。

（2）2×17 年 12 月 31 日

借：管理费用   48 000
　贷：资本公积——其他资本公积   48 000

（3）2×18 年 12 月 31 日

借：管理费用   105 000
　贷：资本公积——其他资本公积   105 000

（4）2×19 年 12 月 31 日

借：管理费用   81 000
　贷：资本公积——其他资产公积   81 000

（5）2×20 年 7 月 1 日

借：管理费用   45 000
　贷：资本公积——其他资本公积   45 000

（6）2×20 年 12 月 31 日，假设剩余在职的管理人员全部行权

借：银行存款   77 500（155×100×5）
　　资本公积——其他资本公积   279 000
　贷：股本   15 500
　　　资本公积——股本溢价   341 000

| 例 10-6 · 计算题 | 2×17 年 1 月 1 日，高顿公司为其 200 名管理人员每人授予 150 份股票期权，行权条件为：公司净利润的增长在第一年年末达到 15%，或在第二年年末平均达到 12%，或在第三年年末平均达到 10%。每份期权在 2×17 年 1 月 1 日的公允价值为 20 元。2×17 年 12 月 31 日，高顿公司净利润增长了 14%，同时有 12 名管理人员离开，公司预计 2×18 年净利润将以同样速度增长，因此预计将于 2×18 年 12 月 31 日可行权。另外，公司预计 2×18 年 12 月 31 日将有 10 名管理人员离开。2×18 年 12 月 31 日，高顿公司净利润仅增长了 8%，因此无法达到可行权状态。另外，实际有 16 名管理人员离开，预计第三年将有 20 名管理人员离开。2×19 年 12 月 31 日，高顿公司净利润增长了 9%，三年平均增长率为 10.33%，因此达到可行权状态。当年有 6 名管理人员离开。

〖要求〗根据上述资料，请作出高顿公司各时点的会计分录。

〖答案〗本题考查权益结算股份支付的会计处理。本例中，公司净利润的增长为一项非市场业绩条件。

（1）2×17 年 1 月 1 日，授予日不作账务处理。

（2）2×17 年 12 月 31 日，高顿公司虽然未能实现净利润增长 15% 的要求，但预计第二年能以同样的速度增长，故可以实现第二年年末平均达到 12% 的要求，因此预计的等待期为 2 年。因预计截至 2×18 年 12 月 31 日共有 22 人离职（12 人+10 人），故应确认费用 =（200-12-10）×150×20×1/2 = 267 000（元），应作会计处理：

借：管理费用　　　　　　　　　　　267 000
　　贷：资本公积——其他资本公积　　　267 000

（3）2×18 年 12 月 31 日，高顿公司虽然未能实现净利润平均增长 12% 的要求，但预计能达到净利润三年平均增长 10% 的要求，因此预计的等待期调整为 3 年。因预计截至 2×19 年 12 月 31 日共有 48 人离职（12 人+16 人+20 人），应确认费用 =（200-12-16-20）×150×20×2/3-267 000 = 37 000（元），应作会计处理：

借：管理费用　　　　　　　　　　　37 000
　　贷：资本公积——其他资本公积　　　37 000

（4）2×19 年 12 月 31 日，高顿公司实现净利润增长目标，实际离开 34 人（12 人+16 人+6 人），故应确认费用 =（200-12-16-6）×150×20×3/3-267 000-37 000 = 194 000（元），应作会计处理：

借：管理费用　　　　　　　　　　　194 000
　　贷：资本公积——其他资本公积　　　194 000

（二）现金结算的股份支付（现金股票增值权）

1. 授予日

除了立即可行权的股份支付外，无论是权益结算的股份支付还是现金结算的股份支付，企业在授予日不作会计处理。

2. 等待期内的每个资产负债表日

企业应当按照每个资产负债表日权益工具的公允价值重新计量，确定成本费用和应付职工薪酬。

（1）计量

资产负债表日企业承担负债的公允价值总额 = 可行权权益工具数量的最佳估计×该资产负债表日现金股票增值权公允价值

（2）会计处理

借：管理费用等
　　贷：应付职工薪酬

3. 可行权日之后

企业在可行权日之后**不再确认成本费用**，负债（应付职工薪酬）公允价值的变动应当计入当期损益（公允价值变动损益），会计处理为：

借：公允价值变动损益

　　贷：应付职工薪酬　　　　　　　　　　　　　　　　　　　　　　　　【或相反分录】

4. 行权日

借：应付职工薪酬

　　贷：银行存款

│例 10-7·单选题│ 有关股份支付的下列说法中错误的是（　　）。

A. 企业在等待期内取消了该股份支付，应当作为加速可行权处理

B. 在取消或结算时支付给职工的所有款项均应作为权益的回购处理，回购支付的金额高于权益工具的回购日公允价值的部分，计入当期费用

C. 企业授予高层管理者的现金结算的股份支付，在可行权日之后至结算日前的每个资产负债表日因负债公允价值的变动应计入管理费用

D. 企业授予高层管理者的现金结算的股份支付，在可行权日之后至结算日前的每个资产负债表日因负债公允价值的变动应计入公允价值变动损益

（解析）本题考查现金结算股份支付的会计处理。现金结算的股份支付，在可行权日之后至结算日前的每个资产负债表日因负债公允价值的变动，应计入公允价值变动损益，故 C 选项表述错误。

（答案）　C

│例 10-8·判断题│ 对于现金结算的股份支付，企业应当按照授予日权益工具的公允价值，确定成本费用和应付职工薪酬。　　　　　　　　　　　　　　　　　　　　　　　　　（　　）

（解析）本题考查现金结算股份支付的会计处理。对于现金结算的股份支付，企业应当按照每个资产负债表日权益工具的公允价值重新计量，确定成本费用和应付职工薪酬。因此，本题表述错误。

（答案）　×

▶ 很会考 ▶

表10-4 权益结算与现金结算的股份支付差异

时点		股票期权的股份支付	现金股票增值权的股份支付
授予日	立即可行权	按**授予日权益工具公允价值**，将取得服务计入成本或费用，同时**计入资本公积（股本溢价）**： 借：管理费用 　　贷：资本公积——股本溢价	按授予日企业承担负债的公允价值计入成本或费用，并计入负债。在结算前的每个资产负债表日和结算日**对负债的公允价值重新计量**，将其变动**计入当期损益**： 借：管理费用 　　贷：应付职工薪酬
	非立即可行权	不作处理	不作处理
等待期内，确认成本费用（期间）		按**授予日**权益工具的公允价值计算： 借：管理费用等 　　贷：**资本公积——其他资本公积**	按**资产负债表日**权益工具的公允价值**重新计算**： 借：管理费用等 　　贷：**应付职工薪酬**
可行权之后（期间）		不再确认成本费用	不再确认成本费用，但公允价值的变动应当计入当期损益： 借：**公允价值变动损益** 　　贷：应付职工薪酬 （或作相反分录）
行权日		（1）若发行股票进行员工期权激励： 借：银行存款 　　资本公积——其他资本公积 　　贷：**股本** 　　　　资本公积——股本溢价 （2）若回购股票进行员工期权激励： ①企业回购时 借：库存股 　　贷：银行存款 ②职工行权时 借：银行存款 　　资本公积——其他资本公积 　　贷：**库存股** 　　　　资本公积——股本溢价	借：应付职工薪酬 　　贷：银行存款

（三）将以现金结算的股份支付修改为以权益结算的股份支付

企业修改以现金结算的股份支付协议中的条款和条件，使其成为以权益结算的股份支付的，在修改日，企业应当按照所授予权益工具**当日的公允价值**计量以权益结算的股份支付，将已取得的服务计入资本公积，同时**终止确认以现金结算的股份支付**在修改日已确认的负债，两者之间的**差额计入当期损益**。上述规定同样适用于修改发生在等待期结束后的情形。

如果由于修改延长或缩短了等待期，企业应当按照修改后的等待期进行上述会计处理（无须考虑不利修改的有关会计处理规定）。如果企业取消一项以现金结算的股份支付，授予一项以权益结算的股份支付，并在授予权益工具日认定其是用来替代已取消的以现金结算的股份支付（因未满足可行权条件而被取消的除外）的，按上述原则处理。

▶ 很好懂 ▶
　分录如下：
　　借：管理费用　　　　　　　　　　　　　　　　　　　　　　　　　　　　　【差额】
　　　　应付职工薪酬——股份支付
　　　贷：资本公积——其他资本公积

（四）集团股份支付

企业集团（由母公司和其全部子公司构成）内发生的股份支付交易，应当按照以下规定进行会计处理：

1. 接受服务企业不具有结算义务

结算企业是接受服务企业的投资者[假设母公司是结算企业，子公司是接受服务企业，母公司以其自身权益工具或其他方式（如子公司的权益工具、现金）结算的]。

（1）结算企业的会计处理原则

结算企业以其**自身权益工具**结算的，应当将该股份支付交易作为**权益结算**的股份支付处理；**除此之外**，应当作为**现金结算**的股份支付处理。

结算企业是接受服务企业的投资者的，应当按照授予日权益工具的公允价值或应承担负债的公允价值确认为对接受服务企业的**长期股权投资**，同时确认资本公积（其他资本公积）或负债。

（2）接受服务企业的会计处理原则

接受服务企业**没有结算义务（母公司结算）**的，应当将该股份支付交易作为权益结算的股份支付处理。

对于母子公司的股份支付业务，相关的个别报表的原则与会计分录，如下表所示：

表 10-5　集团股份支付会计处理

业务	以自身权益工具结算	以其他工具结算
结算企业 （母公司个别报表）	【权益结算】 借：长期股权投资 　贷：资本公积——其他资本公积	【现金结算】 借：长期股权投资 　贷：应付职工薪酬
接受服务企业 （子公司个别报表）	【权益结算】 借：管理费用等 　贷：资本公积——其他资本公积	【权益结算】 借：管理费用等 　贷：资本公积——其他资本公积

2. 接受服务企业**具有结算义务**

其会计处理如表所示：

表 10-6 接受服务企业具有结算义务的会计处理

业务	以自身权益工具结算	以其他工具结算
接受服务并且结算（个别报表）	【权益结算】 借：管理费用等 　　贷：资本公积——其他资本公积	【现金结算】 借：管理费用等 　　贷：应付职工薪酬

趁热答题

|例 10-9·多选题| 经股东大会批准，高顿公司 2×19 年 1 月 1 日实施股权激励计划，其主要内容为：高顿公司向其子公司东华公司 100 名管理人员每人授予 200 份股票期权，结算企业以自身权益工具结算，接受服务企业没有结算义务，下列说法中正确的有（　　）。

A. 结算企业应当按照现金结算的股份支付处理

B. 结算企业应当按照权益结算的股份支付处理

C. 接受服务企业应当按照现金结算的股份支付处理

D. 接受服务企业应当按照权益结算的股份支付处理

解析 本题考查集团股份支付的会计处理。结算企业高顿公司以其本身权益工具结算的，应当将该股份支付交易作为权益结算的股份支付处理，选项 B 正确；接受服务企业没有结算义务，应当将该股份支付交易作为权益结算的股份支付处理，选项 D 正确。

答案 BD

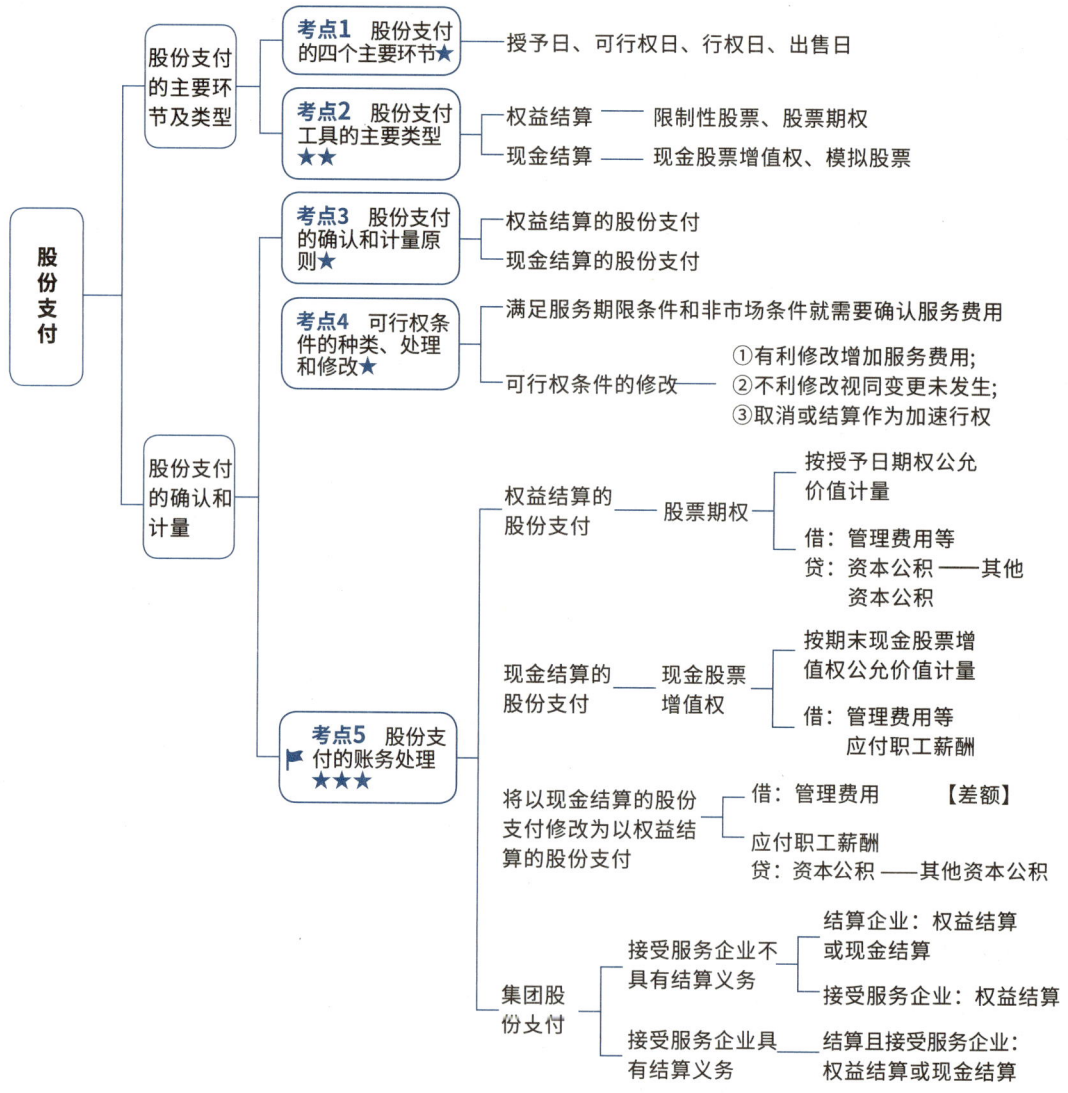

第十一章 借款费用

考情驿站

本章属于非重点章节，主要阐述了借款费用的范围、确认和计量等内容，难度不大，计算量较大。对本章的考查以客观题为主，偶尔以计算分析题考查，近三年的平均考查分值为4~5分。

考点地图

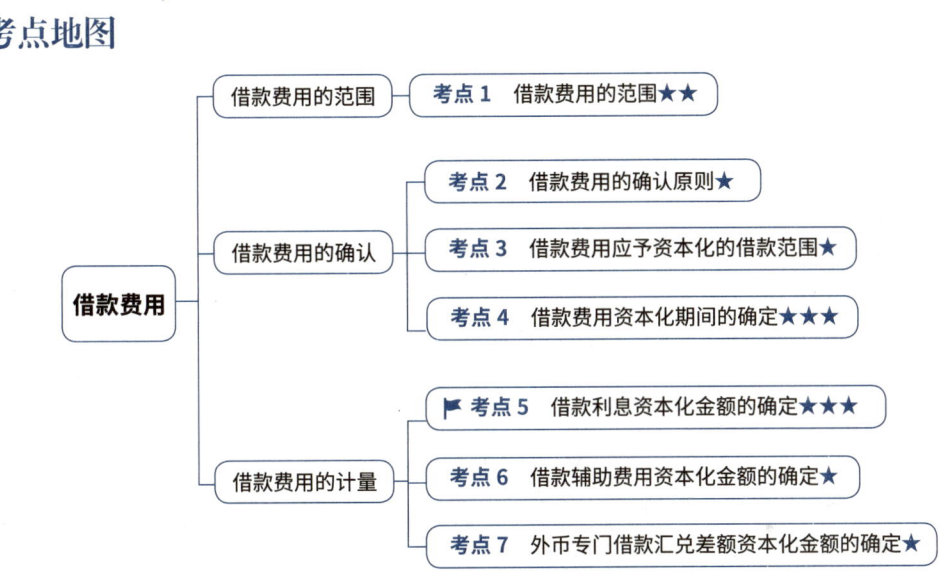

2024年本章主要变化

变动较小。长期借款的利息费用由"应付利息"变为"长期借款——应计利息""应付债券——应计利息"；例题中增加专门借款暂停资本化期间产生的利息收入抵减财务费用的会计分录。

第一节 借款费用的范围

考点1 借款费用的范围（★★）

借款费用是指企业因借入资金所付出的代价，包括**借款利息**、**折价或者溢价的摊销**、**辅助费用**、**因外币借款而发生的汇兑差额**等。

▶ 速提分 ▶

（1）因借款而发生的辅助费用，是指企业在借款的过程中发生的**手续费**、**佣金**等费用。

（2）折价或者溢价本身不属于借款费用，只有后续发生的折价或者溢价的摊销额才属于借款费用。

（3）企业发生的**权益性融资费用**不属于借款费用。

例11-1·单选题（2016年） 企业发生的下列各项融资费用中，不属于借款费用的是（　　）。

A. 股票发行费用
B. 长期借款的手续费
C. 外币借款的汇兑差额
D. 溢价发行债券的利息调整

解析 本题考查借款费用的范围。借款费用包括借款利息、折价或者溢价的**摊销**（选项D）、辅助费用（选项B）以及因外币借款而发生的汇兑差额（选项C）等；对于企业发生的权益性融资费用，不应包括在借款费用中，选项A，股票发行费用不属于借款费用。因此，选项A当选。

答案 A

第二节 借款费用的确认

考点2 借款费用的确认原则（★）

企业发生的借款费用可直接归属于符合资本化条件的资产购建或者生产的，应当予以资本化，计入相关资产成本；其他借款费用应当在发生时根据其发生额确认为费用，计入当期损益。

符合资本化条件的资产：

（1）指需要经过**相当长时间（一年或一年以上）**的购建或者生产活动才能达到预定可使用或者可销售状态的固定资产、投资性房地产和存货等资产。

（2）无形资产的开发支出等在符合条件的情况下，也可以认定为符合资本化条件的资产。

考点3 借款费用应予资本化的借款范围（★）

借款费用应予资本化的借款范围既包括**专门借款**，也包括**一般借款**。

其中,对于一般借款,只有在购建或者生产符合资本化条件的资产**占用了一般借款时**,才应将与一般借款相关的借款费用**资本化**;否则,所发生的借款费用应当计入**当期损益**。

考点4 借款费用资本化期间的确定(★★★)

2023年单选题

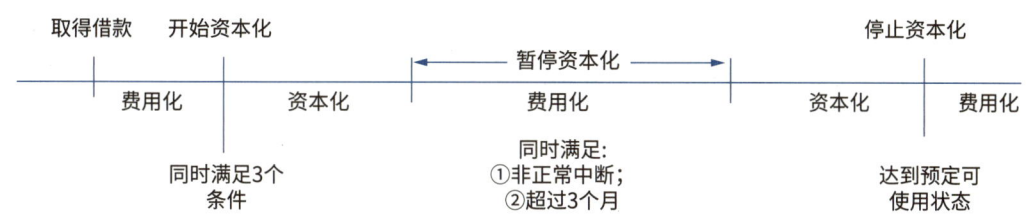

图11-1 借款费用资本化期间的确定

(一)借款费用开始资本化的时点(见表11-1)

表11-1 借款费用开始资本化的时点的判断

条件(同时满足)	内容
(1)**资产支出已经发生**	资产支出包括以**支付现金**、**转移非现金资产**和**承担带息债务**形式所发生的支出 【**通关文牒-速提分**】赊购承担的是**带息债务**,视同资产**支出已经发生**;赊购承担的是**不带息债务**,资产**支出没有发生**
(2)**借款费用已经发生**	是指已经发生了专门借款或占用了一般借款的借款费用
(3)为使资产达到预定可使用或者可销售状态所**必要**的购建或者生产**活动已经开始**	是指符合资本化条件的资产的实体建造或者生产工作已经开始,如主体设备的安装、厂房的实际开工建造等

趁热答题

| 例11-2·单选题(2023年) | 2×21年1月5日,甲公司因建造厂房向银行申请了一笔2年期借款。2×21年2月1日,甲公司外购一批钢材用于建造。2×21年4月10日,甲公司的专门借款申请通过银行审批,当日收到。2×22年3月1日建造完工,厂房达到预定可使用状态。2×22年4月1日,甲公司办理竣工决算并正式使用,专门借款利息应予资本化期间是( )。

A.2×21年4月10日—2×22年4月1日 B.2×21年4月10日—2×22年3月1日
C.2×21年2月1日—2×22年4月1日   D.2×21年2月1日—2×22年3月1日

解析 本题考查借款费用资本化期间的确定。借款费用开始资本化必须同时满足3个条件,即资产支出已经发生(2×21年2月1日)、借款费用已经发生(2×21年4月10日)、为使资产达到预定可使用或者可销售状态所必要的购建或者生产活动已经开始(2×21年2月1日)。故资本化开始时间为2×21年4月10日。甲公司应于厂房达到预定可使用状态时,停止资本化,即2×22年3月1日。因此,选项B正确。

答案 B

(二)借款费用暂停资本化的时间

符合资本化条件的资产在购建或者生产过程中发生**非正常中断且中断时间连续超过3个月**的,

应当暂停借款费用的资本化。

▶ 速提分 ▶

表11-2 正常中断与非正常中断的对比

项目	正常中断	非正常中断
含义	仅限于购建或者生产符合资本化条件的资产达到预定可使用或者可销售状态所**必要的程序**，或者事先**可预见的不可抗力**因素导致的中断	通常是由于企业**管理决策上**原因或者其他**不可预见**原因导致的中断
举例	（1）质量安全检查； （2）**可预见的不可抗力因素**如雨季、冰冻季节	（1）企业因与施工方发生质量纠纷； （2）工程、生产用料没有及时供应； （3）资金周转发生困难； （4）施工、生产发生安全事故； （5）发生与资产购建、生产有关的劳动纠纷等

（三）借款费用停止资本化的时点

（1）购建或者生产符合资本化条件的资产达到**预定可使用或者可销售状态时**，借款费用应当停止资本化；

（2）在符合资本化条件的资产**达到预定可使用或者可销售状态之后**所发生的借款费用，应当在发生时根据其发生额确认为费用，计入**当期损益**。

停止资本化时点可从下列几个方面进行判断：

（1）实体建造（包括安装）或者生产活动已经**全部完成**或者**实质上已经完成**；

（2）资产与设计要求、合同规定或者生产要求相符或者**基本相符**；

（3）后续**支出金额很少**或者**几乎不再发生**；

（4）资产能够正常生产出**合格产品**；

（5）如果资产的各部分**分别完工**且每部分在其他部分继续建造过程中**可供使用或者可对外销售**，完工部分借款费用应当**停止资本化**；

（6）如果资产的各部分**分别完工**，但必须等到**整体完工后**才**可使用**或者可对外**销售**的，应当在该资产**整体完工时停止**借款费用的资本化。

第三节　借款费用的计量

考点5　借款利息资本化金额的确定（★★★）

考频 2022年单选题；2021年单选题

靶心考点精讲

在借款费用资本化期间内，每一会计期间的利息（包括折价或溢价的摊销）的资本化金额，应当按照下列方法确定。

(一)为购建或者生产符合资本化条件的资产而借入专门借款的

(1)专门借款利息费用**资本化金额**=资本化期间**实际发生的专门借款利息费用**-资本化期间将**尚未动用**的借款资金存入银行取得的**利息收入**或进行暂时性投资取得的**投资收益**。会计分录如下：

借：在建工程
　　银行存款等（闲置资金取得的投资收益）
　　贷：长期借款——应计利息/应付债券——应计利息

(2)专门借款利息**费用化金额**=费用化期间实际发生的专门借款利息费用-费用化期间将尚未动用的借款资金存入银行取得的利息收入或进行暂时性投资取得的投资收益。会计分录如下：

借：财务费用
　　应收利息/银行存款（闲置资金取得的投资收益）
　　贷：长期借款——应计利息/应付债券——应计利息

通关文牒

▶ 很会考 ▶

历年考试考查此处通常不会考查折价溢价债券情形，故上述会计分录均以平价债券或借款进行展开。

趁热答题

|例11-3·单选题（2022年）| 甲公司为建造一栋写字楼借入一笔2年期专门借款4 000万元，期限为2×20年1月1日至2×21年12月31日，合同年利率与实际年利率均为7%。2×20年1月1日甲公司开始建造该写字楼，并分别于2×20年1月1日和2×20年10月1日支付工程进度款2 500万元和1 600万元，超出专门借款的工程款由自有资金补充，甲公司将专门借款中尚未动用的部分用于固定收益债券短期投资，该短期投资月收益率为0.25%。2×21年5月31日，该写字楼建设完毕并达到预定可使用状态。假定全年按360天计算，每月按30天计算，不考虑其他因素，甲公司2×20年专门借款利息应予资本化的金额为（　　）万元。

　　A. 246.25　　　　B. 287　　　　C. 280　　　　D. 235

（解析）本题考查借款利息资本化金额的确定。2×20年专门借款利息应予资本化的金额=资本化期间实际发生的专门借款利息费用-资本化期间将尚未动用的借款资金取得的投资收益=4 000×7%-(4 000-2 500)×0.25%×9=246.25（万元）。因此，选项A正确。

（答案）A

(二)为购建或者生产符合资本化条件的资产而占用一般借款的

(1)**一般借款利息费用资本化金额=累计资产支出超过专门借款部分的资产支出加权平均数×所占用一般借款的资本化率**

①所占用一般借款的资本化率=所占用一般借款加权平均利率
　　　　　　　　　　　　=所占用一般借款当期实际发生的利息之和÷所占用一般借款本金加权平均数

②所占用一般借款本金加权平均数=Σ（所占用每笔一般借款本金×每笔一般借款在当期所占用的天数/当期天数）

（2）一般借款利息费用化金额=一般借款的全部利息费用-利息费用资本化金额

通关文牒

▶ 速提分 ▶

（1）在资本化期间内，每一会计期间的利息资本化金额，**不应当超过**当期相关借款实际发生的利息金额。

（2）一般借款：

①先花专门借款再花一般借款。

②用多少，资本化多少。

③无需考虑闲置收益问题。

④对于两笔以上的一般借款组合，需要计算。项目包括：

A."一般借款资本化利率"（所占用一般借款加权平均利率）；

B."累计支出加权平均数"（扣除借款费用暂停资本化的时间，如有）。

考点6 借款辅助费用资本化金额的确定（★）

辅助费用是企业为了安排借款发生的必要费用，包括借款手续费、佣金等。（辅助费用是借款费用的组成部分）

为购建或者生产符合资本化条件的资产的专门借款或者一般借款，通常都属于金融工具确认和计量准则规定的，除以公允价值计量且其变动计入当期损益的金融负债之外的其他金融负债。对于这些金融负债所发生的辅助费用需要**计入借款的初始确认金额**，即抵减相关借款的初始确认金额，在确定借款辅助费用资本化金额时，可以结合借款利息资本化金额一并计算。

趁热答题

例11-4·判断题 企业购建符合资本化条件的资产而取得专门借款支付的辅助费用，应在支付当期全部予以资本化。（　　）

解析 本题考查借款辅助费用资本化金额的确定。企业购建符合资本化条件的资产而取得专门借款支付的辅助费用，在所购建或者生产符合资本化条件的资产达到预定可使用或可销售状态之前发生的，应当在发生时根据其发生额予以资本化，在所购建或者生产符合资本化条件的资产达到预定可使用或可销售状态之后才发生的，应当在发生时根据其发生额确认为费用，计入当期损益。本题表述错误。

答案 ×

考点7 外币专门借款汇兑差额资本化金额的确定（★）

考频 2023年判断题；2022年判断题

在**资本化期间内**，外币**专门借款**本金及其利息的**汇兑差额**应当予以**资本化**，计入符合资本化条件的资产的成本；除外币**专门借款之外的其他**外币借款本金及其利息所产生的**汇兑差额**，应当作为**财务费用**计入当期损益。

考点加油站

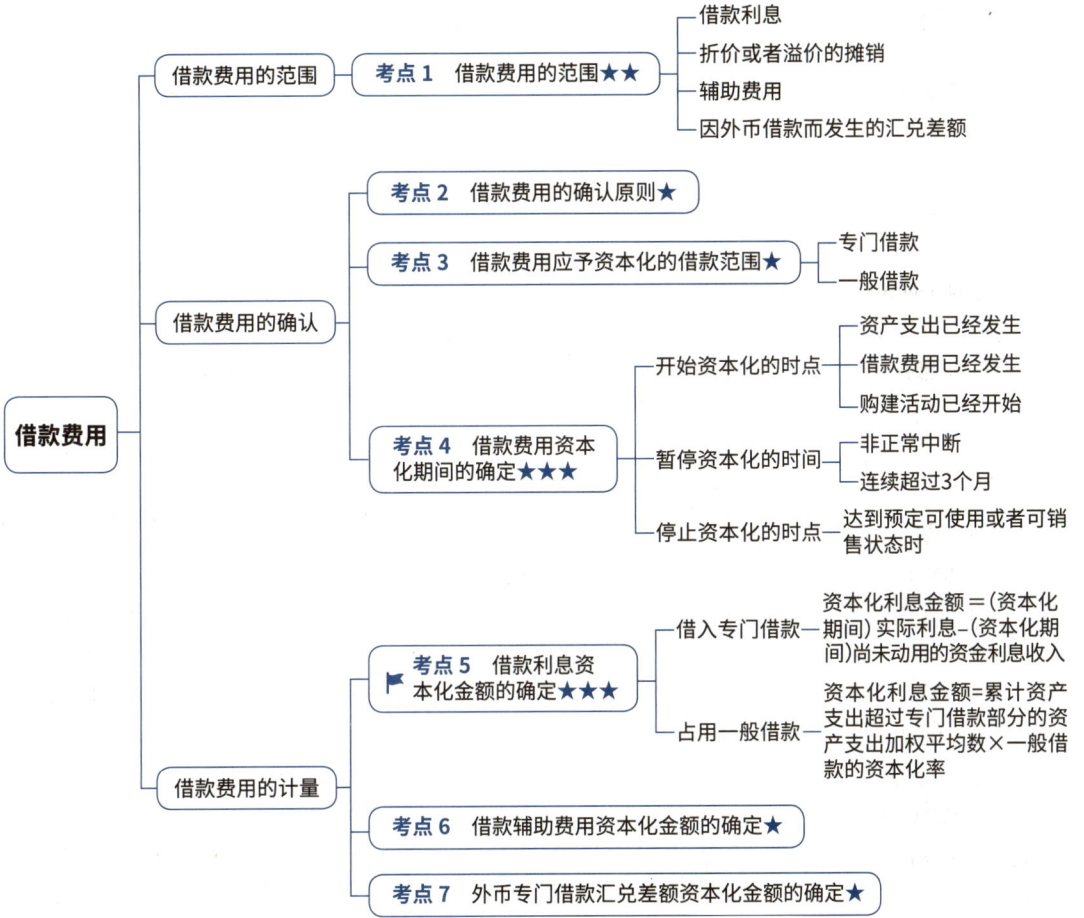

第十二章 或有事项

考情驿站

本章属于非重点章节,主要阐述与或有事项有关的概念、或有事项的确认和计量等内容,内容较少且相对独立,难度不大,比较容易得分。对本章内容的考查以客观题为主,近三年考查分值为3~4分。

考点地图

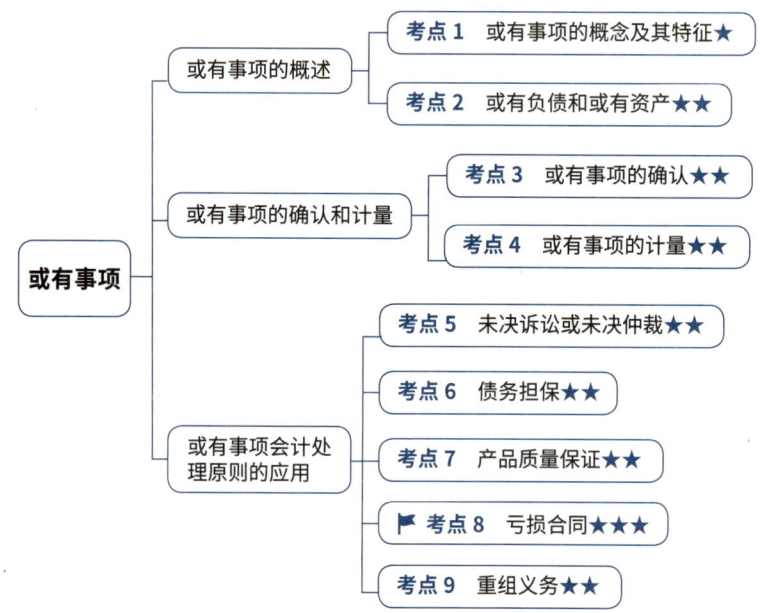

2024年本章主要变化

变动较大。产品质量保证费用从"销售费用"改为计入主营业务成本;亏损合同损失不计入营业外支出,计入主营业务成本。

第一节 或有事项概述

考点1 或有事项的概念及其特征（★）

（一）概念

或有事项是指**过去的**交易或者事项形成的，其结果须由某些**未来事项**的**发生或不发生**才能决定的不确定事项。

常见的或有事项：未决诉讼、未决仲裁、债务担保、产品质量保证（含产品安全保证）、亏损合同、重组义务、承诺、环境污染整治等。

（二）特征

（1）或有事项由**过去的**交易或事项形成。
未来可能发生的自然灾害、交通事故、经营亏损等事项，**都不属于**或有事项。
（2）或有事项的结果具有不确定性：
①或有事项的**结果是否发生**具有不确定性（如**债务担保**）；
②或有事项的**结果预计将会发生**，但发生的具体时间或金额具有**不确定性**（如**排污引起的诉讼**）。
（3）或有事项的**结果须由未来事项决定**。

例12-1·多选题（2017年改编） 下列各项中，属于或有事项的有（　　）。
A. 为其他单位提供的债务担保　　B. 企业与管理人员签订利润分享计划
C. 未决仲裁　　D. 产品质保期内的质量保证

解析 本题考查或有事项的概念及其特征。或有事项是指过去的交易或者事项形成的，其结果须由某些未来事项的发生或不发生才能决定的不确定事项，主要包括未决诉讼、未决仲裁、债务担保、产品质量保证（含产品安全保证）、亏损合同、重组义务、承诺、环境污染整治等。选项ACD均属于或有事项的内容；选项B，企业与管理人员签订利润分享计划属于职工薪酬的内容，不属于或有事项。因此，选项ACD正确。

答案 ACD

考点2 或有负债和或有资产（★★）

（一）或有负债

或有负债是指过去的交易或者事项形成的**潜在义务**，其存在须通过未来不确定事项的发生或不发生予以证实；或过去的交易或者事项形成的**现时义务**，履行该义务**不是很可能**导致经济利益流出企业或该义务的**金额不能可靠计量**。

▶ 速提分 ▶

或有负债无论是潜在义务还是现时义务，均不符合负债的确认条件，**不能**在财务报表中予以**确认**，但应当在**附注中披露**有关信息。

（二）或有资产

或有资产是指过去的交易或者事项形成的**潜在资产**，其存在须通过未来不确定事项的发生或不发生予以证实。

▶ 速提分 ▶

或有资产不符合资产确认条件，**不能**在财务报表中**确认**。通常不应当披露或有资产，但或有资产**很可能**为企业带来经济利益的，**应当披露**。

（三）或有负债和或有资产转化为预计负债（负债）和资产

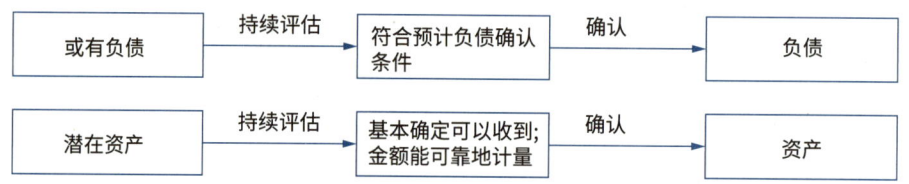

图 12-1　或有负债和或有资产转化为预计负债（负债）和资产

第二节　或有事项的确认和计量

履行或有事项相关义务导致经济利益流出的可能性，通常可以结合下列情况判断：

表 12-1　可能性的判断标准

结果的可能性	对应的概念区间
基本确定	95%<发生的可能性<100%
很可能	50%<发生的可能性≤95%
可能	5%<发生的可能性≤50%
极小可能	0<发生的可能性≤5%

考点3　或有事项的确认（★★）

（一）或有资产

或有事项形成的或有资产只有在企业**基本确定**能够收到的情况下，才能转变为真正的资产，应当予以确认。

（二）与或有事项有关的义务在同时符合以下3个条件时，应当确认为预计负债：

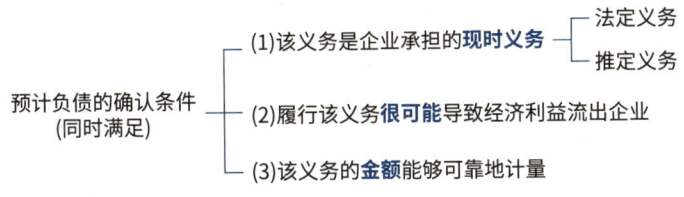

图 12-2　预计负债的确认条件

考点 4　或有事项的计量（★★）

（一）预计负债的计量

1. 最佳估计数的确定

预计负债应当按照履行相关现时义务所需支出的**最佳估计数**进行初始计量。

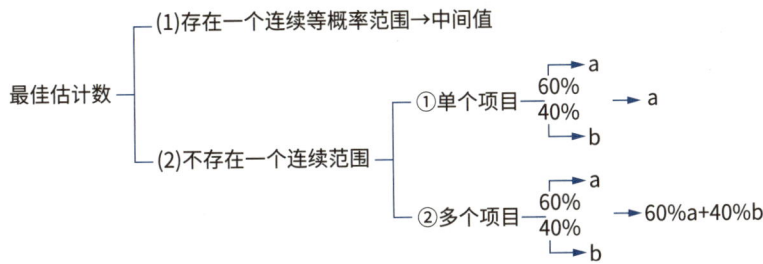

图 12-3　最佳估计数的确定

【注】单个项目：按照最可能发生金额；多个项目：按照加权平均数。

> **趁热答题**

例 12-2·单选题（2012 年） 甲公司因违约被起诉，至 2×11 年 12 月 31 日，人民法院尚未作出判决，经向公司法律顾问咨询，人民法院的最终判决很可能对本公司不利，预计赔偿额为 20 万元至 50 万元，而该区间内每个发生的金额大致相同。甲公司 2×11 年 12 月 31 日由此应确认预计负债的金额为（　　）元。

　　A. 20　　　　　　　B. 30　　　　　　　C. 35　　　　　　　D. 50

解析　本题考查或有事项的计量。预计负债应当按照履行相关现时义务所需支出的最佳估计数进行初始计量，当所需支出存在一个连续范围，且该范围内各种结果发生的可能性相同，则最佳估计数应当按照该范围内的中间值，即上下限金额的平均数确定。本题中预计负债应确认的金额＝(20+50)÷2＝35（万元），选项 C 正确。

答案　C

2. 预计负债的计量需要考虑的其他因素

企业在确定最佳估计数时应当综合考虑与或有事项有关的因素：

（1）风险和不确定性。

（2）货币时间价值。

预计负债的金额通常应当等于**未来应支付的金额**。但如果未来应付金额**与其现值相差较大**的，应当按照未来应付金额的**现值**确定。

（3）未来事项（如未来技术进步、相关法规出台）。

企业应当考虑**可能影响**履行现时义务所需金额的**相关未来事项**。有确凿证据表明相关未来事项**将会发生的**，确定预计负债金额时**应当考虑**未来事项的影响，但**不应考虑预期处置相关资产形成的利得**。

3. 资产负债表日对预计负债账面价值的复核

企业应当在**资产负债表日**对预计负债的账面价值进行**复核**。

有确凿证据表明该账面价值不能真实反映当前最佳估计数的，应当按照**当前最佳估计数**对该账面价值进行**调整**。

趁热答题

| 例 12-3 · 判断题（2020 年） | 企业应当在资产负债表日对预计负债的账面价值进行复核，有确凿证据表明该账面价值不能真实反映当前最佳估计数的，应当按照当前最佳估计数对该账面价值进行调整。（　　）

（解析） 本题考查或有事项的计量。企业应当在资产负债表日对预计负债的账面价值进行复核。有确凿证据表明该账面价值不能真实反映当前最佳估计数的，应当按照当前最佳估计数对该账面价值进行调整。因此，本题表述正确。

（答案） √

（二）预期可获得补偿的处理

如果企业清偿预计负债所需支出全部或部分**预期由第三方补偿**的，则此补偿金额只有在**基本确定**能够收到时才能作为资产单独确认，而不能作为预计负债金额的扣减，且其确认的补偿金额**不能超过**所确认预计负债的账面价值。相关会计处理如下：

借：其他应收款
　　贷：营业外支出

第三节　或有事项会计处理原则的应用

考点 5　未决诉讼或未决仲裁（★★）

考频 2023 年多选题

未决诉讼或未决仲裁的会计处理：

借：管理费用（诉讼费）
　　营业外支出（预计的赔偿支出）
　　贷：预计负债

趁热答题

| 例 12-4 · 多选题（2023） | 甲公司排放污水污染环境被当地居民起诉到法院，当地居民要求其赔偿损失 200 万元。甲公司调查发现，污水排放不达标系所购乙公司污水处理设备质量问题所致，经协商，乙公司同意补偿甲公司的诉讼赔偿款，至 2×22 年 12 月 31 日。法院尚未对该诉讼作出判决，甲

公司预计其很可能败诉,将要支付的赔偿款金额为110万元至130万元的某一金额,且该区间内每个金额的可能性相同;同时,基本确定能从乙公司获得诉讼补偿款100万元。不考虑其他因素,下列关于甲公司对该未决诉讼会计处理的表述中,正确的有( )。

A. 确认利润总额减少20万元
B. 确认一项资产100万元
C. 确认营业外支出110万元
D. 确认预计负债120万元

(解析) 本题考查未决诉讼及未决仲裁。甲公司基本确定可从乙公司获得的赔偿款100万元应通过"其他应收款"科目核算,同时冲减营业外支出科目,选项B表述正确;预计赔偿支出计入预计负债金额=(110+130)÷2=120(万元),选项D表述正确;此事项共计影响营业外支出金额=120-100=20(万元),减少利润总额20万元,选项A表述正确,选项C表述错误。

(答案) ABD

考点6 债务担保(★★)

企业对外提供债务担保往往会涉及未决诉讼,可以分别情况处理:

(1) 企业已被判决败诉,会计处理如下:

借:营业外支出(法院判决的应承担的损失金额)
　　贷:预计负债

(2) 已判决败诉,但企业正在上诉或经上一级人民法院裁定暂缓执行,或由上一级人民法院发回重审,则应在资产负债表日,作如下会计处理:

借:营业外支出(估计损失金额)
　　贷:预计负债

(3) 人民法院尚未判决的,企业应向其律师或法律顾问等咨询败诉的可能性及败诉后可能发生的损失金额,并取得有关书面意见。

如果败诉的可能性大于胜诉的可能性,并且损失金额能够合理估计的,企业应在资产负债表日,作如下会计处理:

借:营业外支出(估计损失金额)
　　贷:预计负债

趁热答题

例12-5·多选题(2020) 2×19年12月31日,因乙公司的银行借款到期不能偿还,银行起诉其担保人甲公司,甲公司的律师认为败诉的可能性为90%。一旦败诉,甲公司需向银行偿还借款本息共计1 200万元。不考虑其他因素,下列对该事项的会计处理中,正确的有( )。

A. 确认营业外支出1 200万元
B. 在附注中披露该或有事项的有关信息
C. 确认预计负债1 200万元
D. 确认其他应付款1 080万元

(解析) 本题考查债务担保。企业对外提供债务担保涉及未决诉讼,如果人民法院尚未判决的,企业应向其律师或法律顾问咨询,估计败诉的可能性,以及败诉后可能发生的损失金额,并取得有关书面意见。如果败诉的可能性大于胜诉的可能性,并且损失金额能够合理估计的,应当在资产负债表日将预计担保损失金额确认为预计负债,并计入当期营业外支出。因此,乙公司在2×19年12月31日资产负债表中应确认的预计负债金额应为最可能发生的金额,即1 200万元,并需要在附注中披露该或有事项的有关信息。相关账务处理如下：
　　借：营业外支出　　　　　　　　　　　　　1 200
　　　　贷：预计负债　　　　　　　　　　　　　　　1200
因此，选项 ABC 正确。

答案　ABC

考点 7　产品质量保证（★★）

考频　2022 年单选题

（一）处理原则

按照权责发生制的要求，产品质量保证相关支出符合确认条件的应该在收入实现时确认预计负债。

（二）会计处理

（1）计提产品质量保证费用时：
借：主营业务成本
　　贷：预计负债
（2）实际发生产品质量保证费用时：
借：预计负债
　　贷：银行存款等

趁热答题

例 12-6·单选题（2022） 按法律规定，甲公司对销售的设备提供 3 年的免费保修服务。根据以往经验，甲公司预计保修费用为销售金额的 1.5%。2×21 年 1 月 1 日，甲公司资产负债表中预计负债项目的金额为 350 万元。2×21 年度，甲公司销售 M 设备，实现销售收入 20 000 万元，实际发生的设备保修费用为 400 万元。不考虑其他因素，2×21 年 12 月 31 日，甲公司资产负债表中预计负债项目的金额为（　　）万元。

　　A. 100　　　　　　B. 650　　　　　　C. 300　　　　　　D. 250

解析　本题考查产品质量保证。甲公司资产负债表中预计负债项目的金额=（期初余额）350+（本期计提）20 000×1.5%-（实际发生）400=250（万元）。相关会计分录如下：
（1）计提保修费：
借：主营业务成本　　　　　　　　　　　　300
　　贷：预计负债　　　　　　　　　　　　　　300
（2）实际发生保修费：
借：预计负债　　　　　　　　　　　　　　400
　　贷：银行存款　　　　　　　　　　　　　　400
因此，选项 D 正确。

答案　D

考点 8 亏损合同（★★★）

考频 2023年判断题；2021年综合题

（一）亏损合同的概念

1. 概念

亏损合同是指履行合同义务不可避免会发生的**成本超过预期经济利益**的合同。亏损合同产生的义务满足预计负债确认条件的应确认为**预计负债**。

2. 计量

预计负债的计量应当反映**退出合同最低净成本**，即履行合同成本与未能履行合同发生的补偿或处罚两者中**较低者**。

（二）企业对亏损合同进行会计处理原则

企业履行该合同的成本包括履行合同的增量成本（直接人工、直接材料等）和与履行合同直接相关的其他成本的分摊金额（固定资产的折旧费用等）。

1. 亏损合同**是否可撤销**

（1）如果与亏损合同相关的义务**不需支付任何补偿即可撤销**，企业通常就**不存在**现时义务，不确认预计负债。

（2）如果与亏损合同相关的义务**不可撤销**，企业则存在现时义务，**同时满足**该义务很可能导致经济利益流出企业且金额能够可靠计量的，应当确认为**预计负债**。

2. 亏损合同**是否存在标的资产**

（1）亏损合同**存在**标的资产的，企业应对标的资产进行减值测试并按规定确认减值损失，通常**不确认**预计负债；但是预计亏损超过减值损失时应将超过部分确认为预计负债。

（2）若合同**不存在**标的资产的，亏损合同相关义务满足预计负债确认条件的，应当**确认**为**预计负债**。

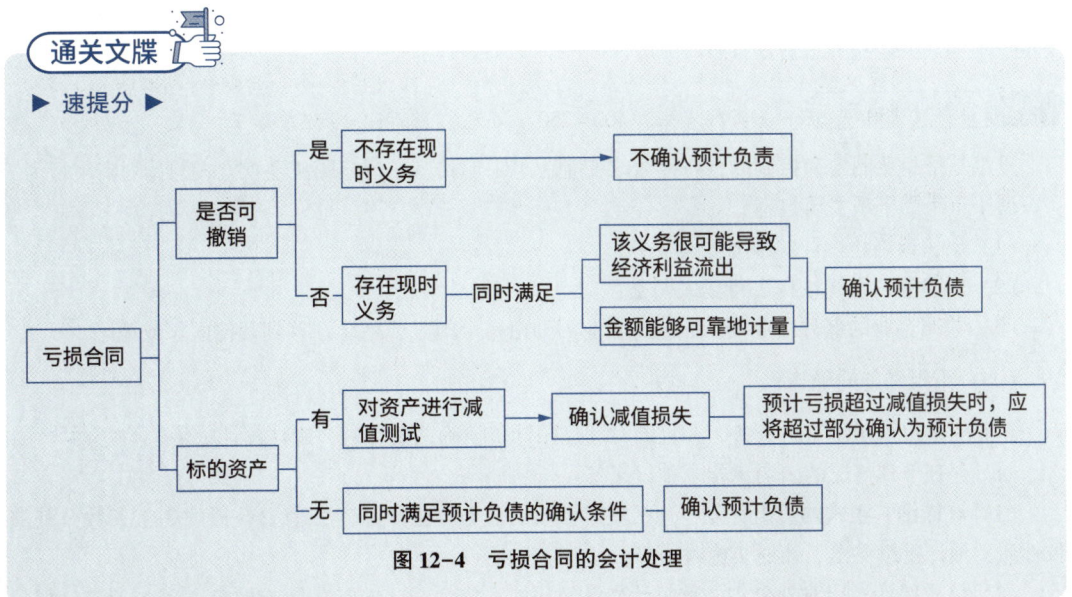

图 12-4 亏损合同的会计处理

趁热答题

| 例 12-7·判断题（2023）| 不可撤销亏损合同存在标的资产的，如果预计亏损超过标的资产的减值损失，企业应将超过部分确认为预计负债。（ ）

解析 本题考查亏损合同。对存在标的资产的亏损合同，企业应首先对标的资产进行减值测试，并按规定确认减值损失，在这种情况下，企业通常不需确认预计负债，如果预计亏损超过该减值损失，应将超过部分确认为预计负债。因此，本题表述正确。

答案 √

| 例 12-8·2021·综合题节选 | 2×20 年至 2×22 年，甲公司发生的与销售相关的交易或事项如下：

资料一：2×20 年 11 月 1 日，甲公司与乙公司签订一份不可撤销合同，约定在 2×21 年 2 月 1 日以每台 20 万元的价格向乙公司销售 A 产品 80 台。2×20 年 12 月 31 日，甲公司已完工入库的 50 台 A 产品的单位生产成本为 21 万元；甲公司无生产 A 产品的原材料储备，预计剩余 30 台 A 产品的单位生产成本为 22 万元。

要求 分别计算甲公司 2×20 年 12 月 31 日应确认的 A 产品存货跌价准备金额和与不可撤销合同相关的预计负债金额，并编制相关会计分录。

答案 待执行合同变为亏损合同，履行合同发生的损失金额 = 50×21+30×22−20×80 = 110（万元），因存在标的资产，首先对标的资产进行减值测试，所以甲公司 2×20 年 12 月 31 日应确认 A 产品的存货跌价准备金额为 50 万元（50×1），然后实际损失金额超过标的资产计提减值部分的差额 60 万元（110−50）应确认为预计负债，即不可撤销合同应确认预计负债的金额为 60 万元。相关会计分录如下：

借：资产减值损失　　　　　　　　　　　50
　　贷：存货跌价准备　　　　　　　　　　　50
借：主营业务成本　　　　　　　　　　　60
　　贷：预计负债　　　　　　　　　　　　　60

考点 9　重组义务（★★）

考频 2021 年单选题

重组是指企业制定和控制的，将**显著改变**企业组织形式、经营范围或经营方式的计划实施行为。属于重组的事项主要包括：
（1）出售或终止企业的部分经营业务；
（2）对企业的组织结构进行较大调整；
（3）关闭企业的部分营业场所，或将营业活动由一个国家或地区迁移到其他国家或地区。

（一）重组义务的确认

企业因重组承担了重组义务，并且同时满足预计负债确认条件时，确认预计负债。
同时存在下列情况的表明承担了重组义务：
（1）有**详细、正式的重组计划**，包括重组涉及的业务、主要地点、需要补偿的职工人数及其岗位性质、预计重组支出、计划实施时间等；
（2）该重组计划**已对外公告**，重组计划已经开始实施，或已向受其影响的各方通告了该计划的主要内容,从而使各方形成了对该企业将实施重组的**合理预期**。

(二) 重组义务的计量

企业应当按照与重组有关的**直接支出**确定预计负债金额,计入**当期损益**。直接支出**不包括留用职工岗前培训、市场推广、新系统和营销网络投入等支出**。

▶ 速提分 ▶

表 12-2 某项支出是否属于与重组有关的直接支出的判断标准

支出项目	包括	不包括	不包括的原因	说明
(1) 自愿遣散费	√		—	计入应付职工薪酬
(2) 强制遣散费(如果自愿遣散目标未满足)	√		—	计入应付职工薪酬
(3) 不再使用厂房的租赁撤销费	√		—	计入预计负债
(4) 将职工和设备从拟关闭的工厂转移到继续使用的工厂		√	与继续进行的活动相关	未来的事项,发生时再处理
(5) 剩余职工的再培训		√	与继续进行的活动相关	同上
(6) 新经理的招聘成本		√	与继续进行的活动相关	同上
(7) 推广公司新形象的营销成本		√	与继续进行的活动相关	同上
(8) 对新营销网络的投资		√	与继续进行的活动相关	同上
(9) 重组的未来可辨认经营损失(最新预计值)		√	与继续进行的活动相关	同上
(10) 特定固定资产的减值损失		√	资产减值准备应当按照《企业会计准则第 8 号——资产减值》进行计提	计入资产减值损失

▶ 很会考 ▶

对于重组义务,考试中一般会有两种考法:

(1) 判断与重组有关的直接支出。

表 12-2 中,第 (1) ~ (3) 项为和重组有关的直接支出,第 (4) ~ (9) 项为与重组后继续进行的活动相关的支出,第 (10) 项为资产减值,不是和重组有关的直接支出。

(2) 计算因重组义务应确认的预计负债金额。

注意问题里的"预计负债"并非指会计科目,可以理解成"预估"的"负债",因第 (1) (2) 项中遣散费的处理为计提应付职工薪酬,也是一个预估的负债金额。

|例 12-9・单选题 (2020 年) | 2×19 年 12 月 10 日,甲公司董事会决定关闭一个事业部。2×19 年 12 月 25 日,该重组计划获得批准并正式对外公告。该重组义务很可能导致经济利益流出且金额能够可靠地计量。下列与该重组有关的各项支出中,甲公司应当确认为预计负债的是(   )。

A. 推广公司新形象的营销支出 B. 设备的预计处置损失

C. 留用员工的岗前培训费 D. 不再使用厂房的租赁撤销费

(解析) 本题考查重组义务。与重组有关的直接支出包括职工的自愿遣散费、强制遣散费以及不再使用厂房的租赁撤销费（选项 D），不包括剩余职工的再培训（选项 C）、新经理的招聘成本、推广公司新形象的营销成本（选项 A）、重组的未来可辨认经营损失、特定固定资产的减值损失等，也不考虑处置相关资产（厂房、店面，有时是一个事业部整体）可能形成的利得或损失（选项 B）。因此，选项 D 正确。

(答案) D

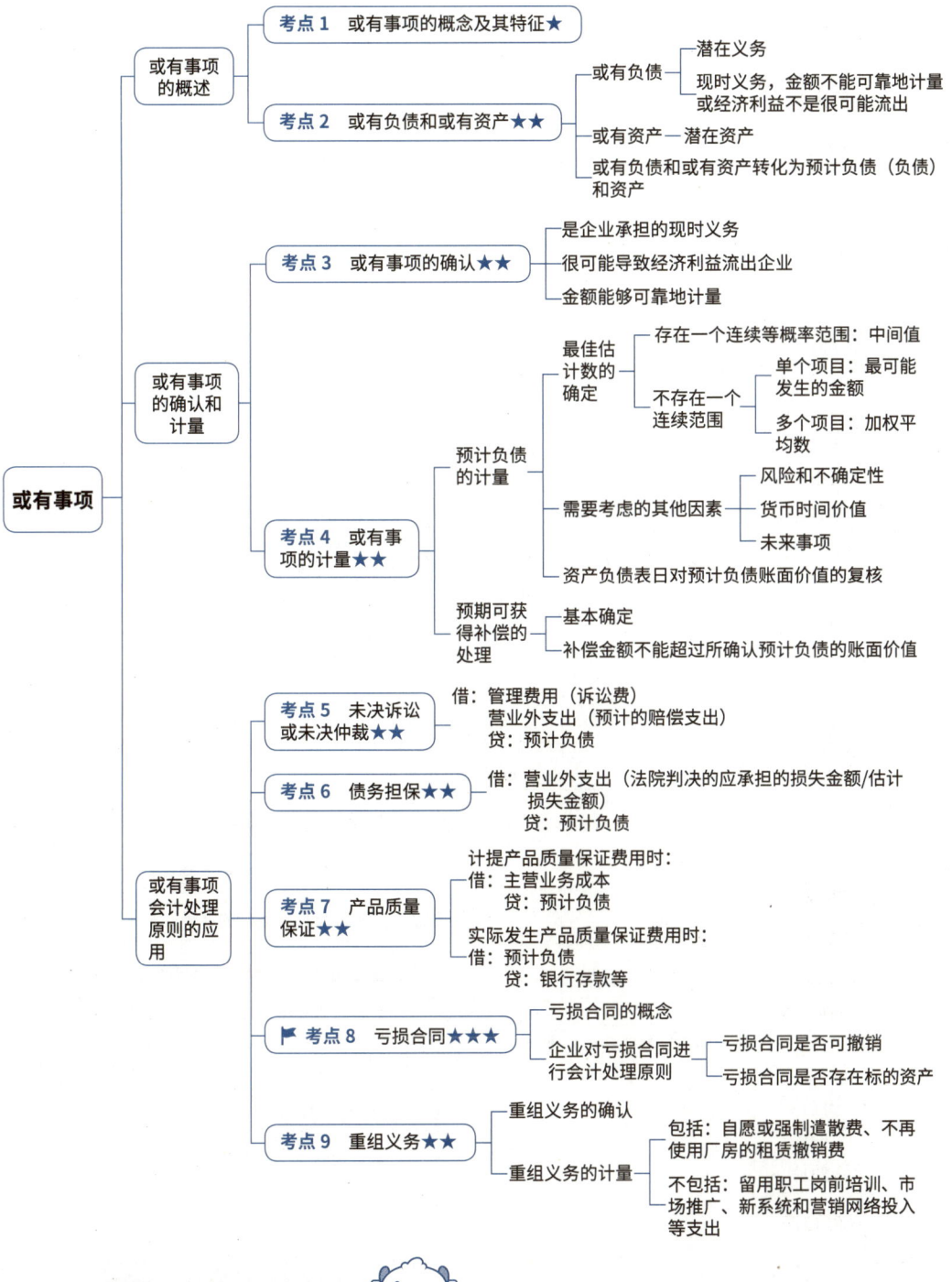

第十三章 收入

考情驿站

本章为重难点章节，其中"收入确认和计量五步法""合同履约成本""附有销售退回条款的销售""附有质量保证条款的销售""主要责任人和代理人""附有客户额外购买选择权的销售"是高频考点。本章往往同时以客观题和主观题考查，本章近三年平均考查分值为13分左右。

考点地图

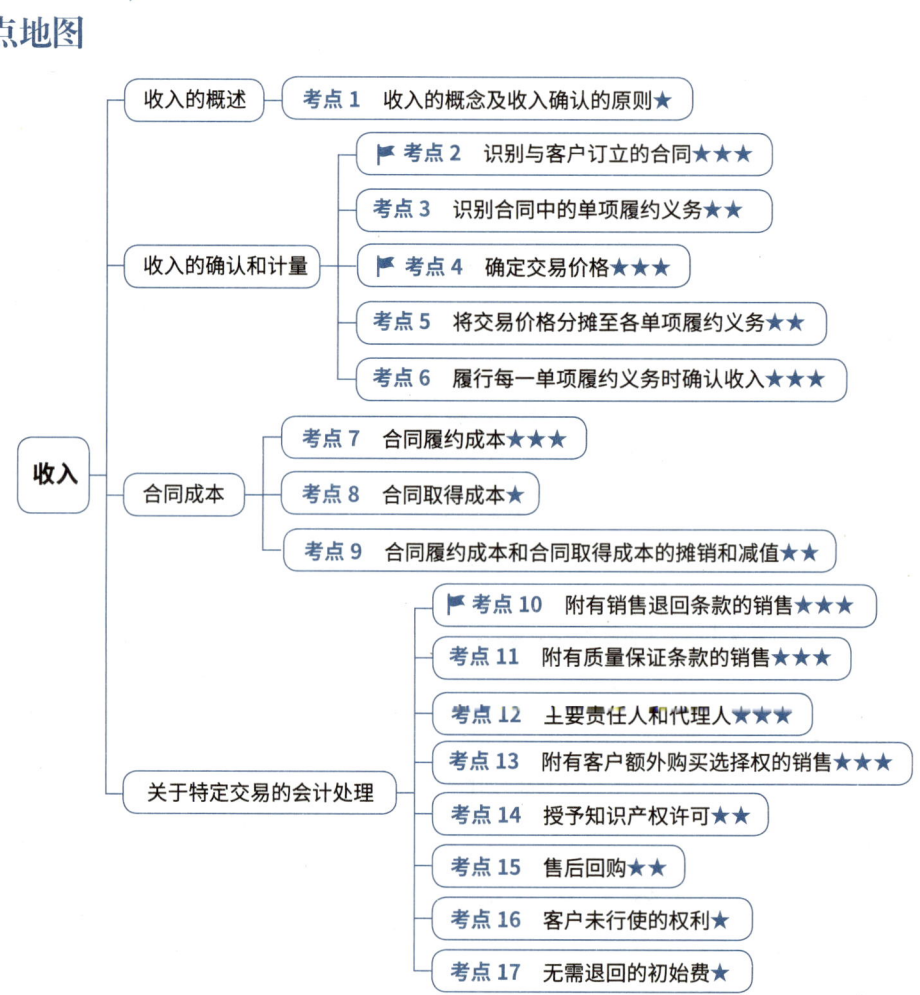

2024 年本章主要变化

无实质性变动。新增合同履约成本以产出法计量时，若实际发生成本超过按履约进度确认的成本，超出的部分不按资产确认。

考点速递

第一节　收入的概述

考点 1　收入的概念及收入确认的原则

（一）收入的概念

收入是指企业在日常活动中形成的、会导致所有者权益增加的、与所有者投入资本无关的经济利益的总流入。

【提示】本章适用于所有与客户之间的合同，不涉及企业对外出租资产收取的租金、进行债权投资收取的利息、进行股权投资取得的现金股利、保险合同取得的保费收入等。除非特别说明，本章所称商品既包括商品，也包括服务。

（二）收入确认的原则（见表 13-1、13-2）

表 13-1　收入确认的原则

项目	内容
收入确认的方式	企业确认收入的方式应当反映其向客户**转让商品**的模式
收入确认的金额	收入的金额应当反映企业因转让这些商品而预期**有权收取的对价**金额
收入确认的时间	企业应当在履行了合同中的履约义务，即在**客户取得相关商品控制权**时确认收入

表 13-2　取得相关商品控制权的理解

项目	内容
包含的要素	一是**能力**，即客户必须拥有现时权利
	二是**主导**该商品的使用
	三是能够获得**几乎全部**的经济利益

第二节 收入的确认和计量

> **速提分**
>
> 收入的确认和计量的五步法,如图 13-1 所示:
>
> 1. 识别与客户订立的合同→书面、口头等形式
> 2. 识别合同中的单项履约义务→履约义务是否单独可区分
> 3. 确定交易价格→可变价格确定、重大融资成分、非现金对价、应付客户对价
> 4. 将交易价格分摊至各单项履约义务→单独售价相对比例分摊
> 5. 履行各单项履约义务时确认收入→时点还是时段
>
> 图 13-1 收入的确认和计量的五步法

考点 2 识别与客户订立的合同(★★★)

靶心考点精讲　　靶心考点精讲

考频 2021 年判断题

(一)合同识别

1. 合同的定义

合同是指双方或多方之间订立有法律约束力的**权利义务的协议**,包括书面形式、口头形式以及其他可验证的形式(如隐含于商业惯例或企业以往的习惯做法中等)。

2. 满足收入确认条件的合同收入的确认

企业与客户之间的合同**同时满足**下列条件的,企业应当在客户取得相关商品控制权时确认收入:

(1)合同各方**已批准**该合同**并承诺**将履行各自义务;

(2)该合同**明确了**合同各方与所转让的商品相关的**权利和义务**;

(3)该合同有明确的与所转让的商品相关的**支付条款**;

(4)该合同**具有商业实质**,即履行该合同将改变企业未来现金流量的风险、时间分布或金额;

(5)企业因向客户转让商品而有权取得的对价**很可能收回**。

3. 不满足收入确认条件的合同收入的确认

对于不能同时满足收入确认的五个条件的合同,企业只有在**不再负有向客户转让商品的剩余义务**(例如,合同已完成或取消),**且已向客户收取的对价**(包括全部或部分对价)**无需退回时,才能将已收取的对价确认为收入**。否则,应当将已收取的对价作为负债进行会计处理。

企业向客户收取无需退回的对价的,应当在已经将该部分对价所对应的商品的控制权转移给客户,并已停止向客户转让额外的商品,且也不再对此负有此类义务时;或者,相关合同已经终止时,将该部分对价确认为收入。

4. 合同的后续评估

表 13-3 合同的后续评估

时间节点	项目	后续评估
合同开始日	同时满足收入确认五项条件的合同	企业在后续期间无需对其进行重新评估，除非有迹象表明相关事实和情况发生重大变化
	不能同时满足收入确认五项条件的合同	企业应当在后续期间对其进行持续评估，以判断其能否满足这些条件。企业如果在合同满足相关条件之前已经向客户转移了部分商品，当该合同在后续期间满足上述五项条件时，企业应当将在此之前已经转移的商品所分摊的交易价格确认为收入

> 通关文牒
>
> ▶ 很好懂 ▶
> 合同开始日是指合同开始赋予合同各方具有法律约束力的权利和义务的日期，通常是指合同生效日。

（二）合同合并

企业与同一客户（或该客户的关联方）同时订立或在相近时间内先后订立的两份或多份合同，在满足下列条件之一时，应当合并为一份合同进行会计处理：

(1) 该两份或多份合同基于同一商业目的而订立并构成"一揽子交易"；
(2) 该两份或多份合同中的一份合同的对价金额取决于其他合同的定价或履行情况；
(3) 该两份或多份合同中所承诺的商品（或每份合同中所承诺的部分商品）构成单项履约义务。

> 趁热答题
>
> **例 13-1·判断题（2020 年）** 企业与同一客户同时订立两份合同，如果一份合同的违约将会影响另一份合同的对价，企业应将两份合同合并为一份合同进行会计处理。（   ）
>
> **解析** 本题考查合同合并。企业与同一客户（或该客户的关联方）同时订立或在相近时间内先后订立的两份或多份合同，在满足下列条件之一时，应当合并为一份合同进行会计处理：(1) 该两份或多份合同基于同一商业目的而订立并构成"一揽子交易"，如一份合同在不考虑另一份合同对价的情况下将会发生亏损；(2) 该两份或多份合同中的一份合同的对价金额取决于其他合同的定价或履行情况，如一份合同如果发生违约，将会影响另一份合同的对价金额；(3) 该两份或多份合同中所承诺的商品（或每份合同中所承诺的部分商品）构成单项履约义务。因此，本题表述正确。
>
> **答案** √

（三）合同变更

1. 类型一：合同变更部分作为单独合同

适用条件：合同变更增加了可明确区分的商品及合同价款，且新增合同价款反映了新增商品单独售价的，应当将该合同变更作为一份单独的合同进行会计处理。（原合同 a，合同变更部分 x）

结论：两个合同（a、x）。

【提示】类型一：判断新增合同价款是否反映了新增商品的单独售价时，应当考虑为反映该特定合同的具体情况而对新增商品价格所做的适当调整。例如，在合同变更时，企业由于无需发生为发展新客户等所须发生的相关销售费用，可能会向客户提供一定的折扣，从而适当调整新增商品的单独售价，该调整不影响新增商品单独售价的判断。

2. 类型二：合同变更作为原合同终止及新合同订立

适用条件：不属于类型一，且合同变更日已转让商品与未转让商品之间可明确区分的，因此企业应该将原有合同中已履约部分归为原有合同终止，未履约部分不再按照原有合同执行，而是将其与合同变更部分**合并为新合同**进行会计处理。（原合同 a=b+c，合同变更部分 x）

结论：两个合同（b、c+x）。

3. 类型三：合同变更部分作为原合同的组成部分

使用条件：不属于类型一，且在合同变更日已转让商品与未转让商品之间不可明确区分的。因此企业应该将该合同变更部分作为**原合同的组成部分**，在合同变更日重新计算履约进度，并调整当期收入和相应成本等。（原合同 a，合同变更部分 x）

结论：单个合同（a+x）。

合同变更的类型判定，如图 13-2 所示：

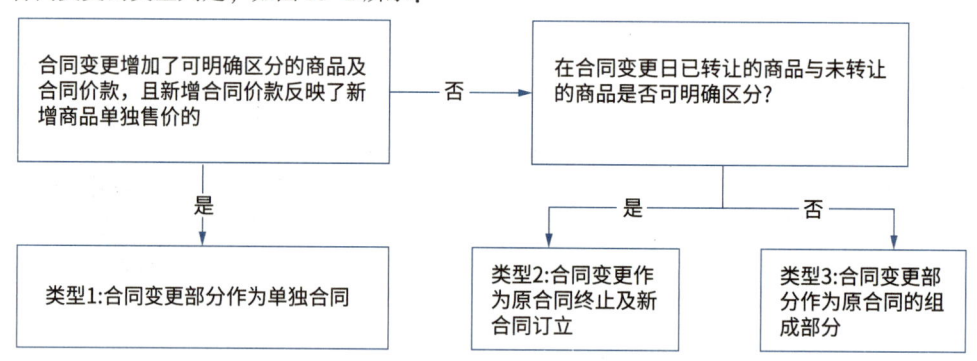

图 13-2　合同变更的类型判定

考点 3　识别合同中的单项履约义务（★★）

合同开始日，企业应当对合同进行评估，识别该合同包含的各单项履约义务，并确定各单项履约义务是在某一时段内履行，还是在某一时点履行，然后，在**履行了各单项履约义务时分别确认收入**。

履约义务是指合同中企业向客户转让可明确区分商品的承诺。

企业应当将下列向客户转让商品的承诺作为单项履约义务。

（一）企业向客户转让可明确区分商品（或者商品或服务的组合）的承诺

1. 企业向客户承诺的商品**同时满足下列条件的，应当作为可明确区分商品**：

商品层面：客户能够从**该商品本身或者从该商品与其他易于获得的资源一起使用中受益**。

合同层面：企业向客户转让该商品的承诺与合同中其他**承诺可单独区分**，以识别企业承诺转让的是每一项商品，还是由这些商品组成的一个或多个组合产出。

2. 下列情形通常表明企业向客户转让该商品的承诺与合同中的其他承诺**不可明确区分**：

（1）企业需提供**重大的服务**以将该商品与合同中承诺的其他商品**进行整合**，形成合同约定的某个或某些组合产出转让给客户；

（2）该商品将对合同中承诺的其他商品予以重大修改或定制；

（3）该商品与合同中承诺的其他商品具有高度关联性。

▶ 很会考 ▶

企业向客户销售商品时，往往约定企业需要将商品运送至客户指定的地点。通常情况下，商品控制权转移给客户之前发生的运输活动不构成单项履约义务；相反，商品控制权转移给客户之后发生的运输活动可能表明企业向客户提供了一项运输服务，企业应当考虑该项服务是否构成单项履约义务。

【举例1】企业为客户建造写字楼的合同中，企业向客户提供的砖头、水泥、人工等都能够使客户获益，但是，在该合同下，企业对客户承诺的是为其建造一栋写字楼，而并非提供这些砖头、水泥和人工等，企业需提供重大的服务将这些商品或服务进行整合，以形成合同约定的一项组合产出（即写字楼）转让给客户。因此，在该合同中，砖头、水泥和人工等商品或服务彼此之间不能单独区分。

【举例2】企业承诺向客户提供其开发的一款现有软件，并提供安装服务，虽然该软件无需更新或技术支持也可直接使用，但是企业在安装过程中需要在该软件现有基础上对其进行定制化的重大修改，以使其能够与客户现有的信息系统相兼容。此时，转让软件的承诺与提供定制化重大修改的承诺在合同层面是不可明确区分的。

【举例3】企业承诺为客户设计一种新产品并负责生产10个样品，企业在生产和测试样品的过程中需要对产品的设计进行不断的修正，导致已生产的样品均可能需要进行不同程度的返工。此时，企业提供的设计服务和生产样品的服务是不断交替反复进行的，二者高度关联，因此，在合同层面是不可明确区分的。

（二）企业向客户转让一系列实质相同且转让模式相同的、可明确区分商品的承诺

企业应当将实质相同且转让模式相同的一系列商品作为单项履约义务，即使这些商品可明确区分。如酒店管理服务、保洁服务等。

考点4 确定交易价格（★★★）

考频 2022年综合题；2021年判断题

交易价格是指企业因向客户转让商品而预期有权收取的对价金额。

▶ 很好懂 ▶

企业代第三方收取的款项（如增值税）以及企业预期将退还给客户的款项，应当作为负债进行会计处理，不计入交易价格。

（一）可变对价

企业与客户的合同中约定的对价金额可能会因折扣、价格折让（冲减收入和销项税额）、返利、

退款、奖励积分、激励措施、业绩奖金、索赔等因素而变化。

1. 可变对价最佳估计数的确定

企业应当按照**期望值**或**最可能发生金额**确定可变对价的最佳估计数。

2. 计入交易价格的可变对价金额的限制

即**包含可变对价的交易价格，应当不超过在相关不确定性消除时，累计已确认的收入极可能不会发生重大转回的金额**。其中，"极可能"发生的概率应远高于"很可能"（即可能性超过50%），但不要求达到"基本确定"（即可能性超过95%）。

在**评估收入转回金额的比重时，应同时考虑合同中包含的固定对价和可变对价**。

每一资产负债表日，企业应当**重新估计可变对价金额**（包括重新评估对可变对价的估计是否受到限制），以如实反映报告期末存在的情况以及报告期内发生的情况变化。

（二）合同中存在的重大融资成分

1. 重大融资成分

（1）重大融资成分的**含义**：当企业将商品的**控制权转移给客户的时间**与**客户实际付款**的**时间不一致**时，如果各方以在合同中明确（或者以隐含的方式）约定的付款时间为客户或企业就转让商品的交易**提供了重大融资利益**，则合同中即包含了重大融资成分。

（2）**会计处理**：合同中存在重大融资成分的，企业应当按照假定客户在取得商品控制权时即以现金支付的应付金额（即**现销价格**）确定交易价格。

（3）在评估合同中是否存在融资成分以及该融资成分对于该合同而言是否重大时，企业应当考虑所有相关的事实和情况，包括：

①已承诺的**对价**金额与已承诺商品的**现销价格**之间的**差额**；

②企业将承诺的商品转让给客户与客户支付相关款项之间的预计**时间间隔**和相应的**市场现行利率**的共同影响。

▶ 很好懂 ▶

下列情况中，虽然企业将承诺的商品转让给客户与客户支付相关的价款之间存在时间差，但合同**不包含重大融资成分**：

①客户就商品支付了预付款，且可以**自行决定**该商品的转让时间；

②客户承诺支付的对价有相当大的部分是**可变**的，该对价金额和付款时间取决于某一未来事项是否发生，且该事项实质上不受客户或企业控制；

③合同承诺的对价金额与现销价格之间的差额是由于向客户或企业**提供融资利益以外**的其他原因所导致的，且这一差额与产生该差额的原因是相称的。

（4）**合同中存在重大融资成分的，企业在确定该重大融资成分的金额时，应使用将合同对价的名义金额折现为商品现销价格的折现率**。交易价格与合同承诺的对价金额之间的差额，应当在合同期间内采用**实际利率法**摊销。

需要说明的是，企业应当在**单个合同层面**考虑融资成分是否重大，而不应在合同组合层面考虑这些合同中的融资成分的汇总影响对企业整体而言是否重大。企业只有在**确认了合同资产（或应收款项）和合同负债时**，才应当分别确认重大融资成分相应的利息收入和利息支出。

为简化实务操作，如果在合同开始日，企业预计客户取得商品控制权与客户支付价款间隔**不超**

过一年的，可以**不考虑**合同中存在的重大融资成分。企业应当对类似情形下的类似合同一致地应用这一简化处理方法。

2. 应收账款、合同资产、合同负债、合同结算

表 13-4 应收账款、合同资产、合同负债、合同结算的定义及报表列示

科目名称	定义	报表列示
应收账款	企业无条件收取合同对价的权利，该权利**仅取决于时间流逝的因素**。 【提示】仅承担信用风险	类别一：报表列示为"应收账款" 类别二：报表列示为"应收款项融资" 类别三：报表列示为"交易性金融资产"
合同资产	企业已向客户转让商品，而**有权**收取对价的权利，且该权利**取决于时间流逝之外的其他因素**。 【提示】除信用风险以外，还可能承担其他风险，比如履约风险	（1）**不同合同**下合同资产和合同负债应当在资产负债表中**单独列示**，并按流动性分别列示为"合同资产"或"其他非流动资产"以及"合同负债"或"其他非流动负债"。不同合同下的合同资产和合同负债**不能互相抵销**。 （2）**同一合同**下的合同资产和合同负债应当**以净额列示**
合同负债	企业在向客户转让商品之前，**是指企业已收或应收客户对价而应向客户转让商品的义务**。 【提示】应当在客户实际支付款项与到期应支付款项**孰早**时点	
合同结算	由于同一合同下的合同资产和合同负债应当以净额列示，企业也可以设置"合同结算"科目（或其他类似科目），以核算同一合同下属于在某一时段内履行履约义务涉及与客户结算对价的合同资产或合同负债	（1）期末借方余额：根据其流动性，在资产负债表中分别列示为"合同资产"或"其他非流动资产"项目。 （2）期末贷方余额：根据其流动性，在资产负债表中分别列示为"合同负债"或"其他非流动负债"项目

（三）非现金对价

非现金对价是指当企业因转让商品而有权向客户收取的对价是非现金形式，如实物资产、无形资产、股权、客户提供的广告服务等。

▶ 很会考 ▶

非货币性资产交换，如果换出的是存货，适用收入准则。

（1）通常按照非现金对价在合同开始日的公允价值确定交易价格，如图 13-3 所示：

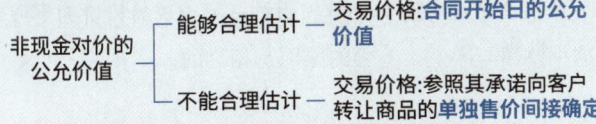

图 13-3 非现金对价交易价格的确定

（2）合同开始日后，非现金对价公允价值发生变动的情况，如图 13-4 所示：

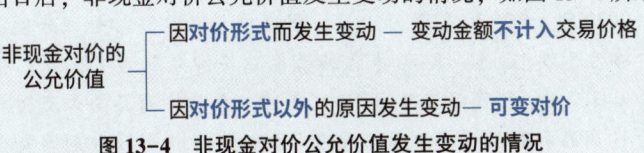

图 13-4 非现金对价公允价值发生变动的情况

企业在向客户转让商品的同时，如果客户向企业投入材料、设备或人工等商品，以协助企业履行合同，企业应当评估其是否取得了对这些商品的控制权，**取得**这些商品**控制权**的，企业应当将这些商品作为从客户收取的**非现金对价**进行会计处理。

（四）应付客户对价

企业存在应付客户对价，除为了自客户取得其他可明确区分商品的款项外，应当将该应付对价**冲减交易价格**，并在确认相关收入与支付（或承诺支付）客户对价二者**孰晚**的时点**冲减当期收入**。

▶ 很好懂 ▶

应付客户对价还包括可以抵减应付企业金额的相关项目金额，如优惠券、兑换券等。

考点5　将交易价格分摊至各单项履约义务（★★）

考频 2022年综合题；2021年单选题

交易价格在履约义务中的分摊原则：当合同中包含两项或多项履约义务时，企业应当在合同开始日，按照各单项履约义务所承诺商品的**单独售价**的**相对比例**，将交易价格分摊至各单项履约义务。

单独售价的确定：单独售价，是指企业向客户单独销售商品的价格，如图13-5所示：

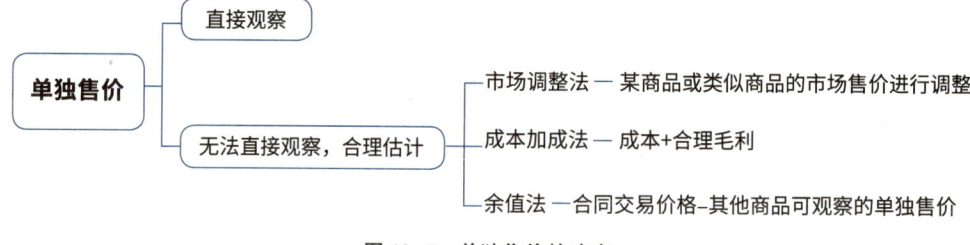

图13-5　单独售价的确定

▶ 很好懂 ▶

（1）企业在商品近期售价波动幅度巨大，或者因未定价且未曾单独销售而使售价无法可靠确定时，可采用余值法估计其单独售价。

（2）如当企业采用余值法估计确定的某单项履约义务的单独售价为零或仅为很小的金额时，企业应当评估该结果是否恰当。

趁热答题

| **例13-2·单选题（2020年）** | 2×20年7月1日，甲公司与客户签订一项合同，向其销售H、K两件商品，合同交易价格为5万元，H、K两件商品的单独售价分别为1.2万元和4.8万元。合同约定，H商品于合同开始日交付，K商品在7月10日交付，当两件商品全部交付之后，甲公司才有权收取全部货款；交付H商品和K商品分别构成单项履约义务，控制权分别在交付时转移给客户。不考虑增值税等相关税费及其他因素，甲公司在交付H商品时应确认（　　）。

A. 应收账款 1 万元　　　　　　　B. 合同资产 1 万元
C. 合同资产 1.2 万元　　　　　　D. 应收账款 1.2 万元

【解析】本题考查将交易价格分摊至各单项履约义务。合同中包含两项或多项履约义务的，企业应当在合同开始日，按照各单项履约义务所承诺商品的单独售价的相对比例，将交易价格分摊至各单项履约义务。本题中，"当两件商品全部交付之后，甲公司才有权收取全部货款"，所以甲公司在交付商品时应确认合同资产=5×1.2÷(1.2+4.8)=1（万元）。所以，本题选项 B 正确。

【答案】B

（一）分摊合同折扣

当客户购买的一组商品中所包含的各单项商品的单独售价之和高于合同交易价格时，表明客户因购买该组商品而取得了合同折扣。

1. 概念

合同折扣是指合同中各单项履约义务所承诺商品的单独售价之和高于合同交易价格的金额。

2. 会计处理

（1）企业应当在各单项履约义务之间按比例分摊合同折扣。

（2）有确凿证据表明合同折扣仅与合同中一项或多项（而非全部）履约义务相关的，企业应当将该合同折扣分摊至相关的一项或多项履约义务。

同时满足下列三项条件时，企业应当将合同折扣全部分摊至合同中的一项或多项（而非全部）履约义务：

（1）企业经常将该合同中的各项可明确区分商品单独销售或者以组合的方式单独销售；

（2）企业经常将其中部分可明确区分的商品以组合的方式按折扣价格单独销售；

（3）归属于上述第二项中每一组合的商品的折扣与该合同中的折扣基本相同，并且对每一组合中的商品的评估为将该合同的整体折扣归属于某一项或多项履约义务提供了可观察的证据。

> 【通关文牒】
> ▶ 很好懂 ▶
> 有确凿证据表明，合同折扣仅与合同中的一项或多项（而非全部）履约义务相关，且企业采用余值法估计单独售价的，应当首先在该一项或多项（而非全部）履约义务之间分摊合同折扣；然后再采用余值法估计单独售价。

（二）分摊可变对价

合同中包含可变对价的，该可变对价可能与整个合同相关，也可能仅与合同中的某特定组成部分相关。

仅与合同中的某一特定组成部分相关包括两种情形：

（1）可变对价与合同中的一项或多项（而非全部）履约义务相关；

（2）可变对价与企业向客户转让的构成单项履约义务的一系列可明确区分商品中的一项或多项（而非全部）商品相关。

▶ 很好懂 ▶

对已履行的履约义务，如果有分摊的可变对价，其分摊的可变对价后续变动额应当**调整变动当期**的收入。

考点 6　履行每一单项履约义务时确认收入（★★★）

考频　2023 年单选题；2022 年计算分析题、综合题；2021 年单选题

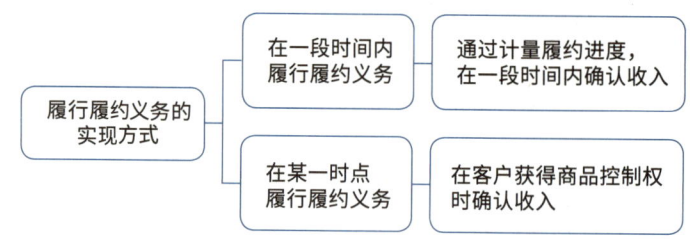

图 13-6　履行每一单项履约义务时确认收入

（一）在某一时段内履行的履约义务

1. 在某一时段内履行的履约义务的确认条件

满足下列条件**之一**的，属于在**某一时段**内履行的履约义务：

表 13-5　在某一时段内履行的履约义务

时段履约条件	说明
客户在企业履约的同时即取得并消耗企业履约所带来的经济利益	【举例】　经常性服务（保洁、酒店管理服务等）。进行判断时，可以假定在企业履约的过程中更换为其他企业继续履行剩余履约义务，继续履行合同的企业实质上无需重新执行企业累计至今已经完成的工作时，表明客户取得并消耗
客户能够控制企业履约过程中在建的商品	【举例】　在客户的场地上建造建筑物
企业履约过程中所产出的商品具有不可替代用途，且该企业在整个合同期间内有权就累计至今已完成的履约部分收取款项	（1）不可替代用途时，企业既应当考虑合同限制，也应当考虑实际可行性限制，难以将商品用于其他用途； （2）有权就累计至今已完成的履约部分收取款项，是指企业有权就累计至今已完成的履约部分收取能够补偿其已发生成本和合理利润的款项，并且该权利具有法律约束力

2. 在某一时段内履行的履约义务的收入确认方法

对于在某一时段内履行的履约义务，企业应当在该段时间内按照履约进度确认收入，履约进度不能合理确定的除外。

企业应当考虑商品的性质，采用**产出法**或**投入法**确定恰当的履约进度，并且在确定履约进度时，应当**扣除**那些控制权尚未转移给客户的商品和服务。

资产负债表日：

本期确认的收入＝合同交易价格×**本期末止履约进度**－以前期间已确认的收入

本期确认的费用＝合同预计总成本×**本期末止履约进度**－以前期间已确认的费用

（1）产出法。

产出法是根据已转移给客户的商品**对于客户的价值**确定履约进度，通常可采用实际测量的完工进度、评估已实现的结果、已达到的里程碑、时间进度、已完工或交付的产品等产出指标确定履约进度。

企业在评估是否采用产出法确定履约进度时，应当考虑所选择的产出指标是否能够如实地反映向客户转移商品的进度。

（2）**投入法**。

投入法主要是根据企业履行履约义务的投入确定履约进度，主要包括以投入的材料数量、花费的人工工时或机器工时、发生的成本和时间进度等投入指标确定履约进度。

企业在采用成本法确定履约进度时，可能需要对已发生的成本进行适当调整的情形有：

①已发生的成本并未反映企业履行其履约义务的进度；

②已发生的成本与企业履行其履约义务的进度不成比例。

> **通关文牒**
>
> ▶ 很好懂 ▶
>
> 对于在某一时段内履行的履约义务，只有当期履约义务能够合理确定时，才应当按照履约进度确认收入。当履约进度**不能合理确定**时，企业已经发生的成本预计**能够得到补偿**的，应当按照**已经发生的成本金额确认收入**，直到履约进度能够合理确定为止。
>
> 每一资产负债表日，企业应当对履约进度进行重新估计。

趁热答题

| 例 13-3·判断题（2020 年） | 对于在某一时段内履行的履约义务，只有当其履约进度能够合理确定时，才能按照履约进度确认收入。　　　　　　　　　　　　　　　　　　　　（　　）

（解析）本题考查履行每一单项履约义务时确认收入。对于在某一时段内履行的履约义务，企业应当在该段时间内按照履约进度确认收入，但是，履约进度不能合理确定的除外。因此，本题表述正确。

（答案）√

建造合同业务的会计分录如表 13-6 所示：

表 13-6　建造合同的会计分录

步骤	会计分录
实际发生工程成本时	借：合同履约成本 　　贷：原材料/应付职工薪酬等
根据履约进度确认收入和成本	借：合同结算——收入结转 　　贷：主营业务收入 同时，结转成本： 借：主营业务成本 　　贷：合同履约成本 合同预计损失： 借：主营业务成本 　　贷：预计负债

续表

步骤	会计分录
进行合同价款的结算（假定结算时发生纳税义务）	借：应收账款 　　贷：合同结算——价款结算 　　　　应交税费——应交增值税（销项税额）
实际收款时	借：银行存款 　　贷：应收账款

趁热答题

例13-4·单选题（2023年） 2×21年12月31日，甲建筑公司与乙公司签订一项建造工程合同，合同约定建造期限为2×22年1月1日至2×23年12月31日。2×22年12月31日，甲公司确认的与建造合同相关的营业收入为12 000万元，与乙公司结算的合同价款为11 000万元。2×23年12月31日，甲公司确认的与该建造合同相关的营业收入为11 000万元，与乙公司结算的合同价款为11 800万元。假定不考虑其他因素，2×23年甲公司与该建造合同相关的合同资产项目金额为（　　）万元。

A. 200　　　　　　B. 800　　　　　　C. 1 000　　　　　　D. 1 800

解析 本题考查履行每一单项履约义务时确认收入。2×23年甲公司与该建造合同相关的合同资产项目金额=（12 000-11 000）+（11 000-11 800）=200（万元）。选项A正确。相关会计分录如下：

2×22年12月31日：
借：合同结算——收入结转　　　　　　　12 000
　　贷：主营业务收入　　　　　　　　　　　　12 000
借：应收账款　　　　　　　　　　　　　11 000
　　贷：合同结算——价款结算　　　　　　　　11 000

2×23年12月31日：
借：合同结算——收入结转　　　　　　　11 000
　　贷：主营业务收入　　　　　　　　　　　　11 000
借：应收账款　　　　　　　　　　　　　11 800
　　贷：合同结算——价款结算　　　　　　　　11 800

期末，"合同结算"科目余额在借方的，在一年内将收到款项的，应当在资产负债表中作为"合同资产"项目列示；余额在贷方的，一年内将履约的，应当在资产负债表中作为"合同负债"项目列示。

答案 A

（二）在某一时点履行的履约义务

对于在某一时点履行的履约义务，企业应当在客户**取得相关商品控制权时点确认收入**。在判断客户是否已取得商品控制权时企业应当考虑下列迹象：

（1）企业就该商品享有**现时收款权利**，即客户就该商品负有现时付款义务。

（2）企业已将该商品的法定所有权转移给客户，即客户已拥有该商品的**法定所有权**。

（3）企业已将该商品实物转移给客户，即客户已**实物占有**该商品。

客户占有了某项商品的实物并不意味着其就一定取得了该商品的控制权，反之亦然。

①实物转移,控制权未转移。

【举例】委托代销安排。是指委托方和受托方签订代销合同或协议,委托受托方向终端客户销售商品。企业通常应当在受托方售出商品后,按合同或协议约定的方法计算确定的手续费确认收入。

> 通关文牒
> ▶ 很好懂 ▶
> 受托方获得对商品控制权的,企业应当按销售商品进行会计处理,这种安排不属于委托代销安排。

②实物未转移,控制权转移。

【举例】售后代管商品安排:售后代管商品是指根据企业与客户签订的合同,企业已经就销售的商品向客户收款或取得了收款权利,但是直到在未来某一时点将该商品交付给客户之前,企业仍然继续持有该商品实物的安排。

在售后代管商品安排下,除了应当考虑客户是否取得商品控制权的迹象之外,还应当同时满足下列四项条件,才表明客户取得了该商品的控制权:

一是,该安排必须具有商业实质,例如,该安排是应客户的要求而订立的;
二是,属于客户的商品必须能够单独识别,例如,将属于客户的商品单独存放在指定地点;
三是,该商品可以随时应客户要求交付给客户;
四是,企业不能自行使用该商品或将该商品提供给其他客户。

> 通关文牒
> ▶ 很好懂 ▶
> ①实务中,越是通用的、可以和其他商品互相替换的商品,越有可能难以满足上述条件。
> ②企业在同时满足上述条件时对尚未发货的商品确认了收入的,应当考虑是否还承担了其他的履约义务,如向客户提供保管服务等,从而应当将部分交易价格分摊至该其他履约义务。

(4)企业已将该商品所有权上的主要风险和报酬转移给客户,即客户已取得该商品所有权上的主要风险和报酬。

> 通关文牒
> ▶ 很好懂 ▶
> 企业在销售时已知客户资金周转发生困难,但为了减少存货积压,依然将商品发给客户,在当期不能确认主营业务收入和主营业务成本,当期将库存商品转为发出商品,等到客户经营情况好转再确认主营业务收入和主营业务成本。

(5)客户已接受该商品。
(6)其他表明客户已取得商品控制权的迹象。

需要强调的是,在上述六个迹象中,并没有哪一个或哪几个迹象是决定性的,企业应当根据合同条款和交易实质进行分析,综合判断其是否将商品的控制权转移给客户以及何时转移的,从而确定收入确认的时点。此外，企业**应当从客户的角度**进行评估，**而不应当仅考虑企业自身的看法**。

第三节 合同成本

考点7 合同履约成本（★★★）

> **考频** 2023 年多选题；2022 年计算分析题、综合题；2021 年多选题

（一）确认原则

企业为履行合同可能会发生各种成本，企业在确认收入的同时应当对这些成本进行分析，属于本书其他章节范围的，应当按照相关章节的要求进行会计处理；**不属于本书其他章节范围且同时满足下列条件的，应当作为合同履约成本确认为一项资产**：

(1) 该成本与一份当前或预期取得的合同直接相关。

与合同直接相关的成本包括直接人工、直接材料、制造费用、明确由客户承担的成本以及仅因该合同而发生的其他成本（例如，支付给分包商的成本、机械使用费、设计和技术援助费用、施工现场二次搬运费、生产工具和用具使用费、检验试验费、工程定位复测费、工程点交费用、场地清理费等）。

(2) 该成本增加了企业未来用于履行（或持续履行）履约义务的资源。

(3) 该成本预期能够收回。

下列支出不属于合同履约成本，企业应当在下列支出发生时，将其**计入当期损益**：

(1) **管理费用**，除非这些费用明确由客户承担。

(2) **非正常消耗的**直接材料、直接人工和制造费用（或类似费用），这些支出为履行合同发生，但未反映在合同价格中。

(3) 与履约义务中已履行（包括已全部履行或部分履行）部分相关的支出，即该支出**与企业过去的履约活动相关**。对于企业在一段时间内履行的履约义务，在采用产出法计量履约进度时，如果企业为履行该履约义务实际发生的成本超过了按照产出法确定的成本，这些成本是与过去已履行的履约情况相关的支出，因此，**不会增加企业未来用于履行（包括持续履行）履约义务的资源，不应当作为资产确认**。

(4) **无法**在尚未履行的与已履行（或已部分履行）的履约义务之间**区分**的相关支出。

（二）合同履约成本的列报

满足上述条件确认为资产的合同履约成本：

(1) 初始确认时摊销年限**不超过**一年或一个正常营业周期的，在资产负债表中列示为**存货**；

(2) 初始确认时摊销年限在**一年**或一个正常营业周期**以上**的，在资产负债表中列示为**其他非流动资产**。

考点8 合同取得成本（★）

（一）确认原则

企业为取得合同发生的**增量成本预期能够收回**的，应当作为合同取得成本确认为一项**资产**。

1. 增量成本

增量成本是指企业**不取得合同就不会发生的成本**。例如,销售佣金等。

【提示】为简化实务操作,该资产摊销期限**不超过一年**的,可在发生时计入**当期损益**。

2. 其他支出

企业为取得合同发生的、除预期能够收回的增量成本之外的其他支出(如无论是否取得合同均会发生的差旅费、投标费等),应当在发生时计入**当期损益**,除非这些支出明确由客户承担。

【提示】企业因现有合同**续约**或发生合同**变更**需要支付的**额外佣金**,也属于为取得合同发生的增量成本。

(二)合同取得成本的列报

满足上述条件**确认为资产**的合同取得成本:

(1)初始确认时摊销期限**不超过**一年或一个正常营业周期的,在资产负债表中列示为**其他流动资产**;

(2)初始确认时摊销期限在**一年**或一个正常营业周期**以上**的,在资产负债表中列示为**其他非流动资产**。

考点9 合同履约成本和合同取得成本的摊销和减值(★★)

(一)摊销

确认为企业资产的合同履约成本和合同取得成本,企业应当采用**与该资产相关的商品收入确认相同的基础**(即在履约义务**履行的时点**或按照履约义务的**履约进度**)进行摊销,计入当期损益。

(二)减值

(1)与合同成本相关的资产,其账面价值高于**下列两项的差额**的,超出部分应当计提减值准备,并确认为**资产减值损失**:

①企业因转让与该资产相关的商品预期能够取得的剩余对价;

②为转让该相关商品估计将要发生的成本。

资产减值损失=账面价值-[①-②]

(2)以前期间减值的因素之后发生变化,使得前述(1)中第①项减去第②项的差额高于该资产账面价值的,**原计提的减值可以转回**,并计入当期损益。**但转回后的资产账面价值不应超过假定不计提减值准备情况下该资产在转回日的账面价值**。

在确定上述资产的减值损失时,企业应当首先对相关的其他资产确定减值损失,然后再按上述要求确定上述资产的减值损失。

【提示】

企业按照本书的规定测试相关资产组的减值情况时,应当将按照上述要求确定与合同成本有关的资产减值后的新账面价值计入相关资产组的账面价值。

第四节　关于特定交易的会计处理

考点 10　附有销售退回条款的销售（★★★）（见表 13-7）

考频　2023 年综合题；2021 年综合题

表 13-7　附有销售退回条款的销售

步骤	内容	科目	金额
1	按照因向客户转让商品而预期有权收取的对价金额（即不包含预期因销售退回将退还的金额）确认收入	主营业务收入	售价×(总数量−退货数)
2	按照预期因销售退回将退还的金额确认负债	预计负债	售价×退货数
3	按照预期将退回商品转让时的账面价值，扣除收回该商品预计发生的成本（包括退回商品的价值减损）后的余额，确认为一项资产	应收退货成本	成本×退货数
4	按照所转让商品转让时的账面价值，扣除上述资产成本的净额结转成本	主营业务成本	成本×(总数量−退货数)

每一资产负债表日，企业应当重新估计未来销售退回情况，如有变化，应当作为**会计估计变更**进行会计处理。

通关文牒

▶ 很好懂 ▶

（1）客户以一项商品换取类型、质量、状况及价格**均相同**的另一项商品，**不应被视为退货**。

（2）如果合同约定客户可以将质量**有瑕疵的商品**退回以换取正常的商品，企业应当按照**附有质量保证条款**的销售进行会计处理。

趁热答题

例 13-5·计算分析题 | 高顿公司是一家健身器材销售公司。2×23 年 11 月 1 日，高顿公司向东华公司销售 5 000 件健身器材，单位销售价格为 500 元，单位成本为 400 元，开出的增值税专用发票上注明的销售价格为 250 万元，增值税为 32.5 万元。健身器材已经发出，但款项尚未收到。根据协议约定，东华公司应于 2×23 年 12 月 31 日之前支付货款。在 2×24 年 3 月 31 日之前有权退还健身器材。高顿公司根据过去的经验，估计该批健身器材的退货率为 20%。在 2×23 年 12 月 31 日，高顿公司对退货率进行了重新评估，认为只有 10% 的健身器材会被退回。高顿公司为增值税一般纳税人，健身器材发出时纳税义务已经发生，实际发生退回时取得税务机关开具的红字增值税专用发票。假定健身器材发出时控制权转移给东华公司。

要求　根据上述资料编制高顿公司有关的会计分录。

答案

（1）2×23 年 11 月 1 日发出健身器材，高顿公司应作的会计处理：

借：应收账款　　　　　　　　　　　　　　　2 825 000　[500×5 000×(1+13%)]

贷：主营业务收入　　　　　　　　　　　　2 000 000［500×5 000×(1-20%)］
　　　　预计负债——应付退货款　　　　　　　500 000（500×5 000×20%）
　　　　应交税费——应交增值税（销项税额）　325 000
借：主营业务成本　　　　　　　　　　　　　　1 600 000［400×5 000×(1-20%)］
　　应收退货成本　　　　　　　　　　　　　　400 000（400×5 000×20%）
　　贷：库存商品　　　　　　　　　　　　　　2 000 000（400×5 000）

（2）2×23 年 12 月 31 日前收到货款，高顿公司应作的会计处理：
借：银行存款　　　　　　　　　　　　　　　　2 825 000
　　贷：应收账款　　　　　　　　　　　　　　2 825 000

（3）2×23 年 12 月 31 日，高顿公司对退货率进行重新评估时，高顿公司应作的会计处理：
借：预计负债——应付退货款　　　　　　　　　250 000
　　贷：主营业务收入　　　　　　　　　　　　250 000［500×5 000×(20%-10%)］
借：主营业务成本　　　　　　　　　　　　　　200 000［400×5 000×(20%-10%)］
　　贷：应收退货成本　　　　　　　　　　　　200 000

（4）2×24 年 3 月 31 日发生销售退回，实际退货量为 400 件，高顿公司支付退货款项时，应作的会计处理：
借：库存商品　　　　　　　　　　　　　　　　160 000（400×400）
　　应交税费——应交增值（销项税额）　　　　 26 000（500×400×13%）
　　预计负债——应付退货款　　　　　　　　　250 000（500×500）
　　主营业务成本　　　　　　　　　　　　　　40 000［400×(500-400)］
　　贷：应收退货成本　　　　　　　　　　　　200 000（400×500）
　　　　主营业务收入　　　　　　　　　　　　50 000［500×(500-400)］
　　　　银行存款　　　　　　　　　　　　　　226 000［500×400×(1+13%)］

考点 11　附有质量保证条款的销售（★★★）

（一）质量保证的分类

（1）**保证类**质量保证：为了向客户保证所销售的商品**符合既定标准**【或有事项准则】。
（2）**服务类**质量保证：在向客户保证所销售的商品符合既定标准**之外**提供了一项单独的服务【**收入准则**】。

（二）评估是否构成单项履约义务

企业应当对其所提供的质量保证的**性质**进行分析：
（1）对于客户能够选择**单独购买**质量保证的，表明该质量保证**构成**单项履约义务；
（2）对于客户**虽然不能选择**单独购买质量保证，但是，如果该质量保证在向客户保证所销售的商品**符合既定标准之外提供了一项单独服务**的，**也应当作**为单项履约义务。

> ▶ 很好懂 ▶
> 　　企业应当评估该质量保证是否在向客户保证所销售商品符合既定标准之外**提供了一项单独的服务**。评估时，企业应当考虑的因素如表 13-8 所示：

表 13-8　评估质量保证是否提供额外单独服务的判断因素

因素	说明
是否为法定要求	**法定要求**通常是为了保护客户避免其购买瑕疵或缺陷商品的风险，而**并非为客户提供一项单独的质量保证服务**
质量保证期限	质量保证**期限越长，越有可能是单项履约义务**
企业承诺履行任务的性质	如果企业**必需履行某些特定的任务**（如企业负责运输被客户退回的瑕疵商品）**以保证所转让的商品符合既定标准**，则这些特定的任务可能**不构成单项履约义务**

▶ 很会考 ▶

企业提供的质量保证同时包含作为单项履约义务的质量保证和不能作为单项履约义务的质量保证的，应当**分别**对其进行会计处理；**无法合理区分**的，应当将这两类质量保证一起作为**单项履约义务**按照本章进行会计处理。

（三）会计处理

（1）**作为**单项履约义务的质量保证应当按本节规定进行会计处理，并将部分交易价格**分摊至该项履约义务**。

（2）对于**不能作为**单项履约义务的质量保证，企业应当按照或有事项准则规定进行会计处理。

考点 12　主要责任人和代理人（★★★）

（一）原则

当企业向客户销售商品涉及其他方参与其中时，企业应当首先识别向客户提供的特定商品，根据其在**向客户转让的特定商品前是否拥有对该商品的控制权**，来判断自身在该交易中的身份是主要责任人还是代理人。具体见表 13-9。

表 13-9　主要责任人和代理人的收入确认

在向客户转让特定商品前**能否控制**该商品	认定	收入确认
有控制权	主要责任人	应当按照其自行向客户提供商品而有权收取的对价**总额**确认收入
无控制权	代理人	（1）按照既定的佣金金额或比例计算的金额确认收入； （2）按照已收或应收对价总额扣除应支付给提供该特定商品的第三方的价款后的**净额**确认收入

（二）企业作为主要责任人的情况

（1）企业自该第三方取得商品或其他资产控制权后，再转让给客户。

（2）企业能够主导第三方代表本企业向客户提供服务。

当企业承诺向客户提供服务，并委托第三方（如分包商、其他服务提供商等）代表企业向客户提供服务时，如果企业**能够主导该第三方代表本企业向客户提供服务**，说明企业在相关服务提供给客户之前能够控制该相关服务。

(3) 企业自该第三方**取得商品控制权**后，通过**提供重大的服务**将该商品与其他商品**整合**成合同约定的**某组合产出**转让给客户。

此时，企业承诺提供的特定商品就是合同约定的组合产出，企业**只有获得**为生产该组合产出所需要的投入（包括从第三方取得的商品）的控制权，然后**才能够将**这些投入加工整合为合同约定的组合产出。

(三) 评估时需要考虑的相关事实和情况

实务中，企业在判断其在向客户转让特定商品之前是否已经拥有对该商品的控制权时，不应仅局限于合同的法律形式，而应当综合考虑所有相关事实和情况进行判断，这些事实和情况包括：
(1) 企业承担向客户转让商品的主要责任；
(2) 企业在转让商品之前或之后承担了该商品的存货风险；
(3) 企业有权自主决定所交易商品的价格【在某些情况下，代理人可能在一定程度上也拥有定价权（例如，在主要责任人规定的某一价格范围内决定价格），这只是代理人放弃了一部分自己应当赚取的佣金或手续费而已】。

需要强调的是，企业在判断其是主要责任人还是代理人时，应当以该企业在特定商品转让给客户之前是否能够控制该商品为原则。上述相关事实和情况仅为支持对控制权的评估，**不能取代控制权的评估，也不能凌驾于控制权评估之上**，更不是单独或额外的评估。

考点 13　附有客户额外购买选择权的销售（★★★）

考频 2021 年综合题

企业在销售商品的同时，授予客户允许其享有免费或者以折扣价格购买额外商品的选择权，此种情况称为附有客户额外购买选择权的销售。对于附有客户额外购买选择权的销售，企业应当评估该选择权是否向客户提供了一项**重大权利**。

(一) 常见的企业向客户授予的额外购买选择权的形式

销售激励、客户奖励积分、未来购买商品的折扣券以及合同续约选择权等。

(二) 重大选择权的确认及会计处理

1. 确认
(1) 如果客户只有在订立了一项合同的前提下才取得了额外购买选择权，并且客户行使该选择权购买额外商品时，能够享受到**超过**该地区或该市场中其他同类客户所能够享有的折扣，则通常认为该选择权向客户提供了一项重大权利。
(2) 在考虑授予客户的该项权利是否重大时，应根据其**金额**和**性质**综合判断。

2. 会计处理

确认为重大选择权的情况下，应当将其与原购买的商品单独区分，作为**单项履约义务**，企业应按照**各单项履约义务的单独售价的相对比例**，将交易价格分摊至各单项履约义务。其中，分摊至重大选择权的交易价格与未来的商品相关，企业应当在客户**未来行使**该选择权取得相关商品的控制权时，或者在该选择权**失效时**确认为收入。

(三) 不应确认为重大权利的情况及会计处理

当企业向客户提供了额外购买选择权，但客户在行使该选择权购买商品的价格反映了该商品的单独售价时该选择权也不应被视为企业向该客户提供了一项重大权利，企业无需分摊交易价格。

通关文牒

▶ 速提分 ▶

客户奖励积分的会计处理如表 13-10 所示：

表 13-10 客户奖励积分的会计处理

客户奖励积分的情形	具体会计处理	
授予客户奖励积分确认收入时（假设不考虑增值税）	借：银行存款 　　贷：主营业务收入 　　　　合同负债	【扣除奖励积分后的收入】 【奖励积分的公允价值】
客户奖励积分兑换时	借：合同负债 　　贷：主营业务收入	【(已经兑换的积分数÷预期将被兑换的积分数)×奖励积分的公允价值】
积分兑换期满	借：合同负债 　　贷：主营业务收入	【剩余未被使用的积分】

趁热答题

例 13-6·计算分析题 2×23 年 1 月 1 日，高顿公司开始推行一项奖励积分计划。根据该计划，客户在高顿公司每消费 100 元可获得 1 个积分，每个积分从次月开始在购物时可以抵减 1 元。截至 2×23 年 1 月 31 日，客户共消费 5 000 000 元，可获得 50 000 个积分，根据历史经验，高顿公司估计该积分的兑换率为 85%。假定不考虑相关税费影响。

要求（1）请作出高顿公司确认收入时的会计分录。

（2）截至 2×23 年 12 月 31 日，客户共兑换了 20 000 个积分，高顿公司对该积分的兑换率进行了重新估计，仍然预计客户总共将会兑换 42 500 个积分，请作出高顿公司应作的会计分录。

（3）假设截至 2×24 年 12 月 31 日，客户累计兑换了 40 000 个积分。高顿公司对该积分的兑换率进行了重新估计，预计客户总共将会兑换 43 000 个积分，请作出高顿公司应作的会计分录。（计算结果四舍五入保留整数）

答案

（1）高顿公司估计积分的单独售价 = 1×50 000×85% = 42 500（元）

分摊至商品的交易价格 = [5 000 000÷(5 000 000+42 500)] ×5 000 000 = 4 957 858（元）

分摊至积分的交易价格 = [42 500÷(5 000 000+42 500)] ×5 000 000 = 42 142（元）

截至 2×23 年 1 月 31 日，企业应作会计处理如下：

借：银行存款　　　　　　　　　　　5 000 000
　　贷：主营业务收入　　　　　　　　4 957 858
　　　　合同负债　　　　　　　　　　　 42 142

（2）截至 2×23 年 12 月 31 日，客户已兑换的积分应确认的收入 =（**当期兑换积分数÷预期兑换积分总数**）×奖励积分分摊的交易价格 = 20 000÷42 500×42 142 = 19 832（元），应作会计分录如下：

借：合同负债　　　　　　　　　　　　19 832
　　贷：主营业务收入　　　　　　　　　19 832

剩余未兑换的积分 = 42 142-19 832 = 22 310（元）

（3）截至2×24年12月31日，当期已兑换的积分应确认的收入＝本期累计已兑换的积分应确认的收入－上期累计已兑换的积分应确认的收入，其中，累计已兑换的积分应确认的收入＝40 000÷43 000×42 142＝39 202（元），故本期积分应确认的收入＝39 202－19 832＝19 370（元），应作会计分录如下：

借：合同负债　　　　　　　　　　　　　　　19 370
　　贷：主营业务收入　　　　　　　　　　　　　19 370
剩余未兑换的积分＝42 142－39 202＝2 940（元）

考点14　授予知识产权许可（★★）

考频 2023年判断题

授予知识产权许可，是指企业授予客户对企业拥有的知识产权享有相应权利。常见的知识产权包括软件和技术、影视和音乐等的版权、特许经营权及专利权、商标权和其他版权等。

（一）授予知识产权许可是否构成单项履约义务

企业向客户授予知识产权许可时，可能也会同时销售商品，企业应当评估该知识产权许可是否构成单项履约义务，不构成单项履约义务的，企业应当将该知识产权许可和所售商品一起作为单项履约义务进行会计处理。

（二）授予知识产权许可属于某一时点履行的履约义务或者某一时段履行的履约义务

授予客户的知识产权许可构成单项履约义务的，企业应当根据该履约义务的性质，进一步确定其是在某一时段内履行还是在某一时点履行。

企业向客户授予的知识产权许可，同时满足下列三项条件的，应当作为在某一时段内履行的履约义务确认相关收入；否则，应当作为在某一时点履行的履约义务确认相关收入：
（1）合同要求或客户能够合理预期企业将从事对该项知识产权有重大影响的活动；
（2）该活动对客户将产生有利或不利影响；
（3）该活动不会导致向客户转让某项商品。

（三）基于销售或使用情况的特许权使用费

企业向客户授予知识产权许可，并约定按客户实际销售或使用情况（如按照客户的销售额）收取特许权使用费的，应当在下列两项孰晚的时点确认收入：
（1）客户后续销售或使用行为实际发生时；
（2）企业履行相关履约义务。

> **通关文牒**
>
> ▶ 很好懂 ▶
>
> 这是估计可变对价的一个例外规定。该例外规定只有在符合以下两种情况下适用：
> （1）特许权使用费仅与知识产权许可相关；
> （2）特许权使用费可能与合同中的知识产权许可和其他商品都相关，但与知识产权许可相关的部分占主导地位。
>
> 当企业能够合理预期，客户认为知识产权许可的价值远高于合同中与之相关的其他商品时，该知识产权许可通常占主导地位。
>
> 对于不适用该例外规定的知识产权使用费，应当按照估计可变对价的一般原则进行处理。

> ▶ 速提分 ▶
>
> 授予知识产权许可的判定，如图 13-7 所示： 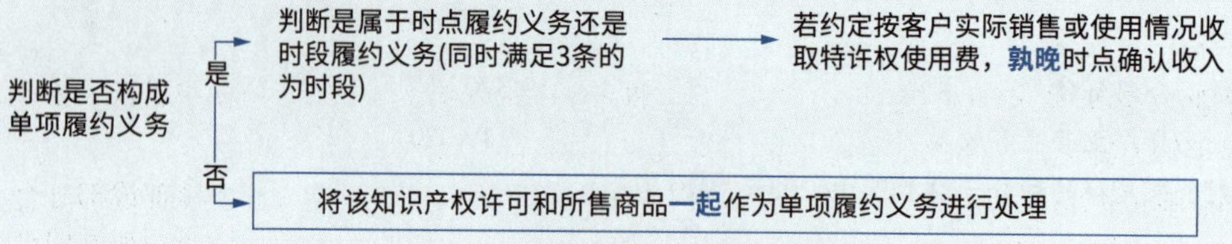
>
> 判断是否构成单项履约义务 — 是 → 判断是属于时点履约义务还是时段履约义务(同时满足3条的为时段) → 若约定按客户实际销售或使用情况收取特许权使用费，**孰晚**时点确认收入
>
> 判断是否构成单项履约义务 — 否 → 将该知识产权许可和所售商品**一起**作为单项履约义务进行处理
>
> 图 13-7　授予知识产权许可的认定

考点 15 · 售后回购（★★）

售后回购是指企业销售商品的同时承诺或有权选择日后再将该商品购回的销售方式。

对于不同类型的售后回购交易，企业应当区分下列两种情形分别进行会计处理。

（一）企业因存在与客户的远期安排而负有回购义务或企业享有回购权利的

表明客户在销售时点并未取得相关商品控制权（销售商品不满足收入确认条件）。企业应根据下列情况分别进行会计处理：

（1）回购价格**低于**原售价的，应当视为**租赁交易**进行会计处理；

（2）回购价格**不低于**原售价的，应当视为**融资交易**，在收到客户款项时确认**金融负债**，而不是终止确认该商品，并将该款项和回购价格的**差额在回购期间内确认为利息费用**等。

（二）企业负有应客户要求而有回购商品义务

企业负有应客户要求回购商品义务的，应当在合同开始日评估客户是否具有行使该要求权的重大经济动因。

（1）客户具有行使该要求权重大经济动因的（即**客户行使该要求权的可能性很大**），企业应当将售后回购作为**租赁交易或融资交易**（与上述情形（1）相同）；

（2）否则，企业应当将其作为**附有销售退回条款的销售交易**，进行会计处理。

> 📜 通关文牒
>
> ▶ 很好懂 ▶
>
> 当回购价格**明显高于**该商品回购时的市场价值时，通常表明客户有行权的**重大经济动因**。
>
> ▶ 很会考 ▶
>
> 对于上述两种情形，企业在比较回购价格和原销售价格时，应当考虑货币时间价值。在企业有权要求回购或者客户有权要求企业回购的情况下，企业或者客户到期未行使权利的，应在该权利到期时终止确认相关负债，同时确认收入。

🚀 趁热答题

例 13-7·判断题（2021 年） 企业销售商品时承诺 6 个月后以高于原售价的固定价格将该商品回购，该业务应视为租赁交易进行会计处理。（　　）

解析　本题考查售后回购。企业销售商品时承诺以后期间以高于原售价的固定价格将该商品回

购,该业务应视为融资交易进行会计处理。

答案 ×

考点 16　客户未行使的权利（★）

企业向客户预收销售商品款项的,应当首先将该款项确认为合同负债,待未来履行了相关履约义务时再转为收入。

当企业预收款项无需退回,且客户可能会放弃(如放弃的储值卡的使用)其全部或部分合同权利时,企业预期将有权获得与客户所放弃的合同权利相关的金额的,应当按照客户行使合同权利的模式按比例将上述金额确认为收入;否则,企业只有在客户要求其履行剩余履约义务的可能性极低时,才能将上述负债的相关余额转为收入。

▶ 很好懂 ▶

如果有法律规定,企业所收取的与客户未行使权利相关的款项须转交给其他方的,比如法律规定无人认领的财产需上交政府,企业不应将其确认为收入。

▶ 速提分 ▶

客户未行使的权利的会计处理,如表 13-11 所示:

表 13-11　客户未行使的权利

与客户放弃合同权利相关的金额	内容
无需转交给其他方	企业预期将有权获得与客户所放弃的合同权利相关的金额的,应当按照客户行使合同权利的模式按比例将该金额确认为收入; 否则,只有在客户要求其履行剩余履约义务的可能性极低时,才能确认收入
按法律规定需转交给其他方	不应确认收入

考点 17　无需退回的初始费（★）

（一）无需退回的初始费的含义

企业在合同开始(或邻近合同开始)日向客户收取的无需退回的初始费通常包括入会费、接驳费、初装费等。

（二）无需退回的初始费的会计处理（见表13-12）

表13-12　无须退回的初始费的会计处理

情形		会计处理
该初始费与向客户转让已承诺的商品相关	该商品构成单项履约义务的	企业应当在转让该商品时，按照分摊至该商品的交易价格确认收入
	该商品不构成单项履约义务的	企业应当在包含该商品的单项履约义务履行时，按照分摊至该单项履约义务的交易价格确认收入
该初始费与向客户转让已承诺的商品不相关的		该初始费应当作为未来将转让商品的预收款，在未来转让该商品时确认为收入

▶ 很好懂 ▶

（1）企业收取了无须退回的初始费且为履行合同应开展初始活动，但这些活动本身并没有向客户转让已承诺的商品的，例如，企业为履行会员健身合同开展了一些行政管理性质的准备工作，该初始费与未来将转让的已承诺商品相关，应当在未来转让该商品时确认为收入。

（2）企业在确定履约进度时不应考虑这些初始活动，企业为该初始活动发生的支出应当按照本节合同成本部分的要求确认为一项资产或计入当期损益。

考点加油站

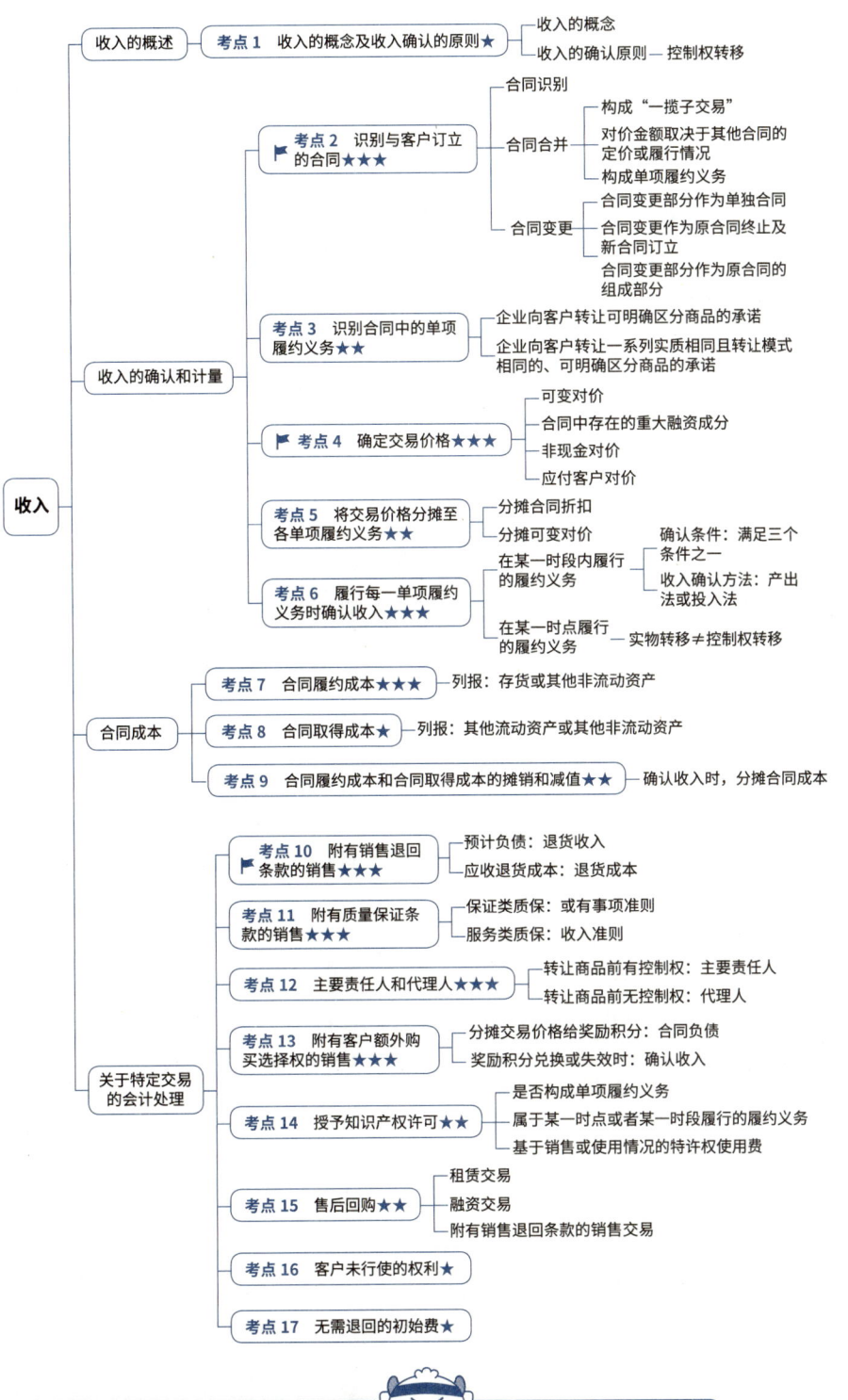

第十四章　政府补助

考情驿站

本章属于非重点章节，主要阐述政府补助的定义、特征、分类及其会计处理等内容，常与固定资产章节结合考查，内容不多且难度不大。本章在客观题、主观题中均有涉及，以客观题为主，近三年平均考查分值为3~10分。

考点地图

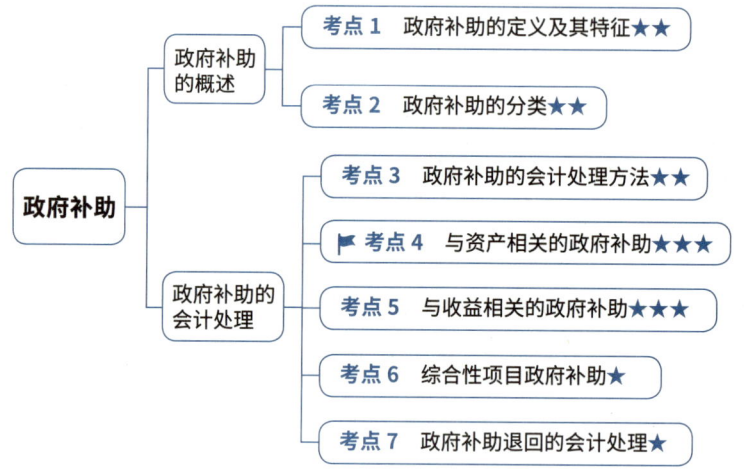

2024年本章主要变化

无实质性变动。

考点速递

第一节　政府补助概述

考点1　政府补助的定义及其特征（★★）

考频 2023年多选题；2021年多选题

（一）政府补助的定义

表14-1　政府补助的概念及主要形式

项目	内容
概念	政府补助是指企业从政府无偿取得货币性资产或非货币性资产
主要形式	政府对企业的无偿拨款、税收返还、财政贴息，以及无偿给予非货币性资产等

（二）政府补助的特征

（1）政府补助是来源于政府的经济资源。
（2）政府补助是无偿的。

无偿性是政府补助的基本特征。

> **通关文牒**
>
> ▶ 速提分 ▶
>
> 政府补助不包括：
> ①增值税出口退税；
> ②直接减征、免征、增加计税抵扣额、抵免税额；
> ③政府作为投资者投入资本（互惠性交易）；
> ④政府购买商品或服务，从政府取得的经济资源为商品或服务对价组成部分。

趁热答题

例14-1·多选题（2023年） 下列各项中，企业应按政府补助准则进行会计处理的有（　　）。

A. 收到政府无偿给予的价值120万元的环保设备
B. 收到增值税出口退税800万元
C. 收到政府无偿拨款500万元
D. 收到政府贴息200万元

解析 本题考查政府补助的定义及其特征。政府补助的主要形式包括政府对企业的无偿拨款（选项C）、税收返还、财政贴息（选项D），以及无偿给予非货币性资产（选项A）等。选项B，增值税出口退税实际上是政府退回企业事先垫付的进项税，不属于政府补助。因此，选项ACD正确。

答案 ACD

| 例 14-2·多选题（2021 年） | 2×20 年度，甲公司作为政府推广使用的 W 产品的中标企业，以 8 000 万元的中标价格将一批生产成本为 7 000 万元的 W 产品出售给客户，该批 W 产品的市场价格为 9 500 万元。销售当日，该批 W 产品控制权已转移给客户，满足收入确认条件。当年，甲公司收到销售该批 W 产品的财政补贴 1 500 万元并存入银行。不考虑其他因素，上述经济业务对甲公司 2×20 年度利润表项目影响的表述中，正确的有（　　）。

A. 增加营业成本 7 000 万元　　　　　B. 增加营业外收入 1 500 万元
C. 增加营业利润 2 500 万元　　　　　D. 增加营业收入 8 000 万元

【解析】本题考查政府补助的定义及其特征。企业从政府取得的经济资源，如果与企业销售商品或提供劳务等活动密切相关，且是企业商品或服务的对价或者是对价的组成部分，不适用政府补助准则，应当按照收入准则进行处理。本题中，1 500+8 000＝9 500（万元）为商品的对价，即财政补贴资金 1 500 万元是 W 产品对价的组成部分，应当确认收入，同时结转成本。相关账务处理如下：

借：银行存款　　　　　　　　　　　　　1 500
　　贷：主营业务收入　　　　　　　　　　　　1 500
借：银行存款　　　　　　　　　　　　　8 000
　　贷：主营业务收入　　　　　　　　　　　　8 000
借：主营业务成本　　　　　　　　　　　7 000
　　贷：库存商品　　　　　　　　　　　　　　7 000

因此，甲公司利润表应当增加营业成本 7 000 万元，增加营业收入 9 500 万元，增加营业利润＝9 500－7 000＝2 500（万元），选项 AC 正确。

【答案】AC

考点 2　政府补助的分类（★★）

考频　2023 年多选题；2021 年多选题

政府补助应当划分为**与资产相关的政府补助**和**与收益相关的政府补助**。
（1）与资产相关的政府补助。
企业取得的、用于购建或以其他方式**形成长期资产**的政府补助。
（2）与收益相关的政府补助。
指**除**与资产相关的政府补助**之外**的政府补助。

第二节　政府补助的会计处理

考点 3　政府补助的会计处理方法（★★）

政府补助有两种会计处理方法：**总额法**和**净额法**。
（1）总额法：在确认政府补助时将其全额确认为收益，而不是作为相关资产账面价值或者费用的扣减。
（2）净额法：将政府补助确认为对相关资产账面价值或者所补偿费用的扣减。
通常情况下，对同类或类似政府补助业务**只能选用一种方法**，同时，企业对该业务应当一**贯**地运用该方法，**不得随意变更**。

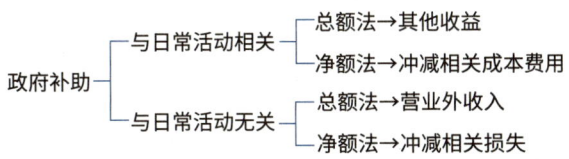

图 14-1　政府补助的会计处理原则

> **通关文牒**
>
> ▶ 很好懂 ▶
>
> 通常情况下，若政府补助补偿的成本费用是**营业利润之中的项目**，或者该补助与日常销售等**经营行为密切相关**，如增值税即征即退等，则认为该政府补助**与日常活动相关**。

考点 4　与资产相关的政府补助（★★★）

 2021 年单选题、判断题、计算分析题

靶心考点精讲

企业在取得与资产相关的政府补助时，应当选择按照**总额法**或者**净额法**进行会计处理。

1. 与资产相关的政府补助的会计处理（见表 14-2）

表 14-2　与资产相关的政府补助的会计处理

方法	情形	会计处理
总额法	处理原则	将与资产相关的政府补助确认为递延收益；然后在相关资产使用寿命内按合理、系统的方法分期计入损益
	取得时	借：银行存款　　　　　　　　　　　　　　　　【或固定资产等】 　　贷：递延收益
	摊销时	（1）先收到补助资金，再购建长期资产，则应当在**开始**对相关资产计提折旧或摊销时开始将递延收益分期计入损益； （2）先购建长期资产，再取得补助，则应当在相关资产的**剩余使用寿命内**按照合理、系统的方法将递延收益分期计入损益
		借：递延收益 　　贷：其他收益　　　　　　　　　　　　　　　【日常活动】 　　　　营业外收入　　　　　　　　　　　　　【非日常活动】
	资产使用寿命结束或被处置	尚未分摊的递延收益余额应当**一次性**转入资产处置当期的损益，**不再予以递延**
净额法	处理原则	（1）按照补助资金的金额**冲减相关资产**的账面价值； （2）企业按照扣减了政府补助后的资产价值对相关资产计提折旧或进行摊销

2. 实务中存在政府无偿给予企业**长期非货币性资产**的情况（如无偿给予的土地使用权和天然起源的天然林等）

表 14-3 企业取得的政府补助为长期非货币性资产的会计处理

项目	会计处理
处理原则	企业应当按照**公允价值**计量，公允价值**不能**可靠取得的，按照**名义金额（1元）**计量。 【通关文牒-速提分】 对以名义金额（1元）计量的政府补助，在取得时计入**当期损益**
收到时	借：××资产 　　贷：递延收益
摊销时	在相关资产使用寿命内，按合理、系统的方法分期计入损益： 借：递延收益 　　贷：其他收益　　　　　　　　　　　　　　　　【日常】 　　　　营业外收入　　　　　　　　　　　　　　　　【非日常】

趁热答题

| 例 14-3·计算分析题 | 为鼓励企业购置环保设备，国家相关政策允许购置环保设备的企业可以申请补贴以补偿其环保支出。高顿公司计划购入一台符合政策规定的环保设备，并于 2×23 年 1 月 1 日向政府有关部门提交了补助申请共计 288 万元。2×23 年 2 月 15 日，高顿公司收到了该笔政府补贴款，并于 2×23 年 3 月 20 日，购入了环保设备，该设备无需安装即可使用，实际成本为 662.4 万元。高顿公司预计该台设备的使用寿命为 12 年，采用直线法计提折旧（不考虑净残值）。假设 2×29 年 3 月末，高顿公司的这台设备发生毁损。本例中不考虑相关税费。

要求：作出高顿公司应作的会计处理。

答案 高顿公司于每个时点，应作的会计处理如表所示：

高顿公司的账务处理

单位：元

时间	总额法		净额法	
2×23 年 2 月 15 日	借：银行存款 　　贷：递延收益	2 880 000 2 880 000	借：银行存款 　　贷：递延收益	2 880 000 2 880 000
2×23 年 3 月 20 日	借：固定资产 　　贷：银行存款	6 624 000 6 624 000	借：固定资产 　　贷：银行存款 借：递延收益 　　贷：固定资产	6 624 000 6 624 000 2 880 000 2 880 000
2×23 年 4 月起每月	借：制造费用 　　贷：累计折旧 借：递延收益 　　贷：其他收益	46 000 46 000 20 000 20 000	借：制造费用 　　贷：累计折旧	26 000 26 000
2×29 年年 3 月毁损	借：固定资产清理 　　累计折旧 　　贷：固定资产 借：递延收益 　　贷：固定资产清理 借：营业外支出 　　贷：固定资产清理	3 312 000 3 312 000 6 624 000 1 440 000 1 440 000 1 872 000 1 872 000	借：固定资产清理 　　累计折旧 　　贷：固定资产 借：营业外支出 　　贷：固定资产清理	1 872 000 1 872 000 3 744 000 1 872 000 1 872 000

| 例 14-4·判断题（2020 年）| 企业取得的与资产相关的政府补助，在总额法下应当在购进资产时冲减相关资产账面价值。（　　）

(解析) 本题考查与资产相关的政府补助。企业取得的与资产相关的政府补助，在"**净额法**"下应当在购进资产时冲减相关资产账面价值。因此，本题表述错误。

(答案) ×

| 例 14-5·判断题（2016 年）| 企业收到政府无偿划拨的公允价值不能可靠取得的非货币性长期资产，应当按照名义金额"1 元"计量。（　　）

(解析) 本题考查与资产相关的政府补助。企业取得的政府补助为非货币性资产的，应当按照公允价值计量，公允价值不能可靠取得的，以名义金额"1 元"入账。因此，本题表述正确。

(答案) √

考点 5　与收益相关的政府补助（★★★）

考频 2023 年判断题；2022 年单选题、多选题；2021 年单选题、判断题、计算分析题

对于与**收益相关**的政府补助，应当选择**总额法**或**净额法**进行会计处理，具体见表 14-4。

表 14-4　与收益相关的政府补助的会计处理

情形		用于补偿<u>以后期间</u>的相关费用或损失	用于补偿<u>已发生</u>的相关费用或损失
会计处理原则		企业应当确认为**递延收益**，并在确认相关费用或损失的期间，计入当期损益或冲减相关成本	企业应当将其**直接计入**当期损益或冲减相关成本费用
会计分录	总额法	(1) 收到时： 借：银行存款 　　贷：递延收益 (2) 确认相关费用或损失时： 借：递延收益 　　贷：其他收益　　【日常活动】 　　　　营业外收入　【非日常活动】	借：银行存款等 　　贷：其他收益　　【日常活动】 　　　　营业外收入　【非日常活动】
	净额法	(1) 收到时： 借：银行存款 　　贷：递延收益 (2) 确认相关费用或损失时： 借：递延收益 　　贷：管理费用等　【日常活动】 　　　　营业外支出　【非日常活动】	借：银行存款等 　　贷：管理费用等　【日常活动】 　　　　营业外支出　【非日常活动】

趁热答题

| 例 14-6·判断题（2023 年）| 企业收到用于补偿其已发生损失的与收益相关的政府补助，将其直接计入当期损益或冲减相关成本费用。（　　）

(解析) 本题考查与收益相关的政府补助。与收益相关的政府补助如果用于补偿企业已发生的相关成本费用或损失，企业应当将其直接计入当期损益（总额法）或冲减相关成本费用（净额法）。因此，本题表述正确。

(答案) √

考点 6　综合性项目政府补助（★）

对于同时包含与资产相关部分和与收益相关部分的政府补助，企业应当将其进行分解，**区分**不同部分分别进行会计处理；**难以区分**的，企业应当将其**整体归类为**与收益相关的**政府补助**进行会计处理。

考点 7　政府补助退回的会计处理（★）

考频 2022年多选题

已确认的政府补助需要退回的，应当在需要**退回的当期**分情况按照以下规定进行会计处理：
(1) 初始确认时冲减相关资产账面价值的，**调整资产账面价值**；
(2) 存在相关递延收益的，**冲减**相关**递延收益**账面余额，超出部分计入当期损益；
(3) 属于其他情况的，直接计入**当期损益**。
对于属于前期差错的政府补助退回，应当按照前期差错更正进行追溯调整。

趁热答题

例 14-7·多选题（2022年） 下列各项关于企业政府补助会计处理的表述中，正确的有（　　）。
A. 收到以名义金额计量的非货币性资产政府补助，应计入当期损益
B. 初始确认时冲减相关资产账面价值的政府补助，在退回时应调整资产账面价值
C. 收到与企业日常活动相关的政府补助，应计入营业外收入
D. 对于同类政府补助业务通常只能选用一种会计处理方法

解析 本题考查政府补助和政府补助退回的会计处理。对以名义金额计量的政府补助，在取得时应计入当期损益，选项A表述正确；已确认的政府补助需要退回，初始确认时冲减相关资产账面价值的，在退回时应调整资产账面价值，选项B表述正确；收到与企业日常活动相关的政府补助，应当按照经济业务实质，计入其他收益或冲减相关成本费用，与企业日常活动无关的政府补助，计入营业外收支，选项C表述不正确；通常情况下，对同类或类似政府补助业务只能选用一种会计处理方法，选项D表述正确。因此，选项ABD正确。

答案 ABD

例 14-8·判断题（2019年） 对于属于前期差错的政府补助退回，企业应当按照前期差错更正进行追溯重述。（　　）

解析 本题考查政府补助的退回处理。对于属于前期差错的政府补助退回，企业应当按照前期差错更正进行追溯重述。因此，本题表述正确。

答案 √

考点加油站

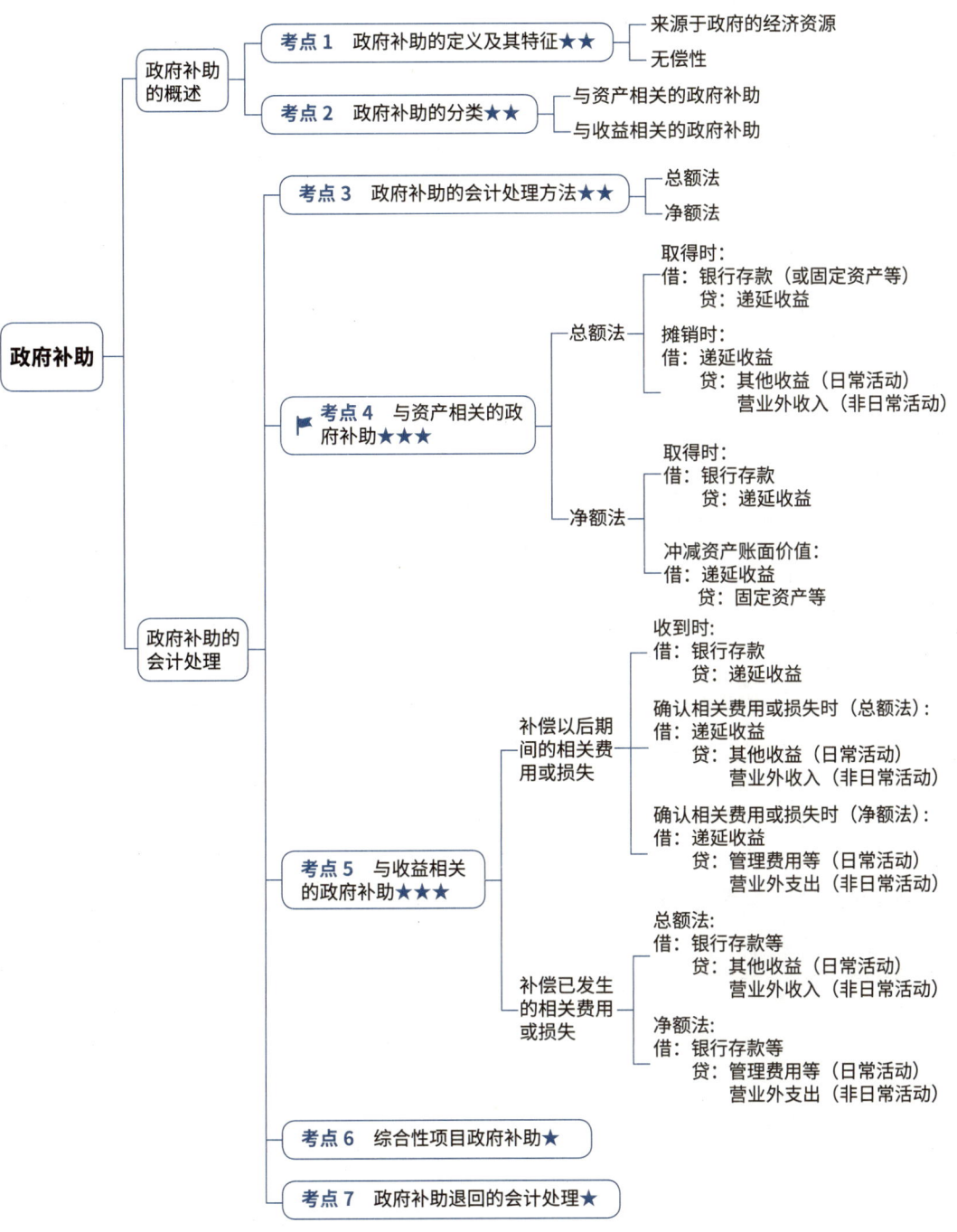

56%

第十五章　非货币性资产交换

> 轻装上阵

考情驿站

本章属于非重点章节,主要阐述非货币性资产交换的概念、认定及其确认和计量等内容。本章自 2020 年从教材中删除,后于 2022 年重新回归,常与存货、固定资产、无形资产、长期股权投资等章节结合出题。本章会计处理看似有些复杂,实质是简单的会计分录的叠加,考生切勿被表象迷惑。对本章内容以客观题和主观题均有考查,近两年平均考查分值为 3~4 分。

考点地图

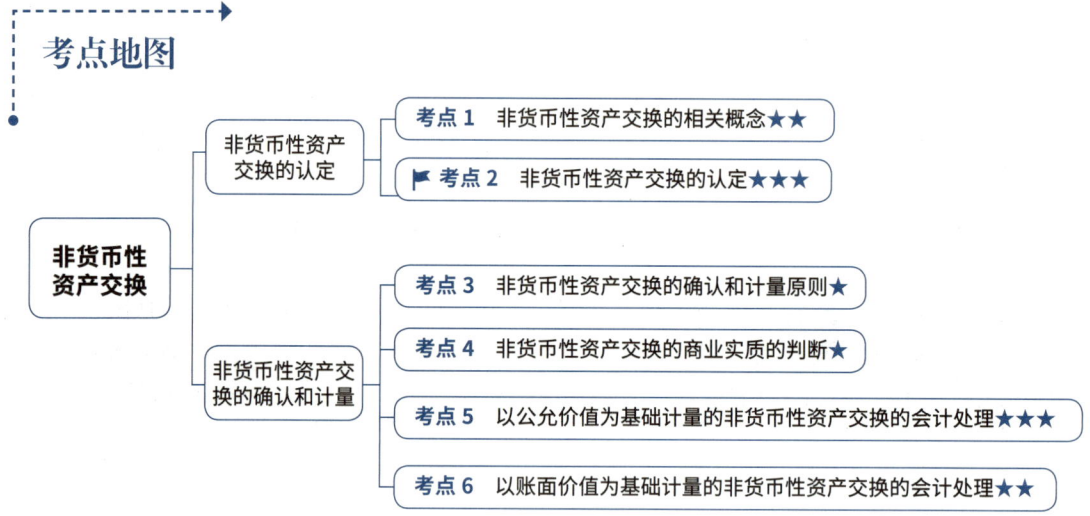

2024 年本章主要变化

无实质性变动。

第一节 非货币性资产交换的认定

考点 1　非货币性资产交换的相关概念（★★）

非货币性资产交换是一种非经常性的特殊交易行为，是企业主要以固定资产、无形资产、投资性房地产和长期股权投资等非货币性资产进行的交换。该交换不涉及或只涉及少量的货币性资产（即补价）。

表 15-1　货币性资产和非货币性资产的的对比

项目	定义	举例
货币性资产	企业持有的货币资金和收取固定或可确定金额的货币资金的权利	库存现金、银行存款、应收账款、应收票据等
非货币性资产	货币性资产以外的资产	存货、固定资产、在建工程、生产性生物资产、无形资产、投资性房地产、预付账款等

趁热答题

例 15-1·多选题（2015 年） 下列各项中，属于非货币性资产的有（　　）。

A. 应收账款　　　B. 无形资产　　　C. 在建工程　　　D. 长期股权投资

【解析】本题考查非货币性资产交换的相关概念。非货币性资产是指货币性资产以外的资产，包括固定资产、在建工程（选项 C）、无形资产（选项 B）、投资性房地产和长期股权投资（选项 D）等。所以，选项 BCD 正确。

【答案】BCD

以下不属于本章非货币性资产交换的范围（本章范围指适用于"非货币资产交换准则"的范围）：

（1）企业与所有者或所有者以外方面的非货币性资产非互惠转让（如以非货币性资产作为股利发放给股东，或以非货币性资产向职工发放福利，或政府无偿提供非货币性资产给企业等）；
（2）在企业合并、债务重组中取得的非货币性资产；
（3）企业以发行股票形式取得的非货币性资产；
（4）企业以存货换取客户的非货币性资产；
（5）特定关联方之间发生的非货币性资产交换；
（6）企业用于交换的资产目前尚不存在或尚不属于本企业等；
（7）非货币性资产中涉及金融资产。

考点 2　非货币性资产交换的认定（★★★）

考频 2022 年单选题

认定涉及少量货币性资产的交换为非货币性资产交换，通常以补价占整个资产交换金额的比例低于 25% 作为参考。如果该比例等于或高于 25%，则不视为非货币性资产交换。

通关文牒

▶ 速提分 ▶

涉及少量货币性资产的交换，若补价÷整个资产交换金额（不包含增值税）<25%，则属于非货币性资产交换。这里的**补价**是**公允价值之间的差额**，并非收到的或支付的银行存款。具体如下：

（1）若支付补价，支付的补价÷换入资产公允价值<25%或支付的补价÷（换出资产公允价值+补价）<25%时，为非货币性资产交换；

（2）若收到补价，收到的补价÷换出资产公允价值<25%或收到的补价÷（换入资产公允价值+补价）<25%时，为非货币性资产交换。

趁热答题

例15-2·单选题（2022年） 甲公司与非关联方乙公司发生的下列各项交易或事项中，应按照非货币性资产交换准则进行会计处理的是（　　）。

A. 以固定资产换取乙公司持有的丁公司30%股份，对丁公司实施重大影响
B. 增发股份换取乙公司的投资性房地产
C. 以无形资产换取乙公司的存货，收取的补价占换出无形资产公允价值的30%
D. 以应收账款换取乙公司持有的丙公司80%股份，对丙公司实施控制

解析 本题考查非货币性资产交换的认定。选项A，以固定资产换取乙公司持有的丁公司30%股份适用非货币性资产交换准则；选项B，增发股份换取乙公司的投资性房地产，属于权益性交易，不能按照非货币性资产交换准则处理；选项C，收取的补价占换出资产公允价值的比例为30%，大于25%，该交易不属于非货币性资产交换；选项D，应收账款属于货币性资产，该交易不属于非货币性资产交换。因此，选项A正确。

答案 A

例15-3·单选题（2022年） 制造企业与非关联方发生的下列各项交易中，应按非货币性资产交换准则进行会计处理的是（　　）。

A. 以生产成本为280万元的产品换取客户持有的公允价值为340万元的土地使用权
B. 以公允价值为170万元的长期股权投资换入公允价值为250万元的投资性房地产，并支付补价80万元
C. 以公允价值为340万元的专利技术换入票面金额为340万元的以摊余成本计量的应收票据
D. 以公允价值为320万元的商标权换入公允价值为290万元的机器设备，并收到补价30万元

解析 本题考查非货币性资产交换的认定。选项A，以库存商品换取土地使用权，适用收入准则，不适用非货币性资产交换准则；选项B，补价比例=80÷(170+80)=32%>25%，不符合非货币性资产交换的条件；选项C，换入的以摊余成本计量的应收票据属于货币性资产，不符合非货币性资产交换的条件；选项D，换出资产和换入资产均为非货币性资产且补价比例=30÷320=9.37%<25%，属于非货币性资产交换，适用非货币性资产交换准则。因此，选项D正确。

答案 D

> **▶ 很会考 ▶**
> 判断一项交易是否属于非货币性资产交换准则，可以参照以下三步骤进行：
> 第一步，判断双方交换资产是否属于非货性资产；
> 第二步，看是否属于非货币性资产交换的范围；
> 第三步，如涉及补价，计算补价的比例并进行判断。

第二节 非货币性资产交换的确认和计量

考点 3 非货币性资产交换的确认和计量原则（★）

（一）非货币性资产交换的确认原则

企业应当分别按照以下原则对非货币性资产交换中的换入资产进行确认，对换出资产终止确认：
(1) 对于换入资产，在换入资产符合资产定义并满足资产确认条件时予以确认。
(2) 对于换出资产，在换出资产满足资产终止确认条件时终止确认。

（二）非货币性资产交换计量的原则

1. 以公允价值为基础计量

非货币性资产交换**同时满足**下列两个条件的，应当以**公允价值**为基础计量：
(1) 该项交换**具有商业实质**；
(2) 换入资产或换出资产的**公允价值能够可靠地计量**。

通常应当以换出资产的公允价值为基础确定换入资产的成本，但是有确凿证据表明换入资产的公允价值更可靠的除外。

2. 以账面价值为基础计量

不具有商业实质或交换涉及资产的**公允价值均不能可靠计量**的非货币性资产，应当以**换出资产的账面价值**为基础计量。

| 例 15-4·判断题（2018 年）| 不具有商业实质的非货币性资产交换，应以换出资产的公允价值和应支付的相关税费作为换入资产的成本。（　　）

解析 本题考查非货币性资产交换的计量原则。不具有商业实质的非货币性资产交换，应以换出资产的账面价值为基础计算换入资产的成本。因此，本题表述错误。

答案 ×

考点 4 非货币性资产交换的商业实质的判断（★）

（一）判断条件

满足**下列条件之一**的非货币性资产交换具有商业实质：
(1) 换入资产的未来现金流量在**风险、时间分布**或**金额**方面与换出资产显著不同；

（2）使用换入资产所产生的预计未来现金流量现值与继续使用换出资产所产生的预计未来现金流量现值不同，且其差额与换入资产和换出资产的公允价值相比是重大的。

（二）交换涉及的资产类别与商业实质的关系

一般来说，不同类别非货币性资产因其产生经济利益的方式不同，其产生的未来现金流量风险、时间分布或金额也不相同，因而不同类别非货币性资产交换之间的交换是否具有商业实质比较容易判断。

同类非货币性资产交换是否具有商业实质较难判断，需要根据上述两项判断条件综合判断。

此外，需要说明的是，从事相同经营业务的企业之间相互交换具有类似性质和相等价值的商品，以便在不同地区销售，这种同类别的非货币性资产之间的交换不具有商业实质。实务中，这种交换通常发生在某些特定商品上，常见的例子如石油或牛奶等。

考点 5　以公允价值为基础计量的非货币性资产交换的会计处理（★★★）

考频 2023 年判断题；2022 年判断题

非货币性资产交换具有商业实质且换入资产或换出资产的公允价值能够可靠计量的，企业应当以公允价值为基础计量。通常以换出资产的公允价值和应支付的相关税费作为换入资产的成本，除非有确凿证据表明换入资产的公允价值比换出资产公允价值更加可靠。

实务中，在考虑了补价因素的调整后，正常交易中换入资产的公允价值和换出资产的公允价值通常是一致的。

（一）以换出资产公允价值计量的会计处理（见表 15-2）

表 15-2　以换出资产公允价值计量的会计处理

适用情况	换入资产的入账成本	终止确认换出资产时的损益
不涉及补价	换出资产的公允价值+支付的应计入换入资产成本的相关税费	换出资产的公允价值-换出资产账面价值
支付补价方	换出资产的公允价值+支付的应计入换入资产成本的相关税费+支付补价的公允价值	
收到补价方	换出资产的公允价值+支付的应计入换入资产成本的相关税费-收到补价的公允价值	

（二）以换入资产的公允价值计量的会计处理

换出资产的公允价值不能可靠地计量，或换入资产和换出资产的公允价值均能够可靠地计量，但有确凿证据表明换入资产的公允价值更加可靠的，企业以换入资产的公允价值进行会计处理。

表 15-3　以换入资产公允价值计量的会计处理

适用情况	换入资产的入账成本	终止确认换出资产时的损益
不涉及补价	换入资产的公允价值+支付的应计入换入资产成本的相关税费	换入资产的公允价值-换出资产账面价值
支付补价方		（换入资产的公允价值-支付补价的公允价值）-换出资产账面价值
收到补价方		（换入资产的公允价值+收到补价的公允价值）-换出资产账面价值

通关文牒

▶ 速提分 ▶

(1) 相关相关税费的处理：

①与换出资产有关的相关税费和**出售资产**相关税费的会计处理**相同**，如换出固定资产支付的清理费用计入资产处置损益，换出应税消费品应交的消费税计入税金及附加；

②计入换入资产的应支付的相关税费应当符合相关会计准则对**资产初始计量成本**的规定。

(2) 换出资产的公允价值与其账面价值之间的差额**计入当期损益**，分别情况去处理：

①换出资产为固定资产、在建工程、生产性生物资产、无形资产的，换出资产公允价值与其账面价值的差额，计入**资产处置损益**；

②换出资产为**长期股权投资**的，换出资产公允价值与其账面价值的差额，记入"**投资收益**"科目。

(3) 换出资产为**投资性房地产**的，按换出资产公允价值或换入资产公允价值**确认其他业务收入**，按换出资产账面价值**结转其他业务成本**，二者之间的差额计入当期损益。

(三) 涉及多项非货币性资产交换的会计处理

1. 以换出资产的公允价值为基础计量

对于同时换入的多项资产，应当按换入**金融资产以外**的各项换入资产的**公允价值的相对比例**（换入资产的公允价值不能够可靠地计量的，可以按照换入金融资产以外的各项换入资产的**原账面价值的相对比例**或其他合理的比例），将**换出资产公允价值总额**（涉及补价的，**加上支付的补价**或**减去收到的补价**）扣除换入金融资产公允价值后**分摊至**各项换入资产，以分摊额和应支付的相关税费作为各项换入资产的成本进行初始计量。

对于同时换出的多项资产，应当将各项换出资产的公允价值与其账面价值间的差额，在各项换出资产终止确认时计入**当期损益**。

2. 以换入资产的公允价值为基础计量

对于同时换入的多项资产，以各项换入资产的公允价值和应支付的相关税费作为各项换入资产的初始计量金额。对于同时换出的多项资产，应当按照换出**金融资产以外**的各项换出资产的**公允价值的相对比例**（换出资产的公允价值不能够可靠计量的，可以按照换出**金融资产以外**的各项换出资产的**账面价值的相对比例**），将换入资产的公允价值总额（涉及补价的，**减去支付补价**或**加上收到补价**）扣除换出金融资产公允价值后**分摊至**各项换出资产，分摊额与各项换出资产账面价值之间的差额，在各项换出资产终止确认时计入**当期损益**。

趁热答题

| **例15-5·计算分析题**（2018年） | 甲、乙公司均系增值税一般纳税人，2×19年3月31日，甲公司以一项生产设备与乙公司的一项办公设备和一项商标权进行交换，该资产交换具有商业实质。相关资料如下：

资料一：甲公司换出生产设备的账面原价为1 000万元，累计折旧为320万元；公允价值为800万元，开具的增值税专用发票中注明的价款为800万元，增值税额为104万元。

资料二：乙公司换出的办公设备的原价为1 000万元，已计提折旧700万元，未计提减值准备，公允价值为500万元，开具的增值税专用发票中注明的价款为500万元，增值税税额为65万元；乙公司换出商标权的原价为280万元，已摊销80万元，公允价值为300万元，开具的增值税专用发票中注明的价款为300万元，增值税税额为18万元；乙公司另以银行存款向甲公司支付21万元。

资料三：甲公司将换入的设备和商标权分别确认为固定资产和无形资产，乙公司将换入的生产设备确认为固定资产。甲、乙双方不存在关联方关系，本题不考虑除增值税以外的相关税费及其他因素。

(要求)（1）编制甲公司进行非货币性资产交换的相关会计分录。
（2）编制乙公司进行非货币性资产交换的相关会计分录。

(解析) 本题考查以公允价值为基础计量的非货币性资产交换。由于涉及多项非货币性资产进行交换，虽然，乙公司支付21万元银行存款，但这笔款项为双方增值税之间的差额（104-65-18），不属于补价，因此该交易为非货币性资产交换，且资产交换具有商业实质，应以公允价值为基础计量进行会计处理。

（1）甲公司的会计处理：

换出资产视同销售，其公允价值和账面价值的差额计入当期损益。

资产处置损益=800-（1 000-320）=120（万元）

办公设备的入账价值=换入资产的总成本×$\frac{办公设备的公允价值}{办公设备的公允价值+商标权的公允价值}$+应支付的相关税费=800×$\frac{500}{500+300}$+0=500（万元）

商标权的入账价值=换入资产的总成本×$\frac{商标权的公允价值}{办公设备的公允价值+商标权的公允价值}$+应支付的相关税费=800×$\frac{300}{500+300}$+0=300（万元）

（2）乙公司的会计处理：

换出资产视同销售，其公允价值和账面价值的差额计入当期损益。

资产处置损益=[500-（1 000-700）]+[300-（280-80）]=300（万元）

生产设备的入账价值=500+300=800（万元）

(答案)
(1) 甲公司的账务处理如下：

借：固定资产清理	680
累计折旧	320
贷：固定资产	1 000
借：固定资产清理	104
贷：应交税费——应交增值税（销项税额）	104
借：固定资产	500
无形资产	300
应交税费——应交增值税（进项税额）	83
银行存款	21
贷：固定资产清理	784
资产处置损益	120

(2) 乙公司的账务处理如下：

| 借：固定资产清理 | 300 |
| 　　累计折旧 | 700 |

贷：固定资产——办公设备	1 000

借：固定资产清理	65
贷：应交税费——应交增值税（销项税额）	65

借：固定资产——生产设备	800
应交税费——应交增值税（进项税额）	104
累计摊销	80
贷：固定资产清理	365
无形资产	280
资产处置损益	300
银行存款	21
应交税费——应交增值税（销项税额）	18

考点6 以账面价值为基础计量的非货币性资产交换的会计处理（★★）

非货币性资产交换**不具有商业实质**或**换入资产和换出资产的公允价值均不能可靠地计量**，应当**以换出资产的账面价值**为基础确定换入资产的入账价值，**不确认损益**。

1. 不涉及补价

换入资产成本＝**换出资产账面价值**＋支付的相关税费

2. 涉及补价（换出资产不确认损益）

（1）支付补价方。

换入资产的入账成本＝**换出资产的账面价值**＋支付的相关税费＋支付补价的账面价值

（2）收到补价方。

换入资产的入账成本＝**换出资产的账面价值**＋支付的相关税费－收到补价的公允价值

3. 涉及多项非货币性资产交换的会计处理

（1）对于换入的多项资产，应当**按照各项换入资产的公允价值的相对比例**（换入资产的公允价值不能够可靠地计量的，也可以按照各项换入资产的原账面价值的相对比例或其他合理的比例），将换出资产的账面价值总额（涉及补价的，加上支付补价的账面价值或减去收到补价的公允价值）**分摊至**各项换入资产，加上应支付的相关税费，作为各项换入资产的初始计量金额。

（2）对于同时换出的多项资产，各项**换出资产终止确认时均不确认损益**。

趁热答题

| 例15-6·单选题（2011年） | 2×10年3月2日，甲公司以账面价值为350万元的厂房和150万元的专利权，换入乙公司账面价值为300万元的在建房屋和100万元的长期股权投资，不涉及补价。上述资产的公允价值均无法获得。不考虑其他因素，甲公司换入在建房屋的入账价值为（　　）万元。

A. 280　　　　　B. 300　　　　　C. 350　　　　　D. 375

解析 本题考查以账面价值为基础计量的非货币性资产交换的会计处理。因为换入资产和换出资产的公允价值不能够可靠地计量，所以换入资产的入账价值以换出资产的账面价值为基础计算。甲公司换入资产的入账价值金额＝350＋150＝500（万元），甲公司换入在建房屋的入账价值＝500×300÷(100＋300)＝375（万元）。

答案 D

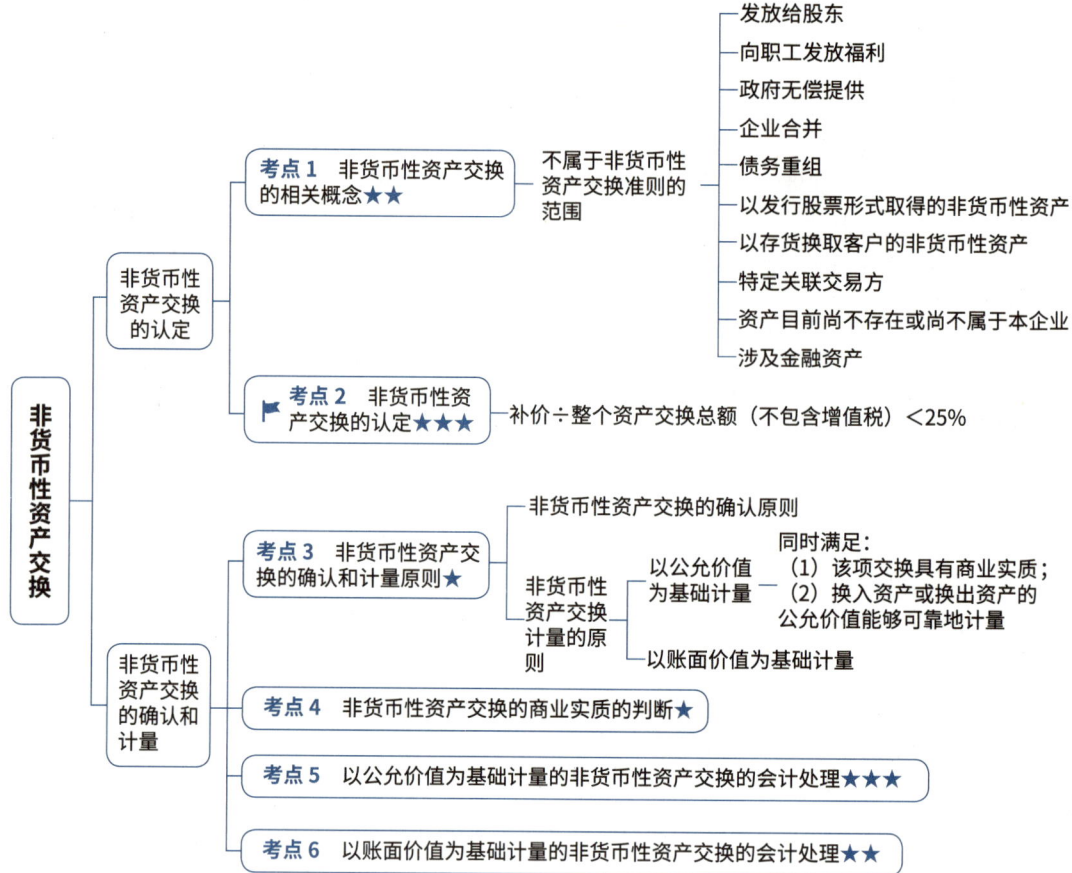

第十六章　债务重组

> 轻装上阵

考情驿站

本章主要阐述债务重组的定义、方式及其会计处理等内容，2020年从教材删除，2022年作为新增章节，出题的概率比较大。本章有一定难度，建议将债权人和债务人各情形下的处理对比学习。对本章内容以客观题和主观题形式均有考查，主观题通常考查债权人和债务人的会计处理，近两年平均考查分值为3~5分。

考点地图

- 债务重组
  - 债务重组的概述
    - 考点1　债务重组的定义★
    - 考点2　债务重组的方式★
  - 债务重组的会计处理
    - ▶ 考点3　以资产清偿债务或将债务转为权益工具★★★
    - 考点4　修改其他条款★★
    - 考点5　组合方式★★

2024年本章主要变化

变动微小。修订债务人以长期股权投资清偿债务的计入投资收益相关表述。

第一节 债务重组概述

考点 1 债务重组的定义（★）

考频 2023 年判断题

债务重组是指在**不改变交易对手方**的情况下，经债权人和债务人协定或法院裁定，就清偿债务的**时间**、**金额**或**方式**等重新达成协议的交易。

（一）关于交易对手方

债务重组是在不改变交易对手方的情况下进行的交易。债务重组**不强调在债务人发生财务困难**的背景下进行，也不论债权人是否作出让步，只要债权人和债务人就债务条款重新达成了协议，就符合债务重组的定义。

趁热答题

| 例 16-1·判断题（2023 年） | 债务人无财务困难，与债权人商定延期支付本息的，债务人应按债务重组核算。（　　）

解析 本题考查债务重组的定义。债务重组是指在不改变交易对手方的情况下，经债权人和债务人协定或法院裁定，就清偿债务的时间、金额或方式等重新达成协议的交易。债务重组不强调在债务人发生财务困难的背景下进行，也不论债权人是否作出让步。因此，本题表述正确。

答案 √

（二）关于债权和债务的范围

债务重组涉及的债权和债务，**是符合金融资产和金融负债定义**的债权和债务。
（1）**不属于债务重组的债权和债务**：针对**合同资产**、**合同负债**、**预计负债**等进行的交易安排；
（2）**属于债务重组的债权和债务**：导致**租赁应收款**和**租赁应付款**终止确认的交易安排。

（三）关于债务重组准则的范围

债务重组准则不涉及以下交易和事项：
（1）通过债务重组形成**企业合并**的，适用《企业会计准则第 20 号——企业合并》。
（2）债务重组构成**权益性交易**的，应当适用权益性交易的有关会计处理规定，债权人和债务人**不确认**构成权益性交易的**债务重组相关损益**。
债务重组构成权益性交易的情形包括：
①债权人直接或间接对债务人持股，或者债务人直接或间接对债权人持股，且持股方以股东身份进行债务重组；
②债权人与债务人在债务重组前后均受同一方或相同的多方最终控制，且该债务重组的交易实质是债权人或债务人进行了权益性分配或接受了权益性投入。

通关文牒

▶ 速提分 ▶

债务重组中不属于权益性交易的部分仍然应当确认债务重组相关损益。

趁热答题

| 例 16-2 · 单选题 | 甲公司是乙公司的股东。2×23 年 7 月 31 日,甲公司应收乙公司账款 4 000 万元,采用摊余成本进行后续计量。为解决乙公司的资金周转困难,甲公司、乙公司的其他债权人共同决定对乙公司的债务进行重组,并于 2×23 年 8 月 1 日与乙公司签订了债务重组合同。根据债务重组合同的约定,甲公司免除 80% 应收乙公司账款的还款义务,乙公司其他债权人免除 40% 应收乙公司账款的还款义务,豁免的债务在合同签订当日解除,对于其余未豁免的债务,乙公司应于 2×23 年 8 月底前偿还。2×23 年 8 月 23 日,甲公司收到乙公司支付的账款 800 万元。不考虑其他因素,甲公司 2×23 年度因上述交易或事项应当确认的损失金额是(　　)万元。

A. 0　　　　　　B. 800　　　　　　C. 3 200　　　　　　D. 1 600

(解析) 本题考查债务重组的定义。甲公司与其他债权人按**同比例豁免**债务人的债务 1 600 万元(4 000×40%)应确认为损失,比其他债权人多豁免的 40%(80%-40%)债权构成权益性交易,按权益性交易进行会计处理,不确认损益。

(答案) D

考点 2　债务重组的方式（★）

债务重组的方式主要包括:
(1) 债务人以资产清偿债务;
(2) 将债务转为权益工具;
(3) 修改其他条款;
(4) 组合方式。

第二节　债务重组的会计处理

考点 3　以资产清偿债务或将债务转为权益工具（★★★）

靶心考点精讲

考频 2023 年判断题;2022 年多选题、计算分析题

(一) 以金融资产清偿债务

1. 债权人的会计处理

债权人受让包括现金在内的单项或多项金融资产的,应当按照金融工具确认和计量准则的规定进行确认和计量。**金融资产初始确认时**应当**以公允价值计量**,**金融资产确认金额**与**债权终止确认日账面价值**之间的**差额**,借记或贷记"投资收益"科目。

2. 债务人的会计处理

债务人以单项或多项金融资产清偿债务的,**债务的账面价值**与**偿债金融资产账面价值**的**差额**,

记入"投资收益"科目。

表 16-1　以金融资产清偿债务时债权人和债务人的会计处理

债权人	债务人
借：银行存款 　　交易性金融资产 ⎫ 　　债权投资　　　　　 ⎬【金融资产公允价值】 　　其他债权投资　　　 ⎪ 　　其他权益工具投资等 ⎭ 　　坏账准备 　　投资收益　　　　　　　　　　【差额】 　贷：应收账款等	借：应付账款　　　　　　　　　　【账面价值】 　贷：银行存款 　　　其他债权投资 　　　其他权益工具投资等　　　【账面价值】 　　　投资收益　　　　　　　　　【差额】 借：其他综合收益 　贷：投资收益 　　　盈余公积 　　　利润分配——未分配利润 【提示】 ①其他债权投资清偿债务，其他综合收益结转至投资收益； ②其他权益工具投资清偿债务，其他综合收益结转至盈余公积及利润分配——未分配利润

（二）以非金融资产清偿债务

1. 债权人的会计处理

债权人初始确认受让的金融资产以外的资产时，应当按照下列原则以成本计量。

（1）存货的成本包括放弃债权的公允价值和使该资产达到当前位置和状态所发生的可直接归属于该资产的税金、运输费、装卸费、保险费等其他成本。

（2）对联营企业或合营企业投资的成本，包括放弃债权的公允价值和可直接归属于该资产的税金等其他成本。

（3）投资性房地产的成本包括放弃债权的公允价值和可直接归属于该资产的税金等其他成本。

（4）固定资产的成本包括放弃债权的公允价值和使该资产达到预定可使用状态前所发生的可直接归属于该资产的税金、运输费、装卸费、安装费、专业人员服务费等其他成本。

（5）生物资产的成本包括放弃债权的公允价值和可直接归属于该资产的税金、运输费、保险费等其他成本。

（6）无形资产的成本包括放弃债权的公允价值和可直接归属于使该资产达到预定用途所发生的税金等其他成本。

债权人放弃债权的公允价值与账面价值之间的差额，借记或贷记"投资收益"科目。

2. 债务人的会计处理

债务人以单项或多项长期股权投资清偿债务的，债务的账面价值与偿债长期股权投资账面价值的差额，记入"投资收益"科目。

债务人以单项或多项其他非金融资产（如固定资产、日常活动产出的商品或服务等）清偿债务，或者以包括金融资产和其他非金融资产在内的多项资产清偿债务的，借记"应付账款""长期借款"等科目，贷记"固定资产""无形资产""库存商品"等科目；偿债资产已计提减值准备的，应结转已计提的减值准备，借记"资产减值准备""存货跌价准备"等科目，不需要区分资产处置损益和债务重组损益，也不需要区分不同资产的处置损益，而应将所清偿债务账面价值与转让资产账面价值之间的差额，借记或贷记"其他收益——债务重组收益"科目。

债务人以包含非金融资产的处置组清偿债务的,应当将所清偿债务和处置组中负债的账面价值之和,与处置组中资产的账面价值之间的差额,借记或贷记"**其他收益——债务重组收益**"科目。处置组所属的资产组或资产组组合分摊了企业合并中取得的商誉的,该处置组应当包含分摊至处置组的商誉。处置组中的资产已计提减值准备的,应结转已计提的减值准备。

表 16-2 以非金融资产清偿债务时债权人和债务人的会计处理

债权人	债务人
借:库存商品/固定资产/长期股权投资等 　　【放弃债权的公允价值+相关税费】 　　坏账准备 　　投资收益　　　　　　　　　　【差额】 　贷:应收账款 　　　银行存款　　　　　　　　【相关税费】	借:应付账款　　　　　　　　　　【账面价值】 　贷:长期股权投资　　　　　　　【账面价值】 　　　投资收益　　　　　　　　　　【差额】 借:应付账款　　　　　　　　　　【账面价值】 　贷:库存商品/固定资产清理等　　【账面价值】 　　　其他收益——债务重组收益　　【差额】

趁热答题

例 16-3·单选题 甲公司与乙公司均为增值税一般纳税人,因乙公司无法偿还到期债务,经协商,甲公司同意乙公司以库存商品偿还其所欠全部债务。债务重组日,甲公司应收乙公司债权的账面余额为 2 000 万元,已计提坏账准备 1 500 万元,经评估该债权的公允价值为 450 万元。乙公司用于偿债商品的账面价值为 480 万元,公允价值为 600 万元,增值税额为 78 万元,不考虑增值税以外的其他因素,甲公司因上述交易应确认的投资收益金额是(　　)万元。

A. -50　　　　　　B. -178　　　　　　C. 1 322　　　　　　D. 178

解析 本题考查以资产清偿债务。债权人放弃债权的公允价值与账面价值之间的差额,应当计入当期损益,所以甲公司因上述交易应确认的投资收益金额=450-(2 000-1 500)=-50(万元),产生债务重组损失。因此,选项 A 正确。

答案 A

例 16-4·单选题(2018 年改编) 2×18 年 3 月 1 日,乙公司应付甲公司 105 000 元,甲公司为该债权计提了坏账准备 1 000 元。乙公司与甲公司协商达成债务重组协议,乙公司以账面价值 20 000 元、公允价值 80 000 元的存货抵偿全部债务,该存货的增值税为 13%。不考虑其他因素,乙公司应确认的其他收益为(　　)元。

A. 74 600　　　　　B. 13 600　　　　　C. 14 600　　　　　D. 73 600

解析 本题考查以资产清偿债务。乙公司应确认的其他收益=原债务账面价值-抵债存货账面价值-抵债存货销项税额=105 000-20 000-10 400=74 600(元)。

乙公司的账务处理(债务人)如下:

借:应付账款　　　　　　　　　　　　　　　105 000
　贷:库存商品　　　　　　　　　　　　　　　20 000
　　　应交税费——应交增值税(销项税额)　　10 400(80 000×13%)
　　　其他收益　　　　　　　　　　　　　　　74 600

因此,选项 A 正确。

答案 A

（三）以多项资产清偿债务

1. 债权人的会计处理

债权人受让多项非金融资产，或者包括金融资产、非金融资产在内的多项资产的：

（1）受让金融资产部分。

金融资产按照当日金融资产的**公允价值计量**。

（2）受让非金融资产部分。

债权人应当按照受让的金融资产以外的各项资产在**债务重组合同生效日**的**公允价值比例**，对**放弃债权在合同生效日的公允价值扣除受让金融资产当日公允价值后的净额进行分配**，并以此为基础分别确定各项资产的成本。

（3）**放弃债权的公允价值**与**账面价值**之间的差额，借记或贷记"**投资收益**"科目。

2. 债务人的会计处理

见"（二）以非金融资产清偿债务"中"2. 债务人的会计处理"。

表 16-3 以多项资产清偿债务时债权人和债务人的会计处理

债权人		债务人	
借：交易性金融资产	【按公允价值直接确认】	借：应付账款	【账面价值】
库存商品	【分配确认】	贷：交易性金融资产、固定资产清理等	【账面价值】
固定资产	【分配确认】	其他收益——债务重组收益	【差额】
坏账准备		多项资产全部为金融资产的，差额计入投资收益	
投资收益	【差额】		
贷：应收账款			
银行存款	【相关税费】		

> **通关文牒**
> ▶ 速提分 ▶
> 某项非金融资产入账金额=（放弃债权在**合同生效日**的公允价值-**受让**的金融资产**当日**的公允价值）×(该项非金融资产公允价值÷多项非金融资产公允价值总额)

> **趁热答题**

| 例 16-5·多选题（2022 年）| 2×21 年 1 月 1 日，甲公司以摊余成本计量的"应收账款——乙公司"账户余额为 1 000 万元，已计提坏账准备 200 万元。2×21 年 4 月 1 日，甲公司与乙公司签订债务重组合同，合同约定，乙公司以两项资产清偿债务，包括一项公允价值为 100 万元的其他债权投资和一项公允价值为 600 万元的固定资产。当日，该应收账款的公允价值为 750 万元，双方于当日办理完成相关资产的转让手续。下列关于甲公司会计处理的表述中，正确的有（　　）。

A. 确认投资收益减少 50 万元　　　　B. 确认其他债权投资增加 100 万元
C. 确认其他收益减少 100 万元　　　　D. 确认固定资产增加 600 万元

（解析）本题考查以资产清偿债务。债权人受让金融资产、非金融资产在内的多项资产的，金融资产和其他债权投资按照当日公允价值 100 万元计量，选项 B 正确；非金融资产固定资产的入账金额=放弃债权的公允价值-金融资产其他债权投资的公允价值=750-100=650（万元），选项 D 不正确；放弃债权的公允价值 750 万元与账面价值 800 万元的差额 50 万元计入投资收益的借方，选项 A 正确，选项 C 错误。甲公司的账务处理如下：

借：其他债权投资　　　　　　　　　　　　100
　　固定资产　　　　　　　　　　　　　　650（750-100）
　　坏账准备　　　　　　　　　　　　　　200
　　投资收益　　　　　　　　　　　　　　 50
　　贷：应收账款　　　　　　　　　　　　　　1 000

因此，选项 AB 正确。

〖答案〗AB

例 16-6 · 计算分析题（2022 年） 2×21 年至 2×22 年，甲公司的相关资料如下：

资料一：2×21 年 12 月 31 日，甲公司以摊余成本计量的"应收账款——乙公司"的账面余额为 1 300 万元，计提信用减值损失 110 万元。

资料二：2×22 年 1 月 31 日，甲公司与乙公司签订债务重组协议，约定乙公司以两项资产偿还债务，一项是公允价值为 800 万元的库存商品，一项是公允价值为 450 万元的生产设备。

资料三：2×22 年 1 月 31 日，甲公司与乙公司办理完成相关资产转移手续，债务重组协议履行完毕。甲公司取得上述抵债资产后，分别作为库存商品和固定资产核算。当日，甲公司"应收账款——乙公司"的公允价值为 1 150 万元。

不考虑其他因素。

〖要求〗（1）编制甲公司 2×21 年 12 月 31 日计提坏账准备的会计分录。
（2）分别计算甲公司 2×22 年 1 月 31 日取得设备和库存商品的入账价值。
（3）计算甲公司 2×22 年 1 月 31 日因上述债务重组影响损益的金额，并编制会计分录。

〖答案〗
（1）2×21 年 12 月 31 日计提坏账准备的会计分录：
借：信用减值损失　　　　　　　　　　　　110
　　贷：坏账准备　　　　　　　　　　　　　　110
（2）甲公司 2×22 年 1 月 31 日：
取得设备的入账价值=1 150×450÷(450+800)＝414（万元）
取得库存商品的入账价值=1 150×800÷(450+800)＝736（万元）
（3）甲公司的债务重组损益=1 150-(1 300-110)＝-40（万元）
相关会计分录如下：
借：库存商品　　　　　　　　　　　　　　736
　　固定资产　　　　　　　　　　　　　　414
　　坏账准备　　　　　　　　　　　　　　110
　　投资收益　　　　　　　　　　　　　　 40
　　贷：应收账款　　　　　　　　　　　　　　1 300

（四）以处置组清偿债务

1. 债权人的会计处理

（1）受让的处置组中金融资产和负债部分：

债权人应当分别按照《企业会计准则第 22 号——金融工具确认和计量》和其他相关准则的规

定，对处置组中的金融资产和负债进行初始计量。

（2）受让的处置组中非金融资产和负债部分：

债权人应按照金融资产以外的各项资产在债务重组**合同生效日**的公允价值比例，**对放弃债权在合同生效日的公允价值以及承担的处置组中负债的确认金额之和，扣除受让金融资产当日公允价值后的净额进行分配**，并以此为基础分别确定各项资产的成本。

放弃债权的**公允价值**与**账面价值**之间的差额，借记或贷记"**投资收益**"科目。

2. 债务人的会计处理

应当将所**清偿债务和处置组中负债的账面价值之和，与处置组中资产的账面价值之间的差额**，借记或贷记"**其他收益——债务重组收益**"科目。处置组所属的资产组或资产组组合按照《企业会计准则第8号——资产减值》分摊了企业合并中取得的商誉的，该处置组应当包含分摊至处置组的商誉。处置组中的资产已计提减值准备的，应结转已计提的减值准备。

（五）债权人将受让的资产或处置组划分为持有待售类别

债权人以资产或处置组清偿债务，且**债权人**在取得日未将受让的相关资产或处置组作为非流动资产和非流动负债核算，而是**将其划分为持有待售类别**的，债权人应当在初始计量时，比较以下两者，**以两者孰低计量**。

（1）假定其不划分为持有待售类别情况下的**初始计量金额**；

（2）公允价值减去出售费用后的**净额**。

相关会计分录如下：

借：持有待售资产——××资产　　　　　　　　　　　　　　　　　　　　　【两者孰低】
　　坏账准备
　　资产减值损失　　　　　　　　　　　　　　　　　　　　　　　　　　　【差额】
　　贷：银行存款　　　　　　　　　　　　　　　　　　　　　　　　　【支付的直接相关税费】
　　　　应收账款

（六）将债务转为权益工具

（1）债权人的会计处理。

债权人将债权转为对联营企业或合营企业的权益性投资的：长期股权投资**初始投资成本**=放弃债权的公允价值+可直接归属于该资产的税金等其他成本。

放弃**债权的公允价值**与**账面价值**之间的差额，应当计入**当期损益**。

（2）债务人的会计处理。

债务人初始确认权益工具时，应当**按照权益工具的公允价值计量**，权益工具的公允价值**不能可靠计量**的，应当**按照所清偿债务的公允价值**计量。

债务人**所清偿债务账面价值与权益工具确认金额之间的差额**，应当借记或贷记"**投资收益**"。

债务人因发行权益工具而支出的相关税费等，应当依次冲减资本公积、盈余公积、利润分配——未分配利润等。

表 16-4　将债务转为权益工具时债权人和债务人的会计处理

债权人	债务人
借：长期股权投资　　【放弃债权的公允价值+相关税费】 　　坏账准备 　　投资收益　　　　　　　　　　　　　　　【差额】 　贷：应收账款 　　　银行存款　　　　　　　　　　　　　【相关税费】 债务转为权益工具，如果取得的权益工具、无法构成重大影响力及以上，则确认为交易性金融资产	借：应付账款 　贷：实收资本（或股本） 　　　资本公积——资本溢价（或股本溢价） 　　　投资收益　　　　　　　　　　　　【差额】

趁热答题

例 16-7·单选题 下列关于债务重组会计处理的表述中，正确的是（　　）。

A. 债务人以债务转为权益工具方式抵偿债务的，债务人将所清偿债务账面价值与权益工具确认金额之间的差额计入资本公积

B. 债务人以债务转为权益工具方式抵偿债务的，权益工具的公允价值无法可靠计量，债权人将放弃债权的公允价值与账面价值之间的差额计入投资收益

C. 债务人以非金融资产抵偿债务的，债权人将放弃债权的公允价值与账面价值的差额计入资产减值损失

D. 债务人以非金融资产抵偿债务的，债务人将所清偿债务账面价值与转让资产账面价值之间的差额计入投资收益

解析 本题考查以资产清偿债务和将债务转为权益工具。选项 ABC，差额应计入**投资收益**；选项 D，差额计入**其他收益**。因此，本题选项 B 正确。

答案 B

考点 4　修改其他条款（★★）

（一）债权人的会计处理

债务重组采用以修改其他条款方式进行的，如果修改其他条款**导致全部债权终止确认**，债权人应当按照修改后的条款以**公允价值**初始计量重组债权，**重组债权的确认金额**与**债权终止确认日账面价值之间**的差额，借记或贷记"投资收益"科目。

如果修改其他条款**未导致债权终止确认**，债权人应当根据其分类，**继续**以摊余成本、以公允价值计量且其变动计入其他综合收益，或者以公允价值计量且其变动计入当期损益进行后续计量。

对于**以摊余成本计量的债权**，债权人应当**根据重新议定合同的现金流量**变化情况，**重新计算该重组债权的账面余额**，并将相关利得或损失记入"**投资收益**"科目。重新计算的该重组债权的账面余额，应当根据将重新议定或修改的合同现金流量**按债权原实际利率折现的现值确定**；对于修改或重新议定合同所产生的成本或费用，债权人应当调整修改后的重组债权的账面价值，并在修改后重组债权的剩余期限内摊销。

（二）债务人的会计处理

债务重组采用修改其他条款方式进行的，如果修改其他条款**导致债务终止确认**，债务人应当按照**公允价值计量重组债务**，终止确认的债务账面价值与重组债务确认金额之间的差额，记入"投资

收益"科目。

如果修改其他条款**未导致债务终止确认**，或者**仅导致部分债务终止确认**，对于未终止确认的部分债务，债务人应当根据其分类，**继续**以摊余成本、以公允价值计量且其变动计入当期损益或其他适当方法进行后续计量。

对于**以摊余成本计量的债务**，债务人应当根据重新议定合同的现金流量变化情况，**重新计算**该重组债务的账面价值，并将相关利得或损失借记或贷记"**投资收益**"科目。

重新计算的该重组债务的账面价值，应当根据将重新议定或修改的合同现金流量**按债务的原实际利率折现的现值确定**。对于修改或重新议定合同所产生的成本或费用，债务人应当调整修改后的重组债务的账面价值，并在修改后重组债务的剩余期限内摊销。

趁热答题

例 16-8·单选题 2×16 年 12 月 31 日，甲银行就乙公司所欠到期贷款 550 万元（年利率 5%）与其签订债务重组协议，减免其债务 200 万元，将剩余债务展期至 2×17 年 12 月 31 日偿还，年利率 8%。当日，予以展期的贷款的公允价值为 350 万元。此前，甲银行已计提贷款损失准备 230 万元。下列关于乙公司债务重组的会计处理表述中，正确的是（　　）。

A. 增加其他收益 190 万元　　　　B. 增加投资收益 190 万元
C. 减少长期借款 550 万元　　　　D. 增加其他收益 200 万元

【解析】 本题考查修改其他条款。重组债务现金流量现值 = 350×(1+8%)÷(1+5%) = 360（万元），原债务剩余期间现金流量现值为 350（万元），现金流变化 =（360−350）÷350 = 2.86%＜10%，因此，针对 350 万元本金部分的合同条款的修改**不构成实质性修改**，不能终止确认该部分负债。乙公司的会计分录如下：

借：长期借款　　　　　　　　　　　　550
　　贷：长期借款　　　　　　　　　　360
　　　　投资收益　　　　　　　　　　190

因此，选项 B 正确

【答案】 B

考点 5　组合方式（★★）

（一）债权人的会计处理

债务重组采用组合方式进行的，一般可以认为对全部债权的合同条款**做出了实质性修改**：

（1）金融资产部分。

债权人应当按照修改后的条款，以**公允价值**初始计量重组债权和受让的新金融资产。

（2）非金融资产部分。

债权人应当按照受让的金融资产以外的各项资产在**债务重组合同生效日的公允价值比例**，对**放弃债权在合同生效日的公允价值扣除重组债权和受让金融资产当日公允价值后的净额**进行分配，并以此为基础分别确定各项资产的成本。

（3）**放弃债权的公允价值**与账面价值之间的差额，记入"**投资收益**"科目。

（二）债务人的会计处理

债务重组采用以资产清偿债务、将债务转为权益工具、修改其他条款等方式的组合进行的，对于权益工具，债务人应当在初始确认时按照权益工具的公允价值计量，权益工具的公允价值不能可靠地计量的，应当按照所清偿债务的公允价值计量。

对于修改其他条款形成的重组债务，债务人应当参照"考点4修改其他条款"的内容，确认和计量重组债务。所清偿债务的账面价值与转让资产的账面价值以及权益工具和重组债务的确认金额之和的差额，借记或贷记"其他收益——债务重组收益"或"投资收益"（仅涉及金融工具时）科目。

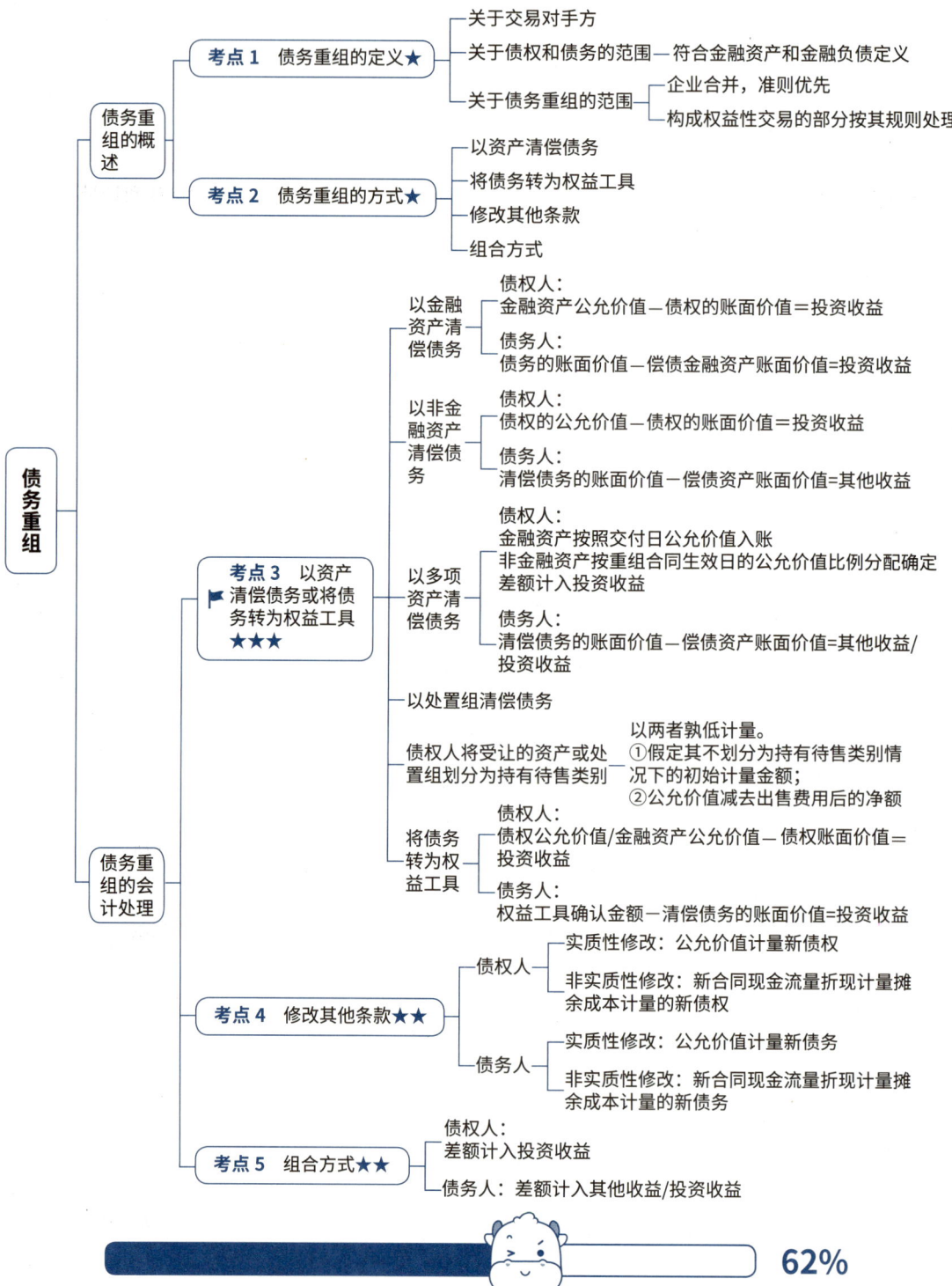

第十七章　所得税

考情驿站

本章属于重点章节，学习难度比较大，考生要从会计和税法两个角度去理解本章内容，重点掌握资产和负债计税基础、暂时性差异、递延所得税资产和递延所得税负债的确认和计量、所得税费用的计算这几个考点。从历年真题来看，本章以主观题为主要考查形式，近三年平均考查分值在10分左右。

考点地图

所得税

- **计税基础与暂时性差异**
  - 考点1　所得税核算的基本原理和程序★
  - 考点2　资产的计税基础★★★
  - 考点3　负债的计税基础★★★
  - 考点4　暂时性差异★★★

- **递延所得税负债和递延所得税资产的确认和计量**
  - 考点5　递延所得税负债的确认和计量★★★
  - 考点6　递延所得税资产的确认和计量★★★
  - 考点7　特定交易或事项涉及递延所得税的确认★★
  - 考点8　所得税税率变化对已确认递延所得税资产和递延所得税负债影响的确认和计量★★
  - 考点9　关于单项交易产生的资产和负债相关的递延所得税不适用初始确认豁免的会计处理★

- **所得税费用的确认和计量**
  - 考点10　当期所得税★★
  - 考点11　递延所得税费用（或收益）★★★
  - 考点12　所得税费用的计算与列报★★★
  - 考点13　合并财务报表中因抵销未实现内部交易损益产生的递延所得税★

2024 年本章主要变化

微小变动,"自行研发的无形资产按照最新税法规定扣除标准修改"有改动;新增了"关于单项交易产生的资产和负债相关的递延所得税不适用初始确认豁免的会计处理"的相关表述。

考点速递

第一节 计税基础与暂时性差异

考点 1 所得税核算的基本原理和程序（★）

所得税费用=当期所得税+递延所得税费用（或−收益）

当期所得税=应交所得税=应纳税所得额×所得税税率

应纳税所得额=税前会计利润±纳税调整事项=**税前会计利润+纳税调整增加额−纳税调整减少额**

（一）纳税调整（见图 17-1）

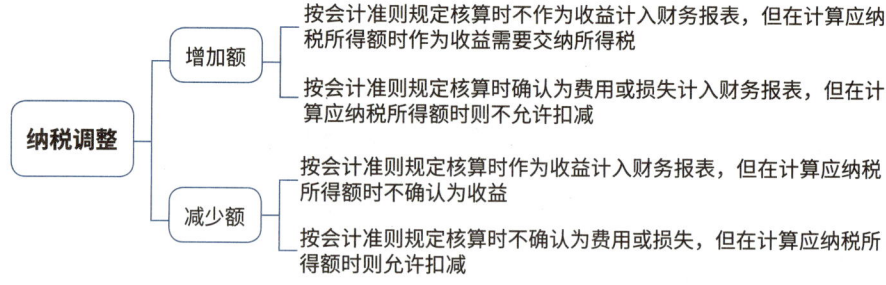

图 17-1 纳税调整事项

（二）资产负债表债务法

《企业会计准则第 18 号——所得税》采用了资产负债表债务法核算所得税。

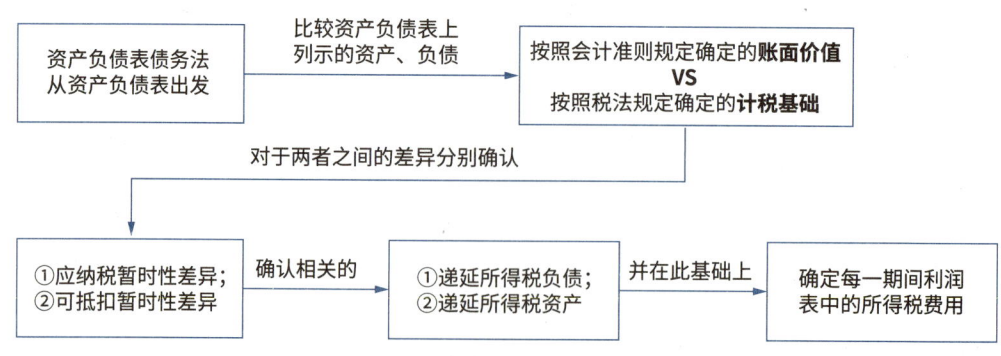

图 17-2 资产负债表债务法流程

(三)企业进行所得税核算的一般程序（见图17-3）

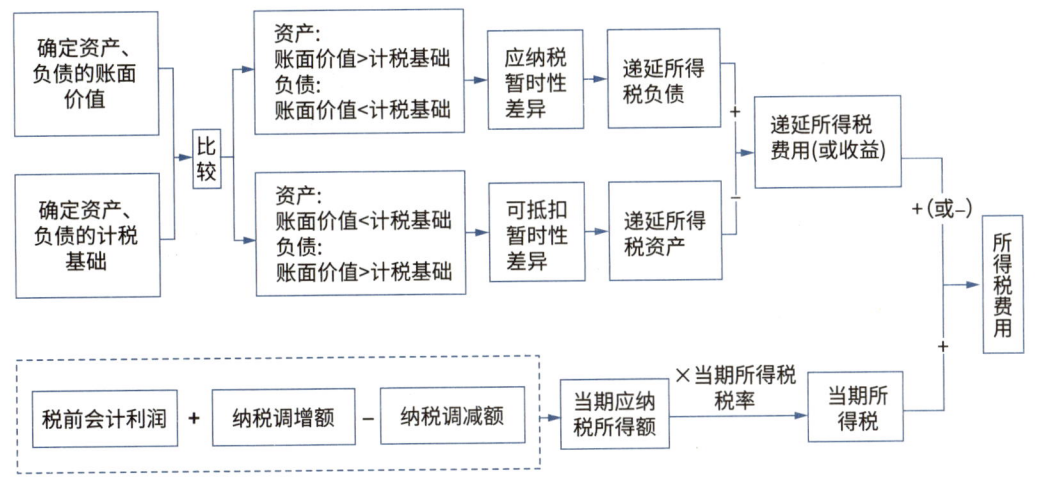

图17-3 所得税核算程序

考点2 资产的计税基础（★★★）

考频 2021年单选题

资产的计税基础=**未来可税前列支的金额**

即：某一资产负债表日的计税基础=**成本-以前期间已税前列支的金额**

（一）固定资产

1. 初始确认时

以各种方式取得的固定资产的入账价值基本上是被税法认可的，即取得时其**账面价值一般等于计税基础**。

账面价值=计税基础

2. 固定资产在**持有期间**进行后续计量时

会计上的基本计量模式：

账面价值=成本-按照会计规定计算确定的累计折旧-固定资产减值准备

税法上的基本计量模式：

计税基础=成本-按照税法规定计算确定的累计折旧

趁热答题

例17-1·计算分析题 A企业于2×18年12月20日取得的某项固定资产，原价为1 500万元，使用年限为10年，会计上采用年限平均法计提折旧，净残值为零。税法规定该类（由于技术进步、产品更新换代较快的）固定资产采用加速折旧法计提的折旧可予税前扣除，该企业在计税时采用双倍余额递减法计提折旧，净残值为零。2×20年12月31日，A企业估计该项固定资产的可收回金额为1 100万元。

要求 分析该固定资产在2×20年12月31日的账面价值、计税基础

答案

2×20年12月31日，计提减值前该项固定资产的账面价值=1 500-150×2=1 200（万元），账面

价值大于可收回金额1 100万元，两者之间的差额应计提100万元的固定资产减值准备。

2×20年12月31日，该项固定资产的账面价值=1 500-150×2-100=1 100（万元）。

该项固定资产的计税基础=1 500-1 500×20%-1 200×20%=960（万元）

该项固定资产的账面价值1 100万元与其计税基础960万元之间的140万元差额，形成应纳税暂时性差异，将于未来期间计入企业的应纳税所得额。

（二）无形资产

除内部研究开发形成的无形资产外，以其他方式取得的无形资产，**初始确认时**按照会计准则规定确定的入账价值与按照税法规定确定的计税基础之间**一般不存在差异**。

1. 无形资产的初始计量

（1）一般情况下初始确认时按照会计准则规定确定的成本与其计税基础相同。

（2）对于享受税收优惠的研究开发支出：

①**会计角度**：按照会计准则规定确定的成本为研究开发过程中**符合资本化条件后至达到预定用途前发生的支出**。

账面价值=符合资本化条件后至达到预定用途前发生的支出

②**税法角度**：税法规定，企业为开发新技术、新产品、新工艺发生的研究开发费用，未形成无形资产计入当期损益的，在按照规定据实扣除的基础上，**按照研究开发费用的100%加计扣除**；形成无形资产的，按照**无形资产成本的200%摊销**。因税法规定按照无形资产成本的200%摊销，则其计税基础会在会计入账价值的基础上加计100%，税法对于上述政策的扣除比例经常调整，考试时以给出的具体比例进行计量。

计税基础=账面价值+账面价值×100%

2. 无形资产后续计量

会计与税法的差异主要产生于对**无形资产是否需要摊销及减值准备的计提**。

表17-1 无形资产后续计量的账面价值与计税基础

资产类别	会计视角	税法视角
使用寿命有限的无形资产	账面价值=实际成本-会计累计摊销-无形资产减值准备	计税基础=实际成本-税法累计摊销
使用寿命不确定的无形资产	账面价值=实际成本-无形资产减值准备	

（三）以公允价值计量且其变动计入当期损益的金融资产（见表17-2）

表17-2 以公允价值计量且其变动计入当期损益的金融资产后续计量的账面价值和计税基础

金融资产类别	会计视角	税法视角
以公允价值计量且其变动计入当期损益的金融资产	账面价值=期末的公允价值	计税基础=取得时成本

（四）其他资产

1. 存货/长期股权投资/应收账款

有关资产计提了减值准备以后，其账面价值会随之下降，而按照税法规定，资产的减值在转化为实质性损失之前，**不允许税前扣除**，从而造成资产的账面价值与其计税基础之间的差异。

表 17-3 存货/长期股权投资/应收账款后续计量的账面价值与计税基础

会计视角	税法视角
账面价值=实际成本/账面余额（如长期股权投资权益法）-减值准备	计税基础=实际成本

2. 投资性房地产

表 17-4 投资性房地产后续计量的账面价值与计税基础

类别	会计视角	税法视角
采用**成本模式**计量	账面价值=初始成本-会计确认的投资性房地产累计折旧（或摊销）-投资性房地产减值准备	计税基础=初始成本-税法确认的投资性房地产累计折旧（或摊销）
采用**公允价值模式**计量	账面价值=投资性房地产期末的公允价值	

▶ 速提分 ▶

资产的账面价值与计税基础产生差异的主要方面：
(1) 税法不认可减值准备。
(2) 会计和税法的折旧或摊销年限不同。
(3) 会计和税法的折旧方法不同。
(4) 会计和税法的计量方式不同。会计上有公允价值后续计量模式，而税法一般是以资产的初始成本为计税基础，会因资产的公允价值的波动对账面价值产生影响，但不影响计税基础，从而导致账面价值与计税基础的差异。

考点3 负债的计税基础（★★★）

考频 2021年单选题

负债的计税基础是指负债的账面价值减去未来期间计算应纳税所得额时按照税法规定可予抵扣的金额。

负债的计税基础=负债的账面价值-未来期间按照税法规定可予以税前扣除的金额

（一）预计负债

1. 会计角度

按照《企业会计准则第13号——或有事项》的规定，企业应将预计提供售后服务发生的支出在销售当期**确认为费用，同时确认预计负债**。

账面价值=预计提供售后服务所需支出的金额

会计分录：
借：**主营业务成本**等
　　贷：预计负债

2. 税法角度

（1）如果税法规定，与销售产品有关的支出应于**发生时税前扣除**，由于该类事项产生的预计负债在期末的计税基础为其账面价值与未来期间可税前扣除的金额之间的差额，而税法规定有关的支出实际发生时可全部税前扣除，则其**计税基础为 0**。

    计税基础＝账面价值－未来期间按照税法规定可予以税前扣除的金额（即账面价值）

因此，**计税基础＝0**。

（2）因**其他事项确认的预计负债**，应按照税法规定的计税原则确定其计税基础。某些情况下某些事项确认的预计负债，如果税法规定**无论是否实际发生均不允许税前扣除**，即未来期间按照税法规定可予抵扣的金额为 0，则其**账面价值与计税基础相同**。

    计税基础＝账面价值－未来期间按照税法规定可予以税前扣除的金额（即 0）

因此，**计税基础＝账面价值**（不产生暂时性差异）。

▶ 很好懂 ▶

（1）因计提产品保修确认的预计负债。

表 17-5　因计提产品保修费用确认预计负债的账面价值与计税基础

会计角度	税法角度
按照或有事项准则的规定，企业应将预计提供售后服务发生的支出在销售当期确认为费用，同时确认预计负债	税法规定，有关的支出应于发生时税前扣除
账面价值＝预计提供售后服务发生的支出	计税基础＝0
结论：产生可抵扣暂时性差异	

（2）其他事项确认的预计负债。

表 17-6　其他事项确认的预计负债的账面价值与计税基础

会计角度	税法角度
按照或有事项准则的规定，确认预计负债	（1）应按照税法规定的计税原则确定其计税基础。 （2）某些情况下，因有些事项（如：企业为其他单位提供的债务担保）确认的预计负债，税法规定其支出**无论是否实际发生均不允许税前扣除**，即未来期间按照税法规定可予抵扣的金额为零
账面价值＝确认的预计负债金额	（1）实际发生时**允许**税前扣除：**计税基础＝0** 结论：产生可抵扣暂时性差异 （2）实际发生时**不允许**税前扣除：**计税基础＝账面价值** 结论：不产生暂时性差异

预计负债计税基础的确定小结：

（1）产品质量保证、亏损合同、重组义务等确认的预计负债，通常实际发生时允许税前扣除，计税基础＝0，产生暂时性差异。

（2）为其他企业发生的债务担保而确认的预计负债，通常实际发生时不允许税前扣除，计税基础＝账面价值，不产生暂时性差异。

(二) 合同负债

1. 会计角度

企业在收到客户预付的款项时,因不符合收入确认条件,**会计上将其确认为负债**。

$$账面价值=预收的款项$$

会计分录:

借:银行存款
  贷:合同负债

2. 税法角度

(1) 税法中对于收入的确认原则一般与会计规定相同,即会计上未确认收入时,计税时一般亦不计入应纳税所得额,该部分经济利益在未来期间计税时可予税前扣除的金额为零,计税基础等于账面价值。(**无暂时性差异**)

$$计税基础=账面价值$$

(2) 某些情况下,如果不符合会计准则规定的收入确认条件,但按照税法规定应计入当期应纳税所得额时未来期间无须纳税,有关合同负债的计税基础为零。(**有暂时性差异**)

$$计税基础=0$$

(三) 应付职工薪酬

1. 会计角度

会计准则规定,企业为获得职工提供的服务给予的各种形式的报酬以及其他相关支出均应作为企业的成本、费用,**在未支付之前确认为负债**。

$$账面价值=职工提供的服务未支付金额$$

2. 税法角度

(1) 税法中对于**合理的职工薪酬基本允许税前扣除,相关应付职工薪酬负债的账面价值等于计税基础**。

(2) 税法中如果规定了税前扣除标准的,按照会计准则规定计入成本费用支出的金额**超过规定标准的部分,应进行纳税调整**。

①若**超过部分**在发生当期不允许税前扣除,在以后期间也不允许税前扣除,即该部分差额对未来期间计税不产生影响,则所产生应付职工薪酬负债的账面价值等于计税基础(无暂时性差异)。

$$计税基础=账面价值$$

②若**超过部分**在发生当期不允许税前扣除,在以后期间允许税前扣除,则所产生应付职工薪酬负债的账面价值与计税基础会产生暂时性差异(有暂时性差异)。

$$计税基础=账面价值-未来期间允许税前扣除的金额$$

(四) 其他负债 (见表17-7)

表17-7 其他负债的账面价值和计税基础

会计角度	税法角度
其他负债如企业应交的罚款和滞纳金等,在尚未支付之前按照会计规定确认为费用,同时作为负债反映。 借:营业外支出 贷:其他应付款	税法规定,罚款和滞纳金不能税前扣除,即该部分费用**无论是在发生当期还是在以后期间均不允许税前扣除**,其计税基础为账面价值减去未来期间计税时可予税前扣除的金额(零)之间的差额,即计税基础等于账面价值,不确认递延所得税,但需要纳税调整

续表

会计角度	税法角度
账面价值=未支付的罚款和滞纳金	计税基础=账面价值
结论：不产生暂时性差异	

趁热答题

|例17-2·计算分析题| 甲企业2×20年12月计入成本费用的职工工资总额为2 000万元，至2×20年12月31日尚未支付。按照适用税法规定，当期计入成本费用的2 000万元工资支出中，可予税前扣除的合理部分为1 500万元。

(要求) 分析应付职工薪酬在2×20年12月31日的账面价值、计税基础。

(答案)

应付职工薪酬在2×20年12月31日的账面价值为2 000（万元）。

应付职工薪酬在2×20年12月31日的计税基础=账面价值-未来可以抵扣的金额（0）＝2 000-0＝2 000（万元），账面价值等于计税基础，不产生暂时性差异。

考点4 暂时性差异（★★★）

靶心考点精讲

考频 2021年多选题

（一）基本界定（见图17-4）

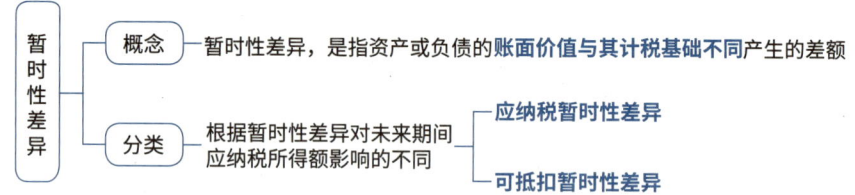

图17-4 暂时性差异的概念和分类

（二）暂时性差异的分类

1. 应纳税暂时性差异（见图17-5）

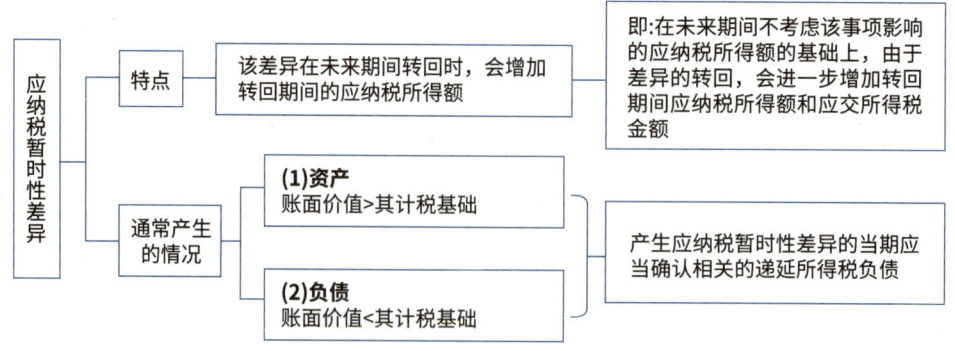

图17-5 应纳税暂时性差异的相关知识

2. 可抵扣暂时性差异

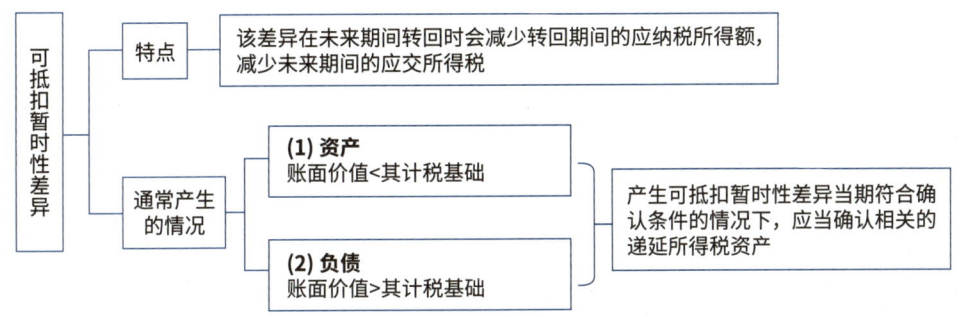

图17-6 可抵扣暂时性差异的相关知识

通关文牒

▶ 速提分 ▶

按照税法规定**可以结转以后年度的未弥补亏损及税款抵减**，虽不是因资产、负债的账面价值与计税基础不同产生的，但本质上可抵扣亏损和税款抵减与可抵扣暂时性差异具有同样的作用，均能减少未来期间的应纳税所得额和应交所得税，会计处理上**视同可抵扣暂时性差异**，在符合确认条件的情况下，**应确认与其相关的递延所得税资产**。

某些交易或事项发生以后，因为不符合资产、负债的确认条件而未体现为资产负债表中的资产或负债，但按照税法规定能够确定其计税基础的，其账面价值 0 与计税基础之间的差异也构成**暂时性差异**。例如，企业发生的符合条件的**广告费和业务宣传费支出**，除税法另有规定外，**不超过当年销售收入 15% 的部分准予扣除**；超过部分准予**在以后纳税年度结转扣除**。该类支出在发生时按照会计准则规定即计入当期损益，不形成资产负债表中的资产，即账面价值为 0，但按照税法规定可以确定其计税基础，两者之间的差额也形成暂时性差异（可抵扣暂时性差异）。

趁热答题

| **例 17-3·多选题（2021 年）**| 甲公司下列各项资产或负债在资产负债表日产生可抵扣暂时性差异的有（　　）。

A. 账面价值为 100 万元、计税基础为 60 万元的交易性金融资产
B. 账面价值为 180 万元、计税基础为 200 万元的交易性金融负债
C. 账面价值为 60 万元、计税基础为 0 的合同负债
D. 账面价值为 800 万元、计税基础为 1 200 万元的投资性房地产

解析 本题考查暂时性差异。可抵扣暂时性差异一般产生于以下情况：(1) 负债的账面价值大于计税基础（选项 C）；(2) 资产的账面价值小于计税基础（选项 D）。选项 AB 属于应纳税暂时性差异。因此，本题选项 CD 正确。

答案 CD

| **例 17-4·单选题（2020 年）**| 2×18 年 12 月 31 日，甲公司以银行存款 180 万元外购一台生产用设备并立即投入使用，预计使用年限为 5 年，预计净残值为 30 万元，采用年数总和法计提折旧。当日，该设备的初始入账金额与计税基础一致。根据税法规定，该设备在 2×19 年至 2×23 年每年可予

税前扣除的折旧金额均为36万元。不考虑其他因素，2×19年12月31日，该设备的账面价值与计税基础之间形成的暂时性差异为（　　）万元。

A. 36　　　　B. 0　　　　C. 24　　　　D. 14

【解析】本题考查暂时性差异。2×19年12月31日，该设备的账面价值=180-(180-30)×5÷15=130（万元），计税基础=180-36=144（万元），资产账面价值小于计税基础，产生可抵扣暂时性差异=144-130=14（万元）。因此，本题选项D正确。

【答案】D

▶ 速提分 ▶

表17-8　暂时性差异的确认

确认的差异	类别	比较基础	确认科目	本期确认
可抵扣暂时性差异	资产	账面价值<计税基础	递延所得税资产	期末>期初→补提 期末<期初→冲回
	负债	账面价值>计税基础		
应纳税暂时性差异	资产	账面价值>计税基础	递延所得税负债	
	负债	账面价值<计税基础		

表17-9　纳税调整事项的区分

纳税调整事项——永久性差异 （不可转回）	纳税调整事项——暂时性差异 （可转回）
（1）国债利息收入免税。 （2）政府职能部门的罚款不得税前扣除。 （3）业务招待费超支部分不得税前扣除。 （4）非公益性捐赠不得税前扣除。 （5）为其他企业借款担保导致的赔偿支出不得税前扣除。 （6）关联企业的担保赔款支出不得税前扣除	（1）资产减值准备的计提。税法不承认减值准备。 （2）以公允价值为计量属性的资产。例如，以公允价值计量且其变动计入当期损益的金融资产、以公允价值计量且其变动计入其他综合收益的金融资产、以公允价值模式进行后续计量的投资性房地产。 （3）以历史成本为计量属性的资产。例如：固定资产（无形资产）折旧方法（摊销方法）或折旧（摊销）期间在会计和税法层面存在差异；寿命不确定的无形资产。 （4）亏损弥补。可用以后连续5个年度内的利润弥补后再交税。 （5）职工教育经费超过扣除限额的部分。超过工资、薪金总额8%的部分可结转在以后纳税年度扣除。 （6）政府补助。税法规定收到当期全部纳入应纳税所得额。 （7）广告费超支的部分。企业发生的符合条件的广告费和业务宣传费支出，除国务院财政、税务主管部门另有规定外，不超过当年销售（营业）收入15%的部分，准予扣除；超过部分，准予在以后纳税年度结转扣除。 （8）或有事项。如计提的预计产品保修费用。 （9）"三新"支出形成的无形资产（加计扣除）。 （10）长期股权投资权益法核算。 （11）商誉的初始计量（免税合并）

第二节 递延所得税负债和递延所得税资产的确认和计量

考点 5 递延所得税负债的确认和计量（★★★）

考频 2023年判断题；2022年单选题；2021年多选题、判断题

（一）递延所得税负债的确认

1. 原则

除企业会计准则中明确规定可不确认递延所得税负债的情况以外，企业对于所有的应纳税暂时性差异均应**确认**相关的**递延所得税负债**。

会计处理如下：
借：所得税费用
　　盈余公积
　　利润分配——未分配利润
　　其他综合收益
　　商誉
　贷：递延所得税负债　　　　【或相反分录】

例 17-5·单选题（2020年） 2×18年10月18日，甲公司以银行存款3 000万元购入乙公司的股票，分类为以公允价值计量且其变动计入当期损益的金融资产。2×18年12月31日该股票投资的公允价值为3 200万元，2×19年12月31日该股票投资的公允价值为3 250元。甲公司适用的企业所得税税率为25%。2×19年12月31日，该股票投资的计税基础为3 000元。不考虑其他因素，甲公司对该股票投资公允价值变动应确认递延所得税负债的余额为（　　）万元。

　A. 12.5　　　　B. 62.5　　　　C. 112.5　　　　D. 50

解析 本题考查递延所得税负债的确认和计量。交易性金融资产的期末账面价值为3 250万元，计税基础为3 000万元，资产账面价值>计税基础，产生应纳税暂时性差异余额=3 250-3 000=250（万元），应确认递延所得税负债余额=250×25%=62.5（万元）。因此，本题选项B正确。

答案 B

2. 不确认递延所得税负债的特殊情况

有些情况下，虽然资产、负债的账面价值与其计税基础不同，产生了应纳税暂时性差异，但出于各方面考虑，企业会计准则中规定**不确认**相应的递延所得税负债，主要包括：

（1）商誉的初始确认，见表17-10。

表17-10　商誉初始确认时递延所得税负债的会计处理

事项	主要内容
商誉的计算	非同一控制下： 商誉=合并成本-被购买方可辨认净资产公允价值的份额

续表

事项		主要内容
递延所得税负债的确认	前提	会计上作为非同一控制下的企业合并，同时按照税法规定作为免税合并的情况下
	会计处理	因为免税合并，税法不认可商誉的价值，商誉的计税基础为0，其账面价值（购买日的公允价值）与计税基础（原账面价值）不同形成应纳税暂时性差异，会计准则规定**不确认**相关的递延所得税负债
	原因	若确认递延所得税负债，则会进一步增加商誉的账面价值，不但会影响到会计信息的可靠性，而且会进一步产生应纳税暂时性差异，使得递延所得税负债和商誉价值量的变化不断循环

【提示】按照会计准则规定，在非同一控制下企业合并中确认了商誉，若是应税合并该商誉在初始确认时**计税基础等于账面价值**的（无暂时性差异），该商誉在后续计量过程中因会计准则与税法规定不同产生暂时性差异的（如商誉计提了减值），应当**确认**相关的所得税影响。

趁热答题

例17-6·判断题 非同一控制下的企业合并中，购买日商誉的账面价值大于计税基础产生的应纳税暂时性差异的，应当确认递延所得税负债。（　　）

【解析】本题考查不确认递延所得税负债的特殊情况。因企业合并成本固定，若确认递延所得税负债，则减少被购买方可辨认净资产的公允价值，会进一步增加商誉，由此进入不断循环。而且，商誉本身就是企业合并成本在取得的被购买方可辨认资产、负债之间进行分配后的剩余价值，确认递延所得税负债进一步增加其账面价值，会影响到会计信息的可靠性；而且增加了商誉的账面价值以后，可能很快就要计提减值准备，同时其账面价值的增加还会进一步产生应纳税暂时性差异，使得递延所得税负债和商誉价值量的变化不断循环。因此，非同一控制下的企业合并中，购买日商誉的账面价值大于计税基础产生的应纳税暂时性差异的，不应确认递延所得税负债。因此，本题表述错误。

【答案】×

（2）除企业合并以外的其他交易或事项中，如果该项交易或事项发生时**既不影响会计利润，也不影响应纳税所得额**，则所产生的资产、负债的初始确认金额与其计税基础不同，形成应纳税暂时性差异的，交易或事项发生时不确认相应的递延所得税负债。

（二）递延所得税负债的计量

（1）递延所得税负债应以相关应纳税暂时性差异**转回期间适用的所得税税率**计量。
（2）无论应纳税暂时性差异的转回期间如何，递延所得税负债**不要求折现**。

通关文牒

▶ 速提分 ▶

递延所得税负债的计算。
"递延所得税负债"的余额=该时点应纳税暂时性差异余额×转回期间适用的所得税税率
"递延所得税负债"的本期发生额=递延所得税负债的期末余额−递延所得税负债的期初余额
税率不变的情况下：
"递延所得税负债"的本期发生额=当期应纳税暂时性差异的增减变动额×转回期间适用的所得税税率

趁热答题

| 例 17-7·判断题（2023 年）| 企业计量递延所得税负债时，应以相关应纳税暂时性差异转回期间适用的企业所得税税率为基础计算确定。（　　）

解析 本题考查递延所得税负债的确认和计量。递延所得税负债应以相关应纳税暂时性差异转回期间适用的所得税税率计量。因此，本题表述正确。

答案 √

| 例 17-8·单选题（2022 年）| 甲公司适用的企业所得税税率为 25%。2×20 年 12 月 31 日，甲公司一项以公允价值模式计量的投资性房地产的账面价值为 600 万元，计税基础为 580 万元。2×21 年 12 月 31 日，该投资性房地产的账面价值为 620 万元，计税基础为 500 万元。不考虑其他因素，2×21 年 12 月 31 日，甲公司递延所得税负债的期末余额为（　　）万元。

A. 20　　　　B. 5　　　　C. 30　　　　D. 25

解析 本题考查递延所得税负债的确认和计量。2×21 年 12 月 31 日，甲公司递延所得税负债的期末余额=（620-500）×25%=30（万元）。因此，本题选项 C 正确。

答案 C

| 例 17-9·判断题（2021 年）| 对于以公允价值计量且其变动计入当期损益的金融资产，企业不应对因公允价值变动形成的应纳税暂时性差异确认递延所得税负债。（　　）

解析 本题考查递延所得税负债的确认和计量。除会计准则中明确规定可不确认递延所得税负债的情况以外，企业对于所有的应纳税暂时性差异均应确认相关的递延所得税负债。以公允价值计量且其变动计入当期损益的金融资产不属于准则规定的例外情况，企业应对以公允价值计量且其变动计入当期损益的金融资产因公允价值变动形成的应纳税暂时性差异确认递延所得税负债。因此，本题表述错误。

答案 ×

考点 6　递延所得税资产的确认和计量（★★★）

考频 2022 年单选题；2021 年多选题

（一）递延所得税资产的确认

1. 确认的一般原则（见表 17-11）

表 17-11　递延所得税资产的确认原则及会计处理

项目	内容
原则	（1）递延所得税资产产生于可抵扣暂时性差异。 （2）应当以未来期间很可能取得用来抵扣可抵扣暂时性差异的应纳税所得额为限，确认相关的递延所得税资产
会计处理	借：递延所得税资产 　　贷：所得税费用　　　　　　【或相反分录】 　　　　盈余公积 　　　　利润分配——未分配利润 　　　　其他综合收益 　　　　商誉

▶ 很好懂 ▶

确认递延所得税资产时,应关注以下问题:

(1) 递延所得税资产的确认应以未来期间可能取得的应纳税所得额为限。

【注】因可抵扣暂时性差异转回期间未能取得足够的应纳税所得额,从而未确认相关的递延所得税资产的,应在财务报表附注中进行披露。

(2) 对于按照税法规定可以结转以后年度的未弥补亏损和税款抵减,应视同可抵扣暂时性差异处理。

在预计可利用可弥补亏损或税款抵减的未来期间内能够取得足够的应纳税所得额时,应当以很可能取得的应纳税所得额为限,确认相应的递延所得税资产,同时减少确认当期的所得税费用。

2. 不确认递延所得税资产的特殊情况

某些情况下,如果企业发生的某项交易或事项不是企业合并,并且该交易发生时既不影响会计利润也不影响应纳税所得额,且该项交易中产生的资产、负债的初始确认金额与其计税基础不同,产生可抵扣暂时性差异的,企业会计准则中规定在交易或事项发生时不确认相应的递延所得税资产。例如:自行研发无形资产的加计扣除。

(二) 递延所得税资产的计量

1. 适用税率的确定

(1) 确认递延所得税资产时,应估计相关可抵扣暂时性差异的转回时间,采用转回期间适用的所得税税率为基础计算确定。

(2) 无论相关的可抵扣暂时性差异转回期间如何,递延所得税资产均不予折现。

2. 递延所得税资产的减值

资产负债表日,企业应当对递延所得税资产的账面价值进行复核。

(1) 如果未来期间很可能无法取得足够的应纳税所得额用以利用递延所得税资产的利益,应当减记递延所得税资产的账面价值。会计分录为:

借:所得税费用/其他综合收益等
　　贷:递延所得税资产

(2) 递延所得税资产的账面价值因上述原因减记以后,以后期间根据新的环境和情况判断能够产生足够的应纳税所得额用以利用可抵扣暂时性差异,使得递延所得税资产包含的经济利益能够实现的,应相应恢复递延所得税资产的账面价值。

趁热答题

| 例 17-10·多选题 (2021 年) | 2×20 年 1 月 1 日,甲公司开始自行研发一项用于生产 P 产品的新技术,研究阶段的支出为 400 万元,开发阶段满足资本化条件的支出为 600 万元。2×20 年 7 月 1 日,该新技术研发成功并立即用于 P 产品的生产。该新技术的预计使用年限为 5 年,预计净残值为零,采用直线法进行摊销。根据税法规定,该新技术在其预计使用年限 5 年内每年准予在税前扣除的摊销费用为 210 万元。甲公司适用的企业所得税税率为 25%。不考虑其他因素,甲公司 2×20 年 7 月 1 日与该新技术有关的下列各项会计处理表述中,正确的有(　　)。

A. 该新技术的入账金额为 1 000 万元
B. 该新技术的可抵扣暂时性差异为 450 万元
C. 应确认与该新技术有关的递延所得税资产 112.5 万元
D. 该新技术的计税基础为 1 050 万元

【解析】本题考查递延所得税资产的确认和计量。2×20 年 7 月 1 日，该项新技术满足资本化条件的支出为 600 万元，因此，其入账价值为 600 万元，选项 A 错误；新技术计税基础=210×5=1 050（万元），资产计税基础大于账面价值，形成可抵扣暂时性差异=1 050-600=450（万元），选项 BD 正确；由于新技术属于内部研究开发形成的无形资产，不是由于企业合并，并且在确认时既不影响会计利润也不影响应纳税所得额，由此产生的可抵扣暂时性差异，按照所得税会计准则的规定，不确认相关递延所得税资产，选项 C 错误。因此，本题选项 BD 正确。

【答案】BD

▶ 速提分 ▶

递延所得税资产的计算。

"递延所得税资产"的余额=该时点可抵扣暂时性差异额×转回期间适用的所得税率

"递延所得税资产"的本期发生额=递延所得税资产的期末余额-递延所得税资产的期初余额

税率不变的情况下：

"递延所得税资产"的本期发生额=当期可抵扣暂时性差异的增减变动额×转回期间适用的所得税率

考点 7 特定交易或事项涉及递延所得税的确认（★★）

考频 2022 年单选题；2021 年判断题

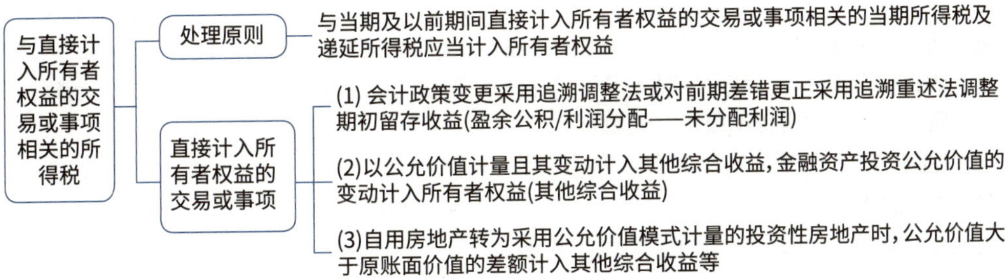

与直接计入所有者权益的交易或事项相关的所得税	处理原则	与当期及以前期间直接计入所有者权益的交易或事项相关的当期所得税及递延所得税应当计入所有者权益
	直接计入所有者权益的交易或事项	(1) 会计政策变更采用追溯调整法或对前期差错更正采用追溯重述法调整期初留存收益(盈余公积/利润分配——未分配利润)
		(2) 以公允价值计量且其变动计入其他综合收益，金融资产投资公允价值的变动计入所有者权益(其他综合收益)
		(3) 自用房地产转为采用公允价值模式计量的投资性房地产时，公允价值大于原账面价值的差额计入其他综合收益等

图 17-7　与直接计入所有者权益的交易或事项相关的所得税核算

│例 17-11·计算分析题│甲公司于 2×19 年 4 月自公开市场以 1 200 万元的价格取得 A 公司债券（分期付息的平价债券），作为其他债权投资核算（假定不考虑交易费用），2×19 年 12 月 31 日，甲公司该债券投资尚未出售，当日市价为 1 800 万元。甲公司以 2 200 万元的价格将该债券于 2×20 年 5 月对外出售。按照税法规定，资产在持有期间公允价值的变动不计入应纳税所得额，待处置时一并计算计入应纳税所得额。甲公司适用的所得税税率为 25%，假定在未来期间不会发生变化。本题的数字采用万元为单位。

> 要求 写出甲公司相关会计处理。

> 答案
甲公司会计处理如下：
① 2×19 年 4 月买入债券时：
借：其他债权投资——成本　　　　　　　　　1 200
　　贷：银行存款　　　　　　　　　　　　　　1 200
② 2×19 年 12 月 31 日：
借：其他债权投资——公允价值变动　　　　　600
　　贷：其他综合收益　　　　　　　　　　　　600
借：其他综合收益　　　　　　　　　　　　　150
　　贷：递延所得税负债　　　　　　　　　　　150
③ 甲公司以 2 200 万元的价格将该债券于 2×20 年 5 月对外出售：
借：银行存款　　　　　　　　　　　　　　　2 200
　　贷：其他债权投资——成本　　　　　　　　1 200
　　　　　　　　　　——公允价值变动　　　　600
　　　　投资收益　　　　　　　　　　　　　　400
借：其他综合收益　　　　　　　　　　　　　600
　　贷：投资收益　　　　　　　　　　　　　　600
借：递延所得税负债　　　　　　　　　　　　150
　　贷：其他综合收益　　　　　　　　　　　　150

考点 8　所得税税率变化对已确认递延所得税资产和递延所得税负债影响的确认和计量（★★）

考频 2022 年多选题

因适用税收法规的变化，导致企业在某一会计期间适用的所得税税率发生变化的，企业应对**已确认的递延所得税资产和递延所得税负债按照新的税率进行重新计量**。

除直接计入所有者权益的交易或事项产生的递延所得税资产和递延所得税负债其相关的调整金额应计入所有者权益**以外**，其他情况下因所得税税率变化产生的递延所得税资产和递延所得税负债调整金额应确认为**当期所得税费用（或收益）**。

> 趁热答题

| 例 17-12·多选题（2022 年） | 下列各项关于企业所得税会计处理的表述中，正确的有（　　）。
A. 免税合并下，商誉初始确认产生的应纳税暂时性差异不应确认递延所得税负债
B. 对于按照税法规定可以结转以后年度的未弥补亏损，应作为可抵扣暂时性差异处理
C. 未来期间适用的企业所得税税率发生变化的，企业应对已确认的递延所得税资产和递延所得税负债进行重新计量
D. 与直接计入所有者权益的交易或事项相关的递延所得税应计入所有者权益

> 解析　本题考查特定交易或事项涉及递延所得税的确认。选项 ABCD 说法均正确。因此，本题选项 ABCD 正确。

> 答案　ABCD

考点 9　关于单项交易产生的资产和负债相关的递延所得税不适用初始确认豁免的会计处理（★）

对于不是企业合并、交易发生时既不影响会计利润也不影响应纳税所得额（或可抵扣亏损）、且**初始确认**的**资产**和**负债**导致产生**等额应纳税暂时性差异和可抵扣暂时性差异**的单项交易（包括承租人在租赁期开始日初始确认租赁负债并计入使用权资产的租赁交易，以及因固定资产等存在弃置义务而确认预计负债并计入相关资产成本的交易等，以下简称单项交易），**不适用上述关于豁免**初始确认递延所得税负债和递延所得税资产的规定。

企业对该**单项交易**因资产和负债的初始确认所产生的应纳税暂时性差异和可抵扣暂时性差异，应当根据所得税准则等有关规定，在交易发生时**分别确认相应的递延所得税负债和递延所得税资产**。

以租赁业务为例，承租人考虑所得税的情况下如何编写租赁相关的会计分录，如表 17-12 所示：

表 17-12　承租人租赁业务考虑所得税的会计分录

步骤	会计分录	
初始计量	借：使用权资产 　　租赁负债——未确认融资费用 　贷：租赁负债——租赁付款额 【假设初始计量时，使用权资产账面价值＝租赁负债账面价值】	使用权资产会产生应纳税暂时性差异，租赁负债会产生可抵扣暂时性差异： 借：递延所得税资产 　贷：递延所得税负债
后续计量	借：管理费用等 　贷：使用权资产累计折旧	借：递延所得税负债 　贷：所得税费用
	借：财务费用 　贷：租赁负债——未确认融资费用 借：租赁负债——租赁付款额 　贷：银行存款	借：所得税费用 　贷：递延所得税资产

第三节　所得税费用的确认和计量

采用资产负债表债务法核算所得税的情况下，利润表中的所得税费用由两个部分组成：**当期所得税和递延所得税费用（或收益）**。

考点 10　当期所得税（★★）

考频　2023 年判断题；2021 年多选题

表 17-13　当期所得税

事项	主要内容
概念	是指企业按照税法规定计算确定的针对当期发生的交易和事项，应缴纳给税务机关的所得税金额，即应交所得税。即：**当期所得税＝当期应交所得税**
计算	当期所得税应当以适用的税收法规为基础计算确定。 （1）应纳税所得额＝会计利润+纳税调整增加额-纳税调整减少额+境外应税所得弥补境内亏损-弥补以前年度亏损 （2）当期所得税＝当期应交所得税＝应纳税所得额×适用税率-减免税额-抵免税额

续表

事项	主要内容
会计处理	借：所得税费用 　　贷：应交税费——应交所得税

▶ 速提分 ▶

（1）暂时性差异**不影响损益**的，**不需要进行纳税调整**。

（2）应纳税所得额=税前会计利润+影响**损益**的可抵扣暂时性差异本期发生额−影响**损益**的可抵扣暂时性差异本期转回额−影响**损益**的应纳税暂时性差异本期发生额+影响**损益**的应纳税暂时性差异本期转回额。

考点 11　递延所得税费用（或收益）（★★★）

考频　2023 年判断题、综合题；2022 年综合题；2021 年多选题、综合题

表 17-14　递延所得税费用（或收益）

事项	内容
概念	是指按照所得税准则规定当期应予确认的递延所得税资产和递延所得税负债在会计期末**应有的金额**相对于**原已确认金额**之间的差额，即递延所得税资产和递延所得税负债的当期发生额，但**不包括**计入所有者权益的交易或事项的所得税影响
计算	递延所得税费用（或收益）=当期递延所得税负债的增加+当期递延所得税资产的减少−当期递延所得税负债的减少−当期递延所得税资产的增加
提示	如果某项交易或事项按照企业会计准则规定应计入所有者权益，由该交易或事项产生的递延所得税资产或递延所得税负债及其变化亦应计入所有者权益，不构成利润表中的递延所得税费用（或收益）

考点 12　所得税费用的计算与列报（★★★）

考频　2023 年单选题、综合题

靶心考点精讲

利润表中的所得税费用由两个部分组成：**当期所得税和递延所得税**。

所得税费用=当期所得税+递延所得税费用（或-收益）

▶ 很好懂 ▶

计入当期损益的所得税费用或收益**不包括**企业合并和直接在所有者权益中确认的交易或事项产生的所得税影响。与直接计入所有者权益的交易或者事项相关的当期所得税和递延所得税，应当**计入所有者权益**。

表 17-15 所得税费用确认和转回的会计分录

所得税费用确认时	所得税费用转回时
（1）借：递延所得税资产 　　　贷：所得税费用 （2）借：所得税费用 　　　贷：递延所得税负债	（1）借：所得税费用 　　　贷：递延所得税资产 （2）借：递延所得税负债 　　　贷：所得税费用

趁热答题

｜例 17-13·单选题（2023 年）｜ 甲公司适用企业所得税税率25%，预计未来能产出足够的应纳税所得额用以抵扣可抵扣暂时性差异，甲公司2×22年利润总额为1 000万元，国债利息收入为50万元，违法支出为60万元，当年新增一台初始入账成本与计税基础为600万元的行政管理设备，当年计提60万元折旧，税法允许扣除的折旧金额为40万元，假设税法规定，国债利息收入免税，违法支出不允许税前扣除。甲公司2×22年所得税费用的列报金额为（　　）万元。

　　A. 247.5　　　　B. 250　　　　C. 252.5　　　　D. 257.5

解析 本题考查所得税费用的计算与列报。2×22年年末甲公司购入行政管理设备的账面价值=600-60=540（万元），计税基础=600-40=560（万元），形成可抵扣暂时性差异，确认递延所得税资产的金额=(560-540)×25%=5（万元）。甲公司2×22年应纳税所得额=1 000-50+60+(60-40)=1 030（万元），应交所得税=1 030×25%=257.5（万元）。因此，应确认所得税费用的金额=257.5-5=252.5（万元），选项C正确。

答案 C

｜例 17-14·单选题（2018 年）｜ 2×19年，甲公司当期应交所得税15 800万元，递延所得税资产本期净增加320万元（其中20万元对应其他综合收益），递延所得税负债未发生变化。不考虑其他因素，2×19年利润表应列示的所得税费用金额为（　　）万元。

　　A. 15 480　　　　B. 16 100　　　　C. 15 500　　　　D. 16 120

解析 本题考查所得税费用的确定。准则规定，计入当期损益的所得税费用或收益不包括企业合并和直接在所有者权益中确认的交易或事项产生的所得税影响。与直接计入所有者权益的交易或者事项相关的当期所得税和递延所得税，应当计入所有者权益。递延所得税资产净增加表示是产生递延所得税收益。因此，2×19年利润表应列示的所得税费用=应交所得税+递延所得税费用=15 800-(320-20)=15 500（万元）。因此，本题选项C正确。

答案 C

｜例 17-15·单选题｜ 2×19年12月31日，甲公司因交易性金融资产和其他权益工具投资的公允价值变动，分别确认了10万元的递延所得税资产和20万元的递延所得税负债。甲公司当期应交所得税的金额为150万元。假定不考虑其他因素，该公司2×19年度利润表"所得税费用"项目应列示的金额为（　　）万元。

　　A. 120　　　　B. 140　　　　C. 160　　　　D. 180

解析 本题考查所得税费用的确定。准则规定，计入当期损益的所得税费用或收益不包括企业合并和直接在所有者权益中确认的交易或事项产生的所得税影响。与直接计入所有者权益的交易或者事项相关的当期所得税和递延所得税，应当计入所有者权益。甲公司其他权益工具投资公允价值变动应计入其他综合收益,所以其产生的 20 万元递延所得税负债应计入其他综合收益,不构成利润表中的递延所得税费用(或收益),不影响所得税费用的金额。该公司 2×19 年度利润表"所得税费用"项目应列示的金额=150-10=140(万元)。

本题相关会计分录如下:

借:所得税费用　　　　　　　　　　　　　　140
　　递延所得税资产　　　　　　　　　　　　 10
　　　贷:应交税费——应交所得税　　　　　　150
借:其他综合收益　　　　　　　　　　　　　　20
　　　贷:递延所得税负债　　　　　　　　　　 20

因此,本题选项 B 正确。

答案　B

例 17-16·综合题(2022 年) 甲公司适用的企业所得税税率为 25%,预计未来期间适用的企业所得税税率不会发生变化,未来期间能够产生足够的应纳税所得额用以抵减可抵扣暂时性差异。2×21年 1 月 1 日,甲公司递延所得税资产、递延所得税负债的年初余额均为零。2×21 年,甲公司发生的与企业所得税相关的交易或事项如下:

资料一: 2×21 年 1 月 1 日,甲公司与乙公司签订租赁协议,于当日起将自用办公楼出租给乙公司使用,甲公司将该办公楼划分为投资性房地产,采用公允价值模式计算。当日,该办公楼的原值为 15 000 万元,累计折旧为 900 万元,公允价值为 16 000 万元,计税基础为 14 100 万元。2×21 年12 月 31 日,该办公楼的公允价值为 16 200 万元,计税基础为 13 800 万元。

资料二: 2×21 年 3 月 1 日,甲公司以银行存款 1 010 万元(含交易费用 10 万元)从一级市场购入丙公司股票 100 万股。甲公司将该股票分类为以公允价值计量且其变动计入当期损益的金融资产,该金融资产的初始入账金额与计税基础一致。

2×21 年 12 月 31 日,甲公司持有的丙公司股票的公允价值为 800 万元。根据税法规定,甲公司所持丙公司股票公允价值的变动不计入当期应纳税所得额,待转让时将转让收入扣除初始投资成本的差额计入当期的应纳税所得额。

资料三: 2×21 年 12 月 1 日,甲公司因合同违约被丁公司起诉。2×21 年 12 月 31 日,甲公司尚未接到法院的判决。甲公司预计最终的法院判决很可能对公司不利,将要支付的赔偿金额为 130 万元至 150 万元之间的某一金额,且该区间内每个金额发生的可能性大致相同。根据税法规定,企业计提的赔偿金额不计入当期应纳税所得额,待实际支付时,计入当期的应纳税所得额。

资料四: 2×21 年甲公司发生业务宣传费 1 000 万元至年末尚未支付,甲公司当年实现销售收入 6 000 万元。根据税法规定,企业发生的业务宣传费支出不超过当年销售收入 15%的部分准予税前扣除,超过部分准予结转以后年度扣除。

本题不考虑除企业所得税以外的税费及其他因素。

要求 (1)分别编制甲公司 2×21 年 1 月 1 日将其办公楼出租给乙公司的会计分录和确认递延所得税的会计分录。

(2)分别编制甲公司 2×21 年 12 月 31 日对该办公楼按公允价值计量的会计分录和确认递延所得税的会计分录。

(3)编制甲公司 2×21 年 3 月 1 日购入丙公司股票的会计分录。

(4)分别编制甲公司 2×21 年 12 月 31 日对所持丙公司股票按公允价值计量的会计分录和确认递延所得税的会计分录。

(5) 分别编制甲公司 2×21 年 12 月 31 日确认预计违约金的会计分录和确认递延所得税的会计分录。

(6) 编制甲公司 2×21 年 12 月 31 日因业务宣传费确认递延所得税的会计分录。

解析 本题考查房地产的转换、递延所得税负债的确认和计量、递延所得税资产的确认和计量、以公允价值计量且其变动计入当期损益的金融资产的后续计量。

答案

(1) 2×21 年 1 月 1 日：

借：投资性房地产——成本　　　　　　　　　16 000
　　累计折旧　　　　　　　　　　　　　　　900
　　贷：固定资产　　　　　　　　　　　　　　　15 000
　　　　其他综合收益　　　　　　　　　　　　　1 900
借：其他综合收益　　　　　　　　　　　　　475
　　贷：递延所得税负债　　　　　　　　　　　　475

(2) 2×21 年 12 月 31 日：

借：投资性房地产——公允价值变动　　　　　200
　　贷：公允价值变动损益　　　　　　　　　　　200
借：所得税费用　　　　　　　　　　　　　　125
　　贷：递延所得税负债　　　　　　　　　　　　125〔(16 200-13 800)×25%-475〕

(3) 2×21 年 3 月 1 日：

借：交易性金融资产——成本　　　　　　　　1 000
　　投资收益　　　　　　　　　　　　　　　10
　　贷：银行存款　　　　　　　　　　　　　　　1 010

(4) 2×21 年 12 月 31 日：

借：公允价值变动损益　　　　　　　　　　　200
　　贷：交易性金融资产——公允价值变动　　　　200
借：递延所得税资产　　　　　　　　　　　　50
　　贷：所得税费用　　　　　　　　　　　　　　50

(5) 2×21 年 12 月 31 日：

借：营业外支出　　　　　　　　　　　　　　140
　　贷：预计负债　　　　　　　　　　　　　　　140
借：递延所得税资产　　　　　　　　　　　　35
　　贷：所得税费用　　　　　　　　　　　　　　35

(6) 2×21 年 12 月 31 日：

借：递延所得税资产　　　　　　　　　　　　25（100×25%）
　　贷：所得税费用　　　　　　　　　　　　　　25

考点 13　合并财务报表中因抵销未实现内部交易损益产生的递延所得税（★）

企业在编制合并财务报表时，因抵销未实现内部销售损益导致合并资产负债表中资产、负债的**账面价值**与其在纳入合并范围的企业按照适用税法规定确定的**计税基础**之间产生暂时性差异的，在合并资产负债表中应当确认**递延所得税资产或递延所得税负债**，同时调整合并利润表中的**所得税费用**，但与**直接计入所有者权益**的交易或事项及企业合并相关的递延所得税**除外**。

考点加油站

所得税

计税基础与暂时性差异

- **考点1** 所得税核算的基本原理和程序★
- **考点2** 资产的计税基础★★★
  - 固定资产
  - 无形资产
  - 以公允价值计量且其变动计入当期损益的金融资产
  - 其他资产—存货、应收账款、投资性房地产等
- **考点3** 负债的计税基础★★★
  - 预计负债
  - 合同负债
  - 应付职工薪酬
  - 其他负债—其他应付款等
- **考点4** 暂时性差异★★★
  - 1.应纳税暂时性差异——资产：账面价值＞计税基础；负债：账面价值＜计税基础
  - 2.可抵扣暂时性差异——资产：账面价值＜计税基础；负债：账面价值＞计税基础

递延所得税负债和递延所得税资产的确认和计量

- **考点5** 递延所得税负债的确认和计量★★★
- **考点6** 递延所得税资产的确认和计量★★★
- **考点7** 特定交易或事项涉及递延所得税的确认★★——与直接计入所有者权益的交易或事项相关的所得税
- **考点8** 所得税税率变化对已确认递延所得税资产和递延所得税负债影响的确认和计量★★
- **考点9** 关于单项交易产生的资产和负债相关的递延所得税不适用初始确认豁免的会计处理★

所得税费用的确认和计量

- **考点10** 当期所得税★★——当期所得税 当期应交所得税
- **考点11** 递延所得税费用（或收益）★★★——递延所得税费用(或收益)=当期递延所得税负债的增加+当期递延所得税资产的减少-当期递延所得税负债的减少-当期递延所得税资产的增加
- **考点12** 所得税费用的计算与列报★★★——所得税费用=当期所得税+递延所得税费用（或-收益）
- **考点13** 合并财务报表中因抵销未实现内部交易损益产生的递延所得税★

69%

第十八章 外币折算

考情驿站

本章属于非重点章节,以客观题为主要考查形式,考点集中在"外币交易的会计处理"和"外币财务报表折算的一般原则"。近三年平均考查分值为4~6分。

考点地图

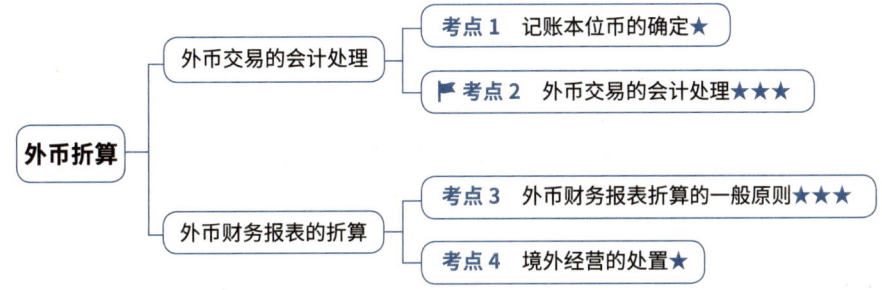

2024年本章主要变化

无实质性变动。

第一节　外币交易的会计处理

考点1　记账本位币的确定（★）

考频　2021年判断题

（一）记账本位币的定义

记账本位币是指企业经营所处的**主要经济环境**中的货币。例如，我国企业一般以**人民币**作为记账本位币。

（二）企业记账本位币的确定

我国《会计法》规定，企业通常应选择**人民币**作为记账本位币。业务收支以人民币以外的货币为主的企业，可以选定其中一种货币作为记账本位币，但是**编报的财务报表应当折算为人民币**。

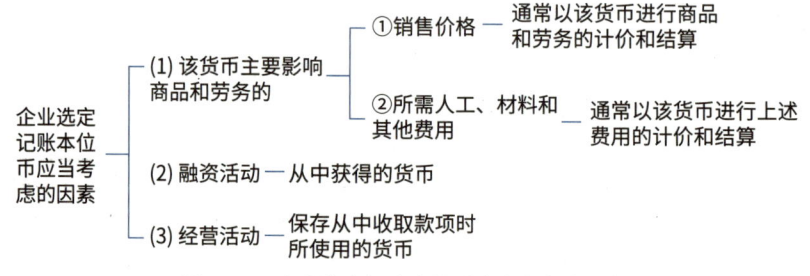

图 18-1　企业选定记账本位币应当考虑的因素

▶ 很好懂 ▶

通常综合考虑第一项中的两个因素即可确定企业记账本位币；但在有些情况下，仅根据收支情况难以确定记账本位币，需要进一步结合第二、三项因素进行综合分析后做出判断。

（三）境外经营记账本位币的确定

1. 境外经营的含义（两个方面）

（1）境外经营是指企业在境外的子公司、合营企业、联营企业、分支机构；

（2）当企业在境内的子公司、合营企业、联营企业、分支机构，采用不同于本企业记账本位币的，也视同境外经营。

▶ 很好懂 ▶

确定境外经营时,要看其选定的记账本位币是否与企业的记账本位币相同,而**不是以位置**是否在境外为判定标准。

2. 境外经营**记账本位币**考虑因素

确定境外经营的记账本位币时,除考虑上述确定企业记账本位币需要考虑的因素外,还应考虑下列因素:

表 18-1　确定境外经营记账本位币需考虑的因素

需考虑的因素	应当选择与本企业记账本位币相同的货币作为记账本位币的情况	可根据实际情况确定记账本位币的情况
(1) 境外经营对其所从事的活动是否拥有很强的**自主性**	境外经营所从事的活动是视同本企业经营活动的延伸,**构成企业经营活动的组成部分**(即:没有自主性)	境外经营所从事的活动**拥有极大的自主性**
(2) 境外经营活动中与企业的**交易**是否在境外经营活动中占有**较大比重**	境外经营与企业的**交易**在境外经营活动中所占的**比例较高**	**反之**,应当选择与本企业记账本位币**不同**的货币作为记账本位币
(3) 境外经营活动产生的现金流量是否**直接影响**企业的现金流量、是否可以**随时汇回**	境外经营活动产生的现金流量**直接影响**企业的现金流量,**并可随时汇回**	
(4) 境外经营活动产生的现金流量是否**足以偿还**其现有债务和可预期的债务	境外经营活动产生的现金流量在企业不提供资金的情况下,**难以偿还**其现有债务和正常情况下可预期的债务	

▶ 速提分 ▶

企业在多种因素混合、记账本位币不明显的情况下,确定记账本位币或其境外经营记账本位币的顺序如图 18-2 所示:

1. 优先考虑主要影响商品和劳务的销售价格及商品和劳务所需人工、材料和其他费用的计价和结算货币
2. 考虑融资活动获得的货币、保存从经营活动中收取款项时所使用的货币
3. 确定境外经营记账本位币时,应考虑境外经营活动的自主性、与企业的交易所占比重、所产生的现金流量是否直接影响企业现金流量并可随时汇回以及境外经营活动产生的现金流量是否可足额偿还现有及预期债务等因素

图 18-2　记账本位币确定的顺序

趁热答题

例 18-1·判断题（2015 年） 在企业不提供资金的情况下，境外经营活动产生的现金流量难以偿还其现有债务和正常情况下可预期债务的，境外经营应当选择与企业记账本位币相同的货币作为记账本位币。（　　）

解析 本题考查境外经营记账本位币的确定。如果在企业不提供资金的情况下，境外经营活动产生的现金流量难以偿还其现有债务和正常情况下可预期债务的，境外经营应当选择与企业记账本位币相同的货币作为记账本位币；反之，应选择其他货币。因此，本题表述正确。

答案 √

（四）记账本位币的变更

1. 原则

企业选择的记账本位币**一经确定，不得随意变更**，除非与确定记账本位币相关的企业经营所处的主要经济环境发生重大变化。

2. 会计处理

（1）企业因经营所处的**主要经济环境**发生重大变化，确需变更记账本位币的，应当采用**变更当日**的即期汇率将所有项目折算为变更后的记账本位币，折算后的金额作为以新的记账本位币计量的历史成本，由于采用同一即期汇率进行折算，**不会产生汇兑差额**。

（2）企业需要提供确凿的证据证明企业经营所处的主要经济环境确实发生了重大变化，并应当在附注中披露变更的理由。

考点 2　外币交易的会计处理（★★★）

靶心考点精讲

考频 2023 年判断题；2022 年单选题、判断题；2021 年单选题、判断题

（一）外币交易发生日的初始确认

1. 外币交易发生日的初始确认

表 18-2　外币交易发生日的初始确认

项目	内容
会计处理	（1）企业发生外币交易的，应在初始确认时采用**交易发生日的即期汇率**或即期汇率的**近似汇率**将外币金额折算为记账本位币金额； （2）按照**折算后**的记账本位币金额登记有关账户； （3）在登记有关记账本位币账户的同时，按外币金额登记相应的**外币账户**。
即期汇率与即期汇率的近似汇率	<table><tr><th>即期汇率</th><th>即期汇率的近似汇率</th></tr><tr><td>（1）通常是指中国人民银行公布的当日人民币汇率的**中间价**。 （2）【**例外**】企业发生的单纯的货币兑换交易或涉及货币兑换的交易事项时，仅用中间价不能反映货币买卖的损益，因此，应当按照**交易实际采用的汇率**（即银行买入价或卖出价）折算</td><td>（1）是指按照系统合理的方法确定的、与交易发生日即期汇率近似的汇率，通常采用当期平均汇率或加权平均汇率等。 （2）加权平均汇率需要采用外币交易的外币金额作为权重进行计算</td></tr><tr><td colspan="2">【**原则**】企业通常应当采用**即期汇率**进行折算；当汇率变化不大时，为简化核算，企业也可以采用即期汇率的近似汇率进行折算</td></tr></table>

表 18-3 外汇兑换交易的会计处理

项目	内容
会计账户计量	(1)"银行存款——外币"账户：用当日即期汇率（中间价）折算。 (2)"银行存款——人民币"账户：用银行买入价或卖出价（站在银行角度判断买入或卖出）折算。 因此，企业产生的一定是汇兑损失，计入财务费用
账务处理	(1) 企业买入外币时： 借：银行存款——外币户（按即期汇率折算，中间价） 　　财务费用——汇兑差额（差额） 　　贷：银行存款——人民币（按银行卖出价折算） (2) 企业卖出外币时： 借：银行存款——人民币（按银行买入价折算） 　　财务费用——汇兑差额（差额） 　　贷：银行存款——外币户（按即期汇率折算，中间价）

2. 企业收到投资者以外币投入的资本（特殊）

应当采用**交易发生日的即期汇率**折算，**不得**采用**合同**约定汇率或即期汇率的**近似**汇率折算，外币投入资本与相应的货币性项目的记账本位币金额相等，**不产生外币资本折算差额**。

会计分录为：

借：银行存款等
　　贷：实收资本（收到日的即期汇率）

| 例 18-2·单选题（2019 年）| 甲公司的记账本位币为人民币，其接受外商投资 2 000 万美元，投资合同约定的汇率为 1 美元＝6.94 人民币元。2×18 年 8 月 1 日，甲公司收到第一笔投资 1 000 万美元，当日即期汇率为 1 美元＝6.93 人民币元。2×18 年 12 月 1 日，甲公司收到第二笔投资 1 000 万美元，当日即期汇率为 1 美元＝6.96 人民币元。2×18 年 12 月 31 日的即期汇率为 1 美元＝6.95 人民币元。2×18 年 12 月 31 日，甲公司因该投资计入所有者权益的金额为（　　）万人民币元。

　　A. 13 920　　　　B. 13 880　　　　C. 13 890　　　　D. 13 900

解析 本题考查外币交易的会计处理。企业收到投资者以外币投入的资本，无论是否有合同约定汇率，均不采用合同约定汇率和即期汇率的近似汇率折算，应按实际收款日的即期汇率进行折算，即甲公司因该投资计入所有者权益的金额＝1 000×6.93+1 000×6.96＝13 890（万人民币元），选项 C 正确。

答案 C

| 例 18-3·单选题（2021 年）| 甲公司以人民币作为记账本位币。2×20 年 3 月 1 日甲公司与境外投资者乙公司签订合同，乙公司将分两次向甲公司投入 3 000 万美元，合同约定的汇率为 1 美元＝6.85 人民币元。2×20 年 4 月 1 日，甲公司收到乙公司第一笔投资 2 000 万美元，当日即期汇率为 1 美元＝

6.91人民币元。2×20年6月1日,甲公司收到乙公司第二笔投资1 000万美元,当日即期汇率为1美元=6.88人民币元。2×20年12月31日的即期汇率为1美元=6.86人民币元。不考虑其他因素,甲公司2×20年12月31日资产负债表中因乙公司投资计入所有者权益的金额为（　　）万人民币元。

A. 20 685　　　　　　B. 20 580　　　　　　C. 20 550　　　　　　D. 20 700

【解析】本题考查外币交易的会计处理。企业收到投资者以外币投入的资本,无论是否有合同约定汇率,均不得采用合同约定汇率和即期汇率的近似汇率折算,而应当采用交易发生日的即期汇率折算。因此,甲公司2×20年12月31日资产负债表中因乙公司投资计入所有者权益的金额=2 000×6.91+1 000×6.88=20 700（万人民币元）,选项D正确。

【答案】D

(二) 资产负债表日或结算日的会计处理

资产负债表日,企业应当区分**外币货币性项目**和**外币非货币性项目**来分别进行处理。

1. 外币货币性项目

(1) 概念及分类。

表18-4　外币货币性项目

事项		内容
概念		货币性项目是指企业**持有的货币**和**将以固定或可确定**的金额收取的资产或者偿付的负债
分类	货币性资产	包括现金、银行存款、应收账款、其他应收款、长期应收款等
	货币性负债	包括应付账款、其他应付款、短期借款、应付债券、长期借款、长期应付款等
资产负债表日或结算日的会计处理		一般情况:企业应当采用**资产负债表日**或**结算当日即期汇率**折算外币货币性项目,因当日即期汇率与初始确认时或者前一资产负债表日即期汇率不同而产生的**汇兑差额**,作为**财务费用**处理,**同时调增或调减外币货币性项目的记账本位币金额**

(2) 具体会计处理。

▶ 速提分 ◀

表18-5　外币交易的会计处理

项目		内容
外币交易汇兑差额	公式	某外币账户的汇兑差额=**期末外币余额×资产负债表日的即期汇率−(期初记账本位币余额+本期外币增加发生额×折算汇率−本期外币减少发生额×折算汇率)**
	计算思路	(1) 外币账户的期末外币余额=期初外币余额+本期增加的外币发生额−本期减少的外币发生额 (2) 调整后记账本位币余额=期末外币余额×资产负债表日的即期汇率 (3) 调整前记账本位币余额=期初记账本位币余额+本期外币增加发生额×折算汇率−本期外币减少发生额×折算汇率 (4) 某外币账户的汇兑差额=调整后记账本位币余额−调整前记账本位币余额

续表

项目	内容
汇兑损益的确认	**资产类**账户的汇兑差额：正数→汇兑收益；负数→汇兑损失。 **负债类**账户的汇兑差额：正数→汇兑损失；负数→汇兑收益。
汇兑损益的归属	(1) 一般情况下，非筹建期内，且不符合资本化条件的，计入财务费用——汇兑损失。 (2) 筹建期内发生的不符合资本化条件的汇兑差额，计入管理费用。 (3) 与专门借款有关的汇兑差额符合资本化条件的，应当予以资本化，计入资产成本（在建工程、研发支出等）

趁热答题

例 18-4·单选题（2020 年） 甲公司的记账本位币为人民币，其外币交易采用交易日的即期汇率折算。2×19 年 11 月 1 日，甲公司向中国银行借入期限为 3 个月、年利率为 2.4% 的 1 000 万美元，当日即期汇率为 1 美元 = 6.9 人民币元。甲公司对该美元借款每月月末计提利息，到期一次还本付息。2×19 年 11 月 30 日的即期汇率为 1 美元 = 6.92 人民币元，2×19 年 12 月 31 日的即期汇率为 1 美元 = 6.95 人民币元，甲公司该美元借款的借款费用不满足资本化条件。该美元借款对甲公司 2×19 年度营业利润的影响金额为（　　）万人民币元。

A. 47.68　　　　B. 77.68　　　　C. 77.8　　　　D. 50

解析 本题考查外币交易的会计处理。甲公司相关账务处理：

(1) 2×19 年 11 月 1 日。

借：银行存款　　　　　　　　　　　　　6 900（1 000×6.9）
　　贷：短期借款　　　　　　　　　　　6 900

(2) 2×19 年 11 月 30 日计提月利息。

借：财务费用　　　　　　　　　　　　　13.84（1 000×2.4%×1÷12×6.92）
　　贷：短期借款——应计利息　　　　　13.84

本金的汇兑差额：

借：财务费用　　　　　　　　　　　　　20 [1 000×(6.92-6.9)]
　　贷：短期借款　　　　　　　　　　　20

(3) 2×19 年 12 月 31 日计提月利息。

借：财务费用　　　　　　　　　　　　　13.9（1 000×2.4%×1÷12×6.95）
　　贷：短期借款——应计利息　　　　　13.9

本金和利息的汇兑差额：

借：财务费用　　　　　　　　　　　　　30.06
　　　　　　　　　　　[1 000×(6.95-6.92)+1 000×2.4%×1÷12×(6.95-6.92)]
　　贷：短期借款　　　　　　　　　　　30
　　　　短期借款——应计利息　　　　　0.06

综上，该美元借款对甲公司 2×19 年度营业利润的影响金额 = 13.84+20+13.9+30.06 = 77.8（万人民币元）。因此，本题选项 C 正确。

答案 C

2. 外币非货币性项目

非货币性项目是指**货币性项目以外**的项目。如存货、长期股权投资、以公允价值计量且其变动计入当期损益的金融资产（股票、基金等）、固定资产、无形资产、预收账款、预付账款、合同负债等。

(1) 对于**以历史成本计量**的外币非货币性项目。

在资产负债表日不改变其原记账本位币金额，仍采用交易发生日的即期汇率折算，**不产生汇兑差额**。

趁热答题

| 例 18-5 · 多选题 | 下列各项涉及外币业务的账户中，企业因汇率变动需于资产负债表日对其记账本位币余额进行调整的有（ ）。

　　A. 固定资产　　　　B. 长期借款　　　　C. 应收账款　　　　D. 应付债券

解析 本题考查外币货币性项目和非货币性项目资产负债表日的外币折算。选项 A，固定资产是以历史成本计量的非货币性资产，已在交易发生日按当日即期汇率折算，资产负债表日不应改变其记账本位币金额，不产生汇兑差额。选项 BCD 均为货币性资产，应在资产负债表日采用当日即期汇率对其进行折算，因当日即期汇率与初始确认时或者前一资产负债表日即期汇率不同而产生的汇兑差额，作为财务费用处理，同时调增或调减外币货币性项目的记账本位币金额。因此，本题选项 BCD 正确。

答案 BCD

(2) 对于**以成本与可变现净值孰低计量**的存货。

在以外币购入存货并且该存货在资产负债表日的可变现净值以外币反映的情况下，确定资产负债表日存货价值时应当考虑**汇率变动**的影响。按以下步骤处理：

①先将可变现净值按资产负债表日即期汇率**折算**为记账本位币金额；

②再与以记账本位币反映的存货成本进行**比较**；

③**确定**该项存货的期末价值。

趁热答题

| 例 18-6 · 单选题 | 甲公司以人民币作为记账本位币，对期末存货按成本与可变现净值孰低计价。2×15 年 5 月 1 日，甲公司进口一批商品，价款为 200 万美元，当日即期汇率为 1 美元＝6.1 人民币元。2×15 年 12 月 31 日，甲公司该批商品中仍有 50%尚未出售，可变现净值为 90 万美元，当日即期汇率为 1 美元＝6.2 人民币元。不考虑其他因素，2×15 年 12 月 31 日，该批商品期末计价对甲公司利润总额的影响金额为（ ）万人民币元。

　　A．减少 104　　　B. 增加 104　　　C. 增加 52　　　D. 减少 52

解析 本题考查对于以成本与可变现净值孰低计量的存货的外币变动的影响。期末结存商品可变现净值＝90×6.2＝558（万人民币元），期末存货成本＝200×6.1×50%＝610（万人民币元），该存货的账面价值大于可变现净值，发生了减值，期末存货应确认资产减值损失＝610－558＝52（万人民币元），减少利润总额 52 万人民币元，选项 D 正确。

答案 D

(3) 对于**以公允价值计量**的外币非货币性项目。

对于以公允价值计量的外币非货币性项目，期末公允价值以外币反映的，按以下步骤处理：

①先将该外币金额按照公允价值确定当日的即期汇率折算为记账本位币金额;

②再与原记账本位币金额进行比较。

A. 属于以公允价值计量且其变动计入当期损益的金融资产（股票、基金等）的，折算后的记账本位币金额与原记账本位币金额之间的差额应作为公允价值变动损益（含汇率变动），计入当期损益（公允价值变动损益）。

B. 指定为以公允价值计量且其变动计入其他综合收益的非交易性权益工具投资的，折算后的记账本位币金额与原记账本位币金额之间的差额应计入其他综合收益。

C. 分类为以公允价值计量且其变动计入其他综合收益的债务工具投资的，其公允价值变动部份计入其他综合收益，汇兑差额部份计入财务费用。

| **例 18-7·单选题** | 下列各项外币资产发生的期末汇兑差额中，不应计入财务费用的是（　　）。

　　A. 应收账款　　　　　　　　　　B. 银行存款

　　C. 交易性金融资产　　　　　　　D. 其他应收款

（解析）本题考查外币资产汇兑差额的会计处理。选项 ABD 均为外币货币性资产，其产生的汇兑差额应计入财务费用；选项 C，交易性金融资产为外币非货币性项目，其发生的期末汇兑差额应计入公允价值变动损益。因此，本题选项 C 正确。

（答案） C

| **例 18-8·单选题（2022 年）** | 甲公司为 W 设备经销商，以人民币作为记账本位币。2×21 年 10 月 20 日，甲公司以每台 1 000 欧元的价格购入 10 台 W 设备，当日即期汇率为 1 欧元=7.5 人民币元。2×21 年 10 月 31 日，甲公司已销售 4 台 W 设备，剩余 6 台 W 设备的市场价格降至每台 800 欧元，当日即期汇率为 1 欧元=7.0 人民币元。不考虑其他因素，甲公司 2×21 年 12 月 31 日对 W 设备应计提的存货跌价准备为（　　）人民币元。

　　A. 2 400　　　　B. 11 400　　　　C. 3 000　　　　D. 8 400

（解析）本题考查外币交易的会计处理。剩余 6 台 W 设备账面价值=1 000×6×7.5=45 000（人民币元），可变现净值=800×6×7=33 600（人民币元），账面价值大于可变现净值，发生减值，甲公司 2×21 年 12 月 31 日对 W 设备应计提的存货跌价准备=45 000-33 600=11 400（人民币元），选项 B 正确。

（答案） B

| **例 18-9·判断题（2022 年）** | 企业持有的以公允价值计量且其变动计入当期损益的外币债权投资，资产负债表日折算后的记账本位币金额与原记账本位币金额之间的差额应计入当期损益。　（　　）

（解析）本题考查外币交易的会计处理。对于以公允价值计量且其变动计入当期损益的金融资产，折算后的记账本位币金额与原记账本位币金额之间的差额应作为公允价值变动损益（含汇率变动），计入当期损益。因此，本题表述正确。

（答案） √

第二节 外币财务报表的折算

考点3 外币财务报表折算的一般原则（★★★）

考频 2023年单选题；2022年多选题；2021年判断题

（一）境外经营财务报表的折算

1. 外币财务报表折算的概念

企业将境外经营纳入本企业财务报表或合并财务报表中时，同时符合下列条件的，需要将境外经营的财务报表折算为以企业记账本位币反映的财务报表：

（1）境外经营的记账本位币不同于本企业的记账本位币；

（2）境外经营处于非恶性通货膨胀经济情况下。

2. 境外经营财务报表的折算过程

（1）在对企业境外经营财务报表进行折算前，应当调整境外经营的会计期间和会计政策，使之与企业会计期间和会计政策相一致。

（2）根据调整后的会计政策和会计期间编制相应货币（记账本位币以外的货币）的财务报表。

（3）然后再根据以下规定进行折算：

①资产负债表中的资产和负债项目，采用资产负债表日的即期汇率折算，所有者权益项目除"未分配利润"项目外，其他项目采用发生时的即期汇率折算。

表18-6 所有者权益主要项目的折算方法

所有者权益项目		折算方法
实收资本/股本		按发生时的即期汇率折算
盈余公积	期初盈余公积	以前年度盈余公积结转
	当期计提的盈余公积	当期平均汇率折算
未分配利润	期初未分配利润	以前年度未分配利润结转
	本期净利润转入的未分配利润	当期平均汇率折算
其他综合收益		外币报表折算差额，倒挤数

②利润表中的收入和费用项目，采用交易发生日的即期汇率折算，也可以采用按照系统合理的方法确定的、与交易发生日即期汇率近似的汇率折算。

比较财务报表的折算比照上述规定处理。

趁热答题

| 例18-10·单选题（2023年）| 甲公司以人民币作为记账本位币，乙公司为其境外子公司，以美元作为记账本位币。甲公司在将乙公司财务报表折算为人民币反映的财务报表时，下列各项报表项目中，应当采用资产负债表日即期汇率折算的是（　　）。

A. 财务费用　　　B. 应付债券　　　C. 盈余公积　　　D. 股本

解析 本题考查外币财务报表的折算。企业对外币财务报表进行折算时，资产负债表中的资产和负债项目，采用资产负债表日的即期汇率折算，选项B属于负债，符合题意；所有者权益项目除

"未分配利润"项目外,其他项目采用发生时的即期汇率折算,选项CD属于所有者权益,不符合题意;利润表中的收入和费用项目,采用交易发生日的即期汇率折算,选项A属于费用,不符合题意。因此,本题选项B正确。

答案 B

| 例18-11·多选题(2022年) | 下列各项关于企业境外经营财务报表折算的会计处理表述中,正确的有( )。

A. 短期借款项目采用资产负债表日的即期汇率折算
B. 未分配利润项目采用发生时的即期汇率折算
C. 实收资本项目采用发生时的即期汇率折算
D. 固定资产项目采用资产负债表日的即期汇率折算

解析 本题考查外币财务报表的折算。企业对外币财务报表进行折算时,资产负债表中的资产和负债项目,采用资产负债表日的即期汇率折算,选项AD正确;所有者权益项目除"未分配利润"项目外,其他项目采用发生时的即期汇率折算,选项B错误,选项C正确。因此,本题选项ACD正确。

答案 ACD

| 例18-12·多选题(2020年) | 关于外币财务报表折算汇率的表述中,正确的有( )。

A. 实收资本采用交易发生日的即期汇率进行折算
B. 固定资产采用资产负债表日的即期汇率进行折算
C. 应付账款采用资产负债表日的即期汇率进行折算
D. 应付债券采用资产负债表日的即期汇率进行折算

解析 本题考查外币财务报表折算的一般原则。资产负债表中的资产和负债项目,采用资产负债表日的即期汇率折算,所有者权益项目除"未分配利润"项目外,其他项目采用发生时的即期汇率折算。因此,本题选项ABCD均正确。

答案 ABCD

(二)包含境外经营的合并财务报表编制的特别处理

1. 境外经营财务报表折算差额的分摊处理

企业境外经营为其子公司的情况下,企业在编制合并财务报表时,对于境外经营财务报表折算差额,需要在**母公司与子公司少数股东**之间按照各自在境外经营所有者权益中所享有的份额进行分摊。

▶ 速提分 ▶

表18-7 境外经营财务报表折算差额的分摊

境外经营外币报表折算差额	列示项目
归属于母公司应分担的部分	所有者权益项目下单独作为"**其他综合收益**"项目列示
归属于子公司少数股东应分担的部分	应并入"**少数股东权益**"项目列示

2. 抵销分录的编制

企业存在实质上构成对子公司（境外经营）净投资的外币货币性项目的情况下，在编制合并财务报表时，分两种情况编制抵销分录：

（1）实质上构成对子公司净投资的外币货币性项目**以母公司或子公司的记账本位币反映**，则应在抵销长期应收应付项目的同时，将其产生的**汇兑差额转入**"其他综合收益"项目。

借：其他综合收益
　　贷：财务费用（或反之）

（2）实质上构成对子公司净投资的外币货币性项目**以母公司和子公司的记账本位币以外的货币反映**，则应将母、子公司此项外币货币性项目产生的**汇兑差额相互抵销，余额转入**"其他综合收益"项目。

如果合并财务报表中各子公司之间也存在实质上构成对另一子公司（境外经营）净投资的外币货币性项目，在编制合并财务报表时应比照上述编制相应的抵销分录。

| 例 18-13 · 判断题 | 企业编制的合并财务报表涉及境外经营时，实质上构成对境外经营净投资的外币货币性项目以母公司和子公司的记账本位币以外的货币反映，其产生的汇兑差额应先相互抵销，抵销后仍有余额的，再将该余额转入"其他综合收益"项目。　　　　　　　　　　（　　）

（解析）本题考查境外经营合并报表的折算。在合并报表中，涉及母公司实质上构成对子公司的长期净投资的，以母公司和子公司以外的货币反映的，在编制合并财务报表时，应当相互抵销，抵销后仍有余额的，再将该余额转入外币报表折算差额。因此，本题表述正确。

（答案）√

考点 4　境外经营的处置（★）

企业可能通过出售、清算、返还股本或放弃全部或部分权益等方式处置其在境外经营中的权益。

（1）处置境外经营时，应当将资产负债表中**所有者权益项目**下列示的、与该境外经营相关的外币财务报表**折算差额**，自所有者权益项目转入处置**当期损益**；

（2）部分处置境外经营时，应当**按处置的比例**计算处置部分的其他综合收益，转入**处置当期损益**。

考点加油站

- 外币折算
  - 外币交易的会计处理
    - **考点1** 记账本位币的确定 ★
      - 记账本位币的定义
      - 企业记账本位币的确定
      - 境外经营记账本位币的确定
      - 记账本位币的变更 —— 采用变更当日的即期汇率将所有项目折算为变更后的记账本位币
    - 🚩**考点2** 外币交易的会计处理 ★★★
      - 外币交易发生日的初始确认
        - 企业发生外币交易的,应在初始确认时采用交易发生日的即期汇率或即期汇率的近似汇率将外币金额折算为记账本位币金额
        - 企业收到投资者以外币投入的资本(特殊),应当采用交易发生日的即期汇率折算,不得采用合同约定汇率或即期汇率的近似汇率折算
      - 资产负债表日或结算日的会计处理
        - 外币货币性项目 —— 企业应当采用资产负债表日或结算当日即期汇率折算外币货币性项目
        - 外币非货币性项目
  - 外币财务报表的折算
    - **考点3** 外币财务报表折算的一般原则 ★★★
      - 境外经营财务报表的折算
        - ①资产负债表中的资产和负债项目,采用资产负债表日的即期汇率折算,所有者权益项目除"未分配利润"项目外,其他项目采用发生时的即期汇率折算;
        - ②利润表中的收入和费用项目,采用交易发生日的即期汇率折算,也可以采用按照系统合理的方法确定的、与交易发生日即期汇率近似的汇率折算;
        - ③产生的外币财务报表折算差额,在资产负债表中所有者权益项目下"其他综合收益"项目列示
      - 包含境外经营的合并财务报表编制的特别处理
        - 归属于母公司应分担的部分,所有者权益项目下单独作为"其他综合收益"项目列示
        - 归属于子公司少数股东应分担的部分,应并入"少数股东权益"项目列示
    - **考点4** 境外经营的处置 ★

72%

第十九章　租赁

考情驿站

本章为2022年新增章节，属于重点章节。近年来主要考查形式为主观题。本章学习有一定难度，考生应重点掌握承租人和出租人的相关会计处理，注意对比学习，有助于理解记忆。本章近年平均考查分值在5~10分。

考点地图

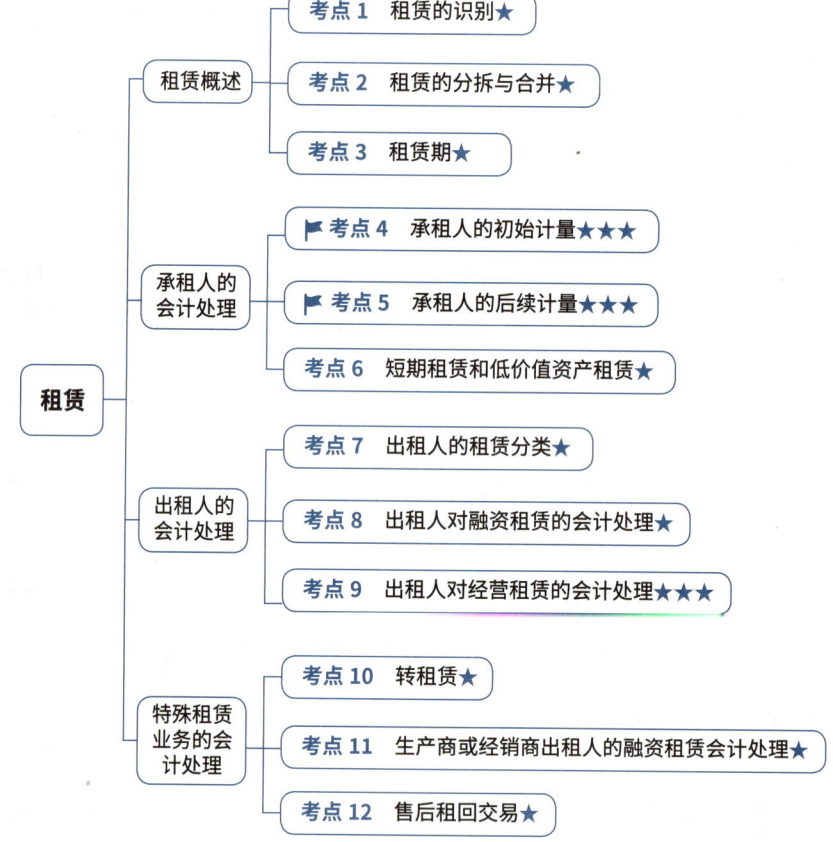

2024年本章主要变化

变动微小。根据最新准则解释公告新增了"售后租回交易资产转让属于销售"的文字表述，删除了一个例题。

第一节 租赁概述

考点1 租赁的识别（★）

（一）租赁的定义

租赁，是指在一定期间内出租人将资产的使用权让与承租人以获取对价的合同。

在合同开始日，企业应当评估合同是否为租赁或者包含租赁，一项合同要被分类为租赁必须满足3个要素：

（1）存在一定期间。

（2）存在已识别资产。

①对资产的指定；

②物理可区分；

③实质性替换权。

（3）资产供应方向客户转移对已识别资产使用权的控制。

> **速提分** ▶
>
> 已识别资产通常由合同明确指定，也可以在资产可供客户使用时隐性指定，但是即使合同已对资产进行指定，如果资产的供应方在整个使用期间拥有对该资产的实质性替换权，则该资产不属于已识别资产。

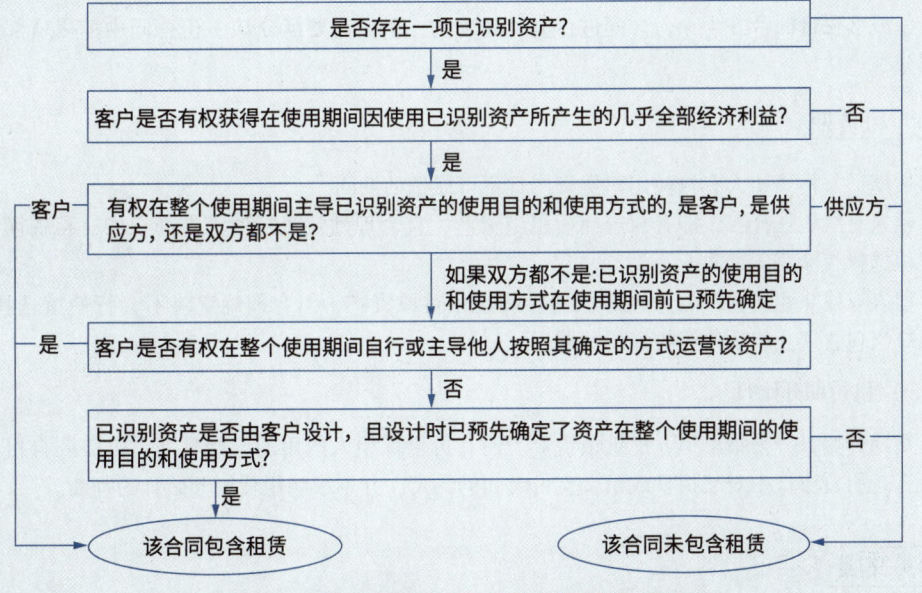

图19-1 评估合同是否为租赁或者包含租赁的流程

考点 2　租赁的分拆与合并（★）

（一）租赁的分拆

合同中同时包含**多项单独租赁**的，承租人和出租人应当将合同予以**分拆**，并分别各项单独租赁进行会计处理。

合同中同时包含**租赁和非租赁部分**的，承租人和出租人应当将租赁和非租赁部分进行**分拆**，除非企业适用简化处理，**租赁部分应当分别按照本章**进行会计处理，**非租赁部分应当按照其他适用的章节**进行会计处理。

同时符合下列条件的，使用已识别资产的权利构成合同中的一项**单独租赁**：

(1) 承租人可从**单独**使用该资产或将其与易于获得的其他资源**一起使用**中获利；

(2) 该资产与合同中的其他资产**不存在高度依赖**或高度关联关系。

1. 承租人的处理

在分拆合同包含的租赁和非租赁部分时，承租人应当按照各租赁部分**单独价格**及非租赁部分的**单独价格之和**的**相对比例**分摊合同对价。

2. 出租人的处理

出租人应当根据《企业会计准则第 14 号——收入》关于交易价格分摊的规定分摊合同对价。

（二）租赁的合并

企业与同一交易方或其关联方在**同一时间或相近时间订立**的**两份或多份包含租赁的合同**，在符合下列条件**之一**时，应当**合并**为一份合同进行会计处理：

(1) 该两份或多份合同基于总体商业目的而订立并构成**一揽子交易**，若不作为整体考虑则无法理解其总体商业目的；

(2) 该两份或多份合同中的某份合同的**对价金额取决于其他合同**的定价或履行情况；

(3) 该两份或多份合同让渡的资产使用权合起来**构成一项单独租赁**。

两份或多份**合同合并**为一份合同进行会计处理的，仍然需要**区分**该一份合同中的**租赁部分和非租赁部分**。

考点 3　租赁期（★）

租赁期，是指承租人有权使用租赁资产且不可撤销的期间。

承租人有续租选择权，即有权选择续租该资产，且合理确定将行使该选择权的，租赁期还应当包含续租选择权涵盖的期间。

承租人有终止租赁选择权，即有权选择终止租赁该资产，但合理确定将不会行使该选择权的，租赁期应当包含终止租赁选择权涵盖的期间。

（一）租赁期开始日

租赁期开始日，是指出租人提供租赁资产使其可供承租人使用的起始日期。**租赁期自租赁期开始日**计算。租赁协议中对起租日或租金支付时间的约定，并不影响租赁期开始日的判断。

▶ 速提分 ▶

租赁期开始日的判断→实质重于形式。

(二) 不可撤销期间

(1) 如果只有承租人有权终止租赁，则在确定租赁期时，企业应将该项权利视为承租人可行使的终止租赁选择权予以考虑。

(2) 如果只有出租人有权终止租赁，则不可撤销的租赁期包括终止租赁选择权所涵盖的期间。

(3) 如果承租人和出租人双方均有权在未经另一方许可的情况下终止租赁，且罚款金额不重大，则该租赁不再可强制执行。

(三) 承租人续租选择权和终止租赁选择权

在租赁期开始日，企业应当评估承租人是否合理确定将行使续租或购买标的资产的选择权，或者将不行使终止租赁选择权。在评估时，企业应当考虑对**承租人行使续租选择权**或**不行使终止租赁选择权**带来经济利益的所有相关事实和情况，包括自租赁期开始日至选择权行使日之间的事实和情况的预期变化。

(四) 对租赁期和购买选择权的重新评估

发生**承租人可控范围内的重大事件或变化**，且影响承租人是否合理确定将行使相应选择权的，承租人应当对其是否合理确定将行使续租选择权、购买选择权或不行使终止租赁选择权进行**重新评估**。

承租人可控范围内的重大事件或变化包括但不限于下列情形：

(1) 在租赁期开始日未预计到的重大租赁资产改良。

(2) 在租赁期开始日未预计到的租赁资产的重大改动或定制化调整。

(3) 承租人做出的与行使或不行使选择权直接相关的经营决策。

【注】如果不可撤销的租赁期间发生变化，企业应当修改租赁期。

▶ 很好懂 ▶

租赁相关的其他定义。

(1) 担保余值：是指与出租人无关的一方向出租人提供担保，保证在租赁结束时租赁资产的价值至少为某指定的金额。

(2) 未担保余值：是指租赁资产余值中，出租人无法保证能够实现或仅由与出租人有关的一方予以担保的部分。

【注】资产余值是指在租赁开始日估计的租赁期届满时租赁资产的公允价值。

(3) 租赁激励：是指出租人为达成租赁向承租人提供的**优惠**，包括出租人向承租人支付的与租赁有关的款项、出租人为承租人偿付或承担的成本等。

(4) 初始直接费用：是指为达成租赁所发生的**增量成本**。增量成本是指若企业不取得该租赁，则不会发生的成本，如**佣金**、**印花税**等。

无论是否实际取得租赁都会发生的支出，不属于初始直接费用，例如，为评估是否签订租赁而发生的**差旅费**、**法律费用**等，此类费用应当在发生时计入当期损益。

第二节 承租人的会计处理

在租赁期开始日,承租人应当对租赁确认使用权资产和租赁负债,但是应用简化处理的短期租赁和低价值资产租赁除外。

> **通关文牒**
>
> ▶ 速提分 ▶
>
> 承租人主要会计科目设置如下:
> 租赁负债——租赁付款额
> ——未确认融资费用
> 使用权资产
> 使用权资产累计折旧
> 使用权资产减值准备 【减值不允许转回】

考点4 承租人的初始计量(★★★)

2023年计算题;2022年判断题、计算题

靶心考点精讲

(一)租赁负债的初始计量

租赁负债=租赁期开始日尚未支付的**租赁付款额**的**现值**

1. 租赁付款额

租赁付款额,是指承租人向出租人支付的与在租赁期内使用租赁资产的权利相关的款项。包括以下5项内容:

(1) **固定付款额及实质固定付款额**,存在租赁激励的,扣除租赁激励相关金额。

实质固定付款额:是指在形式上可能包含变量但实质上无法避免的付款额。

> **通关文牒**
>
> ▶ 速提分 ▶
>
> 实质固定付款额有以下常见情形:
> ①付款额设定为可变租赁付款额,但该可变条款几乎不可能发生,没有真正的经济实质。
> ②承租人有多套付款额方案,但其中仅有一套是可行的。在此情况下,承租人应采用该可行的付款额方案作为租赁付款额。
> ③承租人有多套可行的付款额方案,但必须选择其中一套。在此情况下,承租人应采用总折现金额最低的一套作为租赁付款额。

(2) **取决于指数或比率的可变租赁付款额**。

可变租赁付款额,是指承租人向出租人支付的因租赁期开始日后的事实或情况发生变化(而非时间推移)而变动的款项。

可变租赁付款额中,**仅取决于**指数或比率的可变租赁付款额**纳入租赁负债的初始计量**中,包括

与消费者价格指数挂钩的款项、与基准利率挂钩的款项和为反映市场租金费率变化而变动的款项等。

此类可变租赁付款额应当根据**租赁期开始日的指数或比率确定**。

▶ 很好懂 ▶

除取决于指数或比率的可变租赁付款额**外**，**其他可变租赁付款额均不纳入租赁负债**的初始计量，应在**实际发生时记账**。

（3）**购买选择权的行权价格**，前提是承租人合理确定将行使该选择权。

如果承租人合理确定将行使选择权，则租赁付款额中应包含行权价格。

（4）**行使终止租赁选择权需支付的款项**，前提是租赁期反映出承租人将行使终止租赁选择权。

如果承租人合理确定将行使选择权，则租赁付款额中应包含行权价格；并且租赁期不应包含终止租赁选择权涵盖期间。

趁热答题

| 例 19-1 · 判断题（2022 年） | 纳入租赁负债初始计量的可变租赁付款额仅限于取决于指数或比率的可变租赁付款额。　　　　　　　　　　　　　　　　　　　　　　　（　　）

（解析）本题考查租赁负债的初始计量。纳入租赁负债初始计量的可变租赁付款额仅限于取决于指数或比率的可变租赁付款额，包括与消费者价格指数挂钩的款项、与基准利率挂钩的款项和为反映市场租金费率变化而变动的款项等。因此，本题表述正确。

（答案）√

（5）根据承租人提供的**担保余值预计应支付的款项**。

如果承租人提供了余值的担保，则租赁付款额中应包含担保下**预计应支付的款项**，而**不是承租人担保余值下最大敞口**。

2. 折现率

在计算租赁付款额的现值时，承租人应当采用**租赁内含利率**作为折现率；无法确定租赁内含利率的，应当采用承租人**增量借款利率**作为折现率。

（1）租赁内含利率，是指出租人的租赁收款额的现值与未担保余值的现值之和等于租赁资产公允价值与出租人的初始直接费用之和的利率。（具体请见出租人的会计处理）

（2）承租人增量借款利率，是指承租人在类似经济环境下为获得与使用权资产价值接近的资产，在类似期间以类似抵押条件借入资金须支付的利率。

▶ 速提分 ▶

租赁付款额的现值=租赁付款额−未确认融资费用

（二）使用权资产的初始计量

使用权资产，是指**承租人可在租赁期内使用租赁资产的权利**。

使用权资产应当按照成本进行初始计量。

1. 该成本的 4 项内容

（1）租赁负债的初始计量金额。

（2）在租赁期开始日或之前支付的租赁付款额；存在租赁激励的，应扣除已享受的租赁激励相关金额。

（3）承租人发生的初始直接费用。

（4）承租人为拆卸及移除租赁资产、复原租赁资产所在场地或将租赁资产恢复至租赁条款约定状态预计将发生的成本。该成本通常计入使用权资产的成本，但若属于为生产存货而发生的，适用《企业会计准则第 1 号——存货》。承租人应当按照《企业会计准则第 13 号——或有事项》对上述成本的支付义务进行确认和计量。

2. 初始计量账务处理

借：使用权资产

　　租赁负债——未确认融资费用（差额）

　贷：租赁负债——租赁付款额（尚未支付的租赁付款额）

　　预付账款（租赁期开始日前支付的租赁付款额，扣除已享受的租赁激励）

　　银行存款（初始直接费用）

　　预计负债（预计将发生的为拆卸及移除租赁资产、复原租赁资产所在场地或将租赁资产恢复至租赁条款约定状态等成本的现值）

考点 5　承租人的后续计量（★★★）

靶心考点精讲

考频 2023 年计算题；2022 年单选题、多选题、计算题

（一）租赁负债的后续计量

1. 租赁负债的计量基础

在租赁期开始日后，承租人应当按以下原则对租赁负债进行后续计量：

（1）确认租赁负债的利息时，增加租赁负债的账面金额。

（2）支付租赁付款额时，减少租赁负债的账面金额。

（3）因重估或租赁变更等原因导致租赁付款额发生变动时，重新计量租赁负债的账面价值。

【注释 1】租赁负债期末账面价值=租赁负债期初账面价值+利息–租赁付款额

【注释 2】承租人应当按照固定的周期性利率计算租赁负债在租赁期内各期间的利息费用，并计入当期损益，但按照借款费用等其他准则规定应当计入相关资产成本的，从其规定。

此处的周期性利率，是指承租人对租赁负债进行**初始计量时所采用的折现率**，或者因租赁付款额发生变动或因租赁变更而需按照修订后的折现率对租赁负债进行**重新计量**时，承租人所采用的**修订后的折现率**。

2. 后续计量账务处理

（1）确认租赁负债利息时：

借：财务费用——利息费用

　贷：租赁负债——未确认融资费用

（2）支付租赁付款额时：

借：租赁负债——租赁付款额

　贷：银行存款

> **▶ 速提分 ▶**
> 未纳入租赁负债计量的可变租赁付款额,即**并非取决于指数或比率**的可变租赁付款额,应当在**实际发生时计入当期损益**,但按照《企业会计准则第 1 号——存货》等其他准则规定应当计入相关资产成本的,从其规定。

3. 租赁负债的重新计量

在租赁期开始日后,当发生下列 4 种情形时,承租人应当按照**变动后的租赁付款额的现值重新计量租赁负债**,并**相应调整使用权资产的账面价值**。使用权资产的账面价值已调减至零,但租赁负债仍需进一步调减的,承租人应当将剩余金额计入当期损益。

(1) 实质固定付款额发生变动。

如果租赁付款额最初是可变的,但在租赁期开始日后的某一时间转为固定,该付款额成为实质固定付款额,承租人应当按照变动后租赁付款额的现值重新计量租赁负债。

折现率:承租人采用的折现率不变。

(2) 用于确定租赁付款额的指数或比率发生变动。

①在租赁期开始日后,因用于确定租赁付款额的**指数或比率**(浮动利率除外)的变动而**导致未来租赁付款额发生变动**的,承租人应当按照变动后租赁付款额的现值重新计量租赁负债。

折现率:在该情形下,承租人采用的折现率不变。

②在租赁期开始日后,**因浮动利率的变动**而导致未来租赁付款额发生变动的,承租人应当按照变动后租赁付款额的现值重新计量租赁负债。

折现率:在该情形下,承租人应采用反映利率变动的修订后的折现率进行折现。

(3) 购买选择权、续租选择权或终止租赁选择权的评估结果或实际行使情况发生变化。

发生承租人**可控范围内的**重大事件或变化,且影响承租人是否合理确定将行使上述选择权的,承租人应当对其是否合理确定将行使相应选择权进行重新评估。评估结果发生变化的,承租人应当按照变动后租赁付款额的现值重新计量租赁负债。

折现率:承租人采用的**新的**折现率→优先采用**剩余租赁期间的租赁内含利率**作为折现率,无法确定的,应采用**重估日的增量借款利率**。

(4) 担保余值预计的应付金额发生变动。

该金额发生变动后,承租人应当按照变动后租赁付款额的现值重新计量租赁负债。

折现率:承租人采用的折现率不变。

重新计量的账务处理:

①当租赁负债增加时:

借:使用权资产
　　租赁负债——未确认融资费用
　　　贷:租赁负债——租赁付款额

②当租赁负债减少时:

借:租赁负债——租赁付款额
　　　贷:租赁负债——未确认融资费用
　　　　　使用权资产

（二）使用权资产的后续计量（参照固定资产）

1. 计量基础

在租赁期开始日后，承租人应当采用**成本模式**对使用权资产进行后续计量，即**以成本减累计折旧及累计减值损失计量使用权资产**。

承租人按照本章有关规定重新计量租赁负债的，应当相应调整使用权资产的账面价值。

2. 使用权资产的折旧

基本参照固定资产计提折旧，计提的折旧金额应根据使用权资产的用途，计入相关资产的成本或者当期损益。

借：主营业务成本/销售费用/管理费用/研发支出等
　　贷：使用权资产累计折旧

> **通关文牒**
>
> ▶ 速提分 ▶
>
> 使用权资产的折旧需要注意以下3点：
>
> （1）折旧起点：租赁期开始的当月计提折旧，当月计提确有困难的，也可以选择下月计提折旧。
>
> （2）折旧方法：承租人按直线法对使用权资产计提折旧，其他折旧方法更能反映使用权资产有关经济利益预期实现方式的，应采用其他折旧方法。
>
> （3）折旧年限：承租人能够合理确定租赁期届满时取得租赁资产**所有权**的，应当在租赁资产**剩余使用寿命**内计提折旧。**无法合理确定**租赁期届满时能够取得租赁资产所有权的，应当在**租赁期**与**租赁资产剩余使用寿命**两者**孰短**的期间内计提折旧。

3. 使用权资产的减值

借：资产减值损失
　　贷：使用权资产减值准备

使用权资产减值准备一经计提，**不得转回**。承租人应当按照扣除减值损失之后的使用权资产的账面价值，进行后续折旧。

趁热答题

| 例 19-2·多选题（2022年） | 下列各项中，应计提折旧或摊销的有（　　）。

A. 有特定产量限制的特许经营权　　B. 采用公允价值模式计量的已出租写字楼
C. 处于更新改造过程而停止使用的厂房　　D. 承租人的使用权资产

解析 本题考查固定资产、无形资产，以及投资性房地产、租赁的后续计量。有特定产量限制的特许经营权或专利权，应采用产量法进行摊销，选项A正确；公允价值计量的投资性房地产不计提折旧或摊销，选项B错误；更新改造中停用的固定资产按账面价值转入在建工程，更新改造过程中不计折旧，选项C错误；承租人应当参照《企业会计准则第4号——固定资产》有关折旧规定，自租赁期开始日起对使用权资产计提折旧，选项D正确。因此，本题选项AD正确。

答案 AD

| 例 19-3 · 计算分析题（2022 年） | 2×21 年，甲公司发生的与租赁相关的交易或事项如下：

资料一：2×21 年 1 月 1 日，承租方甲公司与出租方乙公司签订一栋写字楼的租赁合同，双方约定该写字楼的年租金为 1 000 万元，于每年年末支付，不可撤销的租赁期限为 6 年，不存在续租选择权，租赁手续于当日完成，租赁期开始日为 2×21 年 1 月 1 日。甲公司无法确定租赁内含利率，其增量借款年利率为 5%。

资料二：甲公司于租赁期开始日将该写字楼作为行政管理大楼投入使用，当月开始采用直线法对使用权资产计提折旧，折旧年限与租赁期相同。

资料三：2×21 年 12 月 31 日，甲公司以银行存款支付租金 1 000 万元。

已知 $(P/A, 5\%, 6) = 5.075\,7$，本题不考虑相关税费及其他因素。

要求：（"租赁负债"科目应写出必要的明细科目）

(1) 分别计算甲公司 2×21 年 1 月 1 日租赁负债和使用权资产的初始入账金额，并编制相关会计分录。

(2) 计算甲公司 2×21 年应计提的使用权资产折旧金额，并编制相关会计分录。

(3) 计算甲公司 2×21 年度应确认的租赁负债利息费用，并编制相关会计分录。

(4) 编制甲公司 2×21 年 12 月 31 日支付租金的会计分录。

解析 本题考查租赁负债的计量、使用权资产的计量。租赁负债的初始入账金额 = 尚未支付的租赁付款额现值 = 1 000×$(P/A, 5\%, 6)$ = 5 075.7（万元）。

使用权资产的初始入账金额 = 租赁负债 + 预付租金（扣除租赁激励）+ 初始直接费用 + 租赁资产终止时的复原成本 = 5 075.7 + 0 + 0 + 0 = 5 075.7（万元）

"租赁负债——未确认融资费用"（看作总利息），通过倒挤计算，金额 = 尚未支付的租赁付款额（本金和）- 尚未支付的租赁付款额现值（本金）= 6 000 - 5 075.7 = 924.3（万元）。

尚未支付的租赁付款额总额（看作本金和）= 1 000×6 = 6 000（万元）

租赁负债利息费用 = 租赁负债期初摊余成本×增量借款年利率 = 5 075.7×5% = 253.79（万元）

答案

(1) 2×21 年 1 月 1 日租赁负债的初始入账金额 = 1 000×$(P/A, 5\%, 6)$ = 5 075.7（万元）

2×21 年 1 月 1 日使用权资产的初始入账金额 = 1 000×$(P/A, 5\%, 6)$ = 5 075.7（万元）

借：使用权资产　　　　　　　　　　　　5 075.7
　　租赁负债——未确认融资费用　　　　924.3（6 000 - 5 075.7）
　　贷：租赁负债——租赁付款额　　　　　　6 000

(2) 甲公司 2×21 年应计提的使用权资产折旧 = 5 075.7÷6 = 845.95（万元）

借：管理费用　　　　　　　　　　　　　845.95
　　贷：使用权资产累计折旧　　　　　　　845.95

(3) 甲公司 2×21 年度应确认的租赁负债利息费用 = 5 075.7×5% = 253.79（万元）

借：财务费用　　　　　　　　　　　　　253.79
　　贷：租赁负债——未确认融资费用　　　253.79

(4) 2×21 年 12 月 31 日：

借：租赁负债——租赁付款额　　　　　　1 000
　　贷：银行存款　　　　　　　　　　　　1 000

(三) 租赁变更的会计处理

租赁变更，是指原合同条款之外的租赁范围、租赁对价、租赁期限的变更，包括增加或终止一项或多项租赁资产的使用权，延长或缩短合同规定的租赁期等。

1. 租赁变更作为一项单独租赁处理

租赁发生变更且同时符合下列条件的，承租人应当将该租赁变更作为一项单独租赁进行会计处理：

（1）该租赁变更通过增加一项或多项租赁资产的使用权而扩大了租赁范围；

（2）增加的对价与租赁范围扩大部分的单独价格按该合同情况调整后的金额相当。

2. 租赁变更未作为一项单独租赁处理

租赁变更未作为一项单独租赁进行会计处理的，在租赁变更生效日，承租人应当按照本准则有关租赁分拆的规定对变更后合同的对价进行分摊；按照本章有关租赁期的规定确定变更后的租赁期；并采用变更后的折现率对变更后的租赁付款额进行折现，以重新计量租赁负债。

折现率：承租人采用的新的折现率→优先采用剩余租赁期间的租赁内含利率作为折现率，无法确定的，应采用重估日的增量借款利率。

就上述租赁负债调整的影响，承租人应区分以下情形进行会计处理：

（1）租赁变更导致租赁范围缩小或租赁期缩短的，承租人应当调减使用权资产的账面价值，以反映租赁的部分终止或完全终止。承租人应将部分终止或完全终止租赁的相关利得或损失计入当期损益（"资产处置损益"科目）。

（2）其他租赁变更，承租人应当相应调整使用权资产的账面价值。

▶ 速提分 ▶

参考分录：（按缩小或缩短的比例，即终止部分）

借：租赁负债——租赁付款额
　　使用权资产累计折旧
　　使用权资产减值准备
　贷：使用权资产
　　　租赁负债——未确认融资费用
　　　资产处置损益（差额）

考点 6　短期租赁和低价值资产租赁（★）

对于短期租赁和低价值资产租赁，承租人可以选择不确认使用权资产和租赁负债（简化会计处理）。作出该选择的，承租人应当将短期租赁和低价值资产租赁的租赁付款额，在租赁期内各个期间按照直线法或其他系统合理的方法计入相关资产成本或当期损益。

（一）短期租赁

短期租赁，是指在租赁期开始日，租赁期不超过 12 个月的租赁。包含购买选择权的租赁，不属于短期租赁。

对于短期租赁，承租人可以按照租赁资产的类别选择采用简化会计处理。按照简化会计处理的短期租赁发生租赁变更或者其他原因导致租赁期发生变化的，承租人应当将其视为一项新租赁进行会计处理。

（二）低价值资产租赁

低价值资产租赁，是指单项租赁资产为全新资产时价值较低的租赁。

低价值资产租赁的判定仅与资产的绝对价值有关，不受承租人规模、性质或其他情况影响。低价值资产租赁还应当符合承租人可从单独使用该资产或将其与易于获得的其他资源一起使用中获利且该资产与合同中的其他资产不存在高度依赖或高度关联关系时，承租人才可以选择采用简化会计处理。

承租人转租或预期转租租赁资产的，原租赁不能按照低价值资产租赁简化会计处理。

第三节　出租人的会计处理

考点 7　出租人的租赁分类（★）

出租人应当在租赁开始日将租赁分为融资租赁和经营租赁。

（一）融资租赁和经营租赁

融资租赁，是指实质上转移了与租赁资产所有权有关的几乎全部风险和报酬的租赁。其所有权最终可能转移，也可能不转移。

经营租赁，是指除融资租赁以外的其他租赁。

在租赁开始日后，出租人无需对租赁的分类进行重新评估，除非发生租赁变更。

（二）融资租赁的分类标准

一项租赁存在下列一种或多种情形的，通常分类为融资租赁：

（1）在租赁期届满时，租赁资产的所有权转移给承租人。

（2）承租人有购买租赁资产的选择权，所订立的购买价款与预计行使选择权时租赁资产的公允价值相比足够低，因而在租赁开始日就可以合理确定承租人将行使该选择权。

（3）资产的所有权虽然不转移，但租赁期占租赁资产使用寿命的大部分［租赁期占租赁开始日租赁资产使用寿命的75%（含）以上］。

（4）在租赁开始日，租赁收款额的现值几乎相当于租赁资产的公允价值［90%（含90%）以上］。

（5）租赁资产性质特殊，如果不作较大改造，只有承租人才能使用。

考点 8　出租人对融资租赁的会计处理（★）

▶ 速提分 ▶

出租人主要会计科目设置如下：

融资租赁资产/固定资产

应收融资租赁款——租赁收款额

　　　　　　——未实现融资收益

　　　　　　——未担保余值

应收融资租赁款减值准备　　　　　　　　　　　　　　　　　　　【可以转回】

租赁收入　　　　　　　　　　　　　　　　　　　　　　　　　　【租赁企业】

利息收入　　　　　　　　　　　　　　　　　　　　　　　　　　【金融企业】

其他业务收入　　　　　　　　　　　　　　　　　　　　　　　　【其他企业】

（一）初始计量

在租赁期开始日，出租人应当对融资租赁确认应收融资租赁款，并终止确认融资租赁资产。

应收融资租赁款＝租赁投资总额的现值＝租赁投资净额

1. 租赁投资总额

租赁投资总额＝租赁收款额＋未担保余值

租赁收款额，是指出租人因让渡在租赁期内使用租赁资产的权利而应向承租人收取的款项，包括：

（1）承租人需支付的固定付款额及实质固定付款额。
（2）取决于指数或比率的可变租赁付款额。
（3）购买选择权的行权价格，前提是合理确定承租人将行使该选择权。
（4）承租人行使终止租赁选择权需支付的款项，前提是租赁期反映出承租人将行使终止租赁选择权。
（5）由承租人、与承租人有关的一方以及有经济能力履行担保义务的独立第三方向出租人提供的担保余值。

2. 折现率——租赁内含利率

租赁内含利率，是指出租人的租赁收款额的现值与未担保余值的**现值之和**等于租赁资产**公允价值与出租人的初始直接费用之和**的利率。

租赁投资总额的现值＝租赁资产的公允价值＋初始直接费用
租赁投资总额的现值＝租赁投资总额－未实现融资收益

初始计量账务处理如下：

借：应收融资租赁款——租赁收款额　【尚未收到的租赁收款额】⎫
　　　　　　　　　　——未担保余值　　　【未担保余值】　　　　⎬ 租赁投资总额
　贷：银行存款　　　　　　　　　　　【初始直接费用】　　　　⎭
　　　融资租赁资产　　　　　　　　　【账面价值】⎫
　　　资产处置损益（或借方）　　　　　　　　　　⎬ 公允价值
　　　应收融资租赁款——未实现融资收益　　【差额】⎭

【注】若租赁资产公允价值＜账面价值，资产处置损益在借方。

> **通关文牒**
>
> ▶ 很好懂 ▶
>
> 若某融资租赁合同必须以收到租赁保证金为生效条件：
>
> （1）出租人收到承租人交来的租赁保证金：
>
> 借：银行存款
> 　　贷：其他应付款——租赁保证金
>
> （2）承租人到期不交租金，以保证金抵作租金时：
>
> 借：其他应付款——租赁保证金
> 　　贷：应收融资租赁款
>
> （3）承租人违约，按租赁合同或协议规定没收保证金时：
>
> 借：其他应付款——租赁保证金
> 　　贷：营业外收入

3. 融资租赁的后续计量

出租人应当按照固定的周期性利率计算并**确认租赁期内各个期间的利息收入**。

该周期性利率，是指**出租人的租赁内含利率**，或者特定的租赁变更所采用的修订后的折现率。

> **通关文牒**
>
> ▶ 速提分 ▶
>
> 后续计量账务处理如下：
>
> 借：应收融资租赁款——未实现融资收益
> 　　贷：租赁收入/其他业务收入/利息收入
>
> 借：银行存款
> 　　贷：应收融资租赁款——租赁收款额
>
> 借：银行存款等　　　　　　　　　　　　　　　　【非指数或比率的可变租赁付款额】
> 　　贷：租赁收入
>
> 借：信用减值损失
> 　　贷：应收融资租赁款减值准备
>
> 【注释1】出租人应当按照《企业会计准则第 22 号——**金融工具**确认和计量》的规定，对**应收融资租赁款**的终止确认和减值进行会计处理。
>
> 【注释2】出租人应定期复核计算租赁投资总额时所使用的**未担保余值**，若降低，出租人应修改租赁期内的收益分配，并立即确认预计的减少额。
>
> 【注释3】出租人取得的**未纳入**租赁投资净额计量的**可变租赁付款额**，如与资产的未来绩效或使用情况挂钩的可变租赁付款额，应当在**实际**发生时计入**当期损益**。

4. 融资租赁变更的会计处理

（1）融资租赁发生变更且**同时**符合下列条件的，出租人应当将该变更作为**一项单独租赁**进行会计处理：

①该租赁变更通过增加一项或多项租赁资产的使用权而**扩大了租赁范围或延长了租赁期限**；

②增加的对价与租赁范围扩大部分或租赁期限延长部分的单独价格按该合同情况调整后的**金额相当**。

（2）融资租赁的变更**未作为一项单独租赁**进行会计处理的，出租人应当分别下列情形对变更后的租赁进行处理：

①**假如变更**在租赁开始日生效，该租赁会被分类为**经营租赁**的，出租人应当自租赁变更生效日开始将其作为一项新租赁进行会计处理，并以租赁变更**生效日前的租赁投资净额**作为**租赁资产的账面价值**；

②**假如变更**在租赁开始日生效，该租赁会被分类为**融资租赁**的，出租人应当按照《企业会计准则第 22 号——**金融工具**确认和计量》关于修改或重新议定合同的规定进行会计处理。

修改或重新议定租赁合同，未导致应收融资租赁款终止确认，但导致未来现金流量发生变化的，应当**重新计算该应收融资租赁款的账面余额**，并将相关利得或损失计入当期损益（"租赁收入"科目）。

重新计算应收融资租赁款账面余额时，应当根据重新议定或修改的租赁合同现金流量按照应收融资租赁款的**原折现率**或按照《企业会计准则第 24 号——套期会计》（2017）第二十三条规定重新计算的折现率（如适用）折现的现值确定。对于修改或重新议定租赁合同所产生的所有成本和费用，企业应当调整修改后的应收融资租赁款的账面价值，并在修改后的应收融资租赁款的剩余期限内进行摊销。

考点 9　出租人对经营租赁的会计处理（★★★）

1. 租金收入

在租赁期内各个期间，出租人应当采用直线法或其他系统合理的方法，将经营租赁的租赁收款额确认为租金收入。

2. 出租人对经营租赁提供激励措施

出租人提供激励措施，比如出租人**提供免租期**的，出租人应将**租金总额**在**不扣除免租期的整个租赁期**内，按直线法或其他系统合理的方法分配，**免租期内应当确认租金收入**。如果出租人承租了承租人的某些费用的，出租人应将该费用自租金收入总额中扣除，按扣除后的租金收入余额在租赁期内进行分配。

> **速提分**
> 各期租金收入=（租金总额−出租人承担的费用）÷整个租赁期

3. 初始直接费用

出租人发生的与经营租赁有关的初始直接费用应当**资本化**，在租赁期内按照与租金收入确认相同的基础进行**分摊**，分期计入当期损益。

4. 折旧和减值

对于经营租赁资产中的固定资产，出租人应当采用类似资产的折旧政策计提折旧；对于其他经营租赁资产，应当根据该资产适用的企业会计准则，采用系统合理的方法进行摊销。

出租人应当按照《企业会计准则第 8 号——资产减值》的规定，确定经营租赁资产是否发生减值，并进行相应会计处理。

5. 可变租赁付款额

出租人取得的与经营租赁有关的未计入租赁收款额的可变租赁付款额，如果是与指数或比率挂钩的，应在租赁期开始日计入租赁收款额；除此之外，应当在实际发生时计入当期损益。

6. 经营租赁的变更

出租人应当自变更生效日起将其作为一项新租赁进行会计处理，与变更前租赁有关的预收或应收租赁款额应当视为新租赁的收款额。

趁热答题

| 例 19-4·单选题（2022 年）| 2×21 年 7 月 1 日，甲公司与乙公司签订了一项写字楼租赁合同，甲公司将该写字楼以经营租赁方式出租给乙公司。合同约定，租赁期为 2×21 年 7 月 1 日至 2×22 年 6 月 30 日，租赁期前 2 个月免收租金，后 10 个月每月收取租金 15 万元。此外，甲公司承担了本应由乙公司负担的电子灯牌制作安装费 3 万元。甲公司按直线法确认租金收入。不考虑其他因素，甲公司 2×21 年度应确认的租金收入为（　　）万元。

A. 73.5　　　　B. 49　　　　C. 60　　　　D. 75

解析 本题考查出租人对经营租赁的会计处理。出租人提供免租期的，出租人应将租金总额在不扣除免租期的整个租赁期内，按直线法或其他合理的方法进行分配，免租期内应当确认租金收入。出租人承担了承租人某些费用的，出租人应将该费用自租金收入总额中扣除，按扣除后的租金收入余额在租赁期内进行分配。甲公司 2×21 年度应确认的租金收入 =（15×10-3）÷12×6=73.5（万元）。

答案 A

第四节　特殊租赁业务的会计处理

考点 10　转租赁（★）

考频 2023 年判断题

转租情况下，原租赁合同和转租赁合同通常都是单独协商的，交易对手也是不同的企业，本章要求转租出租人对原租赁合同和转租赁合同分别根据承租人和出租人会计处理要求，进行会计处理。

承租人在对**转租赁进行分类**时，转租出租人应基于**原租赁中产生的使用权资产**，而**不是租赁资产**（如作为租赁对象的不动产或设备）进行分类。

原租赁为短期租赁，且转租出租人作为承租人已按照本准则采用简化会计处理方法的，应将**转租赁分类为经营租赁**。

通关文牒

▶ 很好懂 ◀

表 19-1　转租赁参考分录

情形一：转租赁分类为融资租赁	情形二：转租赁分类为经营租赁
1. 甲公司租入资产 借：使用权资产 　　租赁负债——未确认融资费用 　　贷：租赁负债——租赁付款额 【使用权资产与租赁负债的后续计量参照承租人的后续计量】	
2. 甲公司出租资产 （1）出租时： 借：应收融资租赁款——租赁收款额 　　　　　　　　——未担保余值 　　使用权资产累计折旧 　　贷：使用权资产 　　　　资产处置损益　　　【差额，或借方】 　　　　银行存款　　　　　【初始直接费用】 　　　　应收融资租赁款——未实现融资收益　【差额】 （2）后续计量： ①确认转租赁收益： 借：银行存款 　　贷：应收融资租赁款——租赁收款额 借：应收融资租赁款——未实现融资收益 　　贷：租赁收入等 ②原租赁负债的后续计量： 借：租赁负债——租赁付款额 　　贷：银行存款 借：财务费用等 　　贷：租赁负债——未确认融资费用	2. 甲公司出租资产 （1）出租时： 无会计分录。 （2）后续计量： ①确认转租赁收益： 借：银行存款等 　　贷：其他业务收入等 借：其他业务成本等 　　贷：使用权资产累计折旧 ②原租赁负债的后续计量： 借：租赁负债——租赁付款额 　　贷：银行存款 借：财务费用等 　　贷：租赁负债——未确认融资费用

趁热答题

｜例 19-5·判断题（2023 年）｜ 承租人转让原租赁的使用权资产后，在当期的资产负债表日应终止对于原租赁产生的租赁负债。　　　　　　　　　　　　　　　　　　　　　　　　　　（　　）

解析　本题考查"转租赁"知识点。承租人转让原租赁的使用权资产后，在当期的资产负债表日应保留原租赁产生的租赁负债。因此，本题表述错误。

答案　×

考点 11　生产商或经销商出租人的融资租赁会计处理（★）

生产商或经销商通常为客户提供购买或租赁其产品或商品的选择。如果生产商或经销商出租产品或商品构成融资租赁，生产商或经销商出租人在租赁期开始日应当按照<u>租赁资产公允价值</u>与租赁收款额按市场利率折现的现值两者孰低确认收入，并按照租赁资产账面价值扣除未担保余值的现值后的余额结转销售成本，收入和销售成本的差额作为销售损益。

由于取得融资租赁所发生的成本主要与生产商或经销商赚取的销售利得相关，生产商或经销商出租人应当在租赁期开始日将其计入损益（销售费用）。

【注】与其他融资租赁出租人不同，生产商或经销商出租人取得融资租赁所发生的成本不属于初始直接费用，不计入租赁投资净额。

通关文牒

▶ 很好懂 ▶

账务处理如下：
1. 初始计量
借：应收融资租赁款——租赁收款额　　　　　　　　　　　　　　　【租赁收款额】
　　贷：主营业务收入等　　　　　　　　【租赁资产公允价值与租赁收款额现值两者孰低】
　　　　应收融资租赁款——未实现融资收益　　　　　　　　　　　　　　【差额】
借：主营业务成本　　　　　　　　　　　　　【租赁资产账面价值-未担保余值的现值】
　　应收融资租赁款——未担保余值
　　贷：库存商品
　　　　应收融资租赁款——未实现融资收益
借：销售费用　　　　　　　　　　　　　　　　　　　　　　　【取得融资租赁的成本】
　　贷：银行存款
2. 后续计量
借：应收融资租赁款——未实现融资收益
　　贷：租赁收入
借：银行存款
　　贷：应收融资租赁款——租赁收款额

考点 12　售后租回交易（★）

考频　2023年判断题

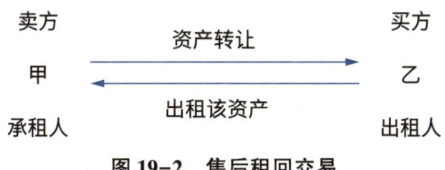

图 19-2　售后租回交易

承租人和出租人应当按照《企业会计准则第 14 号——收入》的规定，评估确定售后租回交易中的资产转让是否属于销售。

（一）售后租回交易中的资产转让属于销售的

承租人应当按原资产账面价值中与租回获得的使用权有关的部分，计量售后租回所形成的使用权资产，并仅就转让至出租人的权利确认相关利得或损失；出租人应当根据其他适用的企业会计准则对资产购买进行会计处理，并根据本章对资产出租进行会计处理。

如果销售对价的公允价值与资产的公允价值不同，或者出租人未按市场价格收取租金，企业应当进行以下调整：

（1）销售对价低于市场价格的款项作为预付租金进行会计处理。

（2）销售对价高于市场价格的款项作为买方兼出租人向卖方兼承租人提供的额外融资进行会计处理。同时，承租人按照公允价值调整相关销售利得或损失，出租人按市场价格调整租金收入。

【2024年新增】在租赁期开始日后，承租人应当按照租赁准则有关使用权资产后续计量的规定对售后租回所形成的使用权资产进行后续计量，并按照租赁准则有关租赁负债后续计量的规定对售后租回所形成的租赁负债进行后续计量。承租人在对售后租回所形成的租赁负债进行后续计量时，确定租赁付款额或变更后租赁付款额的方式不得导致其确认与租回所获得的使用权有关的利得或损失。租赁变更导致租赁范围缩小或租赁期缩短的，承租人仍应当按照租赁准则的规定将部分终止或完全终止租赁的相关利得或损失计入当期损益，不受前述规定的限制。

（二）售后租回交易中的资产转让不属于销售的

承租人应当继续确认被转让资产，同时确认一项与转让收入等额的金融负债；出租人不确认被转让资产，但应当确认一项与转让收入等额的金融资产，并按照《企业会计准则第22号——金融工具确认和计量》对上述金融负债与金融资产进行会计处理。

▶ 速提分 ▶

表19-2 售后租回交易处理原则

项目	属于销售	不属于销售
卖方兼承租人	应当按原资产账面价值中与租回获得的使用权有关的部分，计量售后租回所形成的使用权资产，并仅就转让至买方兼出租人的权利确认相关利得或损失	不终止确认所转让的资产，而应当将收到的现金作为金融负债，并按照《企业会计准则第22号——金融工具确认和计量》进行会计处理
买方兼出租人	根据其他适用的《企业会计准则》对资产购买进行会计处理，并根据《租赁》准则对资产出租进行会计处理	不确认被转让资产，而应当将支付的现金作为金融资产，并按照《企业会计准则第22号——金融工具确认和计量》进行会计处理

趁热答题

例19-6·判断题（2023年） 售后租回交易中的资产转让属于销售的，承租人应按照租赁期开始日尚未支付的租赁付款额的现值加上承租人发生的初始直接费用计量使用权资产。（　　）

解析 本题考查售后租回交易。售后租回交易中的资产转让属于销售的，卖方兼承租人应当按照原资产账面价值中与租回获得的使用权有关的部分，计量售后租回所形成的使用权资产。因此，本题表述错误。

答案 ×

考点加油站

租赁

租赁概述
- **考点1** 租赁的识别★
  - ①存在一定期间;
  - ②存在已识别资产;
  - ③资产供应方向客户转移对已识别资产使用权的控制
- **考点2** 租赁的分拆与合并★
- **考点3** 租赁期★

承租人的会计处理
- **考点4** 承租人的初始计量★★★
  - 租赁负债的初始计量
    - 固定付款额及实质固定付款额
    - 取决于指数或比率的可变租赁付款额
    - 购买选择权的行权价格
    - 行使终止租赁选择权需支付的款项
    - 根据承租人提供的担保余值预计应支付的款项
  - 使用权资产的初始计量：租赁负债的初始计量金额；在租赁期开始日或之前支付的租赁付款额；承租人发生的初始直接费用；预计将发生的为拆卸及移除租赁资产、复原租赁资产所在场地或将租赁资产恢复至租赁条款约定状态等成本的现值
- **考点5** 承租人的后续计量★★★
  - 租赁负债的后续计量—租赁负债的重新计量
  - 使用权资产的后续计量—参照固定资产
  - 租赁变更的会计处理
- **考点6** 短期租赁和低价值资产租赁★

出租人的会计处理
- **考点7** 出租人的租赁分类★ — 融资租赁和经营租赁
- **考点8** 出租人对融资租赁的会计处理★
  - 账务处理
    - 租赁投资总额=租赁收款额+未担保余值
    - 租赁投资总额的现值＝租赁资产的公允价值＋初始直接费用
  - 租赁变更
- **考点9** 出租人对经营租赁的会计处理★★★ — 出租人提供免租期的，出租人应将租金总额在不扣除免租期的整个租赁期内，按直线法或其他系统合理的方法分配，免租期内应当确认租金收入

特殊租赁业务的会计处理
- **考点10** 转租赁★
  - 融资租赁
  - 经营租赁
- **考点11** 生产商或经销商出租人的融资租赁会计处理★ — 销售收入、销售成本、销售费用
- **考点12** 售后租回交易★
  - 属于销售
  - 不属于销售

77%

第二十章　持有待售的非流动资产、处置组和终止经营

考情驿站

本章是2022年新增内容，属于非重点章节，主要掌握持有待售类别的认定条件、持有待售的长期股权投资以及持有待售类别的计量。以客观题为主要考查形式，近年平均考查分值在3分左右。

考点地图

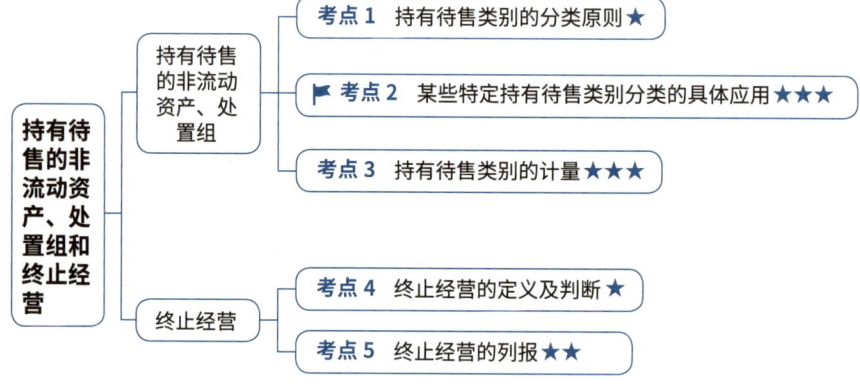

2024年本章主要变化

无实质性变动。删除了"持有待售的列报"。

第一节　持有待售的非流动资产、处置组

考点1　持有待售类别的分类原则（★）

（一）相关定义及分类的基本原则

1. 处置组

处置组是指在一项交易中作为整体通过出售或其他方式一并处置的一组资产，以及在该交易中转让的与这些资产直接相关的负债。

处置组可能是一组资产组组合、一个资产组或某个资产组的一部分，而且，处置组中除资产外，还包括与这些资产相关的负债，所以，处置组中可能包含企业的任何资产和负债，如流动资产、流动负债、非流动资产和非流动负债。

2. 非流动资产和处置组**划分为持有待售类别**的基本分类原则

企业主要**通过出售**而非持续使用一项非流动资产或处置组收回其账面价值的，应当将其划分为持有待售类别。

（二）划分为持有待售类别应满足的具体条件

非流动资产或处置组划分为持有待售类别，应当**同时**满足两个条件：

1. **可立即出售**

根据类似交易中出售此类资产或处置组的惯例，在当前状况下即可立即出售。

2. **出售极可能发生**

即企业已经就一项出售计划作出决议且获得确定的购买承诺，预计出售将在一年内完成。

（三）延长一年期限的例外条款

由于**无法控制的原因与非关联方交易未在一年内完成**，且有充分证据表明企业仍然承诺出售非流动资产或处置组的，企业可以**继续将非流动资产或处置组划分为持有待售类别**。

【提示】如果涉及的出售是**关联方交易**，则**不允许放松一年期限条件**，企业需要对持有待售非流动资产或处置组进行重分类。

考点2　某些特定持有待售类别分类的具体应用（★★★）

 2022年判断题

靶心考点精讲

（一）专为转售而取得的非流动资产或处置组

在取得日满足"预计出售将在一年内完成"的规定条件，且短期（通常为3个月）内很可能满足划分为持有待售类别的其他条件，企业应当在取得日将其划分为持有待售类别。

（二）持有待售的长期股权投资

出售部分或全部对子公司的权益性投资：

（1）拟出售对子公司的投资且**丧失对子公司的控制权**。

企业应当在拟出售的对子公司投资满足持有待售类别划分条件时，做如下处理：

母公司个别财务报表中：将对子公司投资**整体划分为持有待售类别**，而**不是**仅将拟处置的投资划分为持有待售类别。

合并财务报表中：将子公司**所有**资产和负债划分为持有待售类别，而**不是**仅将拟处置的投资对应的资产和负债划分为持有待售类别。

无论是否划分为持有待售，只要还未出售，均应**编制合并财务报表**。

（2）拟出售对子公司的投资但**不丧失对子公司的控制权**。

企业**不用确认为**持有待售，仍将其**整体作为长期股权投资**核算，因为不是主要通过出售而非持续使用一项非流动资产或处置组收回其账面价值。

（3）拟出售对**联营企业和合营企业**的投资。

①满足持有待售条件的**部分**或全部，划分为**持有待售资产**，且停止权益法核算；

②未划分为持有待售资产的**剩余**权益性投资，应当在划分为持有待售的那部分权益性投资出售前，**继续采用权益法核算**，直到划分为持有待售的部分对外出售。

趁热答题

｜例 20-1 · 计算分析题｜ 高顿教育集团拥有 A、B、C 三家全资子公司，还拥有可控制的 D 公司、联营企业 E 公司。现拟出售持有的部分长期股权投资。假设拟出售的股权符合持有待售类别的划分条件。在下列业务中，请判断高顿教育集团应如何作出会计处理。

业务 1：高顿教育集团拟出售 A 全资子公司 100% 的股权。

业务 2：高顿教育集团拟出售 B 全资子公司 25% 的股权，出售后仍然拥有对 B 公司的控制权。

业务 3：高顿教育集团拟出售 C 全资子公司 55% 的股权，出售后将丧失对 C 公司的控制权，但仍然对其具有重大影响。

业务 4：高顿教育集团拥有 D 公司 55% 的股权，现拟出售 6% 的股权，出售后将丧失对子公司的控制权，但仍对其具有重大影响。

业务 5：高顿教育集团拥有 E 联营企业 35% 的股权，现拟出售 30% 的股权，出售后对 E 公司不再具有重大影响。

分析 业务 1 中，高顿教育集团应当在母公司个别财务报表中将拥有的 A 公司**全部股权**划分为持有待售类别，在合并财务报表中将 A 公司**所有资产和负债**划分为持有待售类别。

业务 2 中，由于高顿教育集团仍然拥有对 B 公司的控制权，该长期股权投资并不是"主要通过出售而非持续使用收回其账面价值"的，因此**不应当**将拟处置的部分股权划分为持有待售类别。

业务 3 中，高顿教育集团应当在母公司个别财务报表中将拥有的 C 公司**全部股权**划分为持有待售类别，在合并财务报表中将 C 公司**所有资产和负债**划分为持有待售类别。

业务 4 中，高顿教育集团应当在母公司个别财务报表中将拥有的 D 公司**55% 的股权**划分为持有待售类别，在合并财务报表中将 D 公司**所有资产和负债**划分为持有待售类别。

业务 5 中，高顿教育集团应当将拟出售的 E 公司**30% 股权划分为持有待售类别**，不再按权益法核算；**剩余 5%**的 E 公司股权在处置前，**采用权益法**进行会计处理；在处置后，应当按照金融工具准则有关规定进行会计处理。

｜例 20-2 · 判断题（2022 年）｜ 企业计划出售对子公司的部分权益性投资且出售后仍拥有对子公司的控制权时，应将拟出售部分的投资划分为持有待售资产。（　　）

解析 本题考查某些特定持有待售类别分类的具体应用。如果出售部分权益性投资后企业仍拥有对子公司的控制权，在拟出售阶段对此类投资仍应将其整体作为长期股权投资核算，不将拟出售的部分划分为持有待售类别。因此，本题表述错误。

答案 ×

考点3 持有待售类别的计量（★★★）

考频 2022年多选题、判断题

对于持有待售的非流动资产（包括处置组中的非流动资产）的计量，应当区分不同情况：

（1）采用公允价值模式进行后续计量的投资性房地产，适用《企业会计准则第3号——投资性房地产》。

（2）采用公允价值减去出售费用后的净额计量的生物资产，适用《企业会计准则第5号——生物资产》。

（3）职工薪酬形成的资产，适用《企业会计准则第9号——职工薪酬》。

（4）递延所得税资产，适用《企业会计准则第18号——所得税》。

（5）由金融工具相关会计准则规范的金融资产，适用金融工具相关会计准则。

（6）由保险合同相关会计准则规范的保险合同所产生的权利，适用保险合同相关会计准则。

（7）除上述（1）至（6）项所述的非流动资产外，其他持有待售非流动资产，按照下文所述的方法计量。

（一）划分为持有待售类别前的计量

企业将非流动资产或处置组首次划分为持有待售类别前，应当按照相关会计准则规定计量非流动资产或处置组中各项资产和负债的账面价值。

▶速提分▶

非流动资产划分为持有待售类别**前**正常折旧或摊销、正常减值且资产减值损失**不得转回**。

（二）划分为持有待售类别时的计量

对于持有待售的非流动资产或处置组，企业**在初始计量时**，如果账面价值高于其公允价值减去出售费用后的净额，企业应当将账面价值减记至公允价值减去出售费用后的净额，减记的金额确认为资产减值损失，计入当期损益，同时计提持有待售资产减值准备。

（三）划分为持有待售类别后的计量

1. **持有待售的非流动资产**的后续计量

（1）减值计提。

企业在资产负债表日重新计量持有待售的非流动资产时，如果账面价值高于其公允价值减去出售费用后的净额，应当将账面价值减记至公允价值减去出售费用后的净额，减记的金额确认为资产减值损失，计入当期损益，同时计提持有待售资产减值准备。

借：资产减值损失
　　贷：持有待售资产减值准备——××

(2) 减值转回。

如果后续资产负债表日持有待售的非流动资产公允价值减去出售费用后的净额增加，以前减记的金额应当予以恢复并在划分为持有待售类别后非流动资产确认的资产减值损失金额内转回，**转回**金额计入当期损益。

借：持有待售资产减值准备——××
    贷：资产减值损失
                                                    【可以转回】

▶ 速提分 ▶

（1）**持有待售类别**的非流动资产**不计提折旧或摊销**。
（2）划分为持有待售类别**前**确认的资产减值损失**不得转回**。

| 例 20-3·判断题（2022 年） | 企业对持有待售资产计提的减值准备在以后期间不允许转回。
                                                    （ ）

(解析) 本题考查持有待售类别的计量。企业对持有待售资产计提的减值准备可以转回，但划分为持有待售类别前确认的减值不得转回。因此，本题表述错误。

(答案) ×

2. **持有待售的处置组**的后续计量
（1）减值计提。
①企业在资产负债表日重新计量持有待售的处置组时，应当**首先**按照相关会计准则规定计量处置组中的**流动资产**、**适用其他准则计量规定**的非流动资产和负债的账面价值。
②如果持有待售的处置组整体账面价值高于其公允价值减去出售费用后的净额，应当将账面价值减记至公允价值减去出售费用后的净额，减记的金额确认为资产减值损失，计入当期损益，同时计提持有待售资产减值准备。
③对于持有待售的处置组确认的资产减值损失金额，应当**先抵减商誉的账面价值**，再根据处置组中适用本章计量规定的各项**非流动资产账面价值所占比重**，按比例抵减其账面价值。
（2）减值转回。

如果后续资产负债表日持有待售的处置组公允价值减去出售费用后的净额增加，以前减记的金额应当予以恢复，并在划分为"持有待售资产"后适用本章计量规定的**非流动资产确认的原计提的减值范围内转回**，转回金额计入当期损益，且不应当重复确认适用其他准则计量规定的非流动资产和负债按照相关准则规定已经确认的利得。

已抵减的商誉账面价值，以及适用本章计量规定的非流动资产在划分为持有待售类别前确认的资产减值损失不得转回。

对于持有待售的处置组确认的资产减值损失后续转回金额，应当根据处置组中**除商誉外**适用本章计量规定的各项**非流动资产账面价值所占比重**，按比例**增加**其账面价值。

> **速提分**
> 商誉的减值在任何时候均不允许转回。

(四) 不再继续划分为持有待售类别的计量

非流动资产或处置组因不再满足持有待售类别的划分条件而不再继续划分为持有待售类别或非流动资产从持有待售的处置组中移除时,应当按照以下两者**孰低**计量:

(1) 划分为持有待售类别前的账面价值,按照假定不划分为持有待售类别情况下本应确认的折旧、摊销或减值等进行**调整后的金额**。

(2) **可收回金额**。

(五) 终止确认

企业终止确认持有待售的非流动资产或处置组时,应当将尚未确认的利得或损失计入当期损益。

例 20-4·计算分析题 2×19 年 7 月 1 日,高顿公司购入东华公司全部股权,支付价款 2 240 万元。购入该股权之前,高顿公司的管理层已经做出决议,一旦购入东华公司的股权,将东华公司作为专为转售而取得的持有待售子公司,并于 1 年内将其出售。已知东华公司的股权并无抵质押等特殊情况,可立即购买或出售,且购买当日其公允价值减去出售费用后的净额为 2 180 万元。

2×19 年 10 月 31 日高顿公司与龙腾公司签订协议约定,将其以 2 200 万元的价格出售给龙腾公司。高顿公司预计在将其出售给龙腾公司的过程中,还将支付相关费用共 26 万元。

2×19 年 12 月 31 日,因国家股权转让税收政策进行调整,高顿公司预计出售费用将减少到 16 万元。

2×20 年 1 月 31 日,高顿公司为转让东华公司的股份支付相关税费、律师费等共计 14 万元,并于当日完成股权的转让,收到龙腾公司支付的价款 2 200 万元。

要求 请作出高顿公司在各时点的会计处理。

答案

(1) 高顿公司购入的东华公司的股权是专为转售而取得的,其不划分为持有待售类别情况下的初始计量金额应当为 2 240 万元,购买日公允价值减去出售费用后的净额为 2 180 万元,按照二者孰低计量,故高顿公司 2×19 年 7 月 1 日的账务处理如下(单位为元):

借:持有待售资产——长期股权投资　　21 800 000
　　资产减值损失　　　　　　　　　　 600 000
　　贷:银行存款　　　　　　　　　　　22 400 000

(2) 2×19 年 10 月 31 日,高顿公司持有的东华公司的股权公允价值减去出售费用后的净额 = 2 200-26 = 2 174(万元),账面价值为 2 180 万元,以二者孰低计量,故高顿公司 2×19 年 10 月 1 日应作的会计处理如下:

借:资产减值损失　　　　　　　　　　　　　　60 000
　　贷:持有待售资产减值准备——长期股权投资　 60 000

(3) 2×19 年 12 月 31 日，高顿公司重新计量该持有待售资产：

借：持有待售资产减值准备——长期股权投资　60 000
　　贷：资产减值损失　　　　　　　　　　　　　　60 000

(4) 2×20 年 1 月 31 日，高顿公司支付出售费用、收取股权转让价款的会计处理如下：

借：投资收益　　　　　　　　　　　　　　　140 000
　　贷：银行存款　　　　　　　　　　　　　　　140 000
借：银行存款　　　　　　　　　　　　　　22 000 000
　　贷：持有待售资产——长期股权投资　　　21 800 000
　　　　投资收益　　　　　　　　　　　　　　200 000

通关文牒

▶ 速提分 ▶

持有待售资产和负债不应当相互抵销。"持有待售资产"和"持有待售负债"应当**分别**作为流动资产和流动负债**列示**。

趁热答题

|例 20-5·多选题（2022 年）| 2×20 年 12 月 31 日，甲公司以 4 800 万元取得一栋写字楼并立即投入使用，预计使用年限为 10 年，预计净残值为零，采用年限平均法计提折旧。2×21 年 6 月 30 日，甲公司与乙公司签订协议，约定 3 个月内以 4 600 万元的价格将该写字楼出售给乙公司，当日该写字楼符合划分为持有待售类别的条件。2×21 年 10 月 1 日，因乙公司受疫情影响出现财务困难，双方协商解除该协议。甲公司继续积极寻求购买方，2×21 年 12 月 31 日，甲公司与丙公司签订协议，约定 3 个月内以 4 500 万元的价格将该写字楼出售。不考虑其他因素，下列各项关于甲公司会计处理的表述中，正确的有（　　）。

A. 2×21 年度，计提持有待售资产折旧 480 万元
B. 2×21 年 6 月 30 日，确认持有待售资产初始入账金额 4 560 万元
C. 2×21 年 12 月 31 日，计提持有待售资产减值准备 60 万元
D. 2×21 年 6 月 30 日，确认固定资产处置损益 40 万元

（解析）本题考查持有待售类别的计量。固定资产划分为持有待售资产后不计提折旧，选项 A 错误；2×21 年 6 月 30 日，该写字楼不划分为持有待售类别情况下的账面价值 = 4 800-4 800÷10×6÷12 = 4 560（万元），公允价值-出售费用 = 4 600-0 = 4 600（万元），按孰低者确认持有待售资产初始入账金额，选项 B 正确；2×21 年 12 月 31 日，计提持有待售资产减值准备 = 4 560-4 500 = 60（万元），选项 C 正确；固定资产划分为持有待售类别不应确认资产处置损益，选项 D 错误。因此，本题选项 BC 正确。

（答案）BC

|例 20-6·多选题（2022 年）| 2×16 年 12 月 10 日，甲公司的一台生产用设备达到预定可使用状态并投入使用，初始入账金额为 3 450 万元，预计使用年限为 20 年，预计净残值为 50 万元，采用年限平均法计提折旧。2×21 年 12 月 31 日，甲公司与乙公司签订一项不可撤销的销售合同，拟在 4 个月内将该设备转让给乙公司。合同约定的销售价格为 2 560 万元，预计的出售费用为 60 万元，该设备满足划分为持有待售资产的条件。不考虑其他因素，下列各项关于甲公司对该设备会计处理的表述

中，正确的有（   ）。

A. 2×21 年 12 月 31 日，划分为持有待售类别前的账面价值为 2 560 万元
B. 2×21 年度，应计提折旧金额为 170 万元
C. 2×21 年 12 月 31 日，应确认的减值损失为 100 万元
D. 2×21 年 12 月 31 日，在资产负债表持有待售资产项目中列报的金额为 2 500 万元

【解析】本题考查持有待售类别的计量。该生产设备划分为持有待售类别前的账面价值＝3 450-（3 450-50）÷20×5＝2 600（万元），选项 A 错误；2×21 年应计提的折旧＝（3 450-50）÷20＝170（万元），选项 B 正确；2×21 年 12 月 31 日，该生产设备账面价值为 2 600 万元，高于其公允价值 2 560 万元减去出售费用 60 万元后的金额 2 500 万元，应确认的减值损失＝2 600-（2 560-60）＝100（万元），选项 C 正确；资产负债表日持有待售资产项目中列报的金额为账面价值与公允价值减去出售费用后的净额孰低者，列报金额为 2 500 万元，选项 D 正确。因此，本题选项 BCD 正确。

【答案】BCD

第二节　终止经营

考点 4　终止经营的定义及判断（★）

终止经营是指企业满足下列条件之一的、能够单独区分的组成部分，且该组成部分已经处置或划分为持有待售类别：

（1）该组成部分代表一项独立的主要业务或一个单独的主要经营地区。
（2）该组成部分是拟对一项独立的主要业务或一个单独的主要经营地区进行处置的一项相关联计划的一部分。
（3）该组成部分是专为转售而取得的子公司。

终止经营的定义包含以下 3 个方面的含义：

（1）终止经营应当是企业能够单独区分的组成部分。

该组成部分的经营和现金流量在企业经营和编制财务报表时是能够与企业的其他部分清楚区分的。企业组成部分可能是一个资产组，也可能是一组资产组组合，通常是企业的一个子公司、一个事业部或事业群。

（2）终止经营应当具有一定的规模。
（3）终止经营应当满足一定的时点要求。

符合终止经营定义的组成部分应属于以下两种情况之一：

（1）组成部分在资产负债表日之前已经处置，包括已经出售、结束使用（如关停或报废等）。多数情况下，可根据组成部分的所有资产和负债是否均已处置，产生收入和发生成本的来源是否消失去判断。
（2）组成部分在资产负债表日之前已经划分为持有待售类别。

▶ 很好懂 ▶

需要强调的是，**不是所有划分为持有待售类别的处置组都符合终止经营**的定义，因为有些处置组可能不是"能够单独区分的组成部分"或不符合终止经营定义中的规模条件；也**不是所有终止经营都划分为持有待售类别**，因为有些终止经营在资产负债表日前已经处置。

考点 5　终止经营的列报（★★）

考频　2023 年判断题

（1）企业应当在利润表中分别列示**持续经营损益和终止经营损益**。不符合终止经营定义的持有待售的非流动资产或处置组，其减值损失和转回金额及处置损益应当作为持续经营损益列报。终止经营的减值损失和转回金额等经营损益及处置损益应当作为终止经营损益列报。

表 20-1　终止经营的列报

利润表项目
四、净利润（净亏损以"-"号填列）
（一）持续经营净利润（净亏损以"-"号填列）
（二）终止经营净利润（净亏损以"-"号填列）

（2）不符合终止经营定义的持有待售的非流动资产或处置组所产生的相关损益，应当在利润表中作为**持续经营损益列报**。

（3）终止经营的相关损益应当作为**终止经营损益列报**，列报的终止经营损益应当**包含整个报告期间**，而**不仅包含**认定为终止经营后的报告期间。

企业还应当在附注中**披露**终止经营的相关信息。

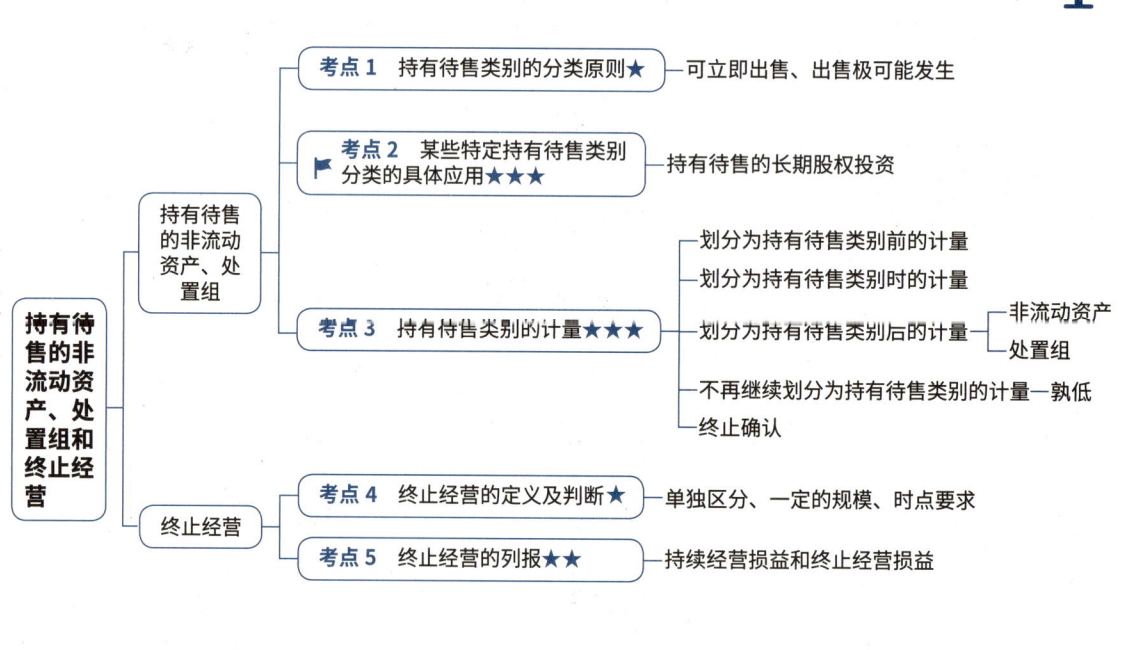

79%

第二十一章 企业合并与合并财务报表

考情驿站

本章属于非常重要的章节,主要阐述了合并财务报表的编制原则和具体运用,历年真题通常与长期股权投资相结合出题。客观题和主观题均会出现,近三年考查分值在12分左右。本章的学习方法建议是,先理解合并报表的编制原理,然后再熟悉合并报表编制的框架和掌握做题技巧。

考点地图

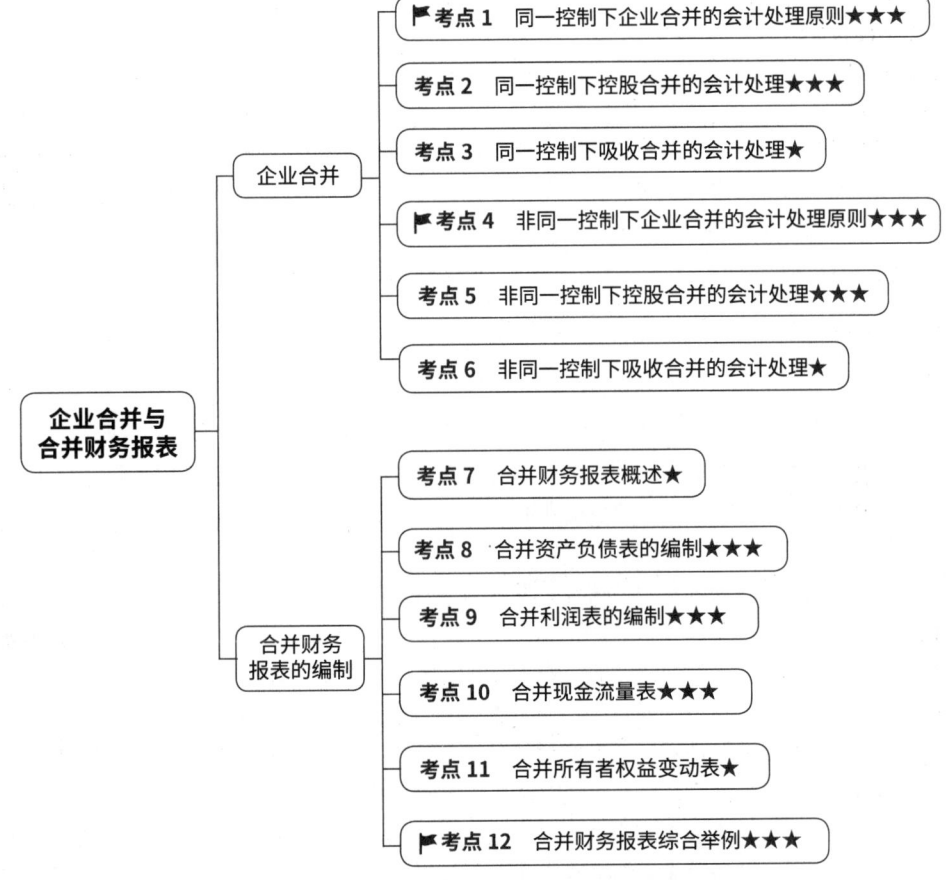

- 企业合并
  - 考点1 同一控制下企业合并的会计处理原则★★★
  - 考点2 同一控制下控股合并的会计处理★★★
  - 考点3 同一控制下吸收合并的会计处理★
  - 考点4 非同一控制下企业合并的会计处理原则★★★
  - 考点5 非同一控制下控股合并的会计处理★★★
  - 考点6 非同一控制下吸收合并的会计处理★
- 合并财务报表的编制
  - 考点7 合并财务报表概述★
  - 考点8 合并资产负债表的编制★★★
  - 考点9 合并利润表的编制★★★
  - 考点10 合并现金流量表★★★
  - 考点11 合并所有者权益变动表★
  - 考点12 合并财务报表综合举例★★★

2024 年本章主要变化

变动较大。将 2023 年的两章进行了合并，内容更加精简，删除了部分难点，如"或有对价""多次交易实现企业合并""反向购买""购买子公司少数股权的会计处理""合并范围的确定"。因此，本章的变化有利于考生备考。

考点速递

第一节　企业合并

考点1　同一控制下企业合并的会计处理原则（★★★）

同一控制下的企业合并，企业合并准则中规定的会计处理方法是**权益结合法**。

通关文牒

▶ 很好懂 ▶

权益结合法，将企业合并看作是两个或多个参与合并企业权益的重新整合，由于最终控制方的存在，从最终控制方的角度，该类企业合并一定程度上并不会造成构成企业集团整体的经济利益流入和流出，最终控制方在合并前后实际控制的经济资源并没有发生变化，有关交易事项**不作为出售或购买**。

（1）合并方在合并中确认取得的被合并方的资产、负债仅限于**被合并方账面上原已确认的资产和负债**，合并中**不产生新的**资产和负债。

（2）合并方在合并中取得的被合并方各项资产、负债应维持其在被合并方的**原账面价值不变**。

①被合并方在企业合并前采用的会计政策与合并方**不一致**的，合并方应基于重要性原则，按照本企业会计政策对被合并方资产、负债的账面价值**进行调整**，并以调整后的账面价值作为有关资产、负债的入账价值。

②在同一控制下的企业合并中，被合并方同时进行改制并对资产、负债进行评估调账的，应以**评估调账后的账面价值并入合并方**。

③合并方在合并中取得的净资产的入账价值与为进行企业合并支付的对价账面价值之间的**差额**，应当**调整所有者权益相关项目**，即首先调整资本公积（资本溢价或股本溢价），资本公积（资本溢价或股本溢价）的余额不足冲减的，应冲减留存收益，**不计入企业合并当期损益**。

④对于同一控制下的控股合并，应**视同合并后形成的报告主体自最终控制方开始实施控制时一直是一体化存续下来的**，体现在其合并财务报表上，即由合并后形成的母子公司构成的报告主体，无论是其资产规模还是其经营成果都应持续计算。编制合并财务报表时，无论该项合并发生在报告期的任一时点，合并利润表、合并现金流量表均反映的是由母子公司构成的报告主体自合并当期期初至合并日实现的损益及现金流量情况，相应地，合并资产负债表的**留存收益**项目，应当反映母子公司如果一直作为一个整体运行至合并日应实现的**盈余公积和未分配利润**的情况。

对于同一控制下的控股合并，在合并当期编制合并财务报表时，应当对合并资产负债表的**期初数进行调整**，同时应当对比较报表的相关项目进行调整，**视同合并后的报告主体在以前期间一直存在**。

▶ 很好懂 ▶

对于通过新设一家子公司，并将现有的其他子公司或业务注入该新设公司从而构成的同一控制下企业合并，如果该新设公司的成立日晚于被注入的其他子公司或业务的成立日，该新设公司应当追溯至自比较期最早期初开始编制合并财务报表，即使比较期最早期初早于该新设公司的成立日，但应不早于被注入的其他子公司或业务处于最终控制方控制的时点。**该新设公司的个别报表期初日为其成立日**。

⑤对于同一控制下的企业合并，在被合并方是最终控制方以前年度从第三方收购来的情况下，合并方编制财务报表时，应以**被合并方的资产、负债**（包括最终控制方收购被合并方而形成的商誉）**在最终控制方财务报表中的账面价值为基础，进行相关会计处理**。合并方的财务报表比较数据追溯调整的期间应不早于双方处于最终控制方的控制之下孰晚的时间。

考点2 同一控制下控股合并的会计处理（★★★）

（一）个别财务报表的会计处理

表21-1 不同方式取得长期股权投资的会计分录

以支付现金、转让非现金资产、承担债务方式	以发行权益性证券方式
借：长期股权投资 　　应收股利 　贷：有关资产、负债科目（支付的合并对价的账面价值） 　　　资本公积——资本溢价/股本溢价（差额，或借方）	借：长期股权投资 　　应收股利 　贷：股本（面值总额） 　　　资本公积——资本溢价/股本溢价（差额，或借方）
长期股权投资：合并日应享有被合并方所有者权益在最终控制方合并财务报表中的账面价值的份额+最终控制方收购被合并方形成的商誉。 **应收股利**：享有被投资企业已宣告但尚未发放的现金股利或利润		

▶ 很好懂 ▶

（1）资本公积（资本溢价或股本溢价）的余额不足冲减的，相应调整盈余公积和未分配利润。
（2）在计算确定同一控制下企业合并形成对子公司长期股权投资成本时，应当合理确定被合并方所有者权益在最终控制方合并财务报表中的账面价值。如果被合并方本身编制合并财务报表的，被合并方的账面所有者权益应当以**其在最终控制方合并财务报表中的账面价值**为基础确定。

（二）合并日合并财务报表的会计处理

同一控制下的企业合并形成母子公司关系的，合并方一般应在合并日编制合并财务报表，一般包括**合并资产负债表、合并利润表及合并现金流量表**。

1. 合并资产负债表

被合并方的有关资产、负债应以其账面价值并入合并财务报表。

（1）应抵销母公司长期股权投资与子公司所有者权益，抵销分录：

借：股本/实收资本
　　资本公积
　　其他综合收益　　　　　　　　　}子公司股东权益 a_0
　　盈余公积
　　未分配利润等
　　贷：长期股权投资　　　　　　【a_0×母公司持股比例】
　　　　少数股东权益　　　　　【a_0×少数股东持股比例】

（2）在合并资产负债表中，对于被合并方在企业合并前实现的留存收益（盈余公积和未分配利润之和）中归属于合并方的部分，应按以下原则，自合并方的资本公积（资本溢价或股本溢价）转入盈余公积和未分配利润：

借：资本公积　　　　　【以合并方资本公积（资本溢价或股本溢价）的贷方余额为限】
　　贷：盈余公积　　　　　　　　　　　　　　　　　　　【归属于现行母公司的部分】
　　　　未分配利润　　　　　　　　　　　　　　　　　　【归属于现行母公司的部分】

因合并方的资本公积（资本溢价或股本溢价）余额不足，被合并方在合并前实现的留存收益中归属于合并方的部分在合并资产负债表中**未予全额恢复的**，合并方应当在会计报表附注中对**这一情况进行说明**。

2. 合并利润表

合并方在编制合并日的合并利润表时，应当将被合并方自合并**当期期初至报告期期末**的收入、费用、利润纳入合并利润表，而不是从合并日开始纳入合并利润表，同时应当对比较报表的相关项目进行调整。发生同一控制下企业合并的当期，合并方在合并利润表中的"净利润"项下应**单列**"其中：被合并方在合并前实现的净利润"项目，反映合并当期期初至合并日自被合并方带入的损益。

3. 合并现金流量表

合并方在编制合并日现金流量表时，应当将被合并方自合并**当期期初至报告期期末**的现金流量纳入合并现金流量表，同时应当对比较报表的相关项目进行调整。

| **例 21-1·多选题（2019 年）** | 相对于个别财务报表，下列各项中，仅属于企业合并财务报表项目的有（　　）。

A. 投资收益　　　　　　　　　　　B. 少数股东损益
C. 债权投资　　　　　　　　　　　D. 少数股东权益

解析 本题考查合并财务报表项目的构成。合并报表中，少数股东对子公司的净资产享有份额，所以少数股东权益及少数股东损益仅存在于合并报表中。因此，本题选项 BD 正确。

答案　BD

考点3　同一控制下吸收合并的会计处理（★）

在同一控制下的吸收合并中，合并方主要涉及合并日取得被合并方资产、负债入账价值的确定，以及合并差额（合并中取得有关净资产的入账价值与支付的合并对价账面价值之间的差额）的处理。

（1）合并方对同一控制下吸收合并中取得的资产、负债应当按照相关资产、负债在被合并方的**原账面价值**入账。

（2）合并差额的处理。

表 21-2　合并差额的处理

合并方式	差额	会计处理
以发行权益性证券方式	确认的净资产入账价值-发行股份面值总额	应计入资本公积（资本溢价或股本溢价），资本公积（资本溢价或股本溢价）的余额，不足冲减的，应调整盈余公积和未分配利润
以支付现金、转让非现金资产或承担债务方式	确认的净资产入账价值-支付的现金、转让的非现金资产及承担债务账面价值	

趁热答题

│例 21-2·多选题（2022 年）│ 甲、乙公司同为丙公司的子公司，甲公司以发行股份的方式吸收合并乙公司。下列各项关于甲公司会计处理的表述中，正确的有（　　）。

A. 甲公司取得的乙公司各项资产、负债应当按照合并日的公允价值计量
B. 甲公司支付的股票发行佣金计入财务费用
C. 甲公司发生的与合并相关的法律咨询费计入管理费用
D. 甲公司确认的乙公司净资产的账面价值与发行股份面值总额的差额计入所有者权益

〔解析〕本题考查同一控制下企业合并。甲、乙公司同为丙公司的子公司，甲公司合并乙公司，属于同一控制下企业合并，甲公司取得的乙公司各项资产、负债应当按照合并日的账面价值计量，选项 A 错误；甲公司支付的股票发行佣金冲减资本公积，不足冲减的，应冲减留存收益，选项 B 错误。因此，本题选项 CD 正确。

〔答案〕CD

靶心考点精讲

考点 4　非同一控制下企业合并的会计处理原则（★★★）

考频 2023 年判断题

非同一控制下企业合并的基本处理原则是**购买法**。

（一）确定购买方

采用购买法核算企业合并的首要前提是确定购买方。**购买方**是指在企业合并中取得对另一方或多方控制权的一方。参与合并的其他企业为**被购买方**。

（二）确定购买日

购买日是购买方获得对被购买方**控制权**的日期。**同时满足**以下条件时，一般可认为实现了控制权的转移，形成购买日。有关的条件包括：

（1）企业合并合同或协议已获股东大会等**内部权力机构通过**。
（2）按照规定，合并事项需要经过国家有关主管部门审批的，已**获得相关部门的批准**。
（3）参与合并各方已**办理了必要的财产权交接手续**。
（4）购买方**已支付购买价款的大部分**（一般应超过 50%），并且有能力、有计划支付剩余款项。
（5）购买方实际上已经**控制了被购买方的财务和经营政策**，享有相应的收益并承担相应的风险。

> ▶ 很好懂 ▶
>
> **分步实现的企业合并中**，购买日是指按照有关标准判断购买方最终取得对被购买企业控制权的日期。

（三）确定企业合并成本

（1）企业合并成本包括购买方为进行企业合并支付的现金或非现金资产、发行或承担的债务、发行的权益性证券等在购买日的公允价值之和。

（2）通过多次交易分步实现的企业合并，其企业合并成本为每一单项交易的成本之和。

（3）购买方为企业合并发生的审计、法律服务、评估咨询等中介费用以及其他相关管理费用，应当于发生时计入当期损益；购买方作为合并对价发行的权益性证券或债务性证券的交易费用，应当计入权益性证券或债务性证券的初始确认金额。具体包括：

①作为合并对价的现金及非现金资产的公允价值。以非货币性资产作为合并对价的，其合并成本为所支付对价的公允价值，该公允价值与作为合并对价的非货币性资产账面价值的差额，作为资产的处置损益，计入合并当期的利润表。

②发行的权益性证券的公允价值。

③因企业合并发生或承担的债务的公允价值。

④或有对价的公允价值。

（四）企业合并成本在取得的可辨认资产和负债之间的分配

非同一控制下的企业合并中，购买方取得了对被购买方净资产的控制权，视合并方式的不同，应分别在合并财务报表或个别财务报表中确认合并中取得的各项可辨认资产和负债。

（1）购买方在企业合并中取得的被购买方各项可辨认资产和负债，要作为本企业的资产、负债（或合并财务报表中的资产、负债）进行确认，在购买日，应当满足资产、负债的确认条件。有关的确认条件包括：

①合并中取得的被购买方的各项资产（无形资产除外），其所带来的未来经济利益预期能够流入企业且公允价值能够可靠计量的，应单独作为资产确认。

②合并中取得的被购买方的各项负债（或有负债除外），履行有关的义务预期会导致经济利益流出企业且公允价值能够可靠计量的，应单独作为负债确认。

（2）企业合并中取得无形资产的确认。

购买方在企业合并中取得的无形资产应符合《企业会计准则第 6 号——无形资产》中对于无形资产的界定且其在购买日的公允价值能够可靠计量。没有实物形态的非货币性资产要符合无形资产的定义，需要满足下列条件之一：

①能够从企业中分离或者划分出来，并能单独或者与相关合同、资产、负债一起，用于出售、转移、授予许可、租赁或者交换；

②应源自合同性权利或其他法定权利。

（3）企业合并中产生或有负债，在购买日公允价值能够合理确定的情况下，需要作为合并中取得的负债确认。

（4）对于被购买方在企业合并之前已经确认的商誉和递延所得税项目，购买方在对企业合并成本进行分配、确认合并中取得可辨认资产和负债时不应予以考虑。在按照规定确定了合并中应予确认的各项可辨认资产、负债的公允价值后,其计税基础与账面价值不同形成暂时性差异的,应当确认相应的递延所得税资产或递延所得税负债。

(五) 企业合并成本与合并中取得的被购买方可辨认净资产公允价值份额之间差额的处理

(1) 企业合并成本大于合并中取得的被购买方可辨认净资产公允价值份额的差额,应确认为商誉。

(2) 企业合并成本小于合并中取得的被购买方可辨认净资产公允价值份额的差额,应计入合并当期损益。

①对合并中取得的资产、负债的公允价值、作为合并对价的非现金资产或发行的权益性证券等的公允价值进行复核;

②复核结果表明所确定的各项可辨认资产和负债的公允价值确定是恰当的,应将企业合并成本低于取得的被购买方可辨认净资产公允价值份额之间的差额,计入合并当期的营业外收入,并在会计报表附注中予以说明。

(六) 企业合并成本或合并中取得的可辨认资产、负债公允价值的调整

购买日或合并当期期末,因各种因素影响无法合理确定合并对价付出的各项资产的公允价值或合并中取得被购买方各项可辨认资产、负债的公允价值的,购买方应以暂时确定的价值为基础进行核算。

(1) 购买日后 12 个月内对有关价值量的调整。

应视同在购买日发生,进行追溯调整,同时对以暂时性价值为基础提供的比较报表信息,也应进行相关的调整。

(2) 超过规定期限后的价值量调整。

对于企业合并成本或合并中取得的可辨认资产、负债公允价值等进行的调整,应作为前期差错处理。

(七) 购买日合并财务报表的编制

购买方一般应于购买日编制合并资产负债表。在合并资产负债表中,合并中取得的被购买方各项可辨认资产、负债应以其在购买日的**公允价值**计量,长期股权投资的成本大于合并中取得的被购买方可辨认净资产公允价值份额的差额,体现为合并财务报表中的商誉;长期股权投资的成本小于合并中取得的被购买方可辨认净资产公允价值份额的差额,企业合并准则中规定应计入合并当期损益,因购买日不需要编制合并利润表,该差额体现在合并资产负债表上,应调整合并资产负债表的盈余公积和未分配利润。

趁热答题

| 例 21-3·判断题(2023 年)| 在非同一控制下的控股合并中,购买方应将合并成本大于合并中取得的被购买方可辨认净资产公允价值份额的差额,在其个别财务报表中列报为商誉。( )

解析 本题考查非同一控制下企业合并的会计处理原则。在非同一控制下的控股合并中,购买方合并成本大于合并中取得的被购买方可辨认净资产公允价值份额的差额,在其合并财务报表中列报为商誉。因此,本题表述错误。

答案 ×

考点 5 非同一控制下控股合并的会计处理（★★★）

（一）个别财务报表的会计处理

借：长期股权投资（购买日合并成本）
　　应收股利（享有被投资企业已宣告但尚未发放的现金股利或利润）
　　贷：支付对价的公允价值
　　　　相关资产的处置损益/投资收益等
借：管理费用（发生的购买费用）
　　贷：银行存款

合并过程中发生的审计、评估和法律服务等相关费用计入管理费用，不涉及抵销处理的问题。

以发行股票方式取得的长期股权投资，发行过程中支付的佣金和手续费，应冲减股票的溢价发行收入，不足冲减的，依次冲减盈余公积和未分配利润。

以发行债券方式取得的长期股权投资，发行过程中支付的佣金和手续费，应计入债券的折溢价当中。

【提示】同一控制下企业合并与非同一控制下企业合并的上述交易费用处理相同。

（二）合并财务报表的会计处理

（1）按照购买日公允价值修正被购买公司导入合并工作底稿的个别报表资产及负债的价值：

借：资产　　　　　　　　　　　　　　　　　　　　　　　　　　　【公允-账面】
　　递延所得税资产
　　贷：负债　　　　　　　　　　　　　　　　　　　　　　　　　【公允-账面】
　　　　递延所得税负债
　　　　资本公积　　　　　　　　　　　　　　　　　　　　　　【差额 e，或借方】

>
> ▶ 很会考 ▶
> 　　只有考查合并报表加所得税的时候，才可能出现递延所得税，因为考查合并报表时通常不考查所得税，故考生了解即可。

（2）将子公司所有者权益项目（包括子公司个别报表上的以及在工作底稿中调整的）全部抵销：

$$合并成本 = 付出对价公允价值$$
$$合并成本 - 应享有的被购买方可辨认净资产公允价值份额 = 商誉$$

借：股本/实收资本　　　⎫
　　资本公积（含 e）　　 ⎪
　　其他综合收益　　　　⎬ 可辨认净资产公允价值 A_0
　　盈余公积　　　　　　⎪
　　未分配利润　　　　　⎭
　　商誉　　　　　　　　　　　　　　　　　　　　　　　【差额】
　　贷：长期股权投资　【A_0×母公司持股比例+商誉】→合并成本

少数股东权益　　　　　　　　　　　【A_0×少数股东持股比例】

▶ 很好懂 ▶

　　上述分录假设合并成本>应享有的被购买方可辨认净资产公允价值份额；若合并成本<应享有的被购买方可辨认净资产公允价值份额，差额计入营业外收入（因购买日当天不编利润表，故改成调整留存收益即可）。

考点6　非同一控制下吸收合并的会计处理（★）

（1）购买方在购买日应当将合并中取得的符合确认条件的各项资产、负债，按**其公允价值**确认为本企业的资产和负债。

（2）作为合并对价的有关非货币性资产按处置非货币性资产进行处理，**相关的资产处置损益计入合并当期的利润表**。

（3）确定的企业合并成本与所取得的被购买方可辨认净资产公允价值的差额，视情况分别确认为**商誉**或作为企业**合并当期的损益**计入利润表。

▶ 很好懂 ▶

　　非同一控制下的吸收合并中，合并中取得的可辨认资产和负债是作为个别报表中的项目列示，**合并中产生的商誉也是作为购买方个别财务报表中的资产列示**。

第二节　合并财务报表的编制

考点7　合并财务报表概述（★）

（一）合并财务报表的概念和构成

合并财务报表是指反映母公司和其全部子公司形成的企业集团整体财务状况、经营成果和现金流量的财务报表。

母公司是指控制一个或一个以上主体（含企业、被投资单位中可分割的部分，以及企业所控制的结构化主体等，下同）的主体。子公司是指被母公司控制的主体。

【2024年新增】合并财务报表至少应当包括合并资产负债表、合并利润表、合并现金流量表、合并所有者权益变动表和附注。企业集团中期期末编制合并财务报表，至少应当包括合并资产负债表、合并利润表、合并现金流量表和附注。

（二）合并财务报表的编制原则

1. 以个别财务报表为基础编制
2. 一体性原则
3. 重要性原则

(三) 合并财务报表编制的前期准备事项

1. 统一母子公司的**会计政策**
2. 统一母子公司的**资产负债表日及会计期间**
3. 对子公司以外币表示的财务报表进行**折算**
4. **收集**编制合并财务报表的相关资料

趁热答题

│例21-4·多选题（2015）│ 母公司在编制合并财务报表前，对子公司所采用会计政策与其不一致的情形进行的下列会计处理中，正确的有（　　）。

A. 按照子公司的会计政策另行编报母公司的财务报表
B. 要求子公司按照母公司的会计政策另行编报子公司的财务报表
C. 按照母公司自身的会计政策对子公司财务报表进行必要的调整
D. 按照子公司的会计政策对母公司自身财务报表进行必要的调整

解析 本题考查合并财务报表编制的前期准备事项。编制财务报表前，应当尽可能地统一母公司和子公司的会计政策，统一要求子公司所采用的会计政策与母公司保持一致。因此，本题选项BC正确。

答案 BC

考点8　合并资产负债表的编制（★★★）

考频 2022年单选题；2021年综合题

(一) 对子公司的个别财务报表进行调整的原则

在编制合并财务报表时，首先应对各子公司进行分类，分为**同一控制下**企业合并中取得的子公司和**非同一控制下**企业合并中取得的子公司两类。

1. 属于同一控制下企业合并中取得的子公司

对于属于同一控制下企业合并中取得的子公司，如果**不存在**与母公司会计政策和会计期间不一致的情况，则**不需要**对该子公司的个别财务报表进行调整，只需要抵销内部交易对合并财务报表的影响即可。

2. 属于非同一控制下企业合并中取得的子公司

对于属于非同一控制下企业合并中取得的子公司，除应考虑**会计政策及会计期间的差别**，需要对子公司的个别财务报表进行调整外，还应当根据母公司在购买日设置的备查簿中登记的该子公司有关可辨认资产、负债及或有负债等的公允价值，对子公司的个别财务报表进行调整，以使子公司的个别财务报表反映在**购买日公允价值基础上**确定的可辨认资产、负债及或有负债在本期资产负债表日的金额。

(二) 非同一控制企业合并的合并报表的会计处理原则（一步收购达到控制）

1. 购买日

（1）个别报表层次。

参考长期股权投资章节关于初始计量的会计处理。

（2）合并报表层次。

参考本章关于非同一控制下控股合并的会计处理。

2. 购买日后

（1）个别报表层次（成本法）。

宣告发放现金股利（每年）：

借：应收股利

　　贷：投资收益

（2）合并报表层次。

合并报表调整抵销分录（第 1 年年末）见表 21-3：

表 21-3　合并报表调整抵销分录（第 1 年年末）

调整分录	抵销分录
①将子公司的账面价值调整为公允价值： A. 资产及负债的调整： 借：资产　　　　　　　　　【公允-账面】 　　递延所得税资产 　　贷：负债　　　　　　　　【公允-账面】 　　　　递延所得税负债 　　　　资本公积　　　　　　　【差额】 B. 因调整被购买方的净资产的价值而调整利润账务处理。 C. 递延所得税资产与负债的转回： 借：所得税费用 　　贷：递延所得税资产 借：递延所得税负债 　　贷：所得税费用 ②按照权益法调整长期股权投资： A. 调整被合并方实现净利润或亏损（假设子公司调整后第 1 年净利润为 B_1）： 借：长期股权投资 　　贷：投资收益 　　　　【B_1×母公司持股比例】【或相反分录】 B. 调整被合并方宣告发放现金股利： 借：投资收益 　　贷：长期股权投资 C. 调整被合并方实现的其他综合收益： 借：长期股权投资 　　贷：其他综合收益　　　　【或相反分录】 D. 调整被合并方实现的其他权益变动： 借：长期股权投资 　　贷：资本公积　　　　　　【或相反分录】	①将母公司的长期股权投资与子公司的股东权益予以抵销： 借：股本/实收资本　　⎫ 　　资本公积　　　　　⎬ 　　其他综合收益　　　⎭【子公司股东权益 A_1】 　　盈余公积 　　年末未分配利润等 　　商誉 　　贷：长期股权投资 　　　　　　　　【A_1×母公司持股比例+商誉】 　　　　少数股东权益　【A_1×少数股东持股比例】 ②需要将母公司对子公司的投资收益予以抵销（假设子公司调整后第 1 年净利润为 B_1）： 借：投资收益　　　　　【B_1×母公司持股比例】 　　少数股东损益　　　【B_1×少数股东持股比例】 　　年初未分配利润 　　贷：提取盈余公积 　　　　对股东的分配 　　　　年末未分配利润 ③将母子公司应付未付股利予以抵销： 借：其他应付款 　　贷：其他应收款

▶ 速提分 ▶

应当注意的是有些数据需要调整：

①将被购买方实现的依据账面价值计量的净利润调整为公允价值计量的净利润：

调整后的子公司净利润=**子公司的账面净利润±评估增值或减值对净损益的影响±因递延所得税负债（资产）转回而影响的所得税费用**

②被购买方年末未分配利润=年初未分配利润+①-提取盈余公积-分派现金股利

③权益法下母公司对子公司的投资收益=①×母公司持股比例

④权益法下母公司对子公司的长期股权投资余额=成本+③-分配现金股利×母公司持股比例

⑤少数股东损益=①×少数股东持股比例

⑥少数股东权益=期初少数股东权益+⑤-分配现金股利×少数股东持股比例

合并报表调整抵销分录（第2年年末）见表21-4：

表21-4　合并报表调整抵销分录（第2年年末）

调整分录	抵销分录
①将子公司的账面价值调整为公允价值： A. 资产及负债的调整： 借：资产　　　　　　　　【公允-账面】 　　递延所得税资产 　　贷：负债　　　　　　【公允-账面】 　　　　递延所得税负债 　　　　资本公积　　　　　　【差额】 B. 因调整被购买方的净资产的价值而调整利润账务处理。 C. 递延所得税资产与负债的转回： 调整第1年： 借：年初未分配利润 　　贷：递延所得税资产 借：递延所得税负债 　　贷：年初未分配利润 调整第2年： 借：所得税费用 　　贷：递延所得税资产 借：递延所得税负债 　　贷：所得税费用 ②按照权益法调整长期股权投资： A. 调整被合并方实现净利润或亏损（假设子公司调整后第2年净利润为 B_2）： 调整第1年： 借：长期股权投资 　　贷：年初未分配利润　　【或相反分录】	①将母公司的长期股权投资与子公司的股东权益予以抵销： 借：股本/实收资本　　┐ 　　资本公积　　　　　│ 　　其他综合收益　　　├【子公司股东权益 A_2】 　　盈余公积　　　　　│ 　　年末未分配利润等　┘ 　　商誉 　　贷：长期股权投资　【A_2×母公司持股比例+商誉】 　　　　少数股东权益　【A_2×少数股东持股比例】 ②需要将母公司对子公司的投资收益予以抵销（假设子公司调整后第2年净利润为 B_2）： 借：投资收益　　　　　【B_2×母公司持股比例】 　　少数股东损益　　　【B_2×少数股东持股比例】 　　年初未分配利润 　　贷：提取盈余公积 　　　　对股东的分配 　　　　年末未分配利润 ③将母子公司的应收应付股利予以抵销： 借：其他应付款 　　贷：其他应收款

续表

调整分录	抵销分录
调整第 2 年： 借：长期股权投资 　　贷：投资收益　　【B_2×母公司持股比例】【或相反分录】 B. 调整被合并方宣告发放现金股利： 调整第 1 年： 借：年初未分配利润 　　贷：长期股权投资 调整第 2 年： 借：投资收益 　　贷：长期股权投资 C. 调整被合并方实现的其他综合收益： 调整第 1 年： 借：长期股权投资 　　贷：其他综合收益　　【或相反分录】 调整第 2 年： 借：长期股权投资 　　贷：其他综合收益　　【或相反分录】 D. 调整被合并方实现的其他权益变动： 调整第 1 年： 借：长期股权投资 　　贷：资本公积　　【或相反分录】 调整第 2 年： 借：长期股权投资 　　贷：资本公积　　【或相反分录】	

通关文牒

▶ 速提分 ▶

考试主观题会出这几种问题：

第一，合并工作底稿的调整分录；

第二，按照权益法调整长期股权投资的调整分录以及该项投资直接相关的抵销分录。

趁热答题

例 21-5·综合题 2×21 年 1 月 1 日，甲公司对乙公司进行股权投资，以货币资金 10 000 万元取得乙公司有表决权股份的 80%，从当日起可以控制乙公司，合并前双方无任何关联方关系（非同一控制下企业合并）。投资当日乙公司可辨认净资产账面价值为 10 800 万元，公允价值为 11 000 万元，除一台管理用固定资产公允价值高于账面价值 200 万元外，其他资产负债公允价值与账面价值相同，该资产预计尚可使用 5 年，采用年限平均法计提折旧，预计净残值为零。

2×21 年度乙公司实现净利润 3 000 万元，提取盈余公积 300 万元，其他债权投资期末公允价值上升 500 万元，分配现金股利 1 500 万元，无其他导致所有者权益变动事项。2×22 年度乙公司实现净利润 3 500 万元，提取盈余公积 350 万元，未分派现金股利，无其他导致所有者权益变动事项。假定甲、乙公司的会计政策和会计期间一致。（不考虑所得税影响）

（要求）编制上述业务在 2×21 年 12 月 31 日及 2×22 年 12 月 31 日合并报表工作底稿中的调整分录。

（解析）

2×21 年度：

借：固定资产　　　　　　　　　　　　　　200
　　贷：资本公积——本年　　　　　　　　　　　　200
借：管理费用　　　　　　　　　　　　　　40
　　贷：固定资产　　　　　　　　　　　　　　　　40

以乙公司 2×21 年 1 月 1 日各项可辨认资产等的公允价值为基础调整后的净利润 = 3 000-40 = 2 960（万元）

借：长期股权投资　　　　　　　　　　　2 368（2 960×80%）
　　贷：投资收益　　　　　　　　　　　　　　　2 368
借：长期股权投资　　　　　　　　　　　400（500×80%）
　　贷：其他综合收益——本年　　　　　　　　　400
借：投资收益　　　　　　　　　　　　　1 200（1 500×80%）
　　贷：长期股权投资　　　　　　　　　　　　　1 200

2×22 年度：

借：固定资产　　　　　　　　　　　　　　200
　　贷：资本公积——年初　　　　　　　　　　　　200
借：未分配利润——年初　　　　　　　　　40
　　贷：固定资产　　　　　　　　　　　　　　　　40
借：管理费用　　　　　　　　　　　　　　40
　　贷：固定资产　　　　　　　　　　　　　　　　40
借：长期股权投资　　　　　　　　　　　1 568
　　贷：未分配利润——年初　　　　　　　　　1 168（2 368-1 200）
　　　　其他综合收益——年初　　　　　　　　　400

按照公允价值口径调整后的净利润 = 3 500-40 = 3 460（万元）

借：长期股权投资　　　　　　　　　　　2 768（3 460×80%）
　　贷：投资收益　　　　　　　　　　　　　　　2 768

趁热答题

| 例 21-6·综合题 | 甲公司和乙公司采用的会计政策和会计期间相同，甲公司和乙公司 2×14 年至 2×15 年有关长期股权投资及其内部交易或事项如下：

2×14 年度资料。

（1）1 月 1 日，甲公司以银行存款 18 400 万元自非关联方处购入乙公司 80% 有表决权的股份。交易前，甲公司不持有乙公司的股份且与乙公司不存在关联方关系；交易后，甲公司取得乙公司的控制权。乙公司当日可辨认净资产的账面价值为 23 000 万元，其中股本为 6 000 万元，资本公积为 4 800 万元，盈余公积为 1 200 万元，未分配利润为 11 000 万元；各项可辨认资产、负债的公允价值与其账面价值均相同。

(2) 乙公司当年实现的净利润为6 000万元，提取法定盈余公积600万元，向股东分配现金股利3 000万元；因持有的其他债权投资公允价值上升计入当期其他综合收益的金额为400万元。

假定不考虑增值税、所得税等相关税费及其他因素。

（要求） 编制甲公司2×14年12月31日合并乙公司财务报表时按照权益法调整长期股权投资的调整分录以及该项投资直接相关的（含甲公司内部投资收益）抵销分录。

（答案）

合并财务报表中长期股权投资应按照权益法调整，取得投资当年应确认的投资收益＝6 000×80%＝4 800（万元）。

借：长期股权投资　　　　　　　　　　　4 800
　　贷：投资收益　　　　　　　　　　　　　　4 800

应确认的其他综合收益＝400×80%＝320（万元）

借：长期股权投资　　　　　　　　　　　320
　　贷：其他综合收益　　　　　　　　　　　　320

分配现金股利调整减少长期股权投资＝3 000×80%＝2 400（万元）

借：投资收益　　　　　　　　　　　　　2 400
　　贷：长期股权投资　　　　　　　　　　　　2 400

调整后长期股权投资的账面价值＝18 400+4 800-2 400+320＝21 120（万元）。抵销母公司长期股权投资和子公司所有者权益：

借：股本　　　　　　　　　　　　　　　6 000
　　资本公积　　　　　　　　　　　　　4 800
　　盈余公积　　　　　　　　　　　　　1 800　（1 200+600）
　　未分配利润——年末　　　　　　　　13 400　（11 000+6 000-600-3 000）
　　其他综合收益　　　　　　　　　　　400
　　贷：长期股权投资　　　　　　　　　　　21 120
　　　　少数股东权益　　　　　　　　　　　5 280

抵销内部投资收益：

借：投资收益　　　　　　　　　　　　　4 800
　　少数股东损益　　　　　　　　　　　1 200
　　未分配利润——年初　　　　　　　　11 000
　　贷：提取盈余公积　　　　　　　　　　　600
　　　　对所有者（或股东）的分配　　　　　3 000
　　　　未分配利润——年末　　　　　　　　13 400

（三）内部交易抵消

1. 内部债权与债务抵销处理

(1) 需要进行抵销处理的内部债权债务项目。

①应收票据与应付票据。
②应收账款与应付账款。
③预付款项与合同负债。
④债权投资（或其他类金融资产）与应付债券。

⑤其他应收款（含应收利息、应收股利）与其他应付款（含应付利息、应付股利）。

（2）编制合并财务报表时应收账款与应付账款及坏账准备抵销的会计处理（考虑所得税情况下）。

表 21-5 应收账款与应付账款及坏账准备抵销分录

事项	初次编制	连续编制
①抵销内部应收账款与应付账款	借：应付账款 　　贷：应收账款	借：应付账款 　　贷：应收账款
②抵销内部应收账款计提的坏账准备	借：应收账款——坏账准备 　　贷：信用减值损失	抵销上期计提数： 借：应收账款——坏账准备 　　贷：未分配利润——年初 抵销本期计提数： 借：应收账款——坏账准备 　　贷：信用减值损失 （或相反会计分录）
③考虑所得税影响	借：所得税费用 　　贷：递延所得税资产	抵销上期数： 借：未分配利润——年初 　　贷：递延所得税资产 抵销本期数： 借：所得税费用（本期坏账准备增加额×适用的所得税税率） 　　贷：递延所得税资产 或者： 借：递延所得税资产 　　贷：所得税费用（本期坏账准备减少额×适用的所得税税率）

（3）其他债权与债务项目的抵销处理。

抵销原则：

借：债务类项目

　　贷：债权类项目

通关文牒

▶ 很会考 ▶

某些情况下，债券投资而持有的企业集团内部成员企业的债券并不是从发行债券的企业直接购进，而是在证券市场上从第三方手中购进的。在这种情况下，债权投资（其他债权投资）中的债券投资与发行债券企业的应付债券抵销时，可能会出现差额，应当计入合并利润表的投资收益或财务费用项目。

2. 存货价值中包含的未实现内部销售损益的抵销处理

表 21-6 未实现内部销售损益的抵销分录

存货	初次编制	连续编报
①抵销内部交易未实现利润	借：营业收入　【内部销售形成的收入】 　贷：营业成本　【差额】 　　　存货　【期末存货中未实现内部销售利润】	借：年初未分配利润 　贷：营业成本　【假设上期末未实现利润本期全部实现】 借：营业收入　【内部销售形成的收入】 　贷：营业成本　【差额】 　　　存货　【期末存货中未实现内部销售利润】
②抵销存货跌价准备	借：存货 　贷：资产减值损失	借：存货 　贷：年初未分配利润 借：营业成本 　贷：存货　【出售部分】 借：存货　【剩余部分】 　贷：资产减值损失　【或相反分录】
③考虑所得税影响	借：递延所得税资产 　贷：所得税费用	借：递延所得税资产 　贷：年初未分配利润 借：所得税费用 　贷：递延所得税资产　【或相反分录】

趁热答题

| 例 21-7·判断题（2020 年）| 在编制合并财务报表时，抵销母子公司间未实现内部销售损益形成的暂时性差异不应确认递延所得税。　　　　　　　　　　　　　　　　　　　（　　）

解析 本题考查合并财务报表中因抵销未实现内部交易损益产生的递延所得税。企业在编制合并财务报表时，因抵销未实现内部销售损益导致合并资产负债表中资产、负债的账面价值与其纳入合并范围的企业按照适用税法规定确定的计税基础之间产生暂时性差异的，在合并资产负债表中应当确认递延所得税资产或递延所得税负债，同时调整合并利润表中的所得税费用，但与直接计入所有者权益的交易或事项及企业合并相关的递延所得税除外。因此，本题表述错误。

答案　×

| 例 21-8·单选题（2022 年）| 甲公司系乙公司的母公司。2×21 年 10 月 1 日，乙公司将一批成本为 200 万元的库存商品，以 300 万元的价格出售给甲公司，甲公司当年对外售出该库存商品的 40%。2×21 年 12 月 31 日，甲、乙公司个别资产负债表中存货项目的列报金额分别为 2 000 万元、1 000 万元。不考虑其他因素，2×21 年 12 月 31 日，甲公司合并资产负债表中存货项目的列报金额为（　　）万元。

　　A. 2 900　　　　　　B. 3 000　　　　　　C. 2 960　　　　　　D. 2 940

解析 本题考查合并资产负债表。2×21 年 12 月 31 日，甲公司合并资产负债表中存货项目的列报金额 = 2 000+1 000−(300−200)×(1−40%) = 2 940（万元）。因此，本题选项 D 正确。

答案　D

3. 内部固定资产交易的抵销处理

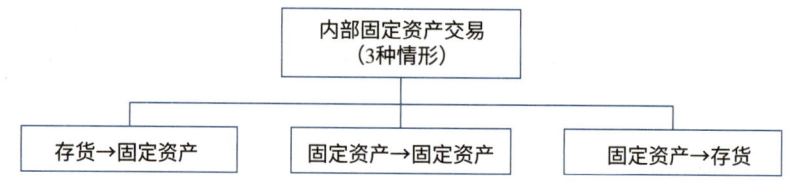

图21-1 内部固定资产交易的抵销处理

（1）存货→固定资产。

企业集团内部母公司或子公司将自身生产的**产品**销售给企业集团内部其他企业作为**固定资产**使用。

内部交易形成的固定资产在**购入当期**及**连续编报**的会计处理如表21-7所示：

表21-7 合并报表内部交易中一方售出存货，另一方作为固定资产核算的抵销处理

事项	初次编制	连续编报
①将内部交易形成的固定资产包含的未实现内部销售损益予以抵销	借：营业收入（内部交易收入） 　　贷：营业成本（内部交易成本） 　　　　固定资产——原价（内部交易利润）	借：未分配利润——年初 　　贷：固定资产——原价（内部交易利润）
②将内部交易形成的固定资产当期多计提的折旧予以抵销	借：固定资产——累计折旧 　　贷：管理费用（内部交易形成的当期折旧多计提的金额）	借：固定资产——累计折旧 　　贷：未分配利润——年初（内部交易形成的以前年度折旧多计提的金额） 借：固定资产——累计折旧 　　贷：管理费用（内部交易形成的当期折旧多计提的金额）
③考虑所得税情况下，确认递延所得税	借：递延所得税资产 　　贷：所得税费用	借：递延所得税资产 　　贷：未分配利润——年初 借：所得税费用 　　贷：递延所得税资产

趁热答题

例21-9·单选题（2020年） 甲公司是乙公司的母公司，2×18年6月30日甲公司将生产成本为120万元的W产品以200万元的价格销售给乙公司，乙公司将W产品作为固定资产核算，预计使用5年，预计净残值为0，采用年限平均法计提折旧。不考虑其他因素，该固定资产在甲公司2×19年12月31日合并资产负债中列示的金额为（　　）万元。

A. 140　　　　B. 84　　　　C. 160　　　　D. 72

解析 本题考查合并财务报表。站在合并报表的角度，该固定资产的原值是120万元，该固定资产在甲公司2×19年12月31日合并资产负债表中列示的金额=120-120÷5×1.5=84（万元）。因此，本题选项B正确。

答案 B

（2）固定资产→固定资产。

表21-8 合并报表内部交易中一方售出固定资产，另一方作为固定资产核算的抵销处理

事项	初次编制	连续编报
①将内部交易形成的固定资产包含的未实现内部销售损益予以抵销	借：资产处置收益 　贷：固定资产——原价（内部交易利润）	借：未分配利润——年初 　贷：固定资产——原价（内部交易利润）
②将内部交易形成的固定资产当期多计提的折旧予以抵销	借：固定资产——累计折旧 　贷：管理费用（内部交易形成的当期折旧多计提的金额）	借：固定资产——累计折旧 　贷：未分配利润——年初（内部交易形成的以前年度折旧多计提的金额） 借：固定资产——累计折旧 　贷：管理费用（内部交易形成的当期折旧多计提的金额）
③考虑所得税情况下，确认递延所得税	借：递延所得税资产 　贷：所得税费用	借：递延所得税资产 　贷：未分配利润——年初 借：所得税费用 　贷：递延所得税资产

| **例21-10·多选题（2017年）** | 下列各项中，企业编制合并财务报表时，需要进行抵销处理的有（　　）。

A. 母公司对子公司长期股权投资与对应子公司所有者权益中所享有的份额
B. 子公司对母公司销售商品价款中包含的未实现内部销售利润
C. 母公司和子公司之间的债权与债务
D. 母公司向子公司转让无形资产价款中包含的未实现内部销售利润

（解析）本题考查企业编制合并报表需要抵销处理的项目。选项AD是编制合并资产负债表需要抵销的项目，选项BC是编制合并利润表需要抵销的项目。因此，选项ABCD均正确。

（答案）ABCD

（四）子公司发生超额亏损在合并资产负债表中的反映

子公司少数股东分担的当期亏损超过少数股东在子公司期初所有者权益中所享有的份额，其余额仍应冲减少数股东权益，也就是说**少数股东权益可以出现负数**。

| **例21-11·判断题（2018年）** | 合并财务报表中，少数股东权益项目的列报金额不能为负数。
（　　）

（解析）本题考查子公司发生超额亏损的处理。子公司少数股东分担的当期亏损超过少数股东在子公司期初所有者权益中所享有的份额，其余额仍应冲减少数股东权益，也就是说少数股东权益可以出现负数。因此，本题表述错误。

（答案）×

（五）报告期内增加或处置子公司以及业务

1. 母公司在报告期内因企业合并增加的子公司以及业务

（1）同一控制下。

调整合并资产负债表期初数，同时对比较报表的相关项目进行调整，视同合并后的报告主体自最终控制方开始控制时点起一直存在。

（2）非同一控制下。

不应当调整合并资产负债表的期初数。

2. 母公司在报告期内处置子公司以及业务

编制合并资产负债表时，不应当调整合并资产负债表的期初数。

（六）合并资产负债表格式

合并资产负债表的格式与个别资产负债表的格式基本相同，主要增加了以下项目：

（1）"无形资产"项目之下增加"商誉"项目。

（2）所有者权益项目下增加"归属于母公司所有者权益合计"项目。

（3）所有者权益项目下增加"少数股东权益"项目。

考点9　合并利润表的编制（★★★）

考频 2022年单选题、多选题、判断题；2021年综合题

（一）编制合并利润表时应进行抵销处理的项目

1. 编制合并利润表时应进行抵销处理的项目

（1）母公司与子公司、子公司相互之间销售商品所产生的营业收入和营业成本项目。

（2）母公司与子公司、子公司相互之间销售商品，期末未实现对外销售而形成存货、固定资产、工程物资、在建工程、无形资产等资产项目中包含的未实现内部销售损益。

（3）母公司与子公司、子公司相互之间销售商品形成固定资产、无形资产等项目计提折旧额或摊销额中包含的未实现内部销售损益。

（4）母公司与子公司、子公司相互之间持有对方债券所产生的投资收益、利息收入及其他综合收益等。

（5）母公司对子公司、子公司相互之间持有对方长期股权投资的投资收益。

（6）母公司与子公司、子公司相互之间发生的其他内部交易对合并利润表的影响。

2. 内部营业收入、营业成本项目的抵销处理

表21-9　内部营业收入、营业成本项目抵销的会计处理

情形		会计处理
母公司与子公司、子公司相互之间销售商品	期末**全部实现对外销售**	借：营业收入 　　贷：营业成本
	期末**未全部实现对外销售而形成存货**	借：营业收入　　【内部销售形成的收入】 　　贷：营业成本　　　　　　　　【差额】 　　　　存货　　　【期末存货中未实现内部销售利润】

续表

情形		会计处理
子公司向母公司销售商品（逆流交易）	内部交易影响少数股东权益和少数股东损益	借：少数股东权益 　　贷：少数股东损益 （或相反会计分录）

3. 购买企业内部购进商品作为固定资产等资产使用时的抵销处理

借：营业收入
　　贷：营业成本
　　　　固定资产——原价
借：固定资产——累计折旧
　　贷：管理费用

【提示】购买企业内部购进商品形成无形资产时的抵销处理与固定资产相同。

4. 内部应收款项计提的坏账准备等减值准备的抵销处理

借：应收账款——坏账准备
　　贷：信用减值损失

5. 内部投资收益（利息收入）和利息费用的抵销处理

借：投资收益
　　贷：财务费用

6. 母公司与子公司、子公司相互之间持有长期股权投资的投资收益的抵销处理

（1）子公司为全资子公司的情况。

借：投资收益
　　未分配利润——年初
　　贷：提取盈余公积
　　　　对所有者（或股东）的分配
　　　　未分配利润——年末

【提示】"未分配利润——年初"与"年初未分配利润"含义一样，"未分配利润——年末"与"年末未分配利润"含义一样。

（2）子公司为非全资子公司的情况。

借：投资收益（子公司调整后的净利润×母公司持股比例）
　　少数股东损益（子公司调整后的净利润×少数股东持股比例）
　　未分配利润——年初（上年的未分配利润——年末）
　　贷：提取盈余公积（子公司本期计提的金额）
　　　　对所有者（或股东）的分配（子公司本期实际宣告发放的现金股利）
　　　　未分配利润——年末

趁热答题

| 例 21-12 · 单选题（2022 年）| 甲公司系乙公司的母公司，持有乙公司 80% 有表决权的股份。合并日，乙公司各项可辨认资产、负债的账面价值与公允价值均相等。2×20 年 12 月 31 日甲公司合并资产负债表中少数股东权益项目的金额为 1 050 万元，2×21 年乙公司发生净亏损 6 500 万元，其他综合收益增加 1 000 万元，不存在需调整的内部交易未实现损益。不考虑其他因素，2×21 年 12 月 31 日，

甲公司合并资产负债表中少数股东权益项目列报的金额为（　　）万元。

A. 0　　　　　　　B. -50　　　　　　　C. -450　　　　　　　D. -250

解析 本题考查少数股东权益的列报。少数股东持股比例＝1－80%＝20%，甲公司合并资产负债表中少数股东权益项目列报的金额＝期初－本期减少+本期增加＝1 050－6 500×20%+1 000×20%＝－50（万元）。因此，本题选项B正确。

答案 B

| 例21-13·多选题（2022年） | 甲公司持有乙公司80%有表决权的股份，能够对乙公司实施控制。不考虑其他因素，下列各项甲公司发生的内部交易中，影响甲公司合并利润表中少数股东损益的有（　　）。

A. 乙公司将一项设备以低于账面价值的价格销售给甲公司，甲公司作为固定资产核算
B. 甲公司将一笔闲置资金免息提供给乙公司使用
C. 乙公司将一批存货以高于成本的价格销售给甲公司，年末甲公司全部未对外售出该批存货
D. 甲公司将一批存货以高于成本的价格销售给乙公司，年末乙公司全部未对外售出该批存货

解析 本题考查合并资产负债表。子公司向母公司出售资产（逆流交易）所发生的未实现内部交易损益，应当按照母公司对该子公司的分配比例在"归属于母公司所有者的净利润"和"少数股东损益"之间进行抵销。因此，本题选项AC正确。

答案 AC

| 例21-14·判断题（2022年） | 母公司在报告期内处置子公司时，该子公司从期初到处置日的收入和费用不应纳入母公司的合并利润表。　　　　　　　　　　　　　　　　　　（　　）

解析 本题考查合并利润表。母公司在报告期内处置子公司以及业务，应当将该子公司以及业务期初至处置日的收入、费用、利润纳入合并利润表。因此，本题表述错误。

答案 ×

（二）报告期内增加或处置子公司以及业务

1. 母公司在报告期内因企业合并增加的子公司以及业务

（1）同一控制下：应当将该子公司以及业务合并当期期初至报告期末的收入、费用、利润纳入合并利润表，同时对比较报表的相关项目进行调整，视同合并后的报告主体自最终控制方开始控制时点起一直存在。

（2）非同一控制下：应当将子公司以及业务购买日至报告期末的收入、费用、利润纳入合并利润表。

2. 母公司在报告期内处置子公司以及业务

应当将该子公司以及业务期初至处置日的收入、费用、利润纳入合并利润表。

（三）合并利润表的格式

合并利润表的格式与个别利润表的格式基本相同，主要增加了5个项目。

（1）在"净利润"项目下增加"归属于母公司所有者的净利润"和"少数股东损益"2个项目。

（2）在属于同一控制下企业合并增加的子公司当期的合并利润表中，在"净利润"项目下增加"其中：被合并方在合并前实现的净利润"1个项目。

（3）在"综合收益总额"项目下增加"归属于母公司所有者的综合收益总额"和"归属于少数股东的综合收益总额"2个项目。

考点 10　合并现金流量表（★★★）

考频：2023 年单选题；2022 年判断题；2021 年判断题

（一）编制合并现金流量表时应进行抵销处理的项目

编制合并现金流量表时需要进行抵销处理的项目，主要有：

（1）母公司与子公司、子公司相互之间以**现金投资**或**收购股权**增加的投资所产生的现金流量。

（2）母公司与子公司、子公司相互之间当期**取得投资收益**收到的现金与**分配股利、利润或偿付利息**支付的现金。

（3）母公司与子公司、子公司相互之间以**现金结算债权与债务**所产生的现金流量。

（4）母公司与子公司、子公司相互之间**当期销售商品**所产生的现金流量。

（5）母公司与子公司、子公司相互之间**处置固定资产、无形资产和其他长期资产**收回的现金净额与**购建固定资产、无形资产和其他长期资产**支付的现金等。

（6）母公司与子公司、子公司相互之间当期发生的其他内部交易所产生的现金流量。

合并现金流量表抵销分录，总原则如下：

借：现金流出
　　贷：现金流入

表 21-10　合并现金流量表项目抵销的会计处理

抵销的处理情形	抵销的会计处理
（1）企业集团内部当期以现金投资或收购股权增加的投资所产生的现金流量	借：投资支付的现金 　　贷：吸收投资收到的现金
（2）企业集团内部当期取得投资收益收到的现金与分配股利、利润或偿付利息支付的现金	借：分配股利、利润或偿付利息支付的现金 　　贷：取得投资收益收到的现金
（3）企业集团内部以现金结算债权与债务所产生的现金流量	借：支付其他与经营活动有关的现金 　　贷：收到其他与经营活动有关的现金
（4）企业集团内部当期销售商品所产生的现金流量	借：购买商品、接受劳务支付的现金 　　贷：销售商品、提供劳务收到的现金
（5）企业集团内部处置固定资产等收回的现金净额与购建固定资产等支付的现金	借：购置固定资产、无形资产和其他长期资产支付的现金 　　贷：处置固定资产、无形资产和其他长期资产收回的现金净额

趁热答题

例 21-15·判断题（2021 年） 编制合并现金流量表时，应当将母公司从全资子公司取得投资收益收到的现金与子公司分配股利支付的现金进行抵销。　　　　（　　）

解析　本题考查编制合并现金流量表时应进行抵销处理的项目。从整个集团来看，母公司个别报表体现的投资收益和子公司分配现金股利并不引起整个企业集团现金流量的增减变动，所以应当将母公司当期取得投资收益收到的现金与子公司分配股利、利润或偿付利息支付的现金予以抵销。因此，本题表述正确。

答案　√

(二) 合并现金流量表中有关少数股东权益项目的反映

1. 对于子公司的少数股东增加在子公司中的权益性投资

在合并现金流量表中应当在"筹资活动产生的现金流量"之下的"吸收投资收到的现金"项目下设置"**其中：子公司吸收少数股东投资收到的现金**"项目反映。

2. 对于子公司向少数股东支付现金股利或利润

在合并现金流量表中应当在"筹资活动产生的现金流量"之下的"分配股利、利润或偿付利息支付的现金"项目下单设"**其中：子公司支付给少数股东的股利、利润**"项目反映。

3. 对于子公司的少数股东依法抽回在子公司中的权益性投资

在合并现金流量表中应当在"筹资活动产生的现金流量"之下的"支付其他与筹资活动有关的现金"项目反映。

4. 企业合并当期，母公司购买子公司及其他营业单位支付对价中以现金支付的部分

应当与子公司及其他营业单位在购买日持有的现金和现金等价物相互抵销。

（1）子公司及其他营业单位在购买日持有的现金和现金等价物小于母公司支付对价中以现金支付的部分，按减去子公司及其他营业单位在购买日持有的现金和现金等价物后的净额在"取得子公司及其他营业单位支付的现金净额"项目反映，应编制的抵销分录为：

借：取得子公司及其他营业单位支付的现金净额
　　贷：年初现金及现金等价物余额

（2）子公司及其他营业单位在购买日持有的现金和现金等价物大于母公司支付对价中以现金支付的部分，按减去子公司及其他营业单位在购买日持有的现金和现金等价物后的净额在"收到其他与投资活动有关的现金"项目反映，应编制的抵销分录为：

借：取得子公司及其他营业单位支付的现金净额
　　收到其他与投资活动有关的现金
　　贷：年初现金及现金等物价余额

趁热答题

| 例 21-16・判断题（2022 年） | 子公司少数股东以货币资金对子公司增加权益性投资，母公司在合并现金流量表中应将该现金流入分类为投资性活动产生的现金流量。　　　　　　　　　（　　）

解析 本题考查合并现金流量表。对于子公司的少数股东增加在子公司中的权益性投资，在合并现金流量表中应当在"筹资活动产生的现金流量"中反映。因此，本题表述错误。

答案 ×

| 例 21-17・判断题（2015 年） | 母公司在编制合并现金流量表时，应将其直接以现金对子公司进行长期股权投资形成的现金流量，与子公司筹资活动形成的与之对应的现金流量相互抵销。（　　）

解析 本题考查编制合并现金流量表时应进行的抵销会计处理。母公司直接以现金对子公司进行的长期股权投资，在母公司个别报表中，作为投资活动现金流出；而子公司接受这一投资时，在其个别报表中，表现为筹资活动的现金流入。而从企业集团角度来看，母公司以现金对子公司进行的长期股权投资实际上相当于母公司将资本拨付下属核算单位，并不引起整个企业集团的现金流量的增减变动。因此，编制合并现金流量表时，应当在母公司与子公司现金流量表数据简单相加的基础上，将母公司当期以现金对子公司长期股权投资所产生的现金流量予以抵销。因此，本题表述正确。

答案 √

| 例 21-18・单选题（2023 年） | 甲公司持有乙公司 60% 有表决权的股份，能够对乙公司实施控制，

甲公司没有其他子公司。2×22 年度，甲公司收到乙公司发放的现金股利 48 万元。甲公司 2×22 年度个别现金流量表中"取得投资收益收到的现金"项目的列报金额为 300 万元，乙公司 2×22 年度个别现金流量表中"取得投资收益收到的现金"项目的列报金额为 90 万元。不考虑其他因素，甲公司 2×22 年度合并现金流量表中"取得投资收益收到的现金"项目列报的金额为（　　）万元。

  A. 342   B. 354   C. 306   D. 356

（解析）本题考查合并现金流量表。编制合并现金流量表时，母公司与子公司相互之间产生的现金流量应当抵销。本题中甲公司由于乙公司发放现金股利收到现金 48 万元，应该抵销。因此，甲公司合并现金流量表中"取得投资收益收到的现金"项目列报的金额=300+90-48=342（万元）。因此，本题选项 A 正确。

（答案）A

（三）报告期内增加或处置子公司以及业务

1. 母公司在报告期内因企业合并增加的子公司以及业务

（1）同一控制下：应当将该子公司以及业务合并当期期初至报告期末的现金流量纳入合并现金流量表，同时对比较报表的相关项目进行调整，视同合并后的报告主体自最终控制方开始控制时点起一直存在。

（2）非同一控制下：应当将子公司购买日至报告期末的现金流量纳入合并现金流量表。

2. 母公司在报告期内处置子公司以及业务

应当将该子公司以及业务期初至处置日的现金流量纳入合并现金流量表。

（四）合并现金流量表的格式

合并现金流量表的格式在一般企业和金融企业财务报表格式对现金流量列报要求的基础上形成。

考点 11　合并所有者权益变动表（★）

（一）编制合并所有者权益变动表时应进行抵销的项目

（1）母公司对子公司长期股权投资与母公司在子公司所有者权益中所享有的份额相互抵销。

（2）母公司对子公司、子公司相互之间持有对方长期股权投资的投资收益应当抵销，需要说明的是，子公司在"专项储备"项目中反映的按照国家相关规定提取的安全生产费等，与留存收益不同，在长期股权投资与子公司所有者权益相互抵销后，应当按归属于母公司所有者的份额予以恢复：

  借：未分配利润
    贷：专项储备

（3）母公司与子公司、子公司相互之间发生的其他内部交易对所有者权益变动的影响。

（二）合并所有者权益变动表的格式

合并所有者权益变动表的格式在一般企业和金融企业所有者权益变动表格式的基础上，在子公司存在少数股东情况下，增加了"少数股东权益"栏目，用于反映少数股东权益变动的情况。

考点 12　合并财务报表综合举例（★★★）

（一）长期股权投资的初始计量（一次交易）、合并资产负债表、合并利润表的综合训练

例 21-19·综合题　甲公司、乙公司 2×01 年有关交易或事项如下：

（1）1 月 1 日，甲公司向乙公司控股股东丙公司定向增发本公司普通股股票 1 400 万股（每股面值为 1 元，市价为 15 元），以取得丙公司持有的乙公司 70% 股权，实现对乙公司财务和经营政策的控制，股权登记手续于当日办理完毕，交易后丙公司拥有甲公司发行在外普通股的 5%。甲公司为定向增发普通股股票，支付券商佣金及手续费 300 万元；为核实乙公司的资产价值，支付资产评估费 20 万元；相关款项已通过银行支付。当日，乙公司净资产账面价值为 24 000 万元，其中，股本为 6 000 万元、资本公积为 5 000 万元、盈余公积为 1 500 万元、未分配利润为 11 500 万元；乙公司可辨认净资产的公允价值为 27 000 万元。

乙公司可辨认净资产账面价值与公允价值的差额系由以下两项资产所致：①一批库存商品，成本为 8 000 万元，未计提存货跌价准备，公允价值为 8 600 万元；②一栋办公楼，成本为 20 000 万元，累计折旧 6 000 万元，未计提减值准备，公允价值为 16 400 万元。上述库存商品于 2×01 年 12 月 31 日前全部实现对外销售；上述办公楼预计自 2×01 年 1 月 1 日起剩余使用年限为 10 年，预计净残值为零，采用年限平均法计提折旧。

（2）2 月 5 日，甲公司向乙公司销售产品一批，销售价格为 2 500 万元（不含增值税额，下同），产品成本为 1 750 万元。至年末，乙公司已对外销售 70%，另 30% 形成存货，未发生跌价损失。

（3）6 月 15 日，甲公司以 2 000 万元的价格将其生产的产品销售给乙公司，销售成本为 1 700 万元，款项已于当日收存银行。乙公司取得该产品后作为管理用固定资产并于当月投入使用，采用年限平均法计提折旧，预计使用 5 年，预计净残值为零。至当年末，该项固定资产未发生减值。

（4）12 月 31 日，甲公司应收账款账面余额为 2 500 万元，计提坏账准备 200 万元。该应收账款系 2 月向乙公司赊销产品形成。

（5）2×01 年度，乙公司利润表中实现净利润 9 000 万元，提取盈余公积 900 万元，因持有的其他债权投资公允价值上升计入当期其他综合收益的金额为 500 万元。当年，乙公司向股东分配现金股利 4 000 万元，其中甲公司分得现金股利 2 800 万元。

（6）其他有关资料：

①2×01 年 1 月 1 日前，甲公司与乙公司、丙公司均不存在任何关联方关系。

②甲公司与乙公司均以公历年度作为会计年度，采用相同的会计政策。

③假定不考虑所得税及其他因素，甲公司和乙公司均按当年净利润的 10% 提取法定盈余公积，不提取任意盈余公积。

要求　（1）计算甲公司取得乙公司 70% 股权的成本，并编制相关会计分录。

（2）计算甲公司在编制购买日合并财务报表时因购买乙公司股权应确认的商誉。

（3）编制甲公司 2×01 年 12 月 31 日合并乙公司财务报表时按照权益法调整对乙公司长期股权投资的会计分录。

（4）编制甲公司 2×01 年 12 月 31 日合并乙公司财务报表相关的抵销分录（不要求编制与合并现金流量表相关的抵销分录）。

答案

(1) 甲公司对乙公司长期股权投资的成本=15×1 400=21 000（万元）

借：长期股权投资　　　　　　　　　　21 000
　　贷：股本　　　　　　　　　　　　　　　1 400
　　　　资本公积　　　　　　　　　　　　　19 600
借：资本公积　　　　　　　　　　　　　300
　　贷：银行存款　　　　　　　　　　　　　300
借：管理费用　　　　　　　　　　　　　20
　　贷：银行存款　　　　　　　　　　　　　20

(2) 应确认的商誉=21 000-27 000×70%=2 100（万元）

(3) 调整后乙公司2×01年度净利润=9 000-(8 600-8 000)-[16 400÷10-(20 000-6 000)÷10]=8 160（万元）

调整后乙公司年末未分配利润=11 500+8 160-900-4 000=14 760（万元）

相关会计分录如下：

借：长期股权投资　　　　　　　　　　5 712（8 160×70%）
　　贷：投资收益　　　　　　　　　　　　　5 712
借：投资收益　　　　　　　　　　　　　2 800（4 000×70%）
　　贷：长期股权投资　　　　　　　　　　　2 800
借：长期股权投资　　　　　　　　　　　350（500×70%）
　　贷：其他综合收益　　　　　　　　　　　350

(4) 母子公司的内部交易进行抵销：

①借：营业收入　　　　　　　　　　　　2 500
　　贷：营业成本　　　　　　　　　　　　　2 275
　　　　存货　　　　　　　　　　　　　　　225[(2 500-1 750)×30%]

②个报（乙）：折旧费=2 000÷5÷2=200（万元）
合报（整体）：折旧费=1 700÷5÷2=170（万元）

相关会计分录如下：

借：营业收入　　　　　　　　　　　　　2 000
　　贷：营业成本　　　　　　　　　　　　　1 700
　　　　固定资产　　　　　　　　　　　　　300
借：固定资产（累计折旧）　　　　　　　30
　　贷：管理费用　　　　　　　　　　　　　30（300÷5×6÷12）

③借：应付账款　　　　　　　　　　　　2 500
　　贷：应收账款　　　　　　　　　　　　　2 500
借：应收账款（坏账准备）　　　　　　　200
　　贷：信用减值损失　　　　　　　　　　　200

母公司的长期股权投资与子公司的所有者权益予以抵销：

④借：股本　　　　　　　　　　　　　　6 000
　　　资本公积　　　　　　　　　　　　8 000（5 000+600+2 400）
　　　其他综合收益　　　　　　　　　　500
　　　盈余公积　　　　　　　　　　　　2 400（1 500+900）

年末未分配利润	14 760(11 500+8 160-900-4 000)	
商誉	2 100	
贷：长期股权投资	24 262(21 000+5 712+350-2 800)	
少数股东权益	9 498	
	[(6 000+8 000+500+2 400+14 760)×30%]	

合并报表中需要抵销母公司对子公司的投资收益：

⑤借：投资收益　　　　　　　　　　　5 712
　　少数股东损益　　　　　　　　　　2 448(8 160×30%)
　　年初未分配利　　　　　　　　　　11 500
　　贷：提取盈余公积　　　　　　　　　900
　　　　向股东分配利润　　　　　　　4 000
　　　　年末未分配利润　　　　　　　14 760

（二）长期股权投资的初始计量（一次交易）、指定为以公允价值计量且其变动计入其他综合收益的非交易性权益工具投资的后续计量、特定交易或事项涉及递延所得税的确认、合并资产负债表、合并利润表的综合训练

趁热答题

例 21-20·综合题（2021 年） 甲公司和乙公司适用的企业所得税税率均为 25%，预计未来期间适用的企业所得税税率均不会发生变化，未来期间均能够产生足够的应纳税所得额用以抵扣暂时性差异。2×20 年度，甲公司和乙公司发生的相关交易或事项如下：

资料一：2×20 年 1 月 1 日，甲公司定向增发普通股 2 000 万股从非关联方取得乙公司 60% 的有表决权股份，能够对乙公司实施控制，定向增发的普通股每股面值为 1 元、公允价值为 7 元。当日，乙公司可辨认净资产的账面价值为 22 000 万元，除一项账面价值为 400 万元、公允价值为 600 万元的行政管理用 A 无形资产外，其他各项可辨认资产、负债的公允价值与其账面价值均相同；乙公司所有者权益的账面价值为 22 000 万元，其中，股本为 14 000 万元，资本公积为 5 000 万元，盈余公积为 1 000 万元，未分配利润为 2 000 万元。本次投资前，甲公司不持有乙公司股权且与乙公司不存在关联方关系。该企业合并不构成反向购买，甲公司和乙公司的会计政策、会计期间均相同。

资料二：2×20 年 1 月 1 日，甲公司和乙公司均预计 A 无形资产的尚可使用年限为 5 年，预计净残值为零，采用直线法摊销。在 A 无形资产尚可使用年限内，其计税基础与乙公司个别财务报表中的账面价值相同。

资料三：2×20 年 12 月 1 日，乙公司以银行存款 500 万元购买丙公司股票 100 万股，将其指定为以公允价值计量且其变动计入其他综合收益的金融资产；该金融资产的初始入账金额与计税基础一致。2×20 年 12 月 31 日，乙公司持有的丙公司 100 万股股票的公允价值为 540 万元。根据税法规定，乙公司所持丙公司股票的公允价值变动不计入当期应纳税所得额，待转让时将转让收入扣除初始投资成本的差额计入当期的应纳税所得额。

资料四：2×20 年度，乙公司实现净利润 3 000 万元，提取法定盈余公积 300 万元。

甲公司以甲、乙公司个别财务报表为基础编制合并财务报表，合并工作底稿中将甲公司对乙公司的长期股权投资由成本法调整为权益法。本题不考虑除企业所得税以外的税费及其他因素。

要求 (1) 编制甲公司 2×20 年 1 月 1 日定向增发普通股取得乙公司 60% 股权的会计分录。

(2) 编制乙公司 2×20 年 12 月 1 日取得丙公司股票的会计分录。
(3) 分别编制乙公司 2×20 年 12 月 31 日对所持丙公司股票按公允价值计量的会计分录和确认递延所得税的会计分录。
(4) 编制甲公司 2×20 年 12 月 31 日与合并资产负债表、合并利润表相关的调整和抵销分录。

【答案】
(1) 甲公司 2×20 年 1 月 1 日取得乙公司 60%股权的会计分录：

借：长期股权投资　　　　　　　　　　　　14 000（2×7 000）
　　贷：股本　　　　　　　　　　　　　　　2 000
　　　　资本公积——股本溢价　　　　　　12 000

(2) 乙公司 2×20 年 12 月 1 日取得丙公司股票的会计分录：

借：其他权益工具投资——成本　　　　　　500
　　贷：银行存款　　　　　　　　　　　　　500

(3) 乙公司 2×20 年 12 月 31 日相关会计分录：

借：其他权益工具投资——公允价值变动　　40
　　贷：其他综合收益　　　　　　　　　　　40
借：其他综合收益　　　　　　　　　　　　10
　　贷：递延所得税负债　　　　　　　　　　10

【注】其他权益工具投资的账面价值为 540 万元，计税基础为 500 万元，资产账面价值大于计税基础，产生应纳税暂时性差异 40 万元，确认递延所得税负债=40×25%=10（万元）。

(4) ①子公司的资产从账面价值调整到公允价值：

借：无形资产　　　　　　　　　　　　　　200
　　贷：资本公积　　　　　　　　　　　　　200
借：资本公积　　　　　　　　　　　　　　50
　　贷：递延所得税负债　　　　　　　　　　50

【注】无形资产的账面价值为 600 万元，计税基础为 400 万元，资产账面价值大于计税基础，递延所得税负债余额=确认的递延所得税负债=(600-400)×25%=50（万元）。

借：管理费用　　　　　　　　　　　　　　40（200÷5）
　　贷：无形资产　　　　　　　　　　　　　40
借：递延所得税负债　　　　　　　　　　　10
　　贷：所得税费用　　　　　　　　　　　　10

【注】期末，无形资产的账面价值=600-600÷5=480（万元），计税基础=400-400÷5=320（万元），资产账面价值大于计税基础，期末递延所得税负债余额=(480-320)×25%=40（万元），期末确认的递延所得税负债=期末余额-期初余额=40-50=-10（万元）。

②长期股权投资从成本法转权益法：

子公司调整后净利润=3 000-40+10=2 970（万元）

借：长期股权投资——损益调整　　　　　　1 782（2 970×60%）
　　贷：投资收益　　　　　　　　　　　　　1 782
借：长期股权投资——其他综合收益　　　　18［(40-10)×60%］
　　贷：其他综合收益　　　　　　　　　　　18

【注】根据 (3) 问可知，期末乙公司其他综合收益因其他权益工具投资公允价值变动增加 40 万元，因产生递延所得税负债冲减 10 万元其他综合收益，按比例确认=(40-10)×60%=18（万元）。

③抵权益：

商誉=合并成本-可辨认净资产公允价值份额=14 000-[22 000+200×(1-25%)]×60%=710（万元）

借：股本	14 000
资本公积	5 150（5 000+200-50）
盈余公积	1 300（1 000+300）
其他综合收益	30（0+30）
未分配利润——年末	4 670（2 000+2 970-300）
商誉	710
贷：长期股权投资	15 800（14 000+1 782+18）
少数股东权益	10 060

④抵损益：

借：投资收益	1 782（2 970×60%）
少数股东损益	1 188（2 970×40%）
未分配利润——年初	2 000
贷：提取盈余公积	300
未分配利润——年末	4 670

考点加油站

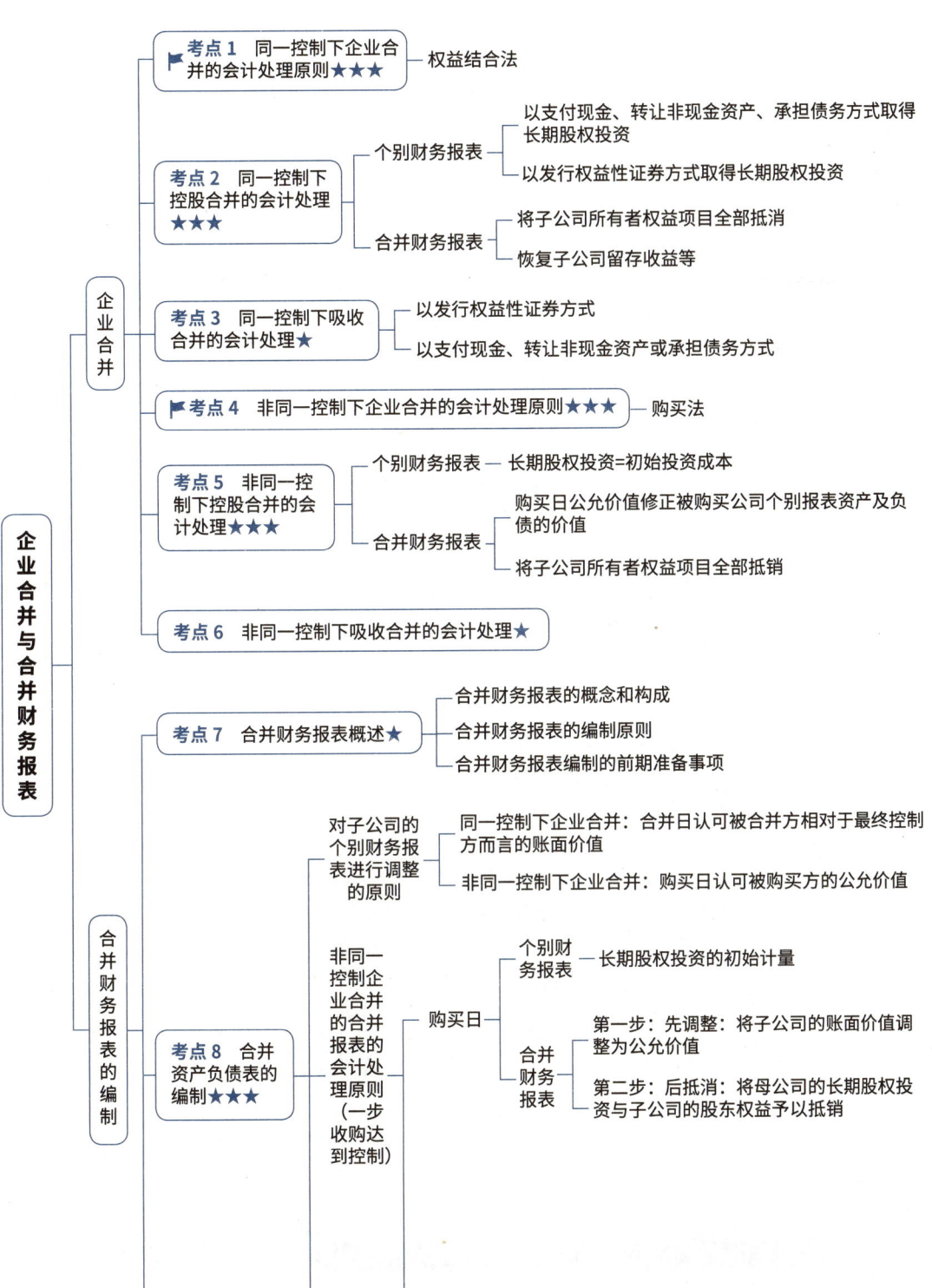

```
                                                    ┌─ 个别财务报表 ── 宣告现金股利账务处理
                                    ┌─ 购买日后 ──┤
                                    │              │              ┌─ 第一步：先调整：(1)将子公司的账面价值调
                                    │              │              │   整为公允价值；(2)按照权益法调整长期股权
                                    │              │              │   投资
                                    │              └─ 合并财务报表┤
                                    │                             │   第二步：后抵消：(1)将母公司的长期股权投
                                    │                             └─  资与子公司的股东权益予以抵销；(2)需要
                                    │                                 将母公司对子公司的投资收益予以抵销；(3)将
                                    │                                 母子公司应付未付股利予以抵销
                                    │
                                    │                       ┌─ 应收账款与应付账款及坏账准备内部交易抵销
                                    ├─ 内部交易抵销到控制 ──┼─ 存货内部交易抵销
                                    │                       └─ 固定资产内部交易抵销
                                    │
                                    ├─ 子公司发生超额亏损在合并资产负债表中的反映 ── 少数股东权益可以出现负数
                                    │
                                    ├─ 报告期内增加或处置子公司以及业务
                                    │
                                    └─ 合并资产负债表格式

                                                    ┌─ 内部营业收入、内部营业成本项目的抵销
                                                    │
                                                    ├─ 购买企业内部购进商品作为固定资产等资产使用时的
                                                    │   抵销
                                    ┌─ 编制合并利润表时进行抵销处理的项目 ┤
                                    │               ├─ 内部应收款项计提的坏账准备等减值准备的抵销
                                    │               │
                                    │               ├─ 内部投资收益（利息收入）和利息费用的抵销
                                    │               │
   ┌─ 考点9  合并利润 ──┤           └─ 母公司与子公司、子公司相互之间持有长期股权投资
   │  表的编制★★★     │               的投资收益的抵销
   │                    │
   │                    ├─ 报告期内增加或处置子公司以及业务
   │                    │
   │                    └─ 合并利润表的格式
   │
   │  ┌─ 考点10  合并现金 ┐  ┌─ 编制合并现金流量表时应进行抵销处理的项目
   ├──┤  流量表★★★      ├──┼─ 合并现金流量表中有关少数股东权益项目的反映
   │  └───────────────────┘  ├─ 报告期内增加或处置子公司以及业务
   │                          └─ 合并现金流量表的格式
   │
   │  ┌─ 考点11  合并所有 ┐  ┌─ 编制合并所有者权益变动表时应进行抵销的项目
   ├──┤  者权益变动表★    ├──┤
   │  └───────────────────┘  └─ 合并所有者权益变动表的格式
   │
   │                          ┌─ 长期股权投资的初始计量（一次交易）、合并资产负债表、
   │  ┌─ 考点12  合并财务报表综│   合并利润表的综合训练
   └──┤  合举例★★★            ├─
      └───────────────────────┤   长期股权投资的初始计量（一次交易）、指定为以公允价值
                               └─  计量且其变动计入其他综合收益的非交易性权益工具投资的
                                   后续计量、特定交易或事项涉及递延所得税的确认、合并资
                                   产负债表、合并利润表的综合训练
```

 89%

第二十二章 会计政策、会计估计变更和差错更正

考情驿站

本章属于重点章节,难度较大,关于"会计政策变更""会计估计变更""差错更正"的会计处理容易混淆。本章综合性较强,考试常与前面已学的章节结合考查。本章对"会计政策变更""会计估计变更"考点以客观题为主要考查形式,主观题主要集中在"差错更正"知识点,近三年平均考查分值在4~10分。

考点地图

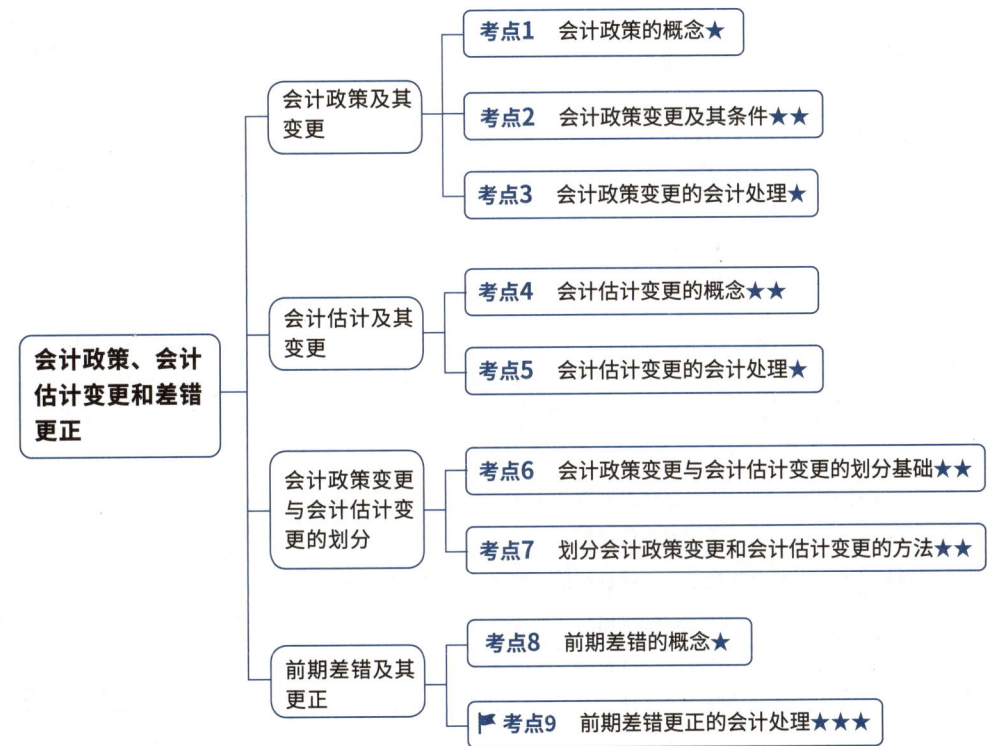

2024年本章主要变化

变动微小。新增了"会计政策变更与会计估计变更的划分"。

第一节 会计政策及其变更

考点1 会计政策的概念（★）

会计政策，是指企业在会计确认、计量和报告中所采用的原则、基础和会计处理方法。

▶ 速提分 ▶

表22-1 需要披露的会计政策

项目	内容	举例
财务报表	财务报表的编制基础、计量基础和会计政策的确定依据等	—
存货的计价	是指企业存货的计价方法	企业发出存货成本的计量是采用先进先出法，还是采用其他计量方法
固定资产的初始计量	是指对取得的固定资产初始成本的计量	企业取得的固定资产初始成本是以购买价款，还是以购买价款的现值为基础进行计量
无形资产的确认	是指对无形资产项目的支出是否确认为无形资产	企业内部研究开发项目开发阶段的支出是确认为无形资产，还是在发生时计入当期损益
投资性房地产的后续计量	是指企业在资产负债表日对投资性房地产进行后续计量所采用的会计处理	企业对投资性房地产的后续计量是采用成本模式，还是公允价值模式
长期股权投资的核算	是指长期股权投资的具体会计处理方法	企业对被投资单位的长期股权投资是采用成本法，还是采用权益法核算
非货币性资产交换的计量	是指非货币性资产交换事项中对换入资产成本的计量	—
收入的确认	是指收入确认所采用的会计方法	—
借款费用的处理	是指借款费用的处理方法	借款费用应当资本化还是应当费用化
外币折算	是指外币折算所采用的方法以及汇兑损益的处理	—
合并政策	是指编制合并财务报表所采用的原则	母公司与子公司的会计年度不一致的处理原则、合并范围的确定原则等

考点 2 会计政策变更及其条件（★★）

 2022 年单选题、多选题

（一）会计政策变更的概念

会计政策变更，是指企业对**相同的交易或事项**由原来采用的会计政策**改用**另一会计政策的行为。一般情况下，企业在不同的会计期间应采用相同的会计政策，不应也不能随意变更会计政策。

> **通关文牒**
>
> ▶ 很好懂 ▶
>
> 　　会计政策变更，并不意味着以前的会计政策是错误的，如果情况发生了变化或者**掌握了新的信息**、**积累了更多的经验**，使得变更会计政策能够更好地反映企业财务状况、经营成果和现金流量，则可以进行会计政策变更。

如果以前期间会计政策选择和运用是错误的，则属于前期差错。

（二）会计政策变更的条件

满足下列条件之一的，企业可以变更会计政策：
（1）**法律**、**行政法规**或者国家统一的**会计制度**等要求变更。【**法定变更**】
（2）会计政策变更能够提供**更可靠**、**更相关**的会计信息。【**自愿变更**】

> **通关文牒**
>
> 　　如无充分、合理的证据表明会计政策变更的合理性或者未经股东大会等类似机构批准擅自变更会计政策的，或者连续、反复地自行变更会计政策的，视为滥用会计政策，应按照**前期差错更正**的方法进行处理。

> **通关文牒**
>
> ▶ 速提分 ▶
>
> 　　常考查的会计政策变更事项：
> （1）发出存货计价方法由先进先出法改为移动加权平均法。
> （2）因执行新收入准则，企业在履行了合同履约义务，即在客户取得相关商品控制权时确认收入。
> （3）投资性房地产的后续计量由成本模式改为公允价值模式。
> （4）因执行新会计准则，对子公司的长期股权投资由权益法改为成本法核算。
> （5）内部研发项目开发阶段支出的会计处理由直接计入当期损益改为符合条件的资本化。
> （6）与资产相关的政府补助由总额法改为净额法。

(三) 不属于会计政策变更的情形（特殊）

(1) 本期发生的交易或者事项与以前相比具有**本质差别**而采用新的会计政策。

(2) 对**初次发生**的或**不重要**的交易或者事项采用新的会计政策。

| 例 22-1·单选题（2022 年） | 下列各项中，属于企业会计政策变更的是（　　）。

A. 将建造合同的履约进度由 50% 变更为 55%

B. 将固定资产的折旧方法由年数总和法变更为工作量法

C. 将无形资产的预计使用寿命由 8 年变更为 5 年

D. 将存货的计价方法由先进先出法变更为个别计价法

（解析）本题考查会计政策变更及其条件。选项 A，建造合同履约进度的变更属于会计估计变更，不符合题意；选项 B，固定资产折旧方法的变更属于会计估计变更，不符合题意；选项 C，无形资产预计使用寿命的变更属于会计估计变更，不符合题意；选项 D，存货计价方法的变更属于会计政策变更，符合题意。因此，本题选项 D 正确。

（答案）D

| 例 22-2·多选题（2022 年） | 下列各项中，属于企业会计政策变更的有（　　）。

A. 将发出存货的计价方法由先进先出法变更为加权平均法

B. 将投资性房地产的后续计量由成本模式变更为公允价值模式

C. 将无形资产的预计使用寿命由 7 年变更为 4 年

D. 将固定资产的折旧方法由双倍余额递减法变更为年限平均法

（解析）本题考查会计政策变更及其条件。选项 A，发出存货计价方法的变更属于会计政策变更，符合题意；选项 B，投资性房地产后续计量模式的变更属于会计政策变更，符合题意；选项 CD 均属于会计估计变更。因此，本题选项 AB 正确。

（答案）AB

考点 3　会计政策变更的会计处理（★）

考频 2023 年判断题

发生会计政策变更时，有两种会计处理方法，即**追溯调整法**和**未来适用法**。

会计政策变更能够提供**更可靠、更相关**的会计信息的，应当采用**追溯调整法**处理，将会计政策变更累计影响数调整列报前期最早期初留存收益，其他相关项目的期初余额和列报前期披露的其他比较数据也应当一并调整，但确定该项会计政策变更累计影响数**不切实可行的除外**。

(一) 追溯调整法

1. 追溯调整法的概念

追溯调整法，是指对某项交易或事项变更会计政策，视同该项交易或事项**初次发生时即采用变更后的会计政策**，并以此对财务报表相关项目进行调整的方法。

2. 追溯调整法的步骤构成

速提分

表 22-2　计算会计政策变更的累积影响数

事项	主要内容
概念	会计政策变更的累积影响数，是指按照变更后的会计政策对以前各期追溯计算的**列报前期最早期初留存收益应有金额与现有金额之间的差额**
内容	会计政策变更累计影响数： (1) 是假设与会计政策变更相关的交易或事项在初次发生时即采用新的会计政策，得出的列报前期最早期初留存收益应有金额与现有金额之间的差额。 这里的**留存收益**包括当年和以前年度的未分配利润和按照相关法律规定提取并累积的盈余公积，不需要考虑因会计政策变更使以前期间净利润的变化而需要分派的股利。 (2) 是对变更会计政策所导致对**净利润**的累积影响，以及由此导致的对利润分配及未分配利润的累积影响金额，**不包括**分配的**利润或股利**
计算步骤	第一步，根据新的会计政策重新计算受影响的前期交易或事项； 第二步，计算两种会计政策下的差异； 第三步，计算差异的所得税影响金额； 第四步，确定前期中每一期的税后差异； 第五步，计算会计政策变更的累积影响数

【提示】追溯调整后的留存收益金额，是指扣除所得税后的净额，按新的会计政策计算确定留存收益时，应当考虑由于损益变化所导致的所得税影响的情况。

(1) 相关的账务处理（追溯调账）。

会计政策变更涉及损益调整的事项通过"利润分配——未分配利润"科目核算。

(2) 调整财务报表相关项目（追溯调表）。

(3) 财务报表附注说明。

采用追溯调整法时：

(1) 会计政策变更的累积影响数应包括在变更当期期初留存收益中。

(2) 如果提供可比财务报表，对于比较财务报表期间的会计政策变更，应调整各期间净利润各项目和财务报表其他相关项目，视同该政策在比较财务报表期间一直采用。

(3) 对于比较财务报表**可比期间以前**的会计政策变更的累积影响数，应调整比较财务报表**最早期间的期初留存收益**，财务报表其他相关项目也一同调整。

趁热答题

| 例 22-3·判断题（2023 年） | 对比较财务报表可比期间以前的会计政策变更的累积影响数，企业应调整比较财务报表最早期间的期初留存收益。　　　　　　　　　　　　　　　　（　　）

【解析】本题考查会计政策变更的会计处理。企业对会计政策变更采用追溯调整法时，会计政策变更的累积影响数应包括在变更当期期初留存收益中。但是，如果提供比较财务报表，对于比较财务报表期间的会计政策变更，应调整各期间净利润各项目和财务报表其他相关项目，视同该政策在比较财务报表期间一直采用。对于比较财务报表可比期间以前的会计政策变更的累积影响数，应调整比较财务报表最早期间的期初留存收益，财务报表其他相关项目也一同调整。因此，本题表述正确。

答案 √

3. 会计政策变更对列报前期影响数不切实可行

如果确定会计政策变更对列报前期影响数**不切实可行**的，应当从**可追溯调整的最早期间期初**开始应用变更后的会计政策。

▶ 很好懂 ▶

在当期期初确定会计政策变更对以前各期累计影响数不切实可行的，应当采用**未来适用法**处理。

（二）未来适用法

表22-3　未来适用法

事项	主要内容
概念	未来适用法，是指将变更后的会计政策应用于变更日及以后发生的交易或者事项，或者在会计估计变更当期和未来期间确认会计估计变更影响数的方法
适用范围	（1）在当期期初确定会计政策变更对以前各期累积影响数不切实可行的，应当采用未来适用法。 （2）会计估计变更采用未来适用法
会计处理	（1）此方法下不需要计算会计政策变更产生的累积影响数，也无需重编以前年度财务报表。 （2）对于企业会计账簿记录及财务报表上反映的金额，在变更之日仍保留原有的金额，不因会计政策变更而改变以前年度的既定结果，在现有金额的基础上再按新的会计政策进行核算

第二节 会计估计及其变更

考点4 会计估计变更的概念（★★）

考频 2023年单选题；2021年多选题

（一）会计估计的概念

表22-4 会计估计的相关知识

事项	主要内容
概念	会计估计，是指企业对其**结果不确定**的交易或事项以最近可利用的信息为基础所作的判断
特点	（1）会计估计的存在是由于经济活动中内在的**不确定性**所决定的； （2）会计估计应当以**最近可利用**的信息或资料为基础； （3）会计估计应当建立在**可靠的基础**上
常见的项目	（1）存货可变现净值的确定。 （2）固定资产的预计使用寿命与净残值、固定资产的折旧方法。 （3）使用寿命有限的无形资产的预计使用寿命与净残值。 （4）可收回金额按照资产组的公允价值减去处置费用后的净额确定的，确定公允价值减去处置费用后的净额方法；可收回金额按照资产组预计未来现金流量的现值确定的，预计未来现金流量的确定。 （5）建造合同或劳务合同履约进度的确定。 （6）公允价值的确定。 （7）预计负债初始计量的最佳估计数的确定

例22-4·多选题（2021年） 下列各项中，属于企业会计估计的有（　　）。
A. 投资性房地产后续计量模式的确定　　B. 存货可变现净值的确定
C. 劳务合同履约进度的确定　　D. 金融资产预期信用损失金额的确定

解析 本题考查会计估计的概念。会计估计，是指企业对其结果不确定的交易或事项以最近可利用的信息为基础所作的判断。常见的会计估计有存货可变现净值的确定（选项B）、固定资产的预计使用寿命与净残值、固定资产的折旧方法、使用寿命有限的无形资产的预计使用寿命与净残值、可收回金额的确定、建造合同或劳务合同履约进度的确定（选项C）、公允价值的确定、预计负债初始计量的最佳估计数的确定等。选项D也属于会计估计，选项A属于会计政策。因此，本题选项BCD正确。

答案 BCD

例22-5·多选题（2019年） 下列各项中，属于会计估计的有（　　）。
A. 固定资产预计使用寿命的确定　　B. 无形资产预计净残值的确定
C. 投资性房地产采用公允价值计量　　D. 收入确认时合同履约进度的确定

解析 本题考查会计估计的判定。选项C，投资性房地产后续计量属于会计政策。选项ABD均属于会计估计。

答案 ABD

(二) 会计估计变更的概念及其原因

表22-5 会计估计变更的概念及原因

事项	主要内容
概念	会计估计变更，是指由于资产和负债的当前状况及预期经济利益和义务发生了变化，从而对资产或负债的**账面价值**或者资产的**定期消耗金额**进行**调整**
情形	会计估计变更的情形包括： (1) 赖以进行估计的基础发生了变化。 (2) 取得了新的信息，积累了更多的经验

例22-6·单选题（2023年） 下列各项中，属于企业会计估计变更的是（　　）。

A. 把发出存货的计价方法由先进先出法变更为移动加权平均法
B. 因追加投资将长期股权投资的核算方法由权益法转成本法
C. 无形资产的预计使用年限由6年变更为4年
D. 投资性房地产的后续计量由成本模式变更为公允价值模式

解析 本题考查会计估计变更的判断。选项A，属于会计政策变更；选项B，属于本期发生的交易或者事项与以前相比具有本质差别而对其采用新的会计政策；选项D，投资性房地产的后续计量由成本模式变更为公允价值模式，属于会计政策变更。因此，本题选项C正确。

答案 C

例22-7·单选题 下列各项中，属于企业会计估计变更的是（　　）。

A. 无形资产的摊销方法由年限平均法变为产量法
B. 发出存货的计量方法由移动加权平均法改为先进先出法
C. 投资性房地产的后续计量由成本模式变为公允价值模式
D. 政府补助的会计处理方法由总额法变为净额法

解析 本题考查属于会计估计变更的情形。会计估计变更，是指由于资产和负债的当前状况及预期经济利益和义务发生了变化，从而对资产或负债的账面价值或者资产的定期消耗金额进行调整。选项A属于对资产的定期消耗金额进行调整，属于会计估计变更。选项BCD属于会计政策变更。因此，本题选项A正确。

答案 A

例22-8·单选题 2×13年1月1日起，企业对其确认为无形资产的某项非专利技术按照5年的期限进行摊销，由于替代技术研发进程的加快，2×14年1月，企业将该无形资产的剩余摊销年限缩短为2年，这一变更属于（　　）。

A. 会计政策变更　　B. 会计估计变更　　C. 前期差错更正　　D. 本期差错更正

解析 本题考查会计估计变更的情形。该项无形资产变更摊销年限，属于会计估计变更，选项B正确。

答案 B

考点 5 　会计估计变更的会计处理（★）

考频 2023 年判断题；2022 年判断题

会计估计变更应采用**未来适用法**处理，即在会计估计变更当期及以后期间，采用新的会计估计，不改变以前期间的会计估计，也不调整以前期间的报告结果。

（1）如果会计估计的变更**仅影响变更当期**，有关估计变更的影响应于**当期确认**。

（2）如果会计估计的变更既影响变更**当期**又影响**未来期间**，有关估计变更的影响应在**当期及以后各期确认**。

会计估计变更的影响数应计入变更当期与前期相同的项目中。

（3）企业**难以**对某项变更**区分**为会计政策变更或会计估计变更的，应当将其作为**会计估计变更**处理。

| 例 22-9·判断题（2022 年） | 企业变更固定资产的预计使用年限时，应对以前年度已计提的折旧金额进行追溯调整。　　　　　　　　　　　　　　　　　　　　　　　（　　）

解析　本题考查会计估计变更。企业变更固定资产的预计使用年限属于会计估计变更，应当采用未来适用法处理，不对以前年度已计提的折旧金额进行追溯调整。

答案　×

| 例 22-10·单选题 | 下列关于会计估计及其变更的表述中，正确的是（　　）。
A. 会计估计应以最近可利用的信息或资料为基础
B. 对结果不确定的交易或事项进行会计估计会削弱会计信息的可靠性
C. 会计估计变更应根据不同情况采用追溯重述或追溯调整法进行处理
D. 某项变更难以区分为会计政策变更或会计估计变更的，应作为会计政策变更处理

解析　本题考查会计估计及其变更。会计估计应当以最近可利用的信息或资料为基础，选项 A 正确；会计估计变更不会削弱会计信息的可靠性，选项 B 错误；会计估计变更应采用未来适用法进行会计处理，选项 C 错误；难以区分为会计政策变更或会计估计变更的，应作为会计估计变更处理，选项 D 错误。因此，本题选项 A 正确。

答案　A

第三节　会计政策变更与会计估计变更的划分

考点 6　会计政策变更与会计估计变更的划分基础（★★）

企业应当以变更事项的会计确认、计量基础和列报项目是否发生变更作为判断该变更是会计政策变更，还是会计估计变更的划分基础。

（1）以会计确认是否发生变更作为判断基础。一般地，对会计确认的指定或选择是会计政策，其相应的变更是会计政策变更。

（2）以计量基础是否发生变更作为判断基础。一般地，对计量基础的指定或选择是会计政策，其相应的变更是会计政策变更。

（3）以列报项目是否发生变更作为判断基础。一般地，对列报项目的指定或选择是会计政策，其相应的变更是会计政策变更。

(4) 根据会计确认、计量基础和列报项目所选择的、为取得与该项目有关的金额或数值所采用的处理方法，不是会计政策，而是会计估计，其相应的变更是会计估计变更。

【举例】某企业需要对某项资产采用公允价值进行计量，而公允价值的确定应当采用在当前情况下适用并且有足够可利用数据和其他信息支持的估值技术，包括市场法、收益法和成本法。因为企业所确定的公允价值是与该项资产有关的金额，所以为确定公允价值所采用的处理方法是会计估计，不是会计政策。相应地，当企业面对的市场情况发生变化时，其采用的确定公允价值的方法变更是会计估计变更，不是会计政策变更。

▶ 很好懂 ▶

在单个会计期间，会计政策决定了财务报表所列报的会计信息和列报方式；会计估计是用来确定与财务报表所列报的会计信息有关的金额和数值。

考点7　划分会计政策变更和会计估计变更的方法（★★）

企业可以采用以下具体方法划分会计政策变更与会计估计变更：分析并判断该事项是否涉及会计确认、计量基础选择或列报项目的变更，当至少涉及其中一项划分基础变更的，该事项是会计政策变更；不涉及这些划分基础变更时，该事项可以判断为会计估计变更。

第四节　前期差错及其更正

考点8　前期差错的概念（★）

表 22-6　前期差错的概念

项目	具体内容
概念	前期差错，是指由于没有运用或错误运用信息，而对前期财务报表造成省略或错报
内容	（1）会计记录错误。 （2）应用会计政策错误。 （3）疏忽或曲解事实以及舞弊产生的影响。如企业销售一批商品，商品的控制权已经发生转移，商品销售收入确认条件均已满足，但企业在期末未将已实现的销售收入入账。 （4）存货、固定资产盘盈

考点9 前期差错更正的会计处理（★★★）

考频 2023年单选题；2022年判断题；2021年判断题、综合题

靶心考点精讲

▶ 速提分 ▶

表 22-7 前期差错更正的会计处理

分类	会计处理	
不重要的前期差错	企业应**调整**发现差错**当期**与**前期相同**的相关项目的金额，**不要求调整**财务报表相关项目的**期初数**。 属于影响损益的，应直接计入本期与上期相同的净损益项目	
重要的前期差错	如果能够合理确定前期差错累积影响数	前期重大差错的更正应当采用**追溯重述法**。 追溯重述法，是指在发现前期差错时，视同该项前期差错**从未发生过**，从而对财务报表相关项目进行**更正的方法**。 **前期差错累积影响数**，是指前期差错发生后对差错期间每期净利润的影响数之和
	如果确定前期差错累积影响数**不切实可行**	可以从**可追溯重述的最早期间**开始调整留存收益的期初余额，并对财务报表其他相关项目的期初余额一并进行调整，也可以采用**未来适用法**
	重要的前期重大差错的调整结束后，还应调整发现年度财务报表的**年初数和上年数**	
	在编制比较财务报表时，对于比较财务报表期间的前期重大差错，应调整各**期间的净损益和其他相关项目**。 对于比较财务报表期间**以前**的前期重大差错，应调整比较财务报表**最早期间**的**期初留存收益**，财务报表其他相关项目的数字也应一并调整	

趁热答题

例 22-11·单选题（2023年） 甲公司适用的所得税税率为25%，2×22年度所得税汇算清缴于2×23年5月15日完成。2×21年12月31日，甲公司与承租方乙公司签订写字楼租赁合同。租赁期限为2×22年1月1日—2×23年12月31日，月租金为10万元，并于每月月末支付。2×23年4月10日，甲公司发现2×22年度租金收入漏记，甲公司将该重要差错采用追溯重述法进行差错更正。该差错更正对2×23年年初留存收益产生的影响为（　　）万元。

A. 90　　　　B. 120　　　　C. -90　　　　D. -120

解析 本题考查前期差错更正的会计处理。该差错更正对2×23年年初留存收益产生的影响=10×12×(1-25%)=90（万元）。因此，本题选项A正确。

答案 A

| **例 22-12·判断题（2022 年）** | 企业发现上一会计年度接受捐赠收到的一项固定资产尚未入账，该固定资产盘盈应按照前期差错更正进行会计处理。（ ）

〔解析〕本题考查前期差错更正。固定资产盘盈属于重要的前期差错，应通过"以前年度损益调整"科目核算。因此，本题表述正确。

〔答案〕√

| **例 22-13·判断题（2021 年）** | 对于不重要的、影响损益的前期差错，企业应将涉及损益的金额直接调整发现差错当期的利润表项目。（ ）

〔解析〕本题考查前期差错更正的会计处理。对于不重要的前期差错，属于影响损益的，应直接计入本期与上期相同的净损益项目，计入发现差错当期的利润表。因此，本题表述正确。

〔答案〕√

| **例 22-14·多选题（2020 年）** | 2×19 年 12 月 31 日，甲公司发现 2×17 年 12 月收到投资者投入的一项行政管理用固定资产尚未入账，投资合同约定该固定资产价值为 1 000 万元（与公允价值相同）。预计使用年限为 5 年，预计净残值为零，采用年限平均法计提折旧。甲公司将漏记该固定资产事项认定为重要的前期差错。不考虑其他因素，下列关于该项会计差错更正的会计处理表述中，正确的有（ ）。

A. 增加 2×19 年度管理费用 200 万元   B. 增加固定资产原价 1 000 万元
C. 增加累计折旧 400 万元   D. 减少 2×19 年年初留存收益 200 万元

〔解析〕本题考查重要的前期差错的会计处理。具体账务处理如下：

借：固定资产　　　　　　　　　　　　　　　1 000
　　贷：实收资本等　　　　　　　　　　　　　　1 000
借：以前年度损益调整——管理费用　　　　　　200（1 000÷5）
　　贷：累计折旧　　　　　　　　　　　　　　　200
借：管理费用　　　　　　　　　　　　　　　　200
　　贷：累计折旧　　　　　　　　　　　　　　　200
借：留存收益　　　　　　　　　　　　　　　　200
　　贷：以前年度损益调整　　　　　　　　　　　200

因此，本题选项 ABCD 正确。

〔答案〕ABCD

| **例 22-15·综合题** | 甲公司的注册会计师在对其 2×08 年度财务报表进行审计时，对以下交易或事项的会计处理提出质疑：

(1) 因国家对 A 产品实施限价政策，甲公司生产的 A 产品市场售价为 15 万元/件。根据国家相关政策，从 2×08 年 1 月 1 日起，甲公司每销售 1 件 A 产品，当地政府部门将给予补助 10 万元。2×08 年度，甲公司共销售 A 产品 1 120 件，收到政府给予的补助 13 600 万元。A 产品的成本为 21 万元/件。

税法规定，企业自国家取得的资金除作为出资外，应计入取得当期应纳税所得额计算交纳企业所得税。甲公司将上述政府给予的补助计入 2×08 年度应纳税所得额，计算并交纳企业所得税。对于上述交易或事项，甲公司进行了以下会计处理：

借：银行存款　　　　　　　　　　　　　　　13 600
　　贷：递延收益　　　　　　　　　　　　　　　13 600
借：递延收益　　　　　　　　　　　　　　　　11 200

```
    贷：营业外收入                      11 200
  借：主营业务成本                      23 520
    贷：库存商品                        23 520
  借：银行存款                          16 800
    贷：主营业务收入                    16 800
```

(2) 2×08年度，甲公司进行内部研究开发活动共发生支出800万元，其中，费用化支出300万元，资本化支出500万元，均以银行存款支付。研发活动所形成的无形资产至2×08年12月31日尚未达到预定可使用状态。

税法规定，对于按照企业会计准则规定费用化的研发支出，计算当期应纳税所得额时加计100%税前扣除；对于资本化的研发支出，其计税基础为资本化金额的200%。对于上述交易或事项，甲公司进行了以下会计处理：

```
  借：研发支出——费用化支出             300
        ——资本化支出                   500
    贷：银行存款                        800
  借：递延所得税资产                    125
    贷：所得税费用                      125
```

(3) 2×08年度，甲公司因销售B产品共收取合同价款1 000万元，在销售B产品时，甲公司向客户承诺，在销售B产品2年内，由于客户使用不当等原因造成B产品故障，甲公司免费提供维修服务。甲公司2年期维修服务可以单独作价出售，与本年度所售B产品相应的2年期维修服务售价为100万元，预计维修服务成本为80万元。甲公司不附加产品免费维修服务情况下出售B产品的售价为920万元。上述已售B产品的成本为700万元。至2×08年12月31日，尚未有客户向甲公司提出免费维修服务的要求。假定税法对上述交易或事项的处理与企业会计准则的规定相同。对于上述交易或事项，甲公司进行了以下会计处理：

```
  借：银行存款                          1 000
    贷：主营业务收入                    1 000
  借：主营业务成本                      700
    贷：库存商品                        700
  借：主营业务成本                      80
    贷：预计负债                        80
```

其他有关资料：第一，甲公司适用的企业所得税税率为25%，未来年度能够取得足够的应纳税所得额用以抵扣可抵扣暂时性差异。第二，2×08年年初，甲公司不存在递延所得税资产和递延所得税负债的账面余额。第三，本题不考虑除企业所得税外的其他税费及其他因素。

（要求）根据上述资料，判断甲公司对上述交易或事项的会计处理是否正确，说明理由；如果会计处理不正确，编制更正甲公司2×08年度财务报表的会计分录。

（答案）

(1) 事项(1)会计处理不正确。理由：企业从政府取得的经济资源，如果与企业销售商品或提供劳务等活动密切相关，且来源于政府的经济资源是企业商品或服务的对价或者是对价的组成部分，应当按照《企业会计准则第14号——收入》的规定进行会计处理，不适用政府补助准则。

更正分录：

```
  借：递延收益                          13 600
    贷：合同负债                        13 600
```

借：营业外收入	11 200	
贷：递延收益		11 200
借：合同负债	11 200	
贷：主营业务收入		11 200
借：递延所得税资产	600	[（13 600-11 200）×25%]
贷：所得税费用		600

（2）事项（2）会计处理不正确。理由：该无形资产的确认不是产生于企业合并交易，同时在确认时既不影响会计利润也不影响应纳税所得额，则不确认该暂时性差异的所得税影响。

更正分录：

借：管理费用——研发费用	300
贷：研发支出——费用化支出	300
借：所得税费用	125
贷：递延所得税资产	125

（3）事项（3）会计处理不正确。理由：对于附有质量保证条款的销售，企业应当评估该质量保证是否在向客户保证所销售商品符合既定标准之外提供了一项单独的服务。企业提供额外服务的，应当作为单项履约义务。本题的维修服务属于提供了一项单独的服务，应当作为单项履约义务处理。

更正分录：

借：主营业务收入	98.04	[1 000÷（920+100）×100]
贷：合同负债		98.04
借：预计负债	80	
贷：主营业务成本		80

考点加油站

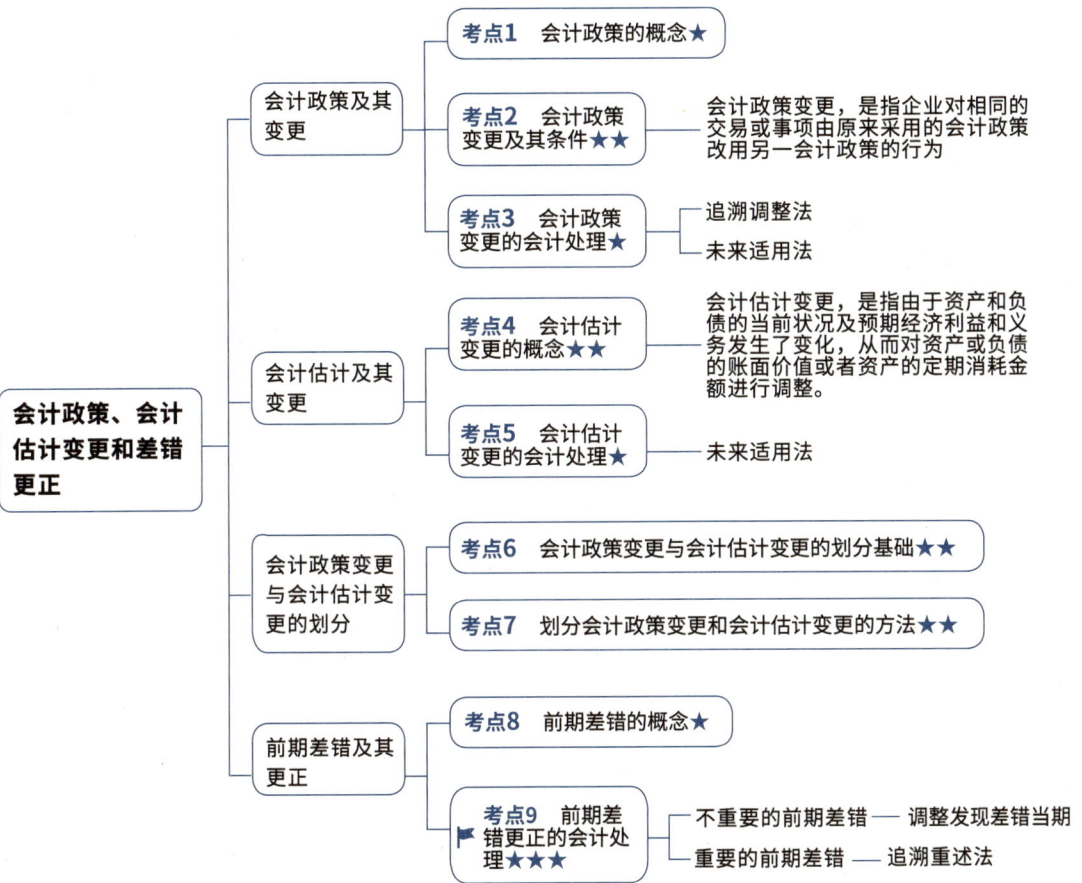

第二十三章 资产负债表日后事项

考情驿站

本章属于重点章节，其内容综合性较强、难度较大，通常会结合"收入""所得税""会计政策、会计估计变更和差错更正"等章节的内容进行考查。从历年真题来看，本章在主观题、客观题中均有涉及。其中，调整事项与非调整事项的判断、资产负债表日后调整事项的具体会计处理方法是本章的高频考点，考生应重点掌握。本章近三年平均考查分值在 8 分左右。

考点地图

资产负债表日后事项
- 资产负债表日后事项概述
  - 考点 1　资产负债表日后事项的概念★
  - 考点 2　资产负债表日后事项涵盖的期间★
  - ⚑ 考点 3　资产负债表日后事项的内容★★★
- 资产负债表日后调整事项
  - 考点 4　资产负债表日后调整事项的处理原则★★
  - 考点 5　资产负债表日后调整事项的具体会计处理方法★★★
- 资产负债表日后非调整事项
  - 考点 6　资产负债表日后非调整事项的处理原则★
  - 考点 7　资产负债表日后非调整事项的具体会计处理方法★

2024 年本章主要变化

无实质性变动。

考点速递

第一节 资产负债表日后事项概述

考点 1 资产负债表日后事项的概念（★）

资产负债表日后事项，是指**资产负债表日**至**财务报告批准报出日**之间发生的**有利**或**不利**事项。

表 23-1 资产负债表日后事项的相关概念

相关概念	内容
资产负债表日	资产负债表日是指**会计年度末和会计中期期末**
中期	中期是指**短于一个完整的会计年度**的报告期间，包括半年度、季度、月度等
财务报告批准报出日	财务报告批准报出日是指**董事会或类似机构批准财务报告报出的日期**
提示	资产负债表日后事项包括**有利事项和不利事项**
	资产负债表日后事项**不是**在这个特定期间内发生的**全部**事项

考点 2 资产负债表日后事项涵盖的期间（★）

资产负债表日后事项涵盖的期间是自**资产负债表日次日**起至**财务报告批准报出日止**的一段时间。内容包括：

（1）**报告期下一期间的第一天**至董事会或类似机构**批准**财务报告**对外公布的日期**。具体如图 23-1 所示：

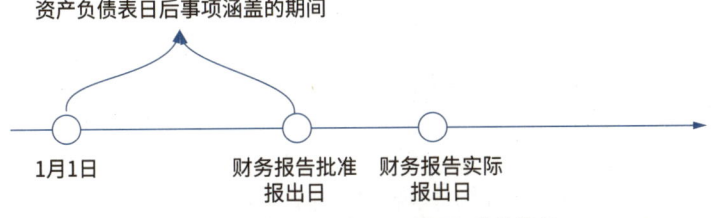

图 23-1 资产负债表日后事项涵盖的期间

（2）财务报告**批准报出以后**、**实际报出之前**又发生与资产负债表日后事项**有关**的事项，并由此**影响**财务报告对外公布日期的，应以董事会或类似机构**再次批准**财务报告对外公布的日期为截止日期。具体如图 23-2 所示：

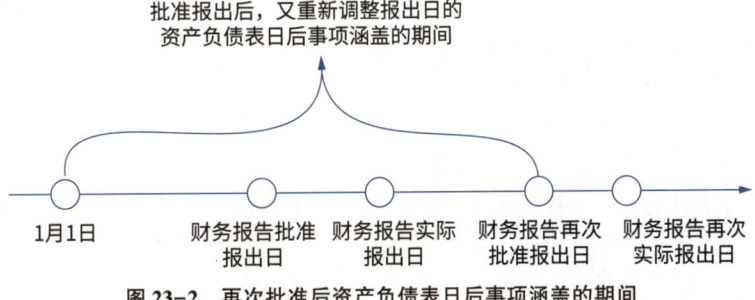

图 23-2 再次批准后资产负债表日后事项涵盖的期间

考点 3 资产负债表日后事项的内容（★★★）

考频 2023 年多选题；2022 年单选题、判断题；2021 年多选题

资产负债表日后事项包括资产负债表日后调整事项（以下简称"调整事项"）和资产负债表日后非调整事项（以下简称"非调整事项"）。

（一）调整事项

资产负债表日后调整事项，是指对资产负债表日已经存在的情况提供了新的或进一步证据的事项。

企业发生的资产负债表日后调整事项，通常包括下列各项：

（1）资产负债表日后诉讼案件结案，法院判决证实了企业在资产负债表日已经存在现时义务，需要调整原先确认的与该诉讼案件相关的预计负债，或确认一项新负债。

（2）资产负债表日后取得确凿证据，表明某项资产在资产负债表日发生了减值或者需要调整该项资产原先确认的减值金额。

（3）资产负债表日后进一步确定了资产负债表日前购入资产的成本或售出资产的收入。

（4）资产负债表日后发现了财务报表舞弊或差错。

▶ **很好懂** ▶

值得注意的是，在确定存货可变现净值时，应当以资产负债表日取得最可靠的证据估计的售价为基础并考虑持有存货的目的，资产负债表日至财务报告批准报出日之间存货售价发生波动的，如有确凿证据表明其对资产负债表日存货已经存在的情况提供了新的或进一步的证据，应当作为调整事项进行处理；否则，应当作为非调整事项。

（二）非调整事项

资产负债表日后非调整事项，是指表明资产负债表日后发生的情况的事项。资产负债表日后非调整事项虽然不影响资产负债表日存在的情况，但不加以说明将会影响财务报告使用者作出正确估计和决策。

企业发生的资产负债表日后非调整事项，通常包括：

（1）资产负债表日后发生重大诉讼、仲裁、承诺；

（2）资产负债表日后资产价格、税收政策、外汇汇率发生重大变化；

（3）资产负债表日后因自然灾害导致资产发生重大损失；

（4）资产负债表日后发行股票和债券以及其他巨额举债；

（5）资产负债表日后资本公积转增资本；

（6）资产负债表日后发生巨额亏损；

（7）资产负债表日后发生企业合并或处置子公司；

（8）资产负债表日后，企业利润分配方案中拟分配的以及经审议批准宣告发放的股利或利润。

通关文牒

▶ 速提分 ▶

资产负债表日后发生的某一事项究竟是调整事项还是非调整事项，取决于**该事项表明的情况在资产负债表日或资产负债表日以前**是**否已经存在**。

若该情况在资产负债表日或之前已经存在，则属于调整事项；反之，则属于非调整事项。

趁热答题

例 23-1·多选题（2023 年） 甲公司 2×22 年度财务报告于 2×23 年 3 月 20 日经董事会批准报出，下列对甲公司财务报告状况具有重大影响的交易或事项中，属于 2×22 年度资产负债表日后调整事项的有（　　）。

A. 2×23 年 1 月 5 日，上年度已全额确认收入的商品因质量问题被全部退回
B. 2×23 年 2 月 20 日，发现上年度重大会计差错
C. 2×23 年 3 月 1 日，以资本公积转增资本
D. 2×23 年 2 月 10 日，外汇汇率发生重大变化

解析 本题考查资产负债表日后事项的内容。选项 A，资产负债表日后进一步确定了资产负债表日前购入资产的成本或售出资产的收入，属于资产负债表日调整事项；选项 B，资产负债表日后发现了财务报告舞弊或差错，属于资产负债表日后调整事项；选项 CD，资产负债表日后资本公积转增资本，资产负债表日后外汇汇率发生重大变化，属于资产负债表日后非调整事项。因此，本题选项 AB 正确。

答案 AB

例 23-2·多选题（2023 年） 甲公司 2×22 年度财务报告批准报出日为 2×23 年 4 月 21 日，不考虑其他因素，下列关于甲公司 2×23 年发生的对财务状况有重大影响的交易或事项中，应作为 2×22 年度资产负债表日后非调整事项的有（　　）。

A. 3 月 18 日股东大会通过 2×22 年度的利润分配方案
B. 2 月 11 日收到客户退回 2×22 年 11 月销售的部分商品
C. 2 月 20 日发生安全生产事故造成重大财产损失
D. 3 月 15 日从资本公积转增资本

解析 本题考查资产负债表日后事项概述。选项 ACD，属于资产负债表日后非调整事项；选项 B，属于资产负债表日后调整事项。因此，本题选项 ACD 正确。

答案 ACD

例 23-3·单选题（2020 年） 下列各项企业资产负债表日后事项中，属于调整事项的是（　　）。

A. 发现报告年度重要会计差错　　B. 处置子公司
C. 发生重大诉讼　　D. 董事会通过利润分配方案

解析 本题考查资产负债表日后事项的内容。资产负债表日后调整事项，是指对资产负债表日已经存在的情况提供了新的或进一步证据的事项。因此，本题选项 A 正确，选项 BCD 属于资产负债表日后非调整事项。

答案 A

第二节 资产负债表日后调整事项

考点 4 资产负债表日后调整事项的处理原则（★★）

2023 年综合题；2022 年综合题；2021 年综合题

（一）基本处理原则

资产负债表日后发生的调整事项，应当调整资产负债表日的财务报表。

（二）具体处理

对于年度财务报告而言，由于资产负债表日后事项发生在报告年度的次年，报告年度的有关账目已经结转，特别是损益类科目结账后已经没有余额。因此，资产负债表日后发生的调整事项，应当分情况进行处理。

> **通关文牒**
>
> ▶ 速提分 ▶
>
> （1）涉及损益的事项，通过"以前年度损益调整"科目核算。
>
> ①调整增加以前年度利润或调整减少以前年度亏损的事项，记入"以前年度损益调整"科目的贷方；调整减少以前年度利润或调整增加以前年度亏损的事项，记入"以前年度损益调整"科目的借方。
>
> ②涉及损益调整的事项：
>
> A. 如果发生在该企业资产负债表日所属年度（即报告年度）所得税汇算清缴前的，应调整报告年度应纳税所得额、应纳所得税税额。
>
> 借：以前年度损益调整
> 　　贷：应交税费——应交所得税（或相反分录）
>
> B. 如果发生在该企业报告年度所得税汇算清缴后的，应调整本年度（即报告年度的次年）应纳所得税税额。
>
> ③调整完成后，将"以前年度损益调整"科目的贷方或借方余额，转入"利润分配——未分配利润"科目。
>
> 借：利润分配——未分配利润
> 　　贷：以前年度损益调整（或相反分录）
>
> （2）涉及利润分配调整的事项，直接在"利润分配——未分配利润"科目核算。
>
> （3）不涉及损益及利润分配的事项，调整相关科目。
>
> （4）通过上述账务处理后，还应同时调整财务报表相关项目的数字，具体包括：
>
> ①资产负债表日编制的财务报表相关项目的期末数或本年发生数；
>
> ②当期编制的财务报表相关项目的期初数或上年数；
>
> ③上述调整如果涉及报表附注内容的，还应当作出相应调整。

考点5 资产负债表日后调整事项的具体会计处理方法（★★★）

考频 2023年综合题；2022年综合题；2021年综合题

（一）资产负债表日后诉讼案件结案的会计处理

人民法院判决证实了企业在**资产负债表日已经存在现时义务**，需要调整原先确认的与该诉讼案件相关的**预计负债**，或确认一项**新负债**。

（二）资产负债表日后资产减值的会计处理

资产负债表日后取得确凿证据，表明某项资产在资产负债表日发生了**减值**或者需要调整该项资产原先确认的减值金额。

这一事项是指在资产负债表日，根据当时的资料判断某项资产可能发生了损失或减值，但没有最后确定是否会发生，因而按照当时的最佳估计金额反映在财务报表中；但在资产负债表日至财务报告批准报出日之间，所取得的确凿证据能证明该事实成立，即某项资产已经发生了损失或减值，则应对资产负债表日所做的估计予以修正。

> **速提分**
>
> 资产负债表日后调整事项涉及调整减值准备的，假定相关减值损失实际发生时允许税前扣除，则需要**调整报告年度"递延所得税资产"**科目，而**不调整报告年度"应交税费——应交所得税"**科目。
>
> 补提减值准备后，会计分录如下：
> 借：递延所得税资产
> 　　贷：以前年度损益调整

例23-4·多选题（2019年） 甲公司适用的企业所得税税率为25%，预计未来期间适用的企业所得税税率不会发生变化且能够产生足够的应纳税所得额用以抵减可抵扣暂时性差异，其2×18年度财务报表批准报出日为2×19年4月15日。2×19年2月10日，甲公司调减了2×18年计提的坏账准备100万元，该调整事项发生时，企业所得税汇算清缴尚未完成。不考虑其他因素，上述调整事项对甲公司2×18年度财务报表项目产生的影响有（　　）。

A. 递延所得税资产减少25万元　　B. 所得税费用增加25万元
C. 应交税费增加25万元　　　　　D. 应收账款增加100万元

解析 本题考查资产负债表日后事项的会计处理。本题为资产负债表日后期间发生的调整事项，相应账务处理为：

借：坏账准备　　　　　　　　　　　　　100
　　贷：以前年度损益调整——信用减值损失　　100
借：以前年度损益调整——所得税费用　　25
　　贷：递延所得税资产　　　　　　　　　　25

因此，应调整减少递延所得税资产项目25万元，调整增加所得税费用项目25万元。冲减坏账准备 100 万元，因坏账准备属于应收账款的备抵科目，所以冲减的坏账准备应调整增加应收账款项目金额 100 万元。因此，本题选项 ABD 正确。

【答案】ABD

| 例 23-5·判断题 | 企业在报告年度资产负债表日至财务报告批准报出日之间取得确凿证据，表明某项资产在报告日已发生减值的，应作为非调整事项进行处理。 （　　）

【解析】本题考查资产负债表日后资产减值的会计处理。企业在报告年度资产负债表日至财务报告批准报出日之间取得确凿证据，表明某项资产在报告日已发生减值的，应作为调整事项处理。因此，本题表述错误。

【答案】×

| 例 23-6·多选题（2020 年） | 下列各项关于企业资产负债表日后事项会计处理的表述中，正确的有（　　）。
　　A. 重要的非调整事项应当在报告年度财务报表附注中披露
　　B. 调整事项涉及损益的，应调整报告年度利润表相关项目的金额
　　C. 发生在报告年度企业所得税汇算清缴后涉及损益的调整事项，不应调整报告年度的应纳税所得额
　　D. 调整事项涉及现金收支的，应调整报告年度资产负债表的货币资金项目的金额

【解析】本题考查资产负债表日后调整事项和非调整事项的具体会计处理方法。资产负债表日后事项如涉及现金收支项目，均不调整报告年度资产负债表的货币资金项目和现金流量表各项目数字，选项 D 错误。因此，本题选项 ABC 正确。

【答案】ABC

（三）资产负债表日后进一步确定了资产负债表日前购入资产的成本或售出资产的收入

资产负债表日后进一步确定了资产负债表日前购入资产的成本或售出资产的收入，这类调整包括：

（1）若资产负债表日前购入的**资产已经按暂估金额入账**，资产负债表日后获得证据，可以进一步确定该资产的成本，应该对已入账的资产**成本进行调整**。

（2）企业在报告年度已根据收入确认条件**确认资产销售收入**，但资产负债表日后获得关于资产收入的进一步证据（**如销售退回、销售折让**等），此时**应调整**财务报表相关项目的金额。

▶ 速提分 ◀

表 23-2　资产负债表日后发生涉及报告年度所属期间销售退回的会计处理

事项	说明或处理
范围	资产负债表日后发生的销售退回，既包括报告年度或报告中期销售的商品在资产负债表日后发生的销售退回，也包括以前期间销售的商品在资产负债表日后发生的销售退回
处理原则	应作为资产负债表日后调整事项处理
销售退回发生于报告年度所得税汇算清缴之前	调整报告年度利润表的收入、成本等，并相应调整报告年度的应纳税所得额以及报告年度应缴纳的所得税等
销售退回发生于报告年度所得税汇算清缴之后	应调整报告年度会计报表的收入、成本等，但按照税法规定，在此期间的销售退回所涉及的应缴所得税，应作为本年度的纳税调整事项

（四）资产负债表日后发现了财务报表舞弊或差错

这一事项是指资产负债表日至财务报告批准报出日之间发生的属于资产负债表期间或以前期间存在的财务报表舞弊或差错。这种舞弊或差错**应作为资产负债表日后调整事项**，调整报告年度的年度财务报告或中期财务报告相关项目的数字。

第三节 资产负债表日后非调整事项

考点6 资产负债表日后非调整事项的处理原则（★）

资产负债表日后非调整事项，是指表明资产负债表**日后发生**的情况的事项，与资产负债表日存在状况**无关**，**不应当**调整资产负债表日的财务报表。

但有的非调整事项由于事项重大，对财务报告使用者具有**重大影响**，如不加以**说明**，将不利于财务报告使用者作出正确的估计和决策。

考点7 资产负债表日后非调整事项的具体会计处理方法（★）

考频 2022年判断题

资产负债表日后发生的非调整事项，应当在报表附注中**披露**每项重要的资产负债表日后非调整事项的**性质**、**内容**及其对**财务状况和经营成果的影响**。无法作出估计的，应当**说明原因**。

表23-3 常见的资产负债表日后非调整事项需要披露的原因

非调整事项	披露原因
（1）资产负债表日后发生重大诉讼、仲裁、承诺	对企业影响较大，为防止误导投资者及其他财务报告使用者，应当在财务报表附注中予以披露
（2）资产负债表日后资产价格、税收政策、外汇汇率发生重大变化	对企业资产负债表日后的财务状况和经营成果有重大影响，应当在财务报表附注中予以披露
（3）资产负债表日后因自然灾害导致资产发生重大损失	对企业资产负债表日后的财务状况有较大影响，如果不加以披露，有可能使财务报告使用者作出错误的决策
（4）资产负债表日后发行股票和债券以及其他巨额举债	需要让财务报告使用者了解与此有关的情况及可能带来的影响
（5）资产负债表日后资本公积转增资本	会改变企业的资本（或股本）结构，影响较大
（6）资产负债表日后发生巨额亏损	对企业报告期以后的财务状况和经营成果有重大影响
（7）资产负债表日后发生企业合并或处置子公司	会影响股权结构、经营范围，对企业未来生产经营产生重大影响
（8）资产负债表日后，企业利润分配方案中拟分配的以及经审议批准宣告发放的股利或利润	**不确认为资产负债表日负债，但应当在财务报表附注中单独披露。**因对公司资产负债表日后的财务状况有较大影响，可能导致现金较大规模流出，公司股权结构变动

通关文牒

▶ 速提分 ▶

表23-4 调整事项与非调整事项的区别

事项	调整事项	非调整事项
该事项在资产负债表日或之前是否存在	存在	不存在
是否追溯调表	是	否
是否追溯调账	是	否
是否披露	是	具有重大影响的事项要披露

趁热答题

例23-7·多选题（2011年） 下列关于资产负债表日后事项的表述中，正确的有（　　）。

A. 影响重大的资产负债表日后非调整事项应在附注中披露

B. 对资产负债表日后调整事项应当调整资产负债表日财务报表有关项目

C. 资产负债表日后事项包括资产负债表日至财务报告批准报出日之间发生的全部事项

D. 判断资产负债表日后调整事项的标准在于该事项对资产负债表日存在的情况提供了新的或进一步的证据

（解析）本题考查资产负债表日后事项的判断。资产负债表日后事项包括资产负债表日至财务报告批准报出日之间发生的有利或不利事项。资产负债表日后事项并不是在此期间发生的所有事项，而是与资产负债表日存在状况有关的事项（调整事项），或虽然与资产负债表日存在状况无关，但对企业财务状况和经营成果具有一定影响的事项（非调整事项）。因此，选项C说法错误，本题选项ABD正确。

（答案）ABD

例23-8·综合题（2022年） 甲公司系增值税一般纳税人，适用的企业所得税税率为25%，按净利润的10%计提法定盈余公积，甲公司2×21年所得税汇算清缴于2×22年2月20日完成，2×21年财务报告批准报出日为2×22年3月15日，未来期间能够产生足够的应纳税所得额用于抵减可抵扣暂时性差异。2×21年至2×22年，甲公司发生的相关交易或事项如下：

资料一： 2×21年11月1日，甲公司以银行存款450万元购入一批商品，并已验收入库，采用实际成本法核算。2×22年2月1日，该批商品因火灾全部毁损。

资料二： 2×21年12月1日，甲公司收到法院通知，由于未能按期履行销售合同被乙公司起诉。2×21年12月31日，案件尚未判决，甲公司预计败诉的可能性为75%，预计的赔偿金额区间为70万元~100万元，且该区间内每个金额发生的可能性大致相同。

资料三： 2×22年2月10日，法院对乙公司起诉甲公司案件作出判决，甲公司被判赔偿乙公司90万元，双方均表示不再上诉。当日，甲公司以银行存款向乙公司支付赔款。

资料四： 2×22年3月1日，甲公司股东大会审议通过2×21年度股利分配方案，决定以公司2×21年年末总股本为基数，每10股配送0.5元，共分派现金股利2 500万元。

本题不考虑除企业所得税以外的税费及其他因素。

（要求）（1）判断甲公司2×22年2月1日商品毁损是否属于2×21年资产负债表日后调整事项，

如果为调整事项，编制相关会计分录；如果为非调整事项，简要说明理由。

（2）计算甲公司 2×21 年 12 月 31 日确认的预计负债金额，并分别编制甲公司确认预计负债和相关递延所得税的会计分录。

（3）判断甲公司 2×22 年 2 月 10 日收到法院判决是否属于 2×21 年资产负债表日后调整事项，如果为调整事项，编制相关会计分录；如果为非调整事项，简要说明理由。

（4）判断甲公司 2×22 年 3 月 1 日审议通过股权分配方案是否属于 2×21 年资产负债表日后调整事项，如果为调整事项，编制相关会计分录；如果为非调整事项，简要说明理由。

【解析】本题考查资产负债表日后事项的内容、资产负债表日后调整事项的具体会计处理方法、未决诉讼及未决仲裁、递延所得税资产的确认和计量。

【答案】
（1）不属于资产负债表日后调整事项。

理由：资产负债表日后因发生火灾导致资产发生重大损失，与资产负债表日已存在的事项无关，因此属于资产负债表日后非调整事项。

（2）甲公司 2×21 年 12 月 31 日确认的预计负债金额=(70+100)÷2=85（万元）

借：营业外支出　　　　　　　　　　　　　　85
　　贷：预计负债　　　　　　　　　　　　　　　85
借：递延所得税资产　　　　　　　　　　　21.25
　　贷：所得税费用　　　　　　　　　　　21.25（85×25%）

（3）甲公司 2×22 年 2 月 10 日收到法院判决属于资产负债日后调整事项。

借：预计负债　　　　　　　　　　　　　　　85
　　以前年度损益调整——营业外支出　　　　　5
　　贷：其他应付款　　　　　　　　　　　　　90
借：其他应付款　　　　　　　　　　　　　　90
　　贷：银行存款　　　　　　　　　　　　　　90
借：以前年度损益调整——所得税费用　　　21.25
　　贷：递延所得税资产　　　　　　　　　21.25
借：应交税费——应交所得税　　　　　　　22.5
　　贷：以前年度损益调整——所得税费用　　22.5
借：利润分配——未分配利润　　　　　　　3.75
　　贷：以前年度损益调整　　　　　　　　　3.75
借：盈余公积　　　　　　　　　　　　　　0.38
　　贷：利润分配——未分配利润　　　　　　0.38

（4）不属于资产负债表日后调整事项。

理由：资产负债表日后，企业利润分配方案中拟分配的以及经审议批准宣告发放的股利或利润，与资产负债表日已存在的事项无关，因此属于日后非调整事项。

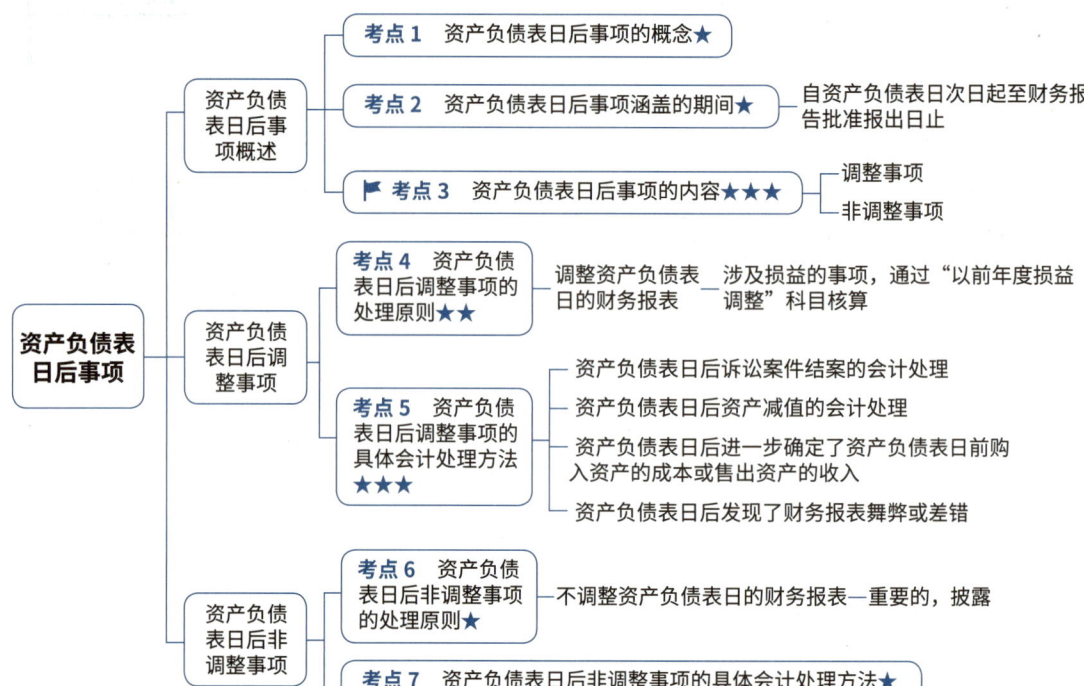

第二十四章　政府会计

考情驿站

本章属于非重点章节，难度大，内容烦琐，会计处理方法与前面章节的处理有很大的不同，涉及的会计科目也是大相径庭，需要专门记忆。本章以客观题为主要考查形式，近三年平均考查分值为 2 分左右。

考点地图

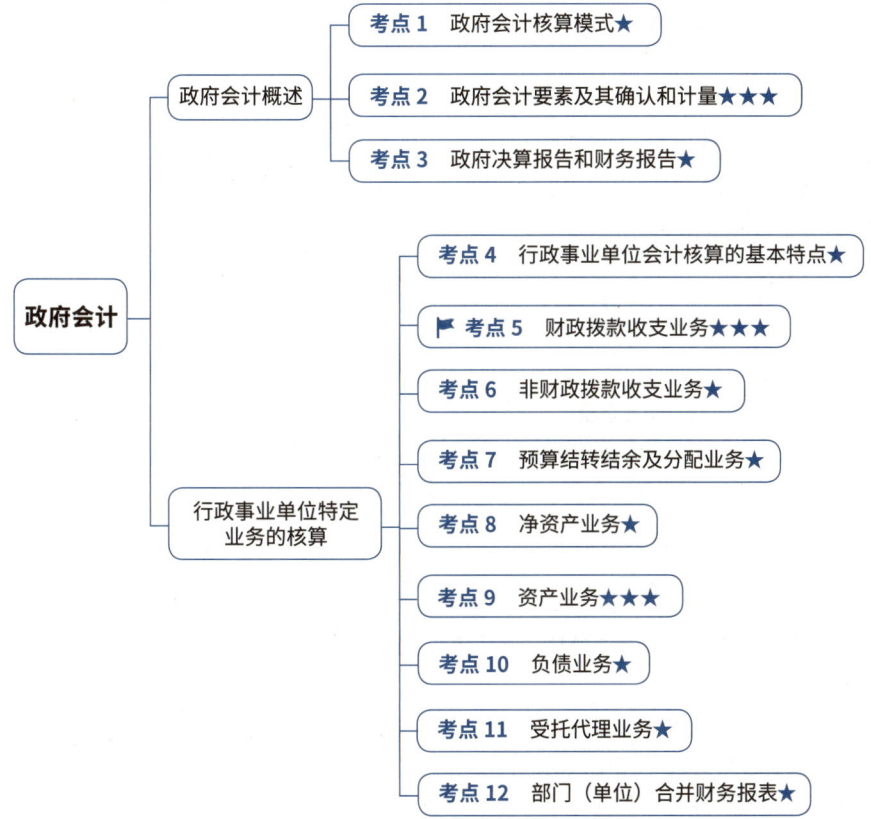

2024 年本章主要变化

变动微小。主要删除了"PPP 项目合同"，部分内容的表述有微调。

> 考点速递

第一节 政府会计概述

政府会计是会计体系的重要分支,它是运用会计专门方法对**政府及其组成主体**(如政府所属的**行政事业单位**等)的**财务状况**、**运行情况**、**预算执行**等情况进行全面核算、监督和报告。

考点1 政府会计核算模式(★)

(1)政府会计由预算会计和财务会计构成,实行"**双功能、双基础、双报告**"的核算模式。

(2)"双功能、双基础、双报告"的核算模式下,政府预算会计和财务会计是"**适度分离并相互衔接**"的关系。

(3)在"双功能、双基础、双报告"的核算模式下,政府单位应当对**预算会计**和**财务会计**进行平行记账。

考点2 政府会计要素及其确认和计量(★★★)

政府会计要素包括**预算会计要素**和**财务会计要素**。

(一)政府预算会计要素

表24-1 政府预算会计要素

预算会计要素	具体内容	确认	计量
预算收入	是指政府会计主体在预算年度内依法取得的并纳入预算管理的现金流入	实际收到时	实际收到的金额
预算支出	是指政府会计主体在预算年度内依法发生并纳入预算管理的现金流出	实际支付时	实际支付的金额
预算结余	是指政府会计主体预算年度内预算收入扣除预算支出后的资金余额,以及历年滚存的资金余额	年终	预算结余=结余资金+结转资金

(二)政府财务会计要素

政府财务会计要素包括**资产**、**负债**、**净资产**、**收入**和**费用**。

1. 资产

资产,是指政府会计主体过去的经济业务或者事项形成的,由政府会计主体控制的,预期能够产生服务潜力或者带来经济利益流入的经济资源。

政府**资产的计量属性**主要包括**历史成本**、**重置成本**、**现值**、**公允价值**和**名义金额**。政府会计主体在对资产进行计量时,**一般应当采用历史成本**。采用重置成本、现值、公允价值计量的,应当保证所确定的资产金额能够持续、可靠计量。**无法采用**历史成本、重置成本、现值和公允价值计量属性的,采用**名义金额**(即**人民币1元**)计量。

2. 负债

负债,是指政府会计主体过去的经济业务或者事项形成的,预期会导致经济资源流出政府会计主体的现时义务。

政府负债的计量属性主要包括历史成本、现值和公允价值。

政府会计主体在对负债进行计量时，一般应当采用历史成本。采用现值、公允价值计量的，应当保证所确定的负债金额能够持续、可靠计量。

3. 净资产

净资产，是指政府会计主体资产扣除负债后的净额，其金额取决于资产和负债的计量。

4. 收入

收入，是指报告期内导致政府会计主体净资产增加的、含有服务潜力或者经济利益的经济资源的流入。

5. 费用

费用，是指报告期内导致政府会计主体净资产减少的、含有服务潜力或者经济利益的经济资源的流出。

考点 3　政府决算报告和财务报告（★）

（一）政府决算报告

政府决算报告是综合反映政府会计主体年度预算收支执行结果的文件。

（二）政府财务报告

政府财务报告是反映政府会计主体某一特定日期的财务状况和某一会计期间的运行情况和现金流量等信息的文件。

第二节　行政事业单位特定业务的核算

考点 4　行政事业单位会计核算的基本特点（★）

考频　2021年判断题

政府单位会计核算应当具备财务会计与预算会计双重功能，见表24-2：

表24-2　政府单位会计核算的基本特点

项目	财务会计	预算会计
会计要素	资产、负债、净资产、收入、费用	预算收入、预算支出和预算结余
会计等式	（1）反映单位财务状况的等式（反映时点数）： 资产-负债=净资产 （2）反映单位运行情况的等式（反映期间数）： 收入-费用=本期盈余 本期盈余经分配后最终转入净资产	预算收入-预算支出=预算结余
会计基础	权责发生制	收付实现制
适用范围	单位对于纳入部门预算管理的现金收支业务，在采用财务会计核算的同时应当进行预算会计核算；对于其他业务，仅需进行财务会计核算。 对于单位受托代理的现金以及应上缴财政的现金所涉及的收支业务，仅需要进行财务会计处理，不需要进行预算会计处理	

续表

项目	财务会计	预算会计
提示	政府单位**财务会计核算**中关于应交增值税的会计处理与企业会计**基本相同**,但是在预算会计处理中,预算收入和预算支出**包含了**销项税额和进项税额,实际缴纳增值税时**计入预算支出**	

考点 5　财政拨款收支业务（★★★）

靶心考点精讲

考频 2021年多选题

实行国库集中支付的单位,财政资金的支付方式包括**财政直接支付**和**财政授权支付**。

（一）财政直接支付方式的会计处理（见表24-3）

表 24-3　财政直接支付方式的会计处理

情形	会计处理	
	财务会计	预算会计
（1）政府单位收到"**财政直接支付入账通知书**"时	借：库存物品/固定资产/应付职工薪酬/业务活动费用/单位管理费用等 　　贷：财政拨款收入	借：行政支出/事业支出等 　　贷：财政拨款预算收入
（2）年末,根据本年度财政直接支付预算指标数**大于**当年财政直接支付实际支出数的金额	借：财政应返还额度 　　贷：财政拨款收入	借：资金结存——财政应返还额度 　　贷：财政拨款预算收入
（3）下年度恢复财政直接支付额度后,单位以财政直接支付方式**发生实际支出时**	借：库存物品/固定资产/应付职工薪酬/业务活动费用/单位管理费用等 　　贷：财政应返还额度	借：行政支出/事业支出等 　　贷：资金结存——财政应返还额度

趁热答题

│例24-1·计算分析题│ 2×19年10月9日,某事业单位根据经过批准过的部门预算和用款计划,向同级财政部门申请支付第三季度水费210 000元。10月18日,财政部门经审核后,以财政直接支付方式向自来水公司支付了该单位的**水费**210 000元。10月23日,该事业单位收到了"财政直接支付入账通知书"。该单位应作如下账务处理：

预算会计：
借：事业支出　　　　　　　　　　　　210 000
　　贷：财政拨款预算收入　　　　　　　　　210 000
财务会计：
借：单位管理费用　　　　　　　　　　210 000
　　贷：财政拨款收入　　　　　　　　　　　210 000

（二）财政授权支付方式的会计处理（见表 24-4）

表 24-4　财政授权支付方式的会计处理

情形		会计处理	
		财务会计	预算会计
（1）收到代理银行盖章的"授权支付到账通知书"及支用额度时		借：零余额账户用款额度 　贷：财政拨款收入（通知书所列数额）	借：资金结存——零余额账户用款额度 　贷：财政拨款预算收入
（2）按规定支用额度时		借：库存物品/固定资产/应付职工薪酬/业务活动费用/单位管理费用等 　贷：零余额账户用款额度	借：行政支出/事业支出等 　贷：资金结存——零余额账户用款额度
（3）年末，依据代理银行提供的对账单作注销额度的处理		借：财政应返还额度 　贷：零余额账户用款额度	借：资金结存——财政应返还额度 　贷：资金结存——零余额账户用款额度
（4）下年年初恢复额度时		借：零余额账户用款额度 　贷：财政应返还额度	借：资金结存——零余额账户用款额度 　贷：资金结存——财政应返还额度
（5）年末，财政授权支付预算指标数大于零余额账户用款额度下达数	①根据未下达的用款额度	借：财政应返还额度 　贷：财政拨款收入	借：资金结存——财政应返还额度 　贷：财政拨款预算收入
	②下年度收到财政部门批复的上年年末未下达零余额账户用款额度时	借：零余额账户用款额度 　贷：财政应返还额度	借：资金结存——零余额账户用款额度 　贷：资金结存——财政应返还额度

趁热答题

│例 24-2·计算分析题│ 2×19 年 12 月 31 日，某事业单位经与代理银行提供的对账单核对无误后，将 300 000 元零余额账户用款额度予以注销。另外，本年度财政授权支付预算指标数大于零余额账户用款额度下达数，未下达的用款额度为 400 000 元。2×20 年度，该单位收到代理银行提供的额度恢复到账通知书及财政部门批复的上年末未下达零余额账户用款额度。该事业单位应作如下账务处理：

①注销额度：

预算会计：

　借：资金结存——财政应返还额度　　　300 000
　　贷：资金结存——零余额账户用款额度　　300 000

财务会计：

　借：财政应返还额度——财政授权支付　　300 000
　　贷：零余额账户用款额度　　　　　　　300 000

②补记指标数：

预算会计：

借：资金结存——财政应返还额度　　　　　400 000
　　　贷：财政拨款预算收入　　　　　　　　　　400 000
财务会计：
借：财政应返还额度——财政授权支付　　　400 000
　　　贷：财政拨款收入　　　　　　　　　　　　400 000
③恢复额度：
预算会计：
借：资金结存——零余额账户用款额度　　　300 000
　　　贷：资金结存——财政应返还额度　　　　　300 000
财务会计：
借：零余额账户用款额度　　　　　　　　　300 000
　　　贷：财政应返还额度——财政授权支付　　　300 000
④收到财政部门批复的上年末未下达的额度：
预算会计：
借：资金结存——零余额账户用款额度　　　400 000
　　　贷：资金结存——财政应返还额度　　　　　400 000
财务会计：
借：零余额账户用款额度　　　　　　　　　400 000
　　　贷：财政应返还额度——财政授权支付　　　400 000

例 24-3·多选题 某事业单位 2×15 年度收到财政部门批复的 2×14 年年末未下达零余额账户用款额度 300 万元，下列在财务会计的处理中，正确的有（　　）。

A．贷记"财政补助收入"300 万元　　　　B．借记"财政补助结转"300 万元
C．贷记"财政应返还额度"300 万元　　　D．借记"零余额账户用款额度"300 万元

（**解析**）本题考查财政授权支付方式下的会计处理。事业单位本年度财政授予支出预算指标数大于零余额账户用款额度下达数的，下年度收到财政部门批复的上年年末未下达零余额账户用款额度时，在财务会计中借记"零余额账户用款额度"，贷记"财政应返还额度"；在预算会计中借记"资金结存——零余额账户用款额度"，贷记"资金结存——财政应返还额度"。因此，本题选项 CD 正确。

（**答案**）CD

（三）预算管理一体化的相关会计处理

在部分实行预算管理一体化的地区和部门，国库集中支付<u>不再区分</u>财政直接支付和财政授权支付，单位的会计处理与财政直接支付方式类似，<u>不再使用</u>"零余额账户用款额度"科目、"财政应返还额度"科目和"资金结存——财政应返还额度"科目，<u>不再设置</u>"财政直接支付""财政授权支付"明细科目。

（1）单位应当根据收到的国库集中支付凭证及相关原始凭证，按照凭证上的国库集中支付入账金额：

①在财务会计中：

借：库存物品/固定资产/业务活动费用/单位管理费用/应付职工薪酬等
　　　贷：财政拨款收入（使用本年度预算指标）或财政应返还额度（使用以前年度预算指标）

②同时，在预算会计中：
借：行政支出/事业支出等
    贷：财政拨款预算收入（使用本年度预算指标）或资金结存——财政应返还额度（使用以前年度预算指标）

（2）年末根据财政部门批准的本年度预算指标数大于当年实际支付数的差额中允许结转使用的金额：
①在财务会计中：
借：财政应返还额度
    贷：财政拨款收入
②同时，在预算会计中：
借：资金结存——财政应返还额度
    贷：财政拨款预算收入

同级财政国库集中支付结余不再按权责发生制列支的，相关单位年末不进行上述账务处理。

考点6 非财政拨款收支业务（★）

单位的收支业务除财政拨款收支业务之外，还包括事业活动、经营活动等形成的收支。

（一）事业（预算）收入

事业收入是指事业单位开展专业业务活动及其辅助活动实现的收入，不包括从同级财政部门取得的各类财政拨款。

1. 对采用财政专户返还方式管理的事业（预算）收入

（1）实现应上缴财政专户的事业收入时：

财务会计：
借：银行存款/应收账款等（按照实际收到或应收的金额确认）
    贷：应缴财政款

预算会计：不作账务处理。

（2）向财政专户上缴款项时：

财务会计：
借：应缴财政款（按照实际上缴的款项金额确认）
    贷：银行存款等

预算会计：不作账务处理。

（3）收到从财政专户返还的事业收入时：

财务会计：
借：银行存款等（按照实际收到的返还金额确认）
    贷：事业收入

同时，预算会计：
借：资金结存——货币资金
    贷：事业预算收入

2. 采用预收款方式确认事业（预算）收入时

（1）实际收到款项时：

财务会计：

借：银行存款等
　　贷：预收账款
预算会计：
借：资金结存——货币资金
　　贷：事业预算收入
（2）按合同完成进度确认收入时：
财务会计：
借：预收账款
　　贷：事业收入
预算会计：不作账务处理。

考点 7　预算结转结余及分配业务（★）

单位在预算会计中应当严格区分财政拨款结转结余和非财政拨款结转结余。财政拨款结转结余不参与事业单位的结余分配，单独设置"财政拨款结转"和"财政拨款结余"科目核算。非财政拨款结转结余通过设置"非财政拨款结转""非财政拨款结余""专用结余""经营结余""非财政拨款结余分配"等科目核算。

考点 8　净资产业务（★）

单位财务会计中净资产的来源主要包括累计实现的盈余和无偿调拨的净资产。在日常核算中，单位应当在财务会计中设置"累计盈余""专用基金""无偿调拨净资产""权益法调整"和"本期盈余""本期盈余分配""以前年度盈余调整"等科目。

考点 9　资产业务（★★★）

考频　2023 年判断题；2022 年单选题；2021 年单选题

单位资产业务涉及的核算内容较多，下面主要介绍资产业务的几个共性内容及应收账款、库存物品、固定资产、无形资产、公共基础设施和政府储备物资的核算。

（一）资产业务的几个共性内容

1. 资产取得

单位资产取得的方式包括外购、自行加工或自行建造、接受捐赠、无偿调入、置换换入、租赁等。资产在取得时按照成本进行初始计量。

（1）外购的资产，其成本通常包括购买价款、相关税费（不包括按规定可抵扣的增值税进项税额），以及使得资产达到目前场所和状态或交付使用前所发生的归属于该项资产的其他费用。

（2）自行加工或自行建造的资产，其成本包括该项资产至验收入库或交付使用前所发生的全部必要支出。

（3）接受捐赠的非现金资产：

对于存货、固定资产、无形资产而言，其成本：

①按照有关凭据注明的金额加上相关税费等确定；

②没有相关凭据可供取得，但按规定经过资产评估的，其成本按照评估价值加上相关税费等确定；

③没有相关凭据可供取得，也未经资产评估的，其成本比照同类或类似资产的市场价格加上相

关税费等确定；

④没有相关凭证且未经资产评估、同类或类似资产的市场价格也无法可靠取得的，按照名义金额（人民币1元）入账。

对于投资和公共基础设施、政府储备物资、保障性住房、文物文化资产等资产而言，其初始成本只能按照前三个层次进行计量，**不能采用名义金额计量。**

盘盈资产入账成本的确定参照上述规定。

（4）无偿调入的资产，其成本按照**调出方账面价值加上相关税费**等确定。但是，**无偿调入资产在调出方的账面价值为零**（即已经按制度规定提足折旧）或者账面余额为名义金额的，单位（调入方）应当将调入过程中其承担的相关税费计入当期费用，**不计入调入资产的初始入账成本。**

（5）置换取得的资产，其成本按照换出资产的评估价值，加上支付的补价或减去收到的补价，加上为换入资产发生的其他相关支出确定。

2. 资产处置

资产处置的形式按照规定包括无偿调拨、出售、出让、转让、置换、对外捐赠、报废、毁损以及货币性资产损失核销等。单位应当按规定报经批准后对资产进行处置。

通常情况下，单位应当将被处置资产账面价值转销计入资产处置费用，并按照"收支两条线"将处置净收益上缴财政。

如按规定将资产处置净收益纳入单位预算管理的，应将净收益计入当期收入。

对于资产盘盈、盘亏、报废或毁损的，应当在报经批转前将相关资产账面价值转入"待处理财产损溢"，待报经批准后再进行资产处置。

对于无偿调出的资产，单位应当在转销被处置资产账面价值时冲减无偿调拨净资产。

对于置换换出的资产，应当与换入资产一同进行相关会计处理。

（二）固定资产

固定资产，是指单位为满足自身开展业务活动或其他活动需要而控制的，使用年限**超过1年**（不含1年）、单位价值在规定标准以上，并在使用过程中基本保持原有物质形态的资产。

单位应当按月对固定资产计提折旧，下列固定资产除外：

（1）文物和陈列品；
（2）动植物；
（3）图书、档案；
（4）单独计价入账的土地；
（5）以名义金额计量的固定资产。

固定资产应当按月计提折旧，当月增加的固定资产，当月开始计提折旧；当月减少的固定资产，当月不再计提折旧。

固定资产提足折旧后，无论能否继续使用，均不再计提折旧；提前报废的固定资产，也不再补提折旧。

按月计提固定资产折旧时：

借：业务活动费用/单位管理费用/经营费用/加工物品/在建工程等（按照应计提折旧金额）
　　贷：固定资产累计折旧

(三) 长期投资的核算

1. 取得长期股权投资的处理

长期股权投资取得时，按照**实际成本**作为初始投资成本。

（1）以现金取得的长期股权投资。

$$实际成本=实际支付的全部价款（包括购买价款和相关税费）$$

表 24-5　以现金取得的长期股权投资的政府单位的会计处理

情形	会计处理	
	财务会计	预算会计
取得时	借：长期股权投资（购买价款+相关税费） 　　应收股利（实际支付价款中包含的已宣告但尚未发放的现金股利） 　贷：银行存款（实际支付的全部价款）	借：投资支出（支付的全部金额） 　贷：资金结存——货币资金
收到上述现金股利时	借：银行存款 　贷：应收股利	借：资金结存——货币资金 　贷：投资支出

（2）以现金以外的其他资产置换取得的长期股权投资。

成本=换出资产的评估价值±支付的补价÷收到的补价+换入长期股权投资发生的其他相关支出

表 24-6　以固定资产、无形资产取得的长期股权投资的政府单位的会计处理

情形	会计处理	
	财务会计	预算会计
以固定资产/无形资产取得时	借：长期股权投资（固定资产/无形资产评估价值+相关税费） 　　固定资产累计折旧/无形资产累计摊销 　　**资产处置费用**（借方差额） 　贷：固定资产/无形资产（账面余额） 　　　银行存款/其他应交税费（发生的相关税费支出） 　　　**其他收入**（贷方差额）	借：其他支出（实际支付相关税费支出） 　贷：资金结存——货币资金
以未入账的无形资产取得时	借：长期股权投资（评估价值+相关税费） 　贷：银行存款/其他应交税费（发生的相关税费支出） 　　　其他收入（差额）	

2. 持有期间的处理

（1）会计处理原则。

长期股权投资在持有期间，通常应当采用**权益法**进行核算。事业单位**无权决定**被投资单位的财务和经营决策或无权参与被投资单位的财务和经营政策决策的，应当采用**成本法**进行核算。

（2）会计核算方法。

表 24-7　长期股权投资成本法 & 权益法的会计处理

项目	成本法	权益法
定义	是指投资按照投资成本计量的方法	是指投资最初以投资成本计量，以后根据事业单位在被投资单位所享有的所有者权益份额的变动对投资的账面余额进行调整的方法
原则	采用成本法核算时，长期股权投资的**账面余额通常保持不变**，但追加或收回投资时，应当相应调整其账面余额	采用权益法核算的，事业单位应当**根据其在被投资单位所享有的所有者权益份额的变动**对长期股权投资的**账面余额进行调整**
持有期间	（1）被投资单位宣告分派现金股利/利润： 借：应收股利（应享有的份额） 　　贷：投资收益	（1）被投资单位实现净利润时： 借：长期股权投资——损益调整（按应享有的份额） 　　贷：投资收益 被投资单位若发生亏损，则作相反会计分录。 【注】被投资单位发生净亏损，以"长期股权投资"科目的账面余额**减记至零**为限，事业单位负有承担额外损失义务的**除外**。 **被投资方亏损以后年度又实现净利润的：** 借：长期股权投资——损益调整（按照收益分享额弥补未确认的亏损分担额后的金额） 　　贷：投资收益
	（2）收到现金股利/利润： ①财务会计： 借：银行存款 　　贷：应收股利 ②预算会计： 借：资金结存——货币资金 　　贷：投资预算收益	（2）被投资单位宣告分派现金股利/利润： 借：应收股利（应享有的份额） 　　贷：长期股权投资——损益调整
	—	（3）被投资单位发生除净损益和利润分配以外的所有者权益变动的： 借：权益法调整（按应享有或应分担的金额） 　　贷：长期股权投资——其他权益变动 （或相反会计分录） 【提示】处置时： 借：投资收益 　　贷：权益法调整（按原记入"权益法调整"科目的相应部分金额） （或相反会计分录）

(四) 公共基础设施和政府储备物资的核算

公共基础设施和政府储备物资属于政府单位为满足社会公共需求而控制的资产。

表 24-8　公共基础设施的会计核算

项目	会计核算
常设科目	"公共基础设施" "公共基础设施累计折旧（摊销）"
取得时	按其**成本**入账，账务处理与固定资产基本相同
按月计提折旧时	借：业务活动费用 　　贷：公共基础设施累计折旧（摊销）
处置时	借：资产处置费用/无偿调拨净资产/待处理财产损溢（账面价值） 　　公共基础设施累计折旧（摊销） 　　贷：公共基础设施

表 24-9　政府储备物资的会计核算

项目	财务会计核算
常设科目	"政府储备物资——在库" "政府储备物资——发出"等
取得时	按其成本入账，账务处理与库存物品基本相同
因动用而发出无需收回的政府储备物资的	借：业务活动费用 　　贷：政府储备物资（发出物资的账面余额）
因动用而发出需要收回或预期可能收回的政府储备物资的	借：政府储备物资——发出 　　贷：政府储备物资——在库
收回时	借：政府储备物资——在库 　　业务活动经费（未收回物资账面余额） 　　贷：政府储备物资——发出
因行政管理主体变动等原因而将政府储备物资调拨给其他主体的	借：无偿调拨净资产 　　贷：政府储备物资（账面余额）

考点 10　负债业务（★）

单位负债主要包括应付及预收款项、应缴税费、应付职工薪酬、应缴款项、长期应付款、预计负债等，其财务会计核算与企业会计基本相同。

（一）应缴财政款

单位应缴财政款是指单位取得或应收的按照规定应当上缴财政的款项，包括应缴国库的款项和应缴财政专户的款项。

(1) 单位取得或应收按照规定应缴财政的款项时：

借：银行存款/应收账款等
　　贷：应缴财政款

(2) 单位上缴应缴财政的款项时：

借：应缴财政款（按照实际上缴的金额）

贷：银行存款

▶ 速提分 ▶

由于应缴财政的款项不属于纳入部门预算管理的现金收支，因此不进行预算会计处理。

（二）应付职工薪酬

单位的应付职工薪酬是指按照有关规定应付给职工（含长期聘用人员）及为职工支付的各种薪酬，包括基本工资、国家统一规定的津贴补贴、规范津贴补贴（绩效工资）、改革性补贴、社会保险费（如职工基本养老保险费、职业年金、基本医疗保险费等）、住房公积金等。

（1）单位计算确认当期应付职工薪酬时，根据职工提供服务的受益对象：

借：业务活动费用/单位管理费用/在建工程/加工物品/研发支出等
　　贷：应付职工薪酬

（2）按照税法规定代扣职工个人所得税时：

借：应付职工薪酬——基本工资
　　贷：其他应交税费——应交个人所得税

（3）从应付职工薪酬中代扣社会保险费和住房公积金时：

借：应付职工薪酬——基本工资（按照代扣的金额）
　　贷：应付职工薪酬——社会保险费、住房公积金

（4）从应付职工薪酬中代扣为职工垫付的水电费、房租等费用时：

借：应付职工薪酬——基本工资（按照实际扣除的金额）
　　贷：其他应收款

（5）单位向职工支付工资、津贴补贴等薪酬，或按照国家有关规定缴纳职工社会保险费和住房公积金时：

借：应付职工薪酬（按照实际支付的金额）
　　贷：财政拨款收入/零余额账户用款额度/银行存款等

同时，在预算会计中：

借：行政支出/事业支出/经营支出等
　　贷：财政拨款预算收入/资金结存

（三）借款的核算

借款，是指事业单位从银行或其他金融机构等**借入**的款项。

表 24-10　借款的核算

项目	具体内容
常设科目	财务会计中："短期借款""长期借款""应付利息"等科目； 预算会计中："债务预算收入""债务还本支出"

续表

项目		具体内容	
账务处理	取得借款时	**财务会计**中： 借：银行存款 　　贷：短期借款/长期借款——本金	**预算会计**中： 借：资金结存——货币资金 　　贷：债务预算收入
	计提借款利息	**财务会计**中： 为购建固定资产等工程项目借入的： 　　**专门借款的利息=借款利息-尚未动用的借款资金产生的利息收入** （1）属于工程项目建设期间发生的：计入**工程成本**； （2）不属于工程项目建设期间发生的：计入**当期费用**	
		其他借款的利息： **财务会计**中： 借：其他费用 　　贷：应付利息/长期借款——应计利息 待实际支付短期借款利息或分期付息长期借款利息时： **财务会计**中： 借：应付利息 　　贷：银行存款 同时，在**预算会计**中： 借：其他支出 　　贷：资金结存——货币资金	
	偿还借款	**财务会计**中： 借：短期借款/长期借款——本金 　　长期借款——应计利息（一次到期还本付息的利息） 　　贷：银行存款	**预算会计**中： 借：债务还本支出（支付的本金金额） 　　其他支出（支付的利息金额） 　　贷：资金结存——货币资金（支付的总金额）

考点 11　受托代理业务（★）

受托代理资产，是指政府单位**接受委托方**委托管理的各项资产，包括**受托指定转赠的物资**、**受托存储保管的物资**和**罚没物资**等。

表 24-11　受托代理业务的核算

资产类别	情形	具体会计处理
委托人委托存储保管或需要转赠给受赠人的物资	取得时	借：**受托代理资产**（确定的成本） 　　贷：**受托代理负债**
	将受托转赠物资交付受赠人或发出委托存储保管的物资	借：受托代理负债 　　贷：受托代理资产
罚没物资	取得时	借：受托代理资产（确定的成本） 　　贷：受托代理负债
	按规定处置或移交罚没物资时	借：受托代理负债 　　贷：受托代理资产
	处置时取得款项的	借：银行存款（实际取得的处置金额） 　　贷：应缴财政款

考点 12　部门（单位）合并财务报表（★）

考频 2022 年多选题

（一）合并范围

部门（单位）合并财务报表的合并范围一般应当以**财政预算拨款关系为基础**予以确定。

除满足一般原则的会计主体外，以下会计主体也应当纳入部门（单位）合并财务报表范围：

（1）部门（单位）所属的未纳入部门预决算管理的事业单位。
（2）部门（单位）所属的纳入企业财务管理体系执行企业类会计准则制度的事业单位。
（3）财政部规定的应当纳入部门（单位）合并财务报表范围内的其他会计主体。

以下会计主体**不纳入**部门（单位）**合并财务报表范围**：

（1）部门（单位）所属的企业，以及所属企业下属的事业单位。
（2）与行政机关脱钩的行业协会商会。
（3）部门（单位）财务部门按规定单独建账核算的会计主体，如工会经费、党费、团费和土地储备资金、住房公积金等资金（基金）会计主体。
（4）挂靠部门（单位）的没有财政预算拨款关系的社会组织以及非法人性质的学术团体、研究会等。

（二）合并程序

部门（单位）合并资产负债表应当以部门（单位）本级和其被合并主体符合上述有关编制基础和统一会计政策要求的个别资产负债表或合并资产负债表为基础，在抵销内部业务或事项对合并资产负债表的影响后，由部门（单位）本级合并编制。编制部门（单位）**合并资产负债表**时，需要抵销的内部业务或事项包括部门（单位）本级和其被合并主体之间、被合并主体相互之间的债权（含应收款项坏账准备，下同）、债务项目，以及其他业务或事项对部门（单位）合并资产负债表的影响。

部门（单位）合并收入费用表应当以部门（单位）本级和其被合并主体符合上述有关编制基础和统一会计政策要求的个别收入费用表或合并收入费用表为基础，在抵销内部业务或事项对合并收入费用表的影响后，由部门（单位）本级合并编制。编制部门（单位）**合并收入费用表**时，需要抵销的内部业务或事项包括部门（单位）本级和其被合并主体之间、被合并主体相互之间的收入、费用项目。

（三）合并财务报表格式

部门（单位）合并资产负债表的格式参见《政府会计制度》规定的资产负债表格式。部门（单位）合并收入费用表中"本期收入"类项目的列示参见《政府会计制度》规定的收入费用表格式，但"本期费用"类项目应当按照费用的性质进行分类列示，具体参见《政府会计制度》规定的财务报表附注中"本期费用按经济分类的披露格式"。

趁热答题

| 例 24-4·单选题（2019 年）| 下列各项中，不属于政府会计中事业单位合并财务报表体系组成部分的是（　　）。

A. 合并收入费用表　　　　　　B. 合并资产负债表
C. 附注　　　　　　　　　　　D. 合并利润表

解析　本题考查政府会计中事业单位合并财务报表体系的构成。政府会计中事业单位合并财务报表至少包括合并资产负债表、合并收入费用表和附注。

答案 D

| 例 24-5 · 多选题（2022 年）| 下列各项中，应纳入政府部门合并财务报表范围的有（　　）。

A. 与本部门没有财政预算拨款关系的挂靠单位
B. 纳入本部门预决算管理的行政事业单位和社会组织
C. 与本部门脱钩的行业协会
D. 本部门所属未纳入预决算管理的事业单位

解析 本题考查政府部门（单位）合并财务报表。以下会计主体不纳入部门（单位）合并财务报表范围：（1）部门（单位）所属的企业，以及所属企业下属的事业单位；（2）与行政机关脱钩的行业协会商会（选项 C）；（3）部门（单位）财务部门按规定单独建账核算的会计主体，如工会经费、党费、团费和土地储备资金、住房公积金等资金（基金）会计主体；（4）挂靠部门（单位）的没有财政预算拨款关系的社会组织以及非法人性质的学术团体、研究会（选项 A）等。因此，本题选项 BD 正确。

答案 BD

 98%

第二十五章 民间非营利组织会计

轻装上阵

考情驿站

本章属于非重点章节,内容较为简单,难度低,在考试中主要考查民间非营利组织会计特定业务的处理。以客观题为主要考查形式,近三年平均考查分值为 2 分左右。

考点地图

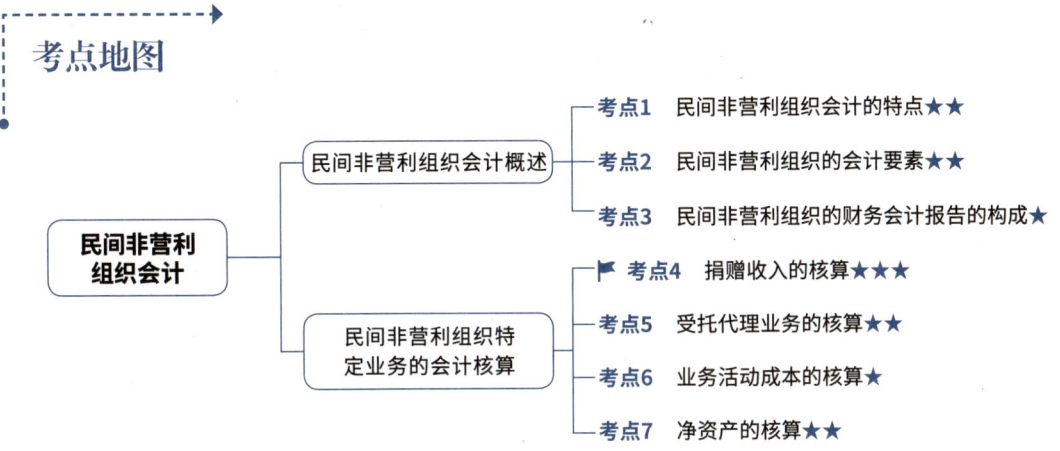

2024 年本章主要变化

变动微小。主要删除了"民间非营利组织的概念和特征""民间非营利组织会计核算的基本原则"。

考点速递

第一节　民间非营利组织会计概述

考点1　民间非营利组织会计的特点（★★）

考频 2021年多选题

表25-1　民间非营利组织会计的特点

事项	主要内容
特点	（1）以**权责发生制**为会计核算基础。 （2）在采用历史成本计价的基础上，引入**公允价值**计量基础。 （3）由于民间非营利组织资源提供者既不能享有组织的所有权，也不取得经济回报，因此，其会计要素不包括所有者权益和利润，而是设置了**净资产**这一要素

通关文牒

▶ 速提分 ▶
（1）企业会计的确认、计量和报告应当以权责发生制为基础。
（2）我国的行政事业单位预算会计采用收付实现制，行政事业单位财务会计采用权责发生制。

趁热答题

例25-1·判断题（2015年） 民间非营利组织应当采用收付实现制作为会计核算基础。（　　）

解析 本题考查民间非营利组织会计的特点。民间非营利组织采用权责发生制为核算基础。因此，本题表述错误。

答案 ×

考点2　民间非营利组织的会计要素（★★）

民间非营利组织的会计要素
　├─ 反映财务状况的会计要素 ── 资产−负债=净资产
　└─ 反映业务活动情况的会计要素 ── 收入−费用=净资产变动额

图25-1　民间非营利组织的会计要素

（一）反映财务状况的会计要素

（1）资产：是指过去的交易或者事项形成并由民间非营利组织拥有或者控制的资源，该资源预期会给民间非营利组织带来经济利益或者**服务潜力**，包括流动资产、长期投资、固定资产、无形资产和**受托代理资产**等。

（2）负债：是指过去的交易或者事项形成的现时义务，履行该义务预期会导致含有经济利益或者服务潜力的资源流出民间非营利组织，包括流动负债、长期负债和**受托代理负债**等。

（3）净资产：是指民间非营利组织的**资产减去负债后的余额**，包括**限定性净资产**和**非限定性净**

资产。

(二) 反映业务活动情况的会计要素

(1) 收入：是指民间非营利组织开展业务活动取得的、**导致本期净资产增加**的经济利益或者服务潜力的流入，包括捐赠收入、会费收入、提供服务收入、政府补助收入、投资收益、商品销售收入等主要业务活动收入和其他收入。

(2) 费用：是指民间非营利组织**为开展业务活动所发生的**、**导致本期净资产减少**的经济利益或者服务潜力的流出，包括业务活动成本、管理费用、筹资费用和其他费用等。

▶ 速提分 ▶

(1) 民间非营利组织与政府单位及企业会计要素对比。

表25-2 民间非营利组织会计要素 vs 政府会计要素 vs 企业会计要素

民间非营利组织会计要素	政府会计要素		企业会计要素
	财务会计要素	预算会计要素	
资产 负债 净资产 收入 费用	资产 负债 净资产 收入 费用	预算收入 预算支出 预算结余	资产 负债 所有者权益（净资产） 收入 费用 利润

(2) 民间非营利组织会计要素的具体内容。

表25-3 民间非营利组织会计要素的具体内容

会计要素	内容
资产	流动资产、长期投资、固定资产、无形资产、受托代理资产等
负债	流动负债、长期负债、受托代理负债等
净资产	限定性净资产、非限定性净资产
收入	捐赠收入、会费收入、提供服务收入、投资收益、政府补助收入、商品销售收入、其他收入
费用	业务活动成本、管理费用、筹资费用、其他费用

考点3 民间非营利组织的财务会计报告的构成（★）

《民间非营利组织会计制度》规定，民间非营利组织的会计报表至少应当包括**资产负债表**、**业务活动表**和**现金流量表**三张基本报表，同时民间非营利组织还应当编制会计报表**附注**，在会计报表附注中侧重披露编制会计报表所采用的会计政策、已经在会计报表中得到反映的重要项目的具体说明和未在会计报表中得到反映的重要信息的说明等内容。

第二节 民间非营利组织特定业务的会计核算

▶ 很好懂 ▶

民间非营利组织会计的原理和方法与企业会计基本一致,但与企业不同的是,民间非营利组织的非交换交易业务(如捐赠)较多、不存在所有者权益、不分配利润等。

考点 4 捐赠收入的核算(★★★)

考频 2023 年多选题;2022 年多选题;2020 年判断题

靶心考点精讲

(一)捐赠收入的概念

表 25-4 捐赠的相关知识

项目	内容
概念	捐赠属于非交换交易的一种,通常是指某个单位或个人(捐赠人)自愿地将现金或其他资产无偿地转让给另一单位或个人(受赠人),或者无偿地清偿或取消该单位或个人(受赠人)的负债
特征	(1)捐赠是<u>无偿地</u>转让资产或者取消负债,属于非交换交易。 (2)捐赠是<u>自愿地</u>转让资产或者取消负债。 (3)捐赠交易中资产或劳务的转让<u>不属于所有者</u>的投入或<u>向所有者的分配</u>
判断是否为捐赠时应注意的事项	(1)应当将捐赠与受托代理交易等类似交易区分开来。 (2)可能某项交易的一部分属于捐赠交易,另一部分属于其他性质的交易。 (3)应当将政府补助收入与捐赠收入区分开来,分别核算和反映
捐赠与捐赠承诺的区别	(1)捐赠承诺,是指捐赠现金或其他资产的<u>书面协议</u>或<u>口头约定</u>等。 (2)捐赠承诺<u>不满足</u>非交换交易收入的确认条件。 (3)民间非营利组织对于捐赠承诺,<u>不应予以确认</u>,但可以在会计报表附注中作相关<u>披露</u>
劳务捐赠	民间非营利组织对于其接受的劳务捐赠,<u>不应予以确认</u>,但可以在会计报表附注中作相关<u>披露</u>

(二)捐赠收入金额的确定

(1)对于民间非营利组织接受捐赠的现金资产,应当按照实际收到的金额入账。

(2)对于民间非营利组织接受捐赠的非现金资产,如接受捐赠的短期投资、存货、长期投资、固定资产和无形资产等,应当按照以下方法确定其入账价值:

①如果捐赠方提供了有关凭据(如发票、报关单、有关协议等)的,应当按照<u>凭据上标明的金额</u>作为入账价值。如果凭据上标明的金额与受赠资产公允价值相差较大,受赠资产应当以其<u>公允价值</u>作为其入账价值。

②如果捐赠方没有提供有关凭据的,受赠资产应当以其<u>公允价值</u>作为入账价值。

（三）捐赠收入的核算

表 25-5 捐赠收入的核算

事项	内容及会计处理
捐赠收入的概念	是指民间非营利组织接受其他单位或者个人捐赠所取得的收入
捐赠收入的分类	应当根据相关资产提供者对资产的使用是否设置了限制，划分为限定性收入和非限定性收入分别进行核算： （1）如果捐赠人对捐赠资产的使用设置了时间限制或者（和）用途限制，则所确认的相关捐赠收入为限定性捐赠收入； （2）如果捐赠人对捐赠资产的使用没有设置时间限制或者（和）用途限制，则所确认的相关捐赠收入为非限定性捐赠收入
接受捐赠时	（1）按照应确定金额： 借：现金/银行存款/短期投资/存货等 　　贷：捐赠收入——限定性收入/捐赠收入——非限定性收入 （2）对于接受的附条件捐赠，如果存在需要偿还全部或部分捐赠资产或者相应金额的现时义务时（如因无法满足捐赠所附条件而必须将部分捐赠款退还给捐赠人时）： 借：管理费用（按照需要偿还的金额） 　　贷：其他应付款
如果限定性捐赠收入的限制在确认收入的当期得以解除	借：捐赠收入——限定性收入 　　贷：捐赠收入——非限定性收入
期末	借：捐赠收入——限定性收入 　　贷：限定性净资产 借：捐赠收入——非限定性收入 　　贷：非限定性净资产

趁热答题

例 25-2·多选题（2022 年） 甲基金会系民间非营利组织。2×21 年 12 月 1 日，甲基金会与乙公司签订了一份捐赠协议。协议约定，乙公司向甲基金会捐赠 100 万元用于购买防疫物资以资助社区的防疫工作。

2×21 年 12 月 10 日，甲基金会收到乙公司捐赠的 100 万元，并于当日购买 80 万元防疫物资发放给有关社区。2×21 年 12 月 31 日，甲基金会与乙公司签订补充协议，节余的 20 万元捐赠款由甲基金会自由支配。不考虑其他因素，下列各项关于甲基金会对捐赠收入会计处理的表述中，正确的有（　　）。

A. 2×21 年 12 月 31 日，确认限定性净资产 100 万元
B. 2×21 年 12 月 10 日，收到捐款时确认捐赠收入 100 万元
C. 2×21 年 12 月 10 日，发放物资时确认业务活动成本 80 万元
D. 2×21 年 12 月 1 日，无需进行账务处理

解析 本题考查捐赠收入的会计处理。

12月1日不满足捐赠收入的确认条件,不需要进行账务处理。

12月10日收到捐赠款时:

借:银行存款等　　　　　　　　　　　　　100
　　贷:捐赠收入——限定性收入　　　　　　　　100

12月10日购买防疫物资时:

借:业务活动成本　　　　　　　　　　　　80
　　贷:银行存款　　　　　　　　　　　　　　　80

12月31日:

借:捐赠收入——限定性收入　　　　　　　20
　　贷:捐赠收入——非限定性收入　　　　　　　20

(答案) BCD

| 例 25-3・判断题(2020 年) | 甲基金会与乙企业签订一份协议,约定乙企业通过甲基金会向丙希望小学捐款 30 万元,甲基金会在收到乙企业汇来的捐赠款时应确认捐赠收入。（　　）

(解析) 本题考查受托代理业务的核算。对于受托代理业务,民间非营利组织应当比照接受捐赠资产的原则确认和计量受托代理资产,同时应当按照其金额确认相应的受托代理负债。因此,本题表述错误。

(答案) ×

| 例 25-4・判断题 | 民间非营利组织接受劳务捐赠时,按公允价值确认捐赠收入。（　　）

(解析) 本题考查民间非营利组织捐赠收入的核算。对于民间非营利组织接受的劳务捐赠,不予确认,但应当在会计报表附注中作相关披露。因此,本题表述错误。

(答案) ×

| 例 25-5・单选题 | 对于因无法满足捐赠所附条件而必须退还给捐赠人的部分捐赠款项,民间非营利组织应将该部分需要偿还的款项确认为(　　)。

A. 管理费用　　　B. 其他费用　　　C. 筹资费用　　　D. 业务活动成本

(解析) 本题考查民间非营利组织捐赠收入的核算。对于接受的附条件捐赠,如果存在需要偿还全部或部分捐赠资产或者相应金额的现时义务时(比如因无法满足捐赠所附条件而必须将部分捐赠款退还给捐赠人时),按照需要偿还的金额,借记"管理费用"科目,贷记"其他应付款"等科目,因此,本题选项 A 正确。

(答案) A

| 例 25-6・判断题(2019 年) | 民间非营利组织接受捐赠的固定资产,捐赠方没有提供有关凭据的,应以公允价值计量。（　　）

(解析) 本题考查民间非营利组织接受捐赠的核算。民间非营利组织接受捐赠的固定资产,捐赠方没有提供有关凭据的,应以公允价值计量。因此,本题表述正确。

(答案) √

考点 5　受托代理业务的核算（★★）

(一) 受托代理业务的概念

受托代理业务是指民间非营利组织从委托方收到受托资产,并按照**委托人的意愿**将资产**转赠**给指定的其他组织或者个人的受托代理过程。

图 25-2　受托代理业务的流程

（二）受托代理业务的界定

受托代理业务是指有明确的转赠或者转交协议，或者虽然无协议但同时满足以下条件的业务：

（1）民间非营利组织在取得资产的同时即产生了向**具体受益人**转赠或转交资产的现时义务，不会导致自身净资产的增加。

（2）民间非营利组织仅起到**中介**而非主导发起作用，帮助委托人将资产转赠或转交给指定的受益人，并且没有权利改变受益人，也没有权利改变资产的用途。在受托代理业务中，受托代理资产的受益人是由委托人具体指定的，民间非营利组织没有变更的权力。

（3）委托人已明确指出了**具体受益人个人的姓名或受益单位的名称**，包括从民间非营利组织提供的名单中指定一个或若干个受益人。

（三）受托代理业务的核算

1. 核算原则

对于受托代理业务，民间非营利组织应当**比照"接受捐赠资产"**的原则确认和计量受托代理资产，同时应当按照其**金额**确认相应的**受托代理负债**。

2. 具体会计处理

（1）收到受托代理资产时：

借：受托代理资产
　　贷：受托代理负债

【提示】受托代理资产的入账价值应当比照接受捐赠资产确定。

（2）转赠或者转出受托代理资产：

借：受托代理负债
　　贷：受托代理资产

（3）收到的受托代理资产如果为现金、银行存款或者其他货币资金，可以不通过"受托代理资产"科目核算，而在"现金""银行存款""其他货币资金"科目下设置"受托代理资产"明细科目进行核算：

①收到时：

借：现金——受托代理资产
　　银行存款——受托代理资产
　　其他货币资金——受托代理资产等
　　贷：受托代理负债

②转赠或转出时：

借：受托代理负债
　　贷：现金——受托代理资产
　　　　银行存款——受托代理资产
　　　　其他货币资金——受托代理资产

趁热答题

| 例 25-7 · 判断题（2020 年）| 民间非营利组织对其受托代理的非现金资产，如果资产凭据上标明的金额与其公允价值相差较大，应以该资产的公允价值作为入账价值。（ ）

解析 本题考查受托代理资产入账价值的核算。受托代理的非现金资产，如果凭证上标明的金额与公允价值相差较大的，应当以公允价值作为其入账价值。因此，本题表述正确。

答案 √

考点 6　业务活动成本的核算（★）

（一）业务活动成本的概念

业务活动成本是指民间非营利组织为了实现其业务活动目标、开展其项目活动或者提供服务所发生的费用。

（二）业务活动成本的会计处理

1. 发生的业务活动成本
借：业务活动成本
　　贷：现金/银行存款/存货/应付账款等

2. 会计期末
借：非限定性净资产
　　贷：业务活动成本

考点 7　净资产的核算（★★）

考频 2023 年判断题；2022 年判断题；2021 年多选题、判断题

（一）净资产的分类

按照是否受到限制，民间非营利组织的净资产分为**限定性净资产**和**非限定性净资产**。

【提示】判断是否存在时间限制、用途限制或两者同时存在。若资源提供者并没有明确规定资产使用的时间或用途，但当时的情形足以推定资源提供者对资产的限制，也应当将相应净资产界定为限定性净资产。

（二）注册资金的核算

执行《民间非营利组织会计制度》的社会团体、基金会、社会服务机构设立时取得的注册资金应当直接计入净资产。注册资金的使用受到时间限制或用途限制的，在取得时直接计入限定性净资产；其使用没有受到时间限制和用途限制的，在取得时直接计入非限定性净资产。

（三）期末限定性净资产的核算

民间非营利组织应当设置"限定性净资产"科目来核算本单位的限定性净资产，并可根据本单位的具体情况和实际需要，在"限定性净资产"科目下设置相应的二级科目和明细科目。

1. 期末结转限定性收入
借：捐赠收入——限定性收入
　　政府补助收入——限定性收入

贷：限定性净资产

2. 限定性净资产的重分类

如果限定性净资产的限制已经解除，应当对净资产进行重新分类，将限定性净资产转为非限定性净资产。

借：限定性净资产
　　贷：非限定性净资产

(四) 期末非限定性净资产的核算

期末结转非限定性收入和成本费用项目：

(1) 期末结转非限定性收入：

借：捐赠收入——非限定性收入
　　会费收入——非限定性收入
　　提供服务收入——非限定性收入
　　政府补助收入——非限定性收入
　　商品销售收入——非限定性收入
　　投资收益——非限定性收入
　　其他收入——非限定性收入
　　贷：非限定性净资产

(2) 期末结转成本费用项目：

借：非限定性净资产
　　贷：业务活动成本
　　　　管理费用
　　　　筹资费用
　　　　其他费用

(五) 净资产的重分类

如果限定性净资产的限制已经解除，应当对净资产进行重新分类，将限定性净资产转为非限定性净资产。

借：限定性净资产
　　贷：非限定性净资产

| 例 25-8 · 判断题（2021 年）| 民间非营利组织的限定性净资产不得重分类为非限定性净资产。
（　　）

解析 本题考查限定性净资产的重分类。如果限定性净资产的限制已经解除，应当对净资产进行重新分类，将限定性净资产转为非限定性净资产。因此，本题表述错误。

答案 ×

| 例 25-9 · 判断题（2020 年）| 甲基金会经与捐赠人协商，捐赠人同意将原限定捐赠给特定群体的款项转为由基金会自主支配，甲基金会应将该限定性净资产重分类为非限定性净资产。（　　）

解析 本题考查捐赠收入的核算。如果限定性捐赠收入的限制在确认收入的当期得以解除，应当将其转为非限定性捐赠收入，借记"捐赠收入——限定性收入"科目，贷记"捐赠收入——非限

定性收入"科目，期末，将"捐赠收入"科目各明细科目的余额分别转入限定性净资产和非限定性净资产。因此，本题表述正确。

答案 √